SMART MAP

부모역할 훈련 프로그램

SMART MAP

부모역할 훈련 프로그램

천성문 · 박은아 · 김현정 · 김효정
전혜정 · 김아영 · 심운경 · 김선형
박정미 · 최영미 공저

Smart Map Parents Role Training Program
(SM PRTP)

학지사

머리말

어떤 마을에 할아버지가 돌보는 종마를 너무 사랑하는 어린 소년이 있었다고 합니다.

어느 날 할아버지께서 출타를 하면서 소년에게 말을 부탁하였습니다. 소년은 그 종마와 단둘이 보낼 시간이 주어졌다는 것에 뛸 듯이 기뻐했답니다.

그런데 그 종마가 병이 나 버렸습니다. 밤새 진땀을 흘리며 괴로워하는 말에게 소년이 해 줄 수 있는 일이라고는 시원한 물을 먹이는 것밖에 없었습니다. 그러나 소년의 눈물겨운 간호도 보람 없이 종마는 더 심하게 앓았고 할아버지가 돌아왔을 때는 다리까지 절게 되었습니다.

놀란 할아버지는 소년을 나무랐습니다.

"말이 아플 때 찬물을 먹이는 것이 얼마나 치명적인 줄 몰랐단 말이냐?"

소년은 대답했습니다.

"정말 몰랐어요. 제가 얼마나 그 말을 사랑하는지 아시잖아요."

그러자 할아버지는 잠시 침묵한 뒤 말씀하셨습니다.

"얘야, 누군가를 사랑한다는 것은 어떻게 사랑하는지 아는 것이란다."

–공지영의 『봉순이 언니』 중에서

최근 매스컴을 통해 부모들이 미처 알지 못하여 아이에게 주지 못했거나 너무 과하게 주어 문제가 되는 경우들을 많이 접합니다. 많은 부모가 자녀가 자신보다 잘 성장하기를 기대하며 하나라도 더 해 주려고 노력합니다. 반면, 어떤 부모들은 삶의 무게가 너무 무거워 자녀를 돌볼 경황이 없어 방임하거나, 자신의 화를 조절하지 못하여 자녀에게 그 화를 돌리기도 합니다. 자녀에게 전하는 방법은 다르지만 전자나 후자 모두 그 마음 밑바탕에는 한결같이 자녀가 행복하게 자라기를 기대하는 부모의 마음이 깔려 있습니다. 그런데 왜 이런 일들이 반복되는 것일까요? 아마도 부모들은 자녀를 위해 무엇을 해 주어야 할지 많은 고민을 하지만 언제 무엇을 어떻게 주어야 하는지에 대해서는 잘 모르는 경우가 많기 때문이라 여겨집니다.

결혼을 준비하는 예비부부들에게 부모가 되기 위해 어떤 준비를 하였는지, 어떤 교육을 받아 보았는지 물어보면 어떤 대답들을 할까요? 출산을 앞둔 부부들에게 임신기간 동안 태아에게 어떤 상호작용이 필요한지에 대해 물으면 어떤 대답들을 할까요? 마찬가지로 자녀가 성장함에 따라 부모는 자녀에게 어떤 대상이 되어 주어야 하며 어떻게 관계를 맺어야 하는지에 대해 물어보면 어떤 대답들을 할까요?

우리는 대부분 대학에 가기 위해, 취업을 하기 위해 다른 것은 생각해 볼 여유도 없이 바쁘게 살아갑니다. 그러던 어느 날 내 심장을 '쿵!' 내려앉게 만든 사람을 만나 달콤한 연애를 하고 꿈 같은 신혼을 상상하며 결혼을 하고 아이를 출산합니다. 자녀를 잘 키우기 위해 처음에는 불타는 의욕으로 다양한 양육서와 인터넷 자료를 찾아보며 그대로 따라 해 보려 하지만 실상은 여간 어려운 일이 아닙니다. 때로는 그러한 것들이 전혀 도움이 되지 않아 넋 놓고 아이를 바라보며 함께 울기도 합니다. 유감스럽게도 이러한 시련은 여기서 끝나는 것이 아니라 이제부터 시작입니다.

스포츠는 한번 배우면 내 몸이 기억해서 필요할 때마다 그 기능을 다시 사용할 수 있습니다. 하지만 부모역할은 이렇게 단순하지 않습니다. 성장하는 자녀의 발달단계에 따라 부모가 해 주어야 하는 역할이 다르고, 설사 그 역할을 잘 배웠다고 하더라도 양육서에 나와 있는 아이의 상황과 내 아이의 상황이 달라 적절하게 적용되지 않는 경우도 있습니다. 설상가상 자녀들은 자라나면서 부모의 영향에서 벗어나고자 하므로 어느 순간 부모는 어떻게 해야 할지 갈피를 잡지 못하게 되기도 합니다. 부모들은 자녀교육이 서서히 자신의 능력 밖의 일이 되어 체념하게 되고 때때로 갈등이 고조되어 자녀와의 관계 단절에까지 이르게 됩니다. 그 사이 가정은 가정대로 살얼음판이 되어 서로가 서로를 탓하며 행복한 가정을 꿈꾸던 시간들은 물거품이 되어 사라져 버립니다. 부모는 부모대로, 자녀는 자녀대로 상처를 끌어안고 서로를 원망하게 됩니다. 이쯤 되면 관계는 회복하기 힘든 상태로 접어듭니다.

이러한 문제는 사회가 발전하면 할수록 더욱 심각한 사회현상으로까지 나타나게 됩니다. 중2병이라 불리던 질풍노도의 시기는 어느덧 초등학생들에게도 나타나 따돌림, 집단폭행, 자해 등의 문제가 발생하고 있습니다. 부모들은 최선을 다해 자녀를 잘 키워 대학을 보내고 한숨 돌리려 하였으나 또 다른 난관에 부딪힙니다. 다 자란 자녀들이 입시와 취업의 문 앞에서 좌절을 이기지 못하여 방황을 하고 때로는 극단적인 선택으로 삶을 포기하기도 합니다. 이러한 사건 사고들은 하루에도 여러 차례 접할 수 있어 더 이상 뉴스거리도 되지 않는 실정입니다.

교육과 상담현장에 있는 저자들은 자녀와의 갈등으로 어려움을 호소하며 도움을 요청하는 많은 부모의 사연들을 접하게 됩니다. 부모뿐만 아니라 자녀 또한 부모와의 갈등으로 도움의 손길을 간절히 원하고 있습니다. 자녀교육에 대한 정보는 넘쳐 나지만 우리의 자녀들은 점점 시들어 가고 있으며 부모들 또한 지쳐 가고 있습니다. 고민은 여기서부터 시작되었습니다. 부모가 될 준비를 전혀 하지 못한 예비부모와 갈등의 최고조에 빠져 있는 청소년기 자녀를 둔 부모, 그리고 사회에 첫발을 내딛을 준비를 하는 자녀를 둔 부모님들께 어떤 도움을 주어야 할까?

저자들은 먼저 기존에 활용되고 있는 부모교육 프로그램의 장단점은 무엇인지, 다양한 프로그램이 부모교육 현장에서 어떻게 적용되고 있으며 제한점은 무엇인지 분석하였습니다. 그리고 부모교육을 원하는 학부모님들의 요구사항과 부모님께 바라는 자녀들의 요구사항은 무엇인지 등에 대한 인터뷰를 실시하였습니다. 이러한 과정을 통해 저자들은 부모들이 자녀의 발달단계를 이해할 수 있도록 돕는 동시에 자녀와의 갈등 이면에는 채워지지 않는 부모의 욕구가 크게 자리 잡고 있음을 이해하도록 도울 필요가 있음을 확인하였습니다. 그래서 자녀와 건강한 관계를 맺고 유지하기 위해 먼저 부모 자신에 대한 이해를 돕는 활동을 실시하고 이러한 기초 위에 부모가 자신과 자녀를 이해하는 폭을 넓혀 스스로 부모의 역할을 찾아가는 힘을 키워 갈 수 있도록 도와야 한다는 결론에 다다랐습니다.

저자들은 한 가지 이론과 기법으로 이처럼 다양한 부모들의 욕구를 만족시킬 수 없음을 알기에 시행착오를 경험하며 쉼 없는 논의를 거쳐 나갔습니다. 결론은 모든 부모는 좋은 부모가 되기 원하므로 한 가지 솔루션을 가르치기보다 '자녀에게 적절한 상호작용 방식을 찾아갈 수 있는 현명한 가이드가 될 수 있도록 돕자!'는 것이었습니다. 'Smart Map 부모역할 훈련 프로그램(SM 부모역할 훈련 프로그램)'은 이러한 마음으로 개발된 프로그램입니다. 먼저, 자녀의 발달단계를 구분하고 발달 특성을 고려한 부모의 역할에 초점을 맞추어 프로그램을 구성하였습니다. 그리고 부모 자신이 과거 각각의 발달단계에서 경험한 것과 그로 인한 영향을 이해할 수 있도록 하여 부모의 욕구가 아니라 자녀가 원하는 것을 도울 수 있는 부모가 될 수 있도록 구성하였습니다. 마지막으로, 자녀의 발달과 욕구를 이해한 기초 위에 다양한 영역에서의 부모역할 중 기본이 되는 역할행동을 연습하며 자녀에게 적절한 역할을 스스로 찾아가 볼 수 있도록 도왔습니다.

SM 부모역할 훈련 프로그램은 태아기와 영아기 자녀를 둔 부모를 돕기 위한 부모역할 훈련인 시작단계(Start up stage), 유아기와 초등 저학년기 자녀를 둔 부모를 돕기 위한 부모역할 훈련인 격려단계(Encourage stage), 초등 고학년기와 청소년기 자녀를 둔 부모를 돕기 위한 부모역할 훈련인 변화와 발전단계(Evolution stage), 성인 초기 자녀를 둔 부모를 돕기 위한 부모역할 훈련인 꿈과 희망단계(Dream stage)로 구성되어 있습니다. 저자들은 우리나라에서 현명한 부모로 살아가는 것이 얼마나 힘든지를 알기에 각각의 단계를 구성하면서 부모들에게 실질적인 도움을 전달할 수 있는 프로그램을 만들고자 수많은 토론과 자문의 시간을 거치며 완성도를 높이고자 노력하였습니다. 부족한 부분도 있겠지만 부모된 마음으로 정성을 쏟은 만큼 이 프로그램을 통하여 부모교육 전문가와 자녀들을 상담하는 상담가, 관련 공부를 하는 학생들뿐만 아니라 각각의 발달단계에 있는 자녀를 둔 부모님들에게도 조금이나마 도움을 줄 수 있기를 기대합니다.

책을 마무리하며, 터널 속을 헤맬 때마다 혜성 같은 아이디어로 어둠을 헤쳐 나갈 수 있도록 도왔던 각 저자만의 특별했던 지혜와, 서로에게 언덕이 되어 주었던 따듯한 마음들을 다시 한 번 가슴에 담아 보며 모두에게 감사를 전합니다. 책이 나오기까지 많은 지혜를 나누어 주신 김원, 문정희, 안세지, 선혜민, 전은주, 박선우, 윤정훈 석·박사 선생님, 그리고 프로그램을 함께 경험해 보며 한마음으로 도움을 주신 부경대학교 석·박사과정생인 박삼순, 박미영, 박지화, 김현희, 이은영, 김지숙, 김명희, 염화숙, 김서현, 이경진, 구미정, 도숙희, 안유경, 양도연, 유지혜, 정금주 선생님에게도 고마운 마음을 전합니다. 또한 긴 시간 동안 좋은 책이 나올 수 있도록 정성스럽게 작업해 주신 학지사 김진환 사장님, 김은석 부장님, 편집부 김서영 선생님, 그리고 많은 관계자분의 수고에도 감사드립니다. 마지막으로, 이 책을 통한 배움과 나눔으로 현명하고 행복한 부모로 자신을 자랑스러워하실 수많은 학부모님께 응원과 감사의 마음을 전합니다. 감사합니다.

2019년 9월
함께 성장해 나가기를 기원하는 마음을 담아
저자 일동

차례

- 머리말 _ 5

제1장 _ 시작단계(Start up stage) • 15

- 태아기와 영아기 자녀를 둔 부모를 돕기 위한 부모역할 훈련

1. 프로그램의 필요성 _ 17
2. 이론적 배경 _ 18
3. 프로그램의 목표 _ 20
4. 프로그램의 구성 _ 21
5. 프로그램의 운영 지침 _ 23
6. 프로그램의 내용 _ 24

1회기 두근두근! 부모가 된대요 _ 28 / 2회기 꿈틀꿈틀! 신비로운 만남 _ 32

3회기 쑥쑥! 아가야, 건강하게 만나자 _ 42 / 4회기 응애응애! 나 태어났어요 _ 52

5회기 초롱초롱! 눈맞춤을 해요 _ 59 / 6회기 냠냠! 맛있게 먹어요 _ 66

7회기 반짝반짝! 신기한 세상 _ 74 / 8회기 영차영차! 내가 해 볼래요 _ 82

9회기 동글동글! 같이 놀아요 _ 90 / 10회기 으쓱으쓱! 멋진 부모가 될 수 있어요 _ 98

제2장 _ 격려단계(Encourage stage) • 101

- 유아기와 초등 저학년기 자녀를 둔 부모를 돕기 위한 부모역할 훈련

1. 프로그램의 필요성 _ 103
2. 이론적 배경 _ 105
3. 프로그램의 목표 _ 111
4. 프로그램의 구성 _ 112
5. 프로그램의 운영 지침 _ 116
6. 프로그램의 내용 _ 118

1회기 똑똑! 관계의 문을 열어요! _ 121 / 2회기 우리 아이, 어떤 아이일까요? _ 130

3회기 나는 어떤 아이였을까? _ 143 / 4회기 마음을 느껴요 _ 151

5회기 마음으로 들어요 _ 161 / 6회기 마음을 조절해요 _ 169

7회기 마음으로 말해요 _ 178 / 8회기 건강한 울타리를 만들어요 _ 187

9회기 격려로 성장시켜요 _ 199 / 10회기 우리, 관계를 통해 성장해요! _ 208

제3장 _ 변화와 발전단계(Evolution stage) • 213

- 초등 고학년기와 청소년기 자녀를 둔 부모를 돕기 위한 부모역할 훈련

1. 프로그램의 필요성 _ 215
2. 이론적 배경 _ 217
3. 프로그램의 목표 _ 219
4. 프로그램의 구성 _ 219
5. 프로그램의 운영 지침 _ 222
6. 프로그램의 내용 _ 224

1회기 부모 노릇하기 힘드네 _ 227 / 2회기 이제야 내 아이가 보이네 _ 233

3회기 성장한 아이에게 필요한 부모역할 _ 242 / 4회기 자녀와 마음을 나누는 대화의 달인 _ 251

5회기 자녀와 갈등을 해결하는 소통의 달인 _ 260 / 6회기 자녀의 꿈을 키워 주는 진로 멘토 _ 267
7회기 자녀를 춤추게 하는 학습 멘토 _ 274 / 8회기 자녀에게 날개를 달아 줄 강점 찾기 _ 284
9회기 격려하는 부모, 성장하는 자녀 _ 294 / 10회기 달라진 나, 기대되는 부모 노릇 _ 302

제4장 _ 꿈과 희망단계(Dream stage) • 307
– 성인 초기 자녀를 둔 부모를 돕기 위한 부모역할 훈련

1. 프로그램의 필요성 _ 309
2. 이론적 배경 _ 310
3. 프로그램의 목표 _ 315
4. 프로그램의 구성 _ 315
5. 프로그램의 운영 지침 _ 318
6. 프로그램의 내용 _ 319

1회기 내 인생 봄봄! _ 322 / 2회기 지금 이 순간! _ 328
3회기 아하! 시나브로… _ 334 / 4회기 이제는 독립이 필요해! _ 342
5회기 멘토로 변화된 나! _ 348 / 6회기 함께 행복하기! _ 357
7회기 참 괜찮은 나! _ 360 / 8회기 몸 풀고! 마음 풀고! _ 364
9회기 삶의 기적! _ 369 / 10회기 인생은 아름다워! _ 377

● 참고문헌 _ 383

제1장

시작단계(Start Up stage)

-태아기와 영아기 자녀를 둔 부모를 돕기 위한 부모역할 훈련-

1. 프로그램의 필요성

예비부모 경진 씨는 자신의 인스타그램에 "모르면 배워야지……!? 누가 좀 알려 주세요. 전문가의 도움이 필요합니다."라는 글과 함께 사진을 올렸다.

출산 후…….

눈도 못 뜨고 배시시 웃는 아이의 모습이 깨물어 주고 싶을 정도로 예쁘지만, 경진 씨의 현실은 10시간을 자도 깨지 못하는 게슴츠레한 눈과 몽롱한 정신, 고슴도치처럼 뻗쳐 버린 머리이다. 간밤에 아이는 유난히 보채면서 울고, 중간중간 배고프다 울고, 어떨 때는 옆에서 나는 작은 소리에도 깨서 놀랬다고 울어서 부모는 잠을 자도 잔 게 아니다. 미혼일 땐 업어 가도 모르게 곯아떨어졌는데, 이젠 아기 울음소리가 환청처럼 들려서 발딱 일어나는 자신을 보며 어이없어 한다. 경진 씨는 부모가 됐다.

아기는 누군가의 도움 없이는 살 수 없고, 완전한 돌봄을 기다린다. 이 돌봄은 먹이고 씻기고 입히는 등 생명 유지에 필수이며, 대부분 육체적 움직임을 필요로 하므로 양육자는 물리적으로 함께할 수밖에 없다. 자연히 다른 사건이나 사람이 낄 틈이 없다. 아기의 24시간 대기조가 되었는데, 이 돌봄은 당분간, 그것도 '매일 반드시 내가' 해야 할 '일'이 된다.

아기를 키우는 일은 매우 어렵고 '희생'이 필요한 일이라고 한다. 정말 어렵기만 한 일일까?

현대사회에서 부모는 부모됨에 대한 충분한 교육이 이루어지지 않은 상태로 부모가 되며, 조언자나 지지자 없이 임신과 출산, 양육 상황을 감당해야 한다. 더구나 맞벌이로 인해 부모-자녀의 접촉 시간이 절대적으로 부족한 사회적 조건은 부모로 하여금 부모역할에 대한 자신감 부족, 일관성 없는 양육태도로 인한 무능감에 빠지게 만들기도 한다.

현대사회는 어떤 분야의 일이든 많은 자격증이 요구된다. 그러나 요즘 보도되는 아동학대 · 살해 · 유기 등과 같은 비인간적인 사건을 보면 정작 한 인간의 인성과 미래를 결정하고, 더불어 사는 안정적인 공동체 분위기를 조성하는 데 가장 중요한 역할을 하는 부모가 됨에 있어서는 너무 느슨하고 관대한 기준을 가지고 있는 것은 아닌지 생각하게 된다. 생애 초기에 경험하는 부모–자녀 관계의 경험과 정서적 교류의 깊이는 성인기의 사회 적응에 중요한 요인으로 작용한다. 부모는 세상에서 최초로 맺는 인간관계이므로, 특히 영 · 유아가 건강하고 행복하게 양육될 수 있기 위한 부모교육이 필요하다. 출산 전, 이미 태아기부터 의존과 접촉의 대상이 되는 부모는 자녀의 생애에 지대한 영향을 미치는 중요한 사람이라는 점에서 예비 부모 교육의 필요성을 찾아볼 수 있다. 그렇다면 한 개인의 인생의 출발점이 되는 출산과, 부모로서 보다 효능적이고 안정적인 영아기 양육을 지향하고 자녀의 건강한 애착 형성에 기여할 수 있도록 돕기 위해 부모는 어떤 역할을 해야 할지에 대해 함께 생각해 보자.

부모역할은 언제부터 시작될까? 자녀를 출산하는 순간부터 부모역할이 시작된다고 생각할 수 있지만 부모역할이 자녀를 위한 모든 행동을 포함한다고 가정한다면 임신기간부터라고 할 수 있을 것이다. 우리나라는 태아를 하나의 인격체로 생각하여 태교의 중요성을 인지하고 태아의 심리적·정서적 안정에 힘썼다. 태아에 대한 이미지 형성을 통한 준비하기 단계인 태아기를 지나 영아기가 되면 양육하는 단계로 변화한다. 이 시기에 부모는 양육·보호자로서의 역할, 상호작용 대상자로서의 역할, 기본 신뢰감 형성의 조력자로서의 역할, 다양한 자극 제공자로서의 역할을 하게 된다. 하지만 부모역할은 자연스럽게 생겨나는 것이 아니므로 부모와 자녀 사이에 적절한 상호 관계 형성을 목적으로 하는 부모교육이 요구된다. 본 장에서는 부모역할 전이에 대한 심리적·정서적 준비를 바탕으로 자녀 발달단계에 대한 이해, 양질의 양육행동 및 기술 습득, 놀이를 통한 상호작용 등을 통합적으로 제공하는 태아기와 영아기 부모 양육기술 훈련 프로그램을 제공하고자 한다.

2. 이론적 배경

1) 애착

애착이란 양육자나 특별한 사회적 대상과 형성하는 친밀한 정서적 관계를 말한다. 생애 초기 부모와의 애착관계는 이후 자녀가 맺는 인간관계의 질을 예측하게 하며 자녀의 성장발달에도 중요한 영향을 미친다.

부모와 자녀의 정서적 유대는 자녀의 출생 이전 태아 때부터 시작된다. 임신기간은 태아의 신체적인 성장뿐만 아니라, 여성이 어머니로 변화하기 시작하는 시기로서 어머니로서의 역할을 확인하고 태아에 대한 정체감을 형성하기 시작하는 시기이다. 임부는 태아의 성장발달에 중요한 초기 환경이며, 태아에 대한 임부의 애착은 출생 즉시 자연적으로 이루어지는 것이 아니라 태아에 대한 현실감과 역동적인 신체적 · 정신적 사건의 결과로 형성되고, 임신, 출산의 전 과정을 통해 점진적으로 발전한다. 임신 초기부터 말기에 이르는 동안 임부는 태아에게 갖는 내적 환상과 전이를 적절하게 해석하고 현실화시키며, 태아와의 관계를 받아들이고 상호작용을 구체화시켜 나가게 되는데, 어머니가 표현한 즐거움, 긍지, 분노, 실망, 불안, 죄책감, 무관심 등과 같은 정서와 지각의 풍부성, 변화에 대한 개방성, 몰입의 강도, 일관성, 양육민감성 및 수용과 같은 특성에 따라 이후 영아의 애착안정성을 예측할 수 있다. 그러므로 이 시기에 형성되는 태아애착은 임신부의 심리적 건강 그리고 태아의 성장과 발달에 큰 영향을 미치기에 이를 향상시킬 수 있는 개입방법이 필요하다.

출산 후 애착은 시기별로 다음과 같은 발달과정을 거친다.

① 전 애착단계(출생~생후 6주)

- 낯가림이 없고, 대상에 상관없이 동일한 반응을 보인다.
- 방긋 웃거나 가만히 쳐다보거나 시선을 따라가는 반응을 보인다.

② 애착 형성단계(생후 6주~8개월)

- 친근하거나 낯선 이를 구분하지만 분리불안을 경험하지 않는다.
- 주 양육자(엄마나 아빠, 조부모 등)에게 다른 사람보다 더 많이 웃어 주거나 소리 내어 반응한다.
- 영아는 자신의 행동이 다른 사람에게 영향을 미친다는 것을 깨닫게 되고, 자신이 필요할 때 어머니가 언제든지 반응할 것이라는 신뢰감을 발달시키기 시작한다.

③ 애착단계(8~18개월)

- 애착대상에 대한 분리불안을 보이며, 애착 형성 대상자에게 적극적이다.
- 특정한 사람에게만 반응하는 경우가 잦고, 늘 그 사람과 같이 있고 싶어 한다.
- 애착이 형성되지 않은 상대에게 낯가림을 한다.

2) 발달단계 이해

영아기는 한 인간의 신체, 인지, 언어, 사회 및 정서 발달의 결정적인 시기로 가정에서의 적절한 양육은 전 생애를 통해 가장 중요한 인간발달의 기초를 형성한다. 뿐만 아니라 부모가 영아를 이 시기에 어떻게 양육하고 상호작용하느냐가 한 인간의 성격 형성과 발달에 중요한 요인이 되므로 영아기에 있어 부모의 역할은 매우 커다란 의미를 갖는다. 영아는 대부분 가정에서 양육되므로 부모는 가능한 한 영아의 발달에 좋은 본보기가 되고 적합한 환경을 마련해 줄 필요가 있다. 이러한 의미에서 부모가 영아에게 최초의 교사가 될 수 있도록 부모를 지원하고 적절한 정보를 제공하는 일은 반드시 필요하다. 하지만 부모의 많은 노력에도 불구하고 자녀의 입장에서는 부모의 돌봄과 사랑이 결핍으로 받아들여질 가능성이 증가하고 있다. 자녀의 입장에서가 아닌 부모의 욕구로부터 주어진 돌봄과 사랑의 표현은 결핍이 될 수 있다. 건강한 사랑은 부모가 자녀의 입장에서 민감성, 신속성, 정확성, 일관성을 가지고 자녀의 욕구에 속도와 리듬을 맞추어 반응해 주는 것이다. 그러므로 영아기 부모역할 훈련 프로그램은 부모됨의 의미와 양육자로서의 바람직한 역할, 인생의 토대가 되는 초기 양육의 중요한 가치에 대하여 성찰을 주고, 자녀의 초기 인생의 자연스런 발달과정을 이해하여 바람직한 양육을 제공할 수 있도록 방향을 제시해 도움을 줄 수 있다.

3. 프로그램의 목표

예비부모에게 부모역할 전이에 대한 심리적 · 정서적 준비를 바탕으로 자녀 발달단계에 대한 이해, 양질의 양육행동 및 기술 습득, 놀이를 통한 상호작용, 애착 형성 등을 통합적으로 제공하는 예비부모 양육기술 훈련 프로그램을 제공하고자 한다.

본 프로그램을 통해 달성하고자 하는 구체적인 목표는 다음과 같다.

첫째, 놀이를 통한 상호작용으로 애착 형성을 돕는다.
둘째, 발달단계에 적합한 양육기술을 습득할 수 있다.
셋째, 자신의 정서를 인식하여 양육 스트레스를 관리할 수 있다.

4. 프로그램의 구성

1) 개입 전략

(1) 놀이를 통한 상호작용 모델링

생애 초기 부모와의 애착관계는 이후 자녀가 맺는 인간관계의 질을 예측하게 하며 자녀의 성장발달에도 중요한 영향을 미친다. 하지만 부모는 그들 스스로 놀이를 해 본 경험이 없어 아이와 어떻게 놀아 주는 것이 적절한지 알기 어렵다. 놀이를 통한 상호작용 활동은 기본적으로 태아와 영아에게 다양한 감각운동적 자극을 제공하는 것을 내용으로 하고 있으며, 각 활동을 하면서 부모와 영아가 안정된 애착관계를 형성하게 된다. 그러므로 놀이를 통한 상호작용을 실제로 체험하는 경험을 통해 모델링할 수 있도록 돕는 것이 필요하다.

(2) 발달단계에 필요한 양육기술 경험

부모는 어린 아기를 양육하고 보호, 감독, 돌봄을 제공할 수 있으며 많은 위험과 스트레스 요인으로부터 영아를 보호한다. 이러한 양육은 영아의 생존과 행복을 위해 필수적이다. 또한 발달에 대한 지식을 많이 가진 부모일수록 바람직한 양육환경을 조성하면서 태아와 영아의 발달을 잘 도모할 수 있다. 그러므로 태아와 영아의 능력에 대한 정확한 지각을 통해 어머니의 민감성을 향상시키고, 영아의 발달 특성에 대한 정보를 제공하여 양육기술을 연습할 수 있는 기회를 프로그램 활동에 포함시켰다.

(3) 명상 훈련

부모역할 훈련은 자녀를 양육하는 데 필요한 지식과 정보를 제공하는 교육적 측면과 양육 실제에서 나타날 수 있는 개인적인 문제를 해결할 수 있도록 돕는 상담적 측면이 함께 고려되어야 한다. 태아기와 영아기의 양육과정에서 부모는 신체적 변화, 생활환경의 변화, 아이를 잘 양육해야 한다는 생각, 일과 양육을 병행해야 하는 상황 때문에 신체적으로 통증이나 피로감이 증가할 수 있고 심리적으로 스트레스나 부정적인 정서를 더 많이 느낄 수 있다. 부모가 스트레스 관리를 잘하지 못하면 부정적인 정서가 아이에

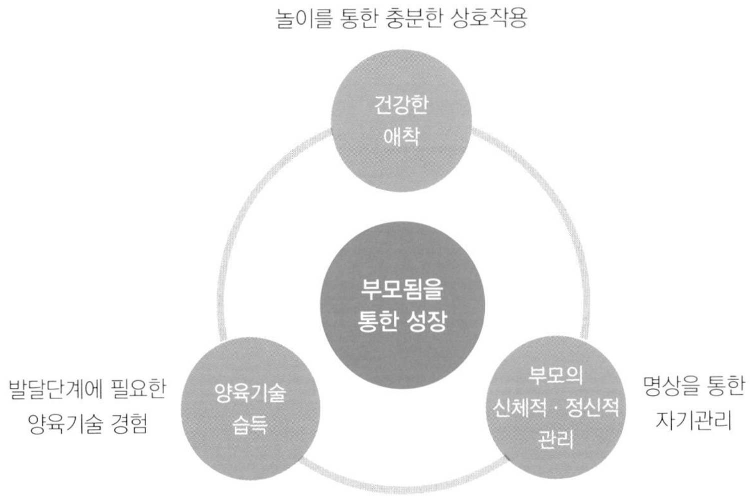

[그림 1-1] **'스타트 업' 모형**

게로 전달될 수 있고 건강한 애착 형성에 방해가 될 수 있다. 그러므로 부모가 신체적 · 심리적 어려움을 관리할 수 있는 능력이 필요하다. 그러므로 양육으로 인한 부모들의 스트레스 관리에 적절한 방법으로 명상 활동을 포함시켰다.

2) 구성 내용

프로그램의 목적과 목표를 이루기 위해 집단상담 프로그램을 6단계로 나누어 구성하였으며 각 단계의 구성 내용은 다음과 같다.

■ 제1단계: 신뢰감 형성단계(1회기)

1단계에서는 참여자 간 친밀감을 형성하고, '부모됨'에 대한 이야기를 나눔으로써 프로그램에 대한 기대감을 가지고 집단 참여의 동기를 높이고자 하였다.

■ 제2단계: 태내 애착단계(2~3회기)

2단계에서는 임신 준비~초기까지의 과정과 주의사항(2회기)에 대해 이해하고, 임신 중기~후기까지 임신부의 건강과 태아의 건강을 위한 주의사항(3회기)에 대하여 알아봄으로써, 임신과 동시에 부모역할이 시작됨을 인식하는 회기로 구성하였다.

■ 제3단계: 전 애착단계(4~5회기)

3단계에서는 신생아 발달에 대한 이해 및 양육기술을 실습(4회기)하고, 애착 형성의 중요성과 전 애착단계에 대해 이해하고, 신생아 정서 발달을 도울 수 있는 놀이를 경험(5회기)해 보는 회기로 구성하였다.

■ 제4단계: 애착 형성단계(6~7회기)

4단계에서는 애착 형성단계의 영아 발달에 대한 이해 및 양육기술을 실습(6회기)하고, 애착 형성단계의 특성과 부모역할에 대해 이해하고, 영아 정서 발달을 도울 수 있는 놀이를 경험(7회기)해 보는 회기로 구성하였다.

■ 제5단계: 애착단계(8~9회기)

5단계에서는 애착단계의 영아 발달에 대한 이해 및 양육기술을 실습(8회기)하고, 애착단계의 특성과 부모역할에 대해 이해하고, 영아 정서 발달을 도울 수 있는 놀이를 경험(9회기)해 보는 회기로 구성하였다.

■ 제6단계: 부모됨을 통한 성장단계(10회기)

6단계에서는 1회기부터 9회기까지 프로그램을 정리하며, 앞으로 미래의 내 모습을 구체화해 보는 회기로 구성하였다.

5. 프로그램의 운영지침

프로그램 운영지침은 다음과 같다.

첫째, 전체 10회기 프로그램으로 회기당 120분간 진행되며 일주일에 1회기씩 진행한다. 본 프로그램은 부모역할 훈련 프로그램으로 회기 진행 중에 아이와 상호작용하는 연습, 양육기술 연습 등을 충분히 하여 부모가 되었을 때 아이와 건강한 상호작용을 할 수 있게 하고 아이를 어떻게 기를지에 대한 두려움을 감소시키는 것이 필요하다.

둘째, 본 프로그램은 양육기술, 스트레스 대처방법, 아이와의 상호작용 방법을 꾸준하게 연습하게 하여 실제로 부모가 되었을 때 적절한 부모역할을 할 수 있게 하는 프로그램이다. 각 활동을 마칠 때마다 활동에 대한 소감, 새롭게 알게 된 것, 그동안 간접 경험을 통해 느꼈던 점 등을 충분히 이야기하면서 부모가 되는 것에 대한 막연함이나 두려움을 감소시킬 수 있도록 돕는 것이 필요하다.

셋째, 본 프로그램은 10차시로 구성되어 있으나 집단원의 특성을 고려하여 차시 구성을 탄력적으로 운영할 수 있다. 임산부가 있다면 과도한 신체활동은 다른 활동으로 대체할 수 있으며 회기 중간에 쉬는 시간을 가질 수 있다.

6. 프로그램의 내용

프로그램의 회기별 목표와 구체적인 내용은 다음과 같다.

단계	회기	주제	목표	활동
신뢰감 형성 단계	1	두근두근! 부모가 된대요	• 첫 만남에서의 긴장감을 완화하고, 참여자 간의 친밀감을 형성하며 집단 참여의 동기를 가진다. • 부모에 대해 자유롭게 이야기해 보며 생각해 보는 기회를 가지고 앞으로의 활동에 대한 기대감을 키운다.	• 도입 활동 –프로그램 목적과 내용 소개 • 전개 활동 –프로그램 진행 안내와 규칙 정하기 –별칭 짓기 및 자기소개 –부모에 대한 브레인스토밍 • 마무리 활동 –미니 병풍 만들기 및 소감 나누기
태내 애착 단계	2	꿈틀꿈틀! 신비로운 만남	• 임신과 동시에 부모역할이 시작됨을 이해한다. • 임신 준비와 임신 초기까지의 과정과 주의사항에 대해 안다.	• 도입 활동 –회기 소개 및 명상 • 전개 활동 –임신과 출산에 대한 동영상 보기 –임신 준비 과정 및 임신 초기에 대한 강의 –동요 듣고 따라 부르기 –동화책 읽기 –태명 짓기와 태담 나누기 • 마무리 활동 –미니 병풍 만들기 및 소감 나누기

	3	쑥쑥! 아가야, 건강하게 만나자	• 임신 중기부터 후반기까지 임신부의 건강과 태아의 건강을 위한 주의사항을 알고 실천할 수 있다. • 분만의 과정에 대해 이해하고 분만 시 도움이 되는 호흡법을 익힌다.	• 도입 활동 –회기 소개 및 명상 • 전개 활동 –임신 중기부터 후기까지에 대한 강의 –아버지 임신부 체험 –동요 듣고 따라 부르기 –아이방 꾸미기와 나누기 –동화책 읽기 –건강한 분만을 위한 운동과 호흡법 익히기 • 마무리 활동 –미니 병풍 만들기 및 소감 나누기
전 애착 단계	4	응애응애! 나 태어 났어요	• 신생아 발달을 이해하고 신생아 돌보기와 관련된 양육기술을 익힌다. • 신체접촉 활동을 통해 신체접촉에 대한 자신의 느낌을 알고 아이와의 원활한 신체접촉을 돕는다.	• 도입 활동 –회기 소개 및 명상 • 전개 활동 –신생아 돌보기에 대한 교육 및 실습 –동요 듣고 따라 부르기 –신체접촉에 대한 느낌 알기 –동화책 읽기 –베이비 마사지 연습 • 마무리 활동 –미니 병풍 만들기 및 소감 나누기
	5	초롱초롱! 눈맞춤 해요	• 애착 형성의 중요성과 전 애착단계에 대해 이해할 수 있다. • 신생아 정서 발달을 도울 수 있는 놀이를 경험해 본다.	• 도입 활동 –회기 소개 및 명상 • 전개 활동 –동요 듣고 따라 부르기 –애착의 중요성에 대한 강의 –동화책 읽기 –신생아 정서 발달을 도울 수 있는 놀이 • 마무리 활동 –미니 병풍 만들기 및 소감 나누기

애착 형성 단계	6	냠냠! 맛있게 먹어요	• 애착 형성단계의 영아 발달단계를 이해하고 이에 따른 양육기술을 익힌다. • 초기 이유식에 대해 알아보고 이유식을 만들 수 있다.	• 도입 활동 –회기 소개 및 명상 • 전개 활동 –동요 듣고 따라 부르기 –애착 형성단계의 영아 발달에 대한 강의 –동화책 읽기 –초기 이유식 만들기와 먹어 보기 –풀 그림 그리기 • 마무리 활동 –미니 병풍 만들기 및 소감 나누기
	7	반짝반짝! 신기한 세상	• 애착 형성단계의 특성을 알고 부모역할에 대해 이해한다. • 애착 형성단계의 영아 정서 발달을 돕기 위한 놀이를 경험해 본다.	• 도입 활동 –회기 소개 및 명상 • 전개 활동 –동요 듣고 따라 부르기 –애착 형성단계에 대한 강의 –나의 성격 이해하기 –동화책 읽기 –애착 형성단계의 정서 발달을 도울 수 있는 놀이 • 마무리 활동 –미니 병풍 만들기 및 소감 나누기
애착 단계	8	영차영차! 내가 해 볼래요	• 애착단계의 영아기 발달에 대해 이해한다. • 애착단계에 필요한 부모역할을 알아보고 양육기술을 익힌다.	• 도입 활동 –회기 소개 및 명상 • 전개 활동 –동요 듣고 따라 부르기 –애착단계의 영아 발달에 대한 강의 –동화책 읽기 –애착인형 만들기 • 마무리 활동 –미니 병풍 만들기 및 소감 나누기

	9	동글동글! 같이 놀아요	• 애착단계의 특성을 알고 부모역할에 대해 안다. • 애착단계의 정서 발달을 돕기 위한 놀이를 경험해 본다.	• 도입 활동 –회기 소개 및 명상 • 전개 활동 –동요 듣고 따라 부르기 –애착단계에 대한 강의 –동화책 읽기 –애착단계의 정서 발달을 도울 수 있는 놀이 • 마무리 활동 –미니 병풍 만들기 및 소감 나누기
부모 됨을 통한 성장 단계	10	으쓱으쓱! 멋진 부모가 될 수 있어요	• 프로그램을 정리하며, 미래 부모로서의 내 모습을 구체화한다.	• 도입 활동 –회기 소개 및 명상 • 전개 활동 –미니 병풍 완성하기 –축복하기 • 마무리 활동 –프로그램 전체 소감 나누기

1회기 두근두근! 부모가 된대요

활동지도안	
활동 목표	• 첫 만남에서의 긴장감을 완화하고, 참여자 간의 친밀감을 형성하며 집단 참여의 동기를 가진다. • 부모에 대해 자유롭게 이야기해 보며 생각해 보는 기회를 가지고 앞으로의 활동에 대한 기대감을 가지게 할 수 있다.
준비물	필기구, 이름표, 활동지 1-1, 포스트잇, 미니 병풍 만들기 재료
단계	진행절차
도입 (20분)	▶프로그램의 목적과 내용 소개 여러분 안녕하세요? 저는 태아기와 영아기 자녀를 둔 부모를 돕기 위한 부모역할 훈련 프로그램을 진행하게 된 ○○○입니다. 여러분은 지금 임신을 하신 분도 계시고 임신을 계획하고 계신 분도 있을 거예요. 부모가 된다는 것은 신비롭고 기쁜 일이긴 하지만 임신기간 동안 어떻게 지내야 할지, 아이가 태어나면 부모로서 어떤 역할을 해 줘야 할지 궁금함이 많이 생길 것입니다. 제 주변에도 아이를 가져 기쁘기도 하지만 어떻게 해야 좋은 부모가 되는 것일까에 대한 고민을 하는 사람이 많이 있습니다. 또한 아이를 가진다고 해서 바로 부성애나 모성애가 생기는 것은 아닌 것 같습니다. 육아와 관련된 방송 프로그램에서 어린 자녀를 키우는 엄마의 '아이를 가진다고 해서 바로 모성애가 생기는 것은 아니더라.'라는 인터뷰 내용이 생각납니다. 임신이라는 것이 분명히 축복과 같이 감사하고 기쁜 일이긴 하지만 임신으로 인해 경험하게 될 변화는 부부에게 스트레스가 될 수도 있을 것입니다. 그래서 오늘부터 하는 이 프로그램은 임신기간 동안, 또 영아기를 보내는 동안 아이와 관계를 맺는 방법, 양육기술, 부모 자신의 스트레스 관리 등을 익혀 부모역할 수행에 도움이 되고자 합니다. 또한 이러한 과정을 통해 부부 서로를 이해하고 이해를 바탕으로 서로 배려하는 마음을 가질 수 있을 것이라 기대합니다. 우리 프로그램은 꾸준한 체험과 연습을 통해 아이와 상호접촉하는 방법을 몸으로 익힐 수 있게 하려 합니다. 아이와 상호접촉을 하는 것은 우리가 한 번도 해 보지 않은 일이고 그래서 익숙하지 않으면 아이와 상호접촉을 하면서 건강한 애착 형성을 하는 것을 방해할 수도 있을 것입니다. 스마트폰으로 동요도 들을 수 있고 동화책도 볼 수 있지만, 아이에게는 화려하지는 않지만 엄마 아빠의 사랑의 마음이 담긴 따뜻한 목소리로 들려주는 동요나 동화를 따라 올 수 없고, 엄마 아빠와 함께하는 놀이가 아이를 웃게 하고 행복하게 할 것입니다. 이 프로그램을 통해 한 개인에서 부모로 성장하는 기회를 가질 것이라 기대합니다.

<table>
<tr>
<td>전개
(70분)</td>
<td>

▶ 활동 1-1. 프로그램 진행 안내와 규칙 정하기

오늘부터 시작하게 될 프로그램은 여러 사람이 함께하기 때문에 여러분이 프로그램에 참여한 목적을 이루기 위해서는 지켜야 할 규칙이 있습니다.

〈활동 내용〉 **활동지 1-1**

① 프로그램 시작 일시, 마치는 일시 및 주별 진행 시간을 안내한다.

② 되도록 모든 프로그램에 참여할 수 있도록 독려한다. 부득이한 사정으로 결석을 해야 할 경우에 대한 안내를 한다.

③ 프로그램의 원활한 진행을 위해 참가자들이 지켜야 할 규칙이 있음을 안내하고 활동지를 활용하여 규칙을 정하고 서약을 함으로써 프로그램에 성실히 참여할 수 있게 한다.

이제 우리가 프로그램에서 지켜야 할 약속도 정하고 프로그램에 성실하게 참여하고자 서약도 하셨습니다. 앞으로의 시간이 여러분들에게 행복한 시간이 될 것이라 기대합니다.

▶ 활동 1-2. 별칭 짓기 및 자기소개

자, 지금부터는 별칭을 짓고 자기를 소개해 보는 시간을 갖겠습니다. 별칭은 이 프로그램에 참여하는 동안 불릴 이름입니다.

〈활동 내용〉

① 별칭은 자신이 되고 싶은 부모상을 생각해 보고 그와 관련된 단어로 지을 수 있게 안내한다(예: '나는 따뜻한 부모가 되고 싶다.'라는 부모상과 관련하여 '봄'이라는 별칭을 지을 수 있다).

② 별칭 짓기가 끝나면 별칭의 의미와 함께 별칭을 소개하면서 자기를 소개하는 시간을 가진다.

별칭과 함께 여러분들의 소개를 들어 보니 저도 여러분이 더 잘 이해됩니다. 이 프로그램을 마칠 때쯤이면 지금 생각하시는 대로 원하는 부모의 모습을 갖추게 될 것이라 기대합니다.

▶ 활동 1-3. '부모'에 대한 브레인스토밍

지금부터는 우리가 앞으로 부모가 되기 위한 연습을 하게 되는데 이에 앞서 부모에 대해, 또 부모가 된다는 것에 대해 생각을 자유롭게 이야기해 보는 시간을 가지면서 부모에 대해, 부모가 된다는 것에 대해 생각해 보는 시간을 가지도록 하겠습니다.

〈활동 내용〉

① 포스트잇을 나누어 주고 '부모' '부모가 된다는 것' 하면 떠오르는 생각들을 자유롭게 기록하게 한다.

</td>
</tr>
</table>

	② 기록하기가 끝나면 참가자들이 돌아가면서 자신이 기록한 것을 발표하고 비슷하게 기록한 것들을 모아 칠판에 붙이기를 한다. ③ 분류작업이 끝나면 이 작업을 하면서 들었던 생각에 대해 자유롭게 이야기하는 시간을 가진다. ④ 소감을 나눈다(부모에 대한 브레인스토밍을 해 봄으로써 출산을 앞둔 참여자의 마음을 자연스럽게 이야기 나눌 수 있도록 유도한다. 부모가 되는 것에 대한 기대감도 있지만 어떻게 해야 할지에 대한 막막함도 있을 것이다. 소감을 나누는 시간을 통해 참여자들의 이러한 마음들을 충분히 나누도록 한다). 부모라는 이름에 대한 생각을 나누어 보는 시간을 가졌는데요. 어떠하셨나요? 우리의 부모님들을 다시 한 번 생각해 보는 계기가 되기도 하고, 나는 어떤 부모가 되고 싶은지에 대한 생각도 들었으리라 생각됩니다.
마무리 (30분)	▶ 미니 병풍 만들기 및 소감 나누기 이제 오늘을 마무리하는 활동을 하겠습니다. 우리는 이 프로그램에 참여하면서 한 개인에서 부모로 성장하는 경험을 하게 됩니다. 그러한 과정을 하나의 상징물로 남기기 위해 한 회기가 끝날 때마다 새롭게 알게 되었거나 깨달은 것, 간단한 소감, 또는 나의 다짐 등을 기록하는 시간을 가지도록 하겠습니다. 〈활동 내용〉 ① 10면 미니 병풍을 만들 수 있는 재료를 나누어 준다. ② 10면 미니 병풍을 만들고 한 회기를 마칠 때마다 그날의 소감이나 나의 다짐, 미래의 아이에게 보내는 편지 등을 자유롭게 한 면에 기록하게 한다(미니 병풍을 한 면 한 면 채워 나가면서 자신이 개인에서 부모로 성장하고 있음을 느끼게 하는 활동이라 할 수 있다. 미니 병풍에 기록하기에 앞서 잠시 생각하는 시간을 주는 것도 도움이 될 수 있다). ③ 기록한 내용을 나누면서 한 회기를 마무리한다. ④ 다음 시간 활동을 위해 자신의 태명과 부모님들이 들려준 태담에 대해 알아보고 올 수 있게 한다. 이것으로 모든 활동을 마치겠습니다. 수고하셨습니다. 다음 시간에는 **'꿈틀꿈틀! 신비로운 만남'**이라는 주제로 임신 준비부터 임신 초기까지의 과정에 대해 알아보고 그 시기의 부모역할에 대해 배워 보는 시간을 가지도록 하겠습니다. 다음 시간에 뵙겠습니다.
유의점	• 집단원들이 편안한 마음으로 참여할 수 있도록 신뢰할 수 있고 허용적인 분위기를 조성한다. • 참가자 중 임산부가 있다면 몸에 무리가 가지 않게 배려한다. • 소감 나누기 시간에 집단원들이 마음을 충분히 나눌 수 있게 한다.

Smart Map 우리들의 약속

우리는 스타트업 부모역할 훈련 프로그램에 참여하면서
프로그램의 원활한 진행과 '부모됨으로의 성장'이라는
목표를 이루기 위해 다음과 같이 약속합니다.

1. 프로그램에 빠지지 않고 모두 참석하겠습니다.

2. 나와 참가자들이 함께 성장하기 위해 서로 지지하겠습니다.

3. 프로그램에서 나눈 이야기는 다른 사람에게 옮기지 않겠습니다.

4.

5.

20　　년　　월　　일

참가자　　　　　　(인)

활동지도안	
활동 목표	• 임신과 동시에 부모역할이 시작됨을 이해한다. • 임신 준비와 임신 초기까지의 과정과 주의사항에 대해 안다.
준비물	동영상, 동요 가사, 동요 음원, 동화책, 활동지 2-1, 미니 병풍
단계	진행절차
도입 (20분)	▶지난 회기 돌아보기와 이번 시간 안내 한 주 동안 잘 지내셨나요? 지난주 프로그램에 참여하시고 어떠하셨는지 궁금하네요. 오늘은 임신과 출산, 임신 준비 과정, 임신 초기 동안의 생활과 주의사항에 대해 알아보는 시간을 갖겠습니다. 〈활동 내용〉 ① 인사하고 지난 회기를 간단하게 정리해서 돌아보고 지난 회기 참가 후 한 주 동안의 생활에 대해 이야기를 나눈다. ② 이번 시간의 활동에 대해 안내한다. ▶ 마음 열기-호흡 명상 연습하기 임신기간 동안 엄마의 건강과 아이의 건강은 밀접한 관계가 있습니다. 그래서 만약 임신 중에 엄마가 과도한 스트레스를 받게 되면 그 영향이 그대로 아이에게도 전달이 됩니다. 그리고 수정란이 자궁에 착상하고 세포 분열을 하는 등 태아가 자라는 데는 산소가 절대적으로 필요합니다. 임신부의 스트레스 수준을 낮추고 산소의 공급을 도와주는 노력이 필요한데 그 방법으로 호흡 명상을 들 수 있습니다. 오늘 호흡 명상을 연습해 보고 평소에도 잠깐의 시간을 내어 틈나는 대로 호흡 명상을 연습할 수 있었으면 합니다. 〈활동 내용〉 강의자료 2-3 ① 호흡 명상에 대해 안내한다. ② 명상에 도움이 되는 음악을 준비하여 호흡 명상을 10분 정도 실시하고 소감을 나눈다. ③ 일상생활에서도 꾸준히 호흡 명상을 실시하여 스트레스를 관리할 수 있게 격려한다. ④ 소감을 나눈다(명상을 하면서 느낀 점, 오늘 활동에 대한 생각 등을 나눈다. 각 활동 마지막에 소감을 나누는 시간을 통해 참여자들의 마음을 충분히 이야기할 수 있게 한다. 이러한 과정을 통해 참여자들이 가질 수 있는 기대감이나 불안함, 막연함 등의 역동을 충분히 나눌 수 있게 한다).

	호흡 명상을 연습해 보았습니다. 일상생활에서도 호흡 명상을 통해 스트레스를 해소할 수 있게 도움을 받으시길 바랍니다. 스트레스 관리에 명상의 효과는 이미 많이 입증되었습니다. 아이를 키우다 보면 나도 모르게 짜증이나 화가 나기도 하고 그러다 보면 아이에게 짜증을 내게 되기도 합니다. 그러고 나서는 후회를 하기도 하는데요. 이러한 행동은 아이의 정서 발달에 좋지 않은 영향을 미치게 됩니다. 평소에 꾸준히 명상으로 스트레스를 다스리는 방법을 익혀 놓으면 아이를 키우면서 경험하게 되는 스트레스 관리에 도움이 될 것입니다. 그래서 앞으로 프로그램이 진행되는 동안 명상을 연습하도록 하겠습니다. 집에 돌아가셔서도 하루에 10분 정도 명상을 연습하시기를 바랍니다.
전개 (80분)	▶ 활동 2-1. 임신과 출산에 대한 동영상 보기 사람들은 흔히 임신과 출산은 신비롭고 경이로운 일이라고 말합니다. 그렇다면 왜 그 과정이 신비롭고 경이로운 일이라고 말하는지 다음 동영상을 보면서 느껴 보는 시간을 갖도록 하겠습니다. 〈활동 내용〉 ① 출산 관련 동영상을 시청한다. ② 동영상 시청 후 소감을 나눈다(소감 나누기 시간에는 참여자들이 출산에 대해 가지고 있는 마음을 충분히 이야기할 수 있게 한다). 동영상도 보고, 서로의 느낀 점도 나누어 보았습니다. 임신과 출산의 과정을 신비롭고 경이로운 일이라고 표현하는 이유를 충분히 느껴 보는 시간이었으리라 생각됩니다. ▶ 활동 2-2. 임신 준비 과정 및 임신 초기에 대한 강의 앞에서 보신 것처럼 임신과 출산은 아주 중요한 과정이기에 건강하고 행복한 임신 기간을 보내기 위해 임신 전에 준비 과정이 필요합니다. 그래서 이번 시간에는 임신 전 준비 과정에 대해 알아보도록 하겠습니다. 〈활동 내용〉 강의자료 2-1 강의자료 2-2 ① 임신 전 준비 과정 및 임신 초기에 대한 강의를 한다. ② 소감을 나눈다(자신이 알고 있었던 것이나 새롭게 알게 된 것, 주변에서 임신을 준비하는 사람을 보면서 느꼈던 것, 지금 출산을 준비하고 있다면 궁금한 것은 무엇인지, 배우자에게 바라는 마음 등에 대해 나눌 수 있게 한다. 이러한 과정을 통해 참여자들과 동질감을 느끼고 집단에서 안정감을 느끼게 된다). 임신 전 준비 과정과 임신 초기 과정에 대해 알아보았습니다. 임신기간 동안의 엄마의 건강이 아이의 건강과 밀접한 관계가 있고, 아이가 건강한 태내기 생활을 거쳐 건강하게 태어날 수 있도록 돕는 것이 부모의 역할이고 임신을 계획함과 동시에 부모의 역할이 시작됨을 알게 되었습니다.

▶ 활동 2-3. 동요 듣고 따라 부르기

아이에게 동요를 불러 주고 동화를 읽어 주는 것은 아이의 성장에 좋은 영향을 미치게 됩니다. 그렇지만 막상 하려고 하면 어색하기도 하고 실천하기 어려운 일 중에 하나라고 합니다. 편리함에 무심코 스마트폰의 동영상을 보여 주는 경우가 많습니다. 그러나 스마트폰의 지나친 자극은 아이에게 좋지 않은 영향을 미치므로 가능하면 24개월까지는 스마트폰의 동영상을 보여 주지 않는 것이 좋습니다. 또한 스마트폰에서 흘러나오는 성우의 목소리보다 사랑이 가득 담긴 엄마 아빠의 목소리가 아이의 성장에 훨씬 좋은 영향을 미침을 기억하셨으면 합니다. 그래서 프로그램이 진행되는 동안 같이 노래도 불러 보고 동화책도 읽어 보는 시간을 가지겠습니다.

동요를 부르는 것은 단순히 아이의 청각을 자극하는 것뿐 아니라 언어 발달, 수학적 이해, 추상적 사고 등에도 좋은 영향을 미칠뿐더러 정서적으로도 굉장히 좋은 영향을 미칩니다. 또한 부모가 함께 동요를 부름으로써 서로 간의 애정을 확인하는 기회가 되어 관계가 더욱 돈독해지는 계기가 될 수 있습니다.

Tip

자극적인 멜로디와 선정적인 가사로 만들어진 대중가요보다는 아이들의 시선에 맞게 만들어진 동요가 아이들에게 훨씬 더 좋은 영향을 미칩니다. 정확한 음정과 가사로, 간단한 동작이나 율동과 함께 리듬감 있게 불러 주시기를 추천합니다.

〈활동 내용〉

① 발달단계에 맞는 동요를 같이 불러 본다.

② 짝을 지어 부모와 아이 역할을 해 보며 발달단계에 맞는 동요를 불러 보고 듣는 경험을 한다.

③ 소감을 나눈다(아동기 이후 거의 처음 동요를 불러 보는 것에 대한 어색함, 아이에게 동요를 불러 주는 상상을 해 봄으로 인한 즐거움 등에 대해 이야기 나눌 수 있게 한다).

동요를 불러 보니 어떠신가요? 처음에는 많이 어색하기도 하겠지만 꾸준히 연습하면 자연스럽게 아이에게 노래를 불러 줄 수 있을 것입니다.

▶ 활동 2-4. 동화책 읽기

이제는 동화책을 읽어 보는 시간을 가지겠습니다. 아기는 사물을 만져 보고, 먹어 보고, 떨어뜨려 보는 등의 체험을 통하여 가장 많이 배울 수 있습니다. 아기가 새로운 것을 경험하고 이해하는 데 직접적인 방식이 효과적이기는 하지만 시각을 통한 경험도 교육적 효과가 있습니다. 동화책 읽기의 효과는 신생아 시기부터 아기의 눈을 즐겁게 하고 세상을 간접적으로 경험하게 하는 중요한 매체일 뿐만 아니라 사물과 단어의 연결을 통한 언어 발달, 이야기를 통한 원인과 결과의 이해, 부모의 목소리를 통한 청각적 훈련 등이 있습니다. 동화책은 청각이 발달되는 태아기부터 읽어 줄 수 있습니다. 특히 낮은 톤의 아빠 목소리는 태아의 정서 발달에 많은 도움을 준다고 합니다.

태아 때부터 동화책을 읽어 주고 태담을 나누면서 태아와의 연결감을 형성하는 것이 좋습니다. 출생 후에는 발달단계에 맞게, 색깔의 구별이 어려운 신생아 시기에는 윤곽이 뚜렷한 굵은 선의 흑백 그림책이, 백일이 갓 지난 아기에게는 밝은 삼원색으로 그린 큰 그림들이 있는 그림책이 적절합니다. 동화책을 읽어 주면서 '이건 빨간 사과란다.'라는 식으로 이야기해 주면, 아기는 단어의 뜻은 이해하지 못해도 그림에 눈이 끌리게 되고, 나중에는 부모의 목소리로 말한 단어와 그림도 연결할 수 있게 됩니다.

〈활동 내용〉

① 짝을 지어 부모와 아이 역할을 해 보며 발달단계에 맞는 동화책을 읽어 보고 듣는 경험을 한다.

② 소감을 나눈다.

Tip

아기가 집중할 수 있는 시간은 1세 이전에는 5분, 2세에는 7분 정도이며, 같은 것을 보여 주는 것은 좋지만 한번에 오랫동안 보여 주는 것은 효과가 떨어집니다.

▶ 활동 2-5. 태명 짓기와 태담 나누기

제가 여러분에게 여러분의 태명과 태몽, 뱃속에 있을 때 우리 부모님들은 어떤 이야기를 해 주셨는지 알아보는 시간을 가지시기를 부탁드렸는데 한 주 동안 부모님들과 이야기 나눠 보셨나요? 우리의 부모님들이 우리를 가지셨을 때의 마음을 많이 느껴 보시는 시간이었을 거라 생각됩니다. 우리 부모님들이 우리에게 그러하셨듯이 아이를 사랑하는 마음을 가득 담아 태명을 지어 보시고 소개하는 시간을 가지도록 하겠습니다.

〈활동 내용〉 **활동지 2-1**

① 참여자들의 태명과 태담에 대해 이야기를 나누고 느낀 점을 나눈다.

② 태명을 짓고 태명에 담긴 의미와 마음을 태명과 함께 소개한다.

③ 태명을 불러 보며 태담을 나누어 본다.

④ 소감을 나눈다.

태명으로 아이를 불러 보고 태담을 나누어 보니 어떠셨나요? 태내기부터 아이에게 이름을 불러 주고 이야기를 나누는 시간을 통해 아이와 부모님들이 교감하는 기회를 가질 수 있을 것이라 생각됩니다.

Tip

태담 태교를 할 때에 배를 쓰다듬는 것보다는 손을 가만히 배 위에 얹어 놓고 이야기하는 것이 더 효과적입니다. 자궁 안은 조용하지 않은 데다 배를 쓰다듬으면서 말까지 하게 되면 소리가 더 섞여 태담 전달에 방해가 될 수 있습니다.

마무리 (20분)	▶ 마무리 이제는 오늘을 마무리하는 활동을 하겠습니다. 우리는 이 프로그램에 참여하면서 한 개인에서 부모로 성장하는 경험을 하게 됩니다. 그러한 과정을 하나의 상징물로 남기기 위해 한 회기가 끝날 때마다 새롭게 알게 되었거나 깨달은 것, 간단한 소감, 또는 나의 다짐 등을 기록해 보기로 하겠습니다. 〈활동 내용〉 ① 1회기에 만든 미니 병풍을 나누어 준다. ② 미니 병풍의 두 번째 면을 기록한다. ③ 기록한 내용을 나누면서 한 회기를 마무리한다. 오늘은 이것으로 모든 활동을 마치겠습니다. 다음 시간에는 '**쑥쑥! 아가야, 건강하게 만나자**'라는 주제로 임신 중기와 후기에 대해 알아보고, 그 시기 부모역할에 대해 배워 보는 시간을 가지도록 하겠습니다. 수고하셨습니다.
유의점	• 집단원들이 편안한 마음으로 참여할 수 있도록 신뢰할 수 있고 허용적인 분위기를 조성한다. • 참가자 중 임산부가 있다면 몸에 무리가 가지 않게 배려한다. • 명상이 특정한 종교와 연결되지 않도록 한다. • 소감 나누기 시간에 집단원들이 마음을 충분히 나눌 수 있게 한다.

Smart Map 건강한 임신 준비

1. 부부가 임신을 계획할 때 임신 계획 3~4개월 전에 부부가 건강검진을 하는 것이 좋다. 건강검진을 통해 부부의 건강 상태를 체크하고 위험 요소가 있다면 전문의와 상담을 하는 것이 좋다. 엄마는 부인과 관련 건강을 체크한다. 또한 임신 중에는 치과 치료가 어렵기 때문에 임신 전에 치과 치료를 미리 하는 것이 좋다.
2. 건강한 식습관을 가지는 것이 좋다. 건강에 방해가 되는 음식은 피하는 것이 좋다. 엽산을 섭취하는 것이 도움이 된다. 아이의 기형 유발에 영향을 줄 수 있는 약물 섭취에 주의해야 한다.
3. 아빠는 과도한 운동을 삼간다. 신체적인 스트레스를 받으면 정자의 생성이나 활동에 좋지 않은 영향을 미친다. 운동은 주 5회 이하, 한 번에 한 시간이 넘지 않도록 하며 유산소 운동이 도움이 된다.
4. 부모의 마음 건강은 아이에게도 많은 영향을 미치므로 부모의 마음 건강 관리가 필요하다.

Tip

여기에서는 육아서가 아니므로 자세한 사항을 기록하지 못하지만, 강사가 집단원의 특성에 따라 강의자료를 구성할 수 있습니다. 강의자료는 각종 육아서, 검색 사이트, 동영상을 활용할 수 있습니다.

Smart Map 임신 초기(0~12주)

1. 임신 초기에는 호르몬의 변화로 인해 몸 상태가 달라진다. 특히 피로감을 많이 느끼게 되는데 수면시간을 1~2시간 정도 늘리되 규칙적인 생활을 통한 컨디션 조절이 필요하다.

   집안일은 한꺼번에 많은 일을 하지 않도록 한다. 배에 압박을 주거나 찬물에 손을 담그는 것, 자극이 강한 세제를 사용하는 것, 무거운 것을 드는 일 등은 하지 않는 것이 좋다. 남편과 집안일을 분담하는 것이 좋다. 또한 호르몬 변화로 인해 감정적인 변화가 잦을 수 있다. 엄마와 아빠 모두 이러한 변화가 정상적인 반응임을 인지하고 대처할 수 있는 능력을 기르는 것이 중요하다. 그래서 본 프로그램에서는 명상을 통한 스트레스 관리를 제시하고 있다.

2. 임신을 하게 되면 분비물이나 땀이 많이 나므로 청결 유지에 주의를 기울인다. 가벼운 샤워가 도움이 된다. 뜨거운 물 사용은 태아의 신경계와 산모의 혈압에 영향을 미치므로 주의한다. 또한 임신 중에는 피부가 건조해지므로 샤워 후 보습제를 발라 주는 것이 좋다.

3. 임신 중에도 건강한 식습관을 가지는 것이 중요하다. 술이나 담배, 카페인의 섭취를 줄인다. 임신 초기에는 태아의 중추신경계와 각 신체기관이 형성되기 때문에 약물은 태아에게 치명적인 영향을 미칠 수 있으므로 주의를 요한다. 약물을 섭취해야 한다면 전문의와 상담을 요한다.

4. 적당한 운동과 마사지를 통해 건강을 유지한다.

5. 임신을 했다고는 하지만 아직 태동도 느껴지지 않고, 그래서 태아에 대한 애착보다는 신체적 · 심리적 변화로 인한 스트레스가 증가할 수 있는 시기이다. 그러나 이 순간에도 아이는 엄마와 연결되어 엄마의 신체적 · 심리적 건강에 영향을 받을 수 있음을 기억하고 태아가 건강하게 자랄 수 있게 노력하는 것이 이 시기 부모의 역할이다. 엄마의 노력도 중요하지만 아빠도 엄마가 안정적인 생활을 할 수 있게 배려하는 것이 아빠의 역할이라 할 수 있다.

Smart Map 호흡 명상

호흡 명상이란?

명상이란 현재의 마음을 알아차리는 것으로, 자유롭고 행복한 삶을 위한 마음의 힘을 만드는 기술이라 할 수 있다. 원래는 동양의 종교에서 수행법으로 사용되었지만 서양에서는 심리치료에 다양하게 활용되고 있으며 그 효과성이 입증되고 있다. 근래에는 명상이 스트레스를 관리하는 데 좋은 방법으로 여겨지고 있다. 하루에 10분 정도의 짧은 시간을 투자하여 마음 건강을 챙길 수 있는 유용한 방법이다. 사람들은 종종 아무 생각 없이 쉬어 봤으면 좋겠다고 말한다. 그만큼 끊임없는 생각이 우리의 스트레스원이라 할 수 있다. 명상은 생각을 내려놓는 데 도움을 준다. 특히 호흡에 집중하는 호흡 명상이 많은 도움이 된다. 자세를 바로잡고 깊은 호흡을 하면서 호흡을 하는 과정에 집중하면 내 머릿속에서 일어나는 생각은 나에게 잠시 머물렀다가 지나가는 경험을 할 수 있을 것이다. 또한 태아의 세포 분열이 왕성하게 일어나는 임신 초기에는 산소가 많이 필요한데 몸을 이완시키고 깊은 호흡을 하는 것은 몸에 산소를 공급하는 데 도움이 된다.

호흡 명상 방법

1. 척추를 바로 세우는 자세를 취한다. (바닥에 앉아 편하게 양반다리를 할 수도 있고 의자에 앉아 할 수도 있다. 누워서도 할 수 있다. 자신이 취할 수 있는 가장 편한 자세를 취하면 된다. 그러나 척추는 반드시 바로 세워야 한다.)
2. 몸에 힘을 빼고 명상에 도움이 되는 음악을 준비하는 것도 도움이 된다.
3. 호흡이 들어오고 나가는 과정을 충분히 느끼고 그 느낌에 집중한다. 이때 떠오르는 생각이나 감정, 느낌에 대해서 어떠한 판단을 하지 말고 '생각' '느낌' '감정'이라고 이름을 붙여 주고 다시 호흡에 집중한다. 이렇게 하면 부정적인 생각, 느낌, 감정에서 빨리 벗어날 수 있다.

4. 10분 정도 호흡 명상을 한다.

아이를 낳고 아이가 어느 정도 성장하기까지 엄마가 자신만의 시간을 가지며 스트레스를 해소하기란 쉽지 않다. 그러나 아이를 키우는 것은 심리적·신체적으로 스트레스를 동반하는 일이다. 적절하게 스트레스를 다스리지 못하면 아이에게 부정적인 영향을 미칠 수 있다. 그래서 아이가 잠든 동안 짧은 시간을 이용하여 명상을 하며 스트레스에 대처할 수 있다. 명상에 익숙해지면 부정적인 생각이나 감정이 느껴지는 순간순간을 알아차리고 다스릴 수 있게 된다. 설사 그렇게 되지 않는다 하더라도 깊은 날숨은 마음을 안정시켜 주는 데 큰 도움이 된다.

활동지 2-1

Smart Map

안녕 ○○아!!

우리 부부의 사랑으로 우리에게 찾아온 천사 같은 아이에게 예쁜 이름을 지어 주세요.

3회기 쑥쑥! 아가야 건강하게 만나자

활동지도안	
활동 목표	• 임신 중기부터 후기까지 임신부의 건강과 태아의 건강을 위한 주의사항을 알고 실천할 수 있다. • 분만의 과정에 대해 이해하고 분만 시 도움이 되는 호흡법을 익힌다.
준비물	동요 가사 및 음원, 동화책, 임신 체험복, 콜라주 재료, 활동지 3-1, 미니 병풍
단계	진행절차
도입 (20분)	▶지난 회기 돌아보기와 이번 시간 안내 한 주 동안 잘 지내셨나요? 지난주 프로그램에 참여하시고 어떠하셨는지 궁금하네요. 〈활동 내용〉 ① 인사하고 지난 회기를 간단하게 정리해서 돌아보고 지난 회기 참가 후 한 주 동안의 생활에 대해 이야기를 나눈다. ② 이번 시간의 활동에 대해 안내한다. ▶마음 열기-바디스캔 명상 연습하기 엄마들은 임신기간 동안 몸이 변하면서 신체적인 통증을 느끼는 곳도 많고 심리적으로 스트레스도 많이 받을 수 있습니다. 몸이 무거워지면서 근육통이 생기기도 합니다. 그래서 이번 시간에는 신체를 이완시켜 통증을 덜어 주는 데 도움이 되는 바디스캔 명상을 연습해 보겠습니다. 〈활동 내용〉 강의자료 3-1 ① 바디스캔 명상 지시문과 명상음악을 준비한다. ② 명상 자세를 취하게 하고 바디스캔 명상 지시문을 활용하여 바디스캔 명상을 연습한다. ③ 명상을 해 본 소감을 나눈다(명상을 하면서 느낀 점, 오늘 활동에 대한 생각 등을 나눈다. 각 활동 마지막에 소감 나누는 시간을 통해 참여자들의 마음을 충분히 이야기할 수 있게 한다. 이러한 과정을 통해 참여자들이 가질 수 있는 기대감이나 불안함, 막연함 등의 역동을 충분히 나눌 수 있게 한다). 이상 명상을 통해 신체를 이완하고 마음을 이완하는 연습을 하였습니다. 집에 돌아가셔서도 틈틈이 연습하셔서 도움을 받으시길 바랍니다.

<table>
<tr>
<td>전개
(80분)</td>
<td>
▶ 활동 3-1. 임신 중기부터 후기까지에 대한 강의
이번 시간에는 임신기간 동안 태아의 성장과 임신부의 몸과 마음의 변화, 엄마의 건강이 아이의 건강과 어떤 관련이 있는지, 임신기간 동안 엄마와 아이의 건강을 위해 부모들이 어떻게 해야 할지 알아보는 시간을 가지겠습니다.

〈활동 내용〉 강의자료 3-2
① 임신 중기 및 후기 과정에 대한 강의를 한다.
② 소감을 나눈다(자신이 알고 있었던 것이나 새롭게 알게 된 것, 주변에서 임신을 준비하는 사람을 보면서 느꼈던 것, 지금 출산을 준비하고 있다면 궁금한 것은 무엇인지, 배우자에게 바라는 마음 등에 대해 나눌 수 있게 한다. 이러한 과정을 통해 참여자들과 동질감을 느끼고 집단에서 안정감을 느끼게 된다).

이상에서 임신 중기부터 후기까지에 대해 알아보았습니다. 엄마가 많은 변화를 겪는 만큼 아빠의 많은 도움과 배려가 필요한 시기입니다.

▶ 활동 3-2. 아버지 임신부 체험
아이를 가지는 것은 축복받은 일이고 행복한 일이긴 하지만 엄마들은 임신으로 인해 신체적으로 많은 변화가 있고 그에 따른 여러 가지 어려움이 있으므로 아빠의 배려와 도움이 많이 필요합니다. 그래서 이번 시간에는 아빠들이 임신부 체험을 해 보면서 임신한 아내를 이해해 보는 시간을 갖도록 하겠습니다.

〈활동 내용〉
① 아빠들에게 임신부 체험복을 착용하게 한다.
② 체험복을 착용하고 움직여 보는 시간을 잠시 가진다.
③ 프로그램이 마칠 때까지 체험복을 착용하고 있는다.
(임신부 체험복은 배낭에 7~9kg 정도의 물건을 넣고 배낭을 앞으로 메게 하거나 보자기에 동일한 무게의 물건을 넣고 배 앞으로 단단히 묶는 등 다양한 방법으로 임신부 체험복을 대신할 수 있다.)

체험복을 착용하시니 어떠신가요? 움직임도 둔해지고 불편함들이 있지요. 이번 시간이 끝날 때까지 착용하시고 이번 시간을 마무리할 때 소감을 나누어 보겠습니다.

▶ 활동 3-3. 동요 듣고 따라 부르기
이번 시간에도 태교에 도움이 되는 동요를 배워 보는 시간을 가지겠습니다.

〈활동 내용〉
① 발달단계에 맞는 동요를 같이 불러 본다.
② 짝을 지어 부모와 아이 역할을 해 보며 발달단계에 맞는 동요를 불러 보고 듣는 경험을 한다.
③ 소감을 나눈다.
</td>
</tr>
</table>

아이를 사랑하는 엄마의 마음이 느껴지는 동요였던 것 같습니다.

Tip

임신 16~19주에는 태아의 간뇌가 발달해 엄마의 감정을 같이 느낄 수 있습니다. 또한 이때 태아의 귀가 완성되며 태동을 시작하죠. 24~27주에는 청각이 발달하기 시작해 28주에 접어들면 청각이 완전히 완성됩니다. 따라서 부모의 목소리, 음악 등에 태동으로 반응을 보이기도 합니다.

▶ 활동 3-4. 아이 방 꾸미기와 나누기

앞선 시간을 통해 10개월 동안 아이가 태내에서 건강하게 지낼 수 있는 환경을 제공해야 한다는 것을 알게 되었습니다. 지금부터는 아이가 10개월 동안 생활하게 될 자궁 속을 꾸며 보면서 아이가 건강하게 태내기를 보낼 수 있기를 바라는 마음을 표현해 보도록 하겠습니다.

〈활동 내용〉

① 8절 도화지와 꾸미기 재료를 준비한다.

② 아이가 태내에서 건강하고 행복하게 지내기를 바라는 마음이 표현될 수 있게 콜라주 활동을 한다(아이가 맛있는 음식을 먹고 행복하기를 바라는 생각을 하며 잡지에서 아이가 좋아할 만한 음식 사진을 이용하여 콜라주 활동을 할 수 있다).

③ 꾸미기가 끝나면 소감을 나눈다.

아이가 태내에서 잘 지내기를 바라는 마음을 표현해 보았습니다. 건강하게 잘 지내기를 바라는 마음으로 태내기를 보내면 아이도 부모님들도 행복한 시간을 보낼 수 있을 것이라 생각합니다.

▶ 활동 3-5. 동화책 읽기

태명을 부르며 동화책을 읽어 보는 시간을 가지겠습니다.

〈활동 내용〉

① 짝을 지어 부모와 아이 역할을 해 보며 발달단계에 맞는 동화책을 읽어 보고 듣는 경험을 한다.

② 소감을 나눈다.

Tip

좋은 태교는 강제적이나 스트레스를 유발하는 것이 아니라 부모와 아이에게 좋은 영향을 미치는 것이어야 합니다. 그런 의미에서 '그림책 읽기'는 부모님의 목소리로 이야기를 들려주기 때문에 부모와 아이 모두에게 정서적 안정감을 주는 좋은 태교 중에 하나입니다.

	▶ 활동 3-6. 건강한 분만을 위한 운동과 호흡법 익히기 우리는 건강한 임신기를 보내고 출산을 맞이하게 됩니다. 출산 시 엄마와 아이가 좀 더 수월하게 만나기 위해 임신 중 꾸준한 운동이 도움이 될 것입니다. 이제는 임신기간 동안 건강한 분만을 위해 평소에 할 수 있는 운동에 대해 알아보고, 분만 시에 도움이 되는 호흡법에 대해 배워 보도록 하겠습니다. 〈활동 내용〉 강의자료 3-3 ① 분만에 대한 간단한 강의를 하고, 분만 시 그리고 분만 후 회복에 도움이 되는 임산부 체조를 배우고 연습한다(동영상을 활용할 수 있다). ② 자연분만 시 도움이 되는 호흡법에 대해 간단하게 강의하고 연습해 본다(동영상을 활용할 수 있다). ③ 소감을 나눈다(출산을 앞두고 있는 부모라면 특히 출산에 대한 두려움을 많이 가질 수 있다. 이때 분만에 대한 마음을 충분히 나누게 한다). 분만에 대해서도 알아보고 분만을 대비한 운동과 호흡법을 배워 보았습니다. 출산을 앞두면 불안한 마음이 생길 수 있는데 미리 이러한 연습을 통해 분만을 대비하셨으면 합니다.
마무리 (20분)	▶ 미니 병풍 만들기 및 소감 나누기 이제는 오늘을 마무리하는 활동을 하겠습니다. 우리는 이 프로그램에 참여하면서 한 개인에서 부모로 성장하는 경험을 하게 됩니다. 그러한 과정을 하나의 상징물로 기록하기 위해 한 회기가 끝날 때마다 새롭게 알게 되었거나 깨달은 것, 간단한 소감, 또는 나의 다짐 등을 기록해 보기로 하겠습니다. 〈활동 내용〉 ① 임산부 체험복을 입고 있었던 아빠들의 소감을 나눈다. ② 지난 회기에 만든 미니 병풍을 나누어 준다. ③ 미니 병풍의 세 번째 면을 기록한다. ④ 기록한 내용을 나누면서 한 회기를 마무리한다. 이것으로 오늘 활동을 마치겠습니다. 다음 시간에는 '**응애응애! 나 태어났어요**'라는 주제로 신생아기 아기 발달에 대해 알아보고 그 시기 부모역할에 대해 배워 보도록 하겠습니다. 수고하셨습니다. 다음 시간에 뵙겠습니다.
유의점	• 집단원들이 편안한 마음으로 참여할 수 있도록 신뢰할 수 있고 허용적인 분위기를 조성한다. • 서로를 배려하고 존중하는 마음과 행동을 가지도록 한다. • 참가자 중 임산부가 있다면 몸에 무리가 가지 않게 배려한다. • 소감 나누기 시간에 집단원들이 마음이나 궁금함을 충분히 나눌 수 있게 한다.

Smart Map 바디스캔 명상

바디스캔 명상이란?

호흡 명상이 자신의 호흡에 집중하며 몸과 마음을 이완시키는 연습을 할 수 있도록 한다면, 바디스캔 명상은 신체와 신체의 느낌에 집중하면서 몸과 마음을 이완시키는 연습을 할 수 있도록 도움을 준다. 호흡 명상을 하면서 바디스캔을 동시에 실시하기도 한다. 바디스캔 명상은 신체를 이완시키고 통증 관리, 스트레스 관리에 도움이 된다.

바디스캔 명상 방법

바디스캔 명상 전에 몸을 충분히 이완시키고 가장 편안한 자세를 취한다. 앉아서도 할 수 있고 누워서도 할 수 있다. 누워서 명상을 할 경우 자신도 모르게 잠에 빠져들기도 한다. 그렇다 하더라도 판단하려 하지 말고 받아들이면 된다.

1. 바닥에 눕거나 앉거나 상관없이 자신이 편안한 자세를 취한다.
2. 눈은 감아도 되고 떠도 상관없다.
3. 호흡에 집중하면서 숨이 들어오고 나가는 것을 느낀다.
4. 바닥이나 의자에 닿아 있는 몸의 감촉을 느낀다.
5. 왼쪽 발가락에 집중한다. 엄지발가락의 느낌, 온열감 등을 느껴 본다.
6. 이때 다른 생각이나 감정이 들면 그 생각들과 감정에 '생각' '감정'이라는 이름을 붙여 주고 다시 몸의 느낌과 호흡에 집중한다. 왼쪽 발가락에서 시작하여 왼쪽 종아리-왼쪽 골반-오른쪽 발가락-오른쪽 종아리-오른쪽 골반-몸통-허리-배-등-가슴-어깨-목-얼굴-정수리까지 천천히 몸 전체를 훑으며 집중해 본다. 아픈 부위가 있다면 좀 더 면밀하게 살펴볼 수 있다.

Smart Map 임신 중기 및 후기 과정

임신 중기

임신 15~28주에 해당하는 기간이다. 배가 불러 오면서 기존에 입던 옷이 배에 압박을 주기 때문에 편안하고 배를 감싸 주는 옷차림으로 바꿔야 한다. 가벼운 운동으로 몸을 꾸준히 움직여 주는 것이 좋지만, 허리에 무리가 가거나 배를 압박하는 일, 자세가 불안정한 일들은 피해야 한다.

단백질과 칼슘을 충분히 섭취해야 한다. 태아의 몸을 형성하는 데 필요한 영양소이기도 하지만, 칼슘 섭취가 부족할 경우 임신 후기에 임신중독증이 발생할 가능성이 높다. 빈혈 예방을 위해 철분을 섭취해야 하며, 빈혈이 심한 경우 병원 처방을 받아 고용량 철분제를 복용해야 한다. 자궁이 장을 압박해 장의 움직임이 느려지기 때문에 변비에 걸리기 쉽다. 변비를 예방하기 위해 섬유질 식품을 많이 먹고 평소 수분을 충분히 섭취하는 것이 좋다.

몸이 점점 불어나고 호르몬 변화로 땀이 많아지기 때문에 넉넉한 사이즈의 면 옷을 구비하는 것이 좋다.

임신 후기

임신 29주부터 출산까지에 해당하는 기간이다. 혈액순환이 원활하지 않아 손발이 붓고 자궁이 폐를 압박해 가슴이 답답하거나 호흡이 힘들어지는 등 여러 가지 증상이 나타난다.

산책이나 수영 등 가벼운 운동을 하루에 30분 정도 하는 것이 도움이 되지만 임신성 고혈압 등 합병증이 있는 경우는 운동을 제한한다. 몸에 부담이 심한 중노동은 피해야 한다. 굽이 높은 신발은 피하고, 앉을 때는 베개를 허리에 지지하며, 몸을 구부리는 것보다는 쪼그려 앉는 것이 좋다. 몸이 둔해져 균형을 잡기 힘들기 때문에 높은 곳이나 바닥이 미끄러운 곳은 피해야 한다.

진통이 언제 시작될지 모르기 때문에 외출할 때는 다른 사람과 동행하는 것이 안전하며, 의료보험카드와 병원진찰카드, 산모수첩 등을 항상 챙기는 것이 좋다.

자궁이 위를 압박하여 식욕이 떨어지고 한꺼번에 많은 양을 먹기가 힘들어지므로 하루 세끼 분량의 식사를 4~5회로 나누어 먹는 것이 좋다. 튀김, 볶음, 조림은 소화가 잘되지 않기 때문에 두부나 해물 등을 잘게 썰어 삶거나 찌고 데쳐 먹는 것이 좋다. 단백질, 철분, 칼슘 등은 꾸준히 섭취해야 한다.

임신기간 동안 대량의 에스트로겐과 프로게스테론이 분비되는데, 에스트로겐은 일주기 리듬이 제대로 작동하도록 도와주는 반면, 프로게스테론은 이를 흐트러뜨리는 작용을 한다. 혼란스러운 호르몬 변동 때문에 임신부는 감정기복이 심해지고 불안을 쉽게 느끼게 된다. 그러므로 주변 사람들의 세심한 배려가 필요하다.

또한 활발한 태동을 느끼는 시기이기도 하다. 태아기부터 건강한 애착을 형성하는 것이 출산 후 아이와 애착을 형성하는 데 도움이 되고 모성애나 부성애가 생기는 것에도 도움이 될 수 있음을 기억한다.

Smart Map 분만 준비

임신기간이 280일 즈음 되면 분만을 하게 된다. 자궁 근육이 규칙적으로 수축을 반복하고 태아의 머리가 자궁 입구로 내려오게 되어 태아를 둘러싸고 있는 난막이 터져 양수가 나온다. 이후 자궁이 열리고, 넓어진 산도를 통해서 태아가 나온다.

산모와 아이에게 아무런 이상 징후가 없으면 정상 분만을 하게 된다. 그러나 간혹 태아가 거꾸로 서거나, 태아의 몸집이 너무 크거나, 자궁 입구의 위치가 이상하거나 하는 현상이 있다면 제왕절개 시술을 하기도 한다. 자연분만을 하게 될 시 일반적인 자연분만 외에도 수중분만, 그네분만 등의 방법이 시도되기도 하고 자연분만 시 통증을 줄이기 위해 척추 마취를 하기도 한다. 자연분만을 하면 산모의 회복이 빠르고 아이에게 빠른 모유 수유가 가능하여 산모와 아이 모두에게 최적의 분만 방법이라 할 수 있다. 그러나 산모와 태아의 상태에 맞게 분만을 진행해야 하며 조금이라도 이상 징후가 있다면 자연분만을 고집하기보다 제왕절개를 통한 분만을 선택하는 것이 좋다. 임신 36주가 되면 언제든지 분만을 할 수 있는 준비를 해야 한다. 언제든지 병원에 갈 수 있는 준비를 해 두자. 또한 임신 중이라도 적절한 운동을 하는 것이 좋다.

최근에는 출산의 고통을 줄이는 데 도움이 되는 라마즈 분만법이 많이 소개되어 있다. 라마즈 분만법은 크게 호흡법, 이완법, 연상법으로 구분된다. 그중 호흡법이 가장 많이 알려져 있다. 라마즈 호흡법은 체내에 충분한 산소를 공급함으로써 근육이나 조직의 이완을 돕고 태아에게도 원활한 산소 공급을 할 수 있다. 평소에 호흡 명상이나 바디스캔을 통해 호흡이나 이완 연습을 꾸준히 하면 라마즈 호흡을 자연스럽게 할 수 있다.

1. 분만 제1기 준비기 호흡(자궁 입구 개대 0에서 2.5~3cm)

진통이 시작되면 심호흡을 하고 느린 흉식 호흡을 한다. 호흡수는 임신부의 정상 호흡수의 1/2~2/3가 된다. 예를 들어, 정상 호흡수가 1분에 20회인 분은 1/2인 10회와 2/3인 13회 사이인 12회 정도의 호흡수가 적당하다.

2. 분만 제1기 개구기 호흡(자궁 입구 개대 2.5~3cm부터 7~8cm)

진통이 시작되면 심호흡을 하고 빠른 흉식 호흡을 한다. 호흡수는 임신부의 정상 호흡수의 1.5~2배가 좋다. 예를 들어, 1분의 호흡수가 20회인 경우는 1.5배일 때 30회가 되는데, 1회 호흡당 소요되는 시간이 2초가 적당하므로 짧게 1초 들이마시고, 1초 내쉬는 호흡을 하면 된다.

3. 분만 제1기 이행기 호흡(자궁 입구 개대 7~8cm부터 완전히 열릴 때까지)

이때의 호흡 속도는 개구기 호흡과 같으나 세 번에 한 번씩 한숨 쉬는 듯한 호흡을 한다. 일명 '히~히~후~ 호흡'이라 한다. 소리는 낼 필요가 없고 입 모양을 '히~히~후~'만 해도 세 번째 호흡은 깊이 내쉬는 효과를 볼 수 있다. 들이마시는 호흡은 가능하면 코로 하도록 한다. 입으로 공기를 들이마시면 입이 마르는 현상이 생길 수 있다.

4. 분만 제2기 만출기 호흡(힘주기 호흡, 자궁 입구가 열리고 아기가 태어나는 순간까지)

진통이 오면 우선 심호흡을 하여 크게 숨을 들이마신 후 입을 다물고 아래로 대변 보듯이 힘을 주어 그 숨을 못 참을 때까지 속으로 하나, 둘, 셋 하고 숫자를 세고 가능하면 여덟 혹은 열까지 센다. 다시 크게 숨을 들이마시어 바로 참고 또다시 힘 주기를 반복하여 한 번의 진통에 2~3회 반복한다.

Smart Map 오늘은 내가 엄마

오늘 하루 동안 아빠들은 엄마가 되어 생활해 보았습니다. 임신부 체험을 하는 동안 어떠했는지 소감을 나누어 보겠습니다.

1. 그동안 나는 임신부를 보면 어떠하였나요?

2. 임신부 체험복을 입어 보니 어떠하였나요?

3. 앞으로 임신부를 보면 어떠한 마음일까요?

4. 임신부 체험을 하는 아빠를 보면서 어떠하였나요?

5. 앞으로 만나게 될 나의 아이에게 어떤 이야기를 하고 싶은가요?

4회기 응애응애! 나 태어났어요

활동지도안	
활동 목표	• 신생아 발달을 이해하고 신생아 돌보기와 관련된 양육기술을 익힌다. • 신체접촉 활동을 통해 신체접촉에 대한 자신의 느낌을 알고 아이와의 원활한 신체 접촉을 돕는다.
준비물	이름표, 강의자료, 미니 병풍, 명상음악, 동요가사와 음원, 동화, 아기인형, 기저귀, 목욕용품, 배꼽 소독 재료
단계	진행절차
도입 (20분)	▶ 지난 회기 돌아보기와 이번 시간 안내 한 주 동안 잘 지내셨나요? 지난주 프로그램에 참여하시고 어떠하셨는지 궁금하네요. 〈활동 내용〉 ① 인사를 나눈 후 지난 회기를 간단하게 정리해서 돌아보고 지난 회기 참가 후 한 주 동안의 생활에 대한 이야기를 나눈다. ② 이번 시간의 활동에 대한 안내를 한다. ▶ 마음 열기-호흡 명상 및 바디스캔 지금부터 호흡 명상을 하겠습니다. 호흡 명상을 하면서 동시에 바디스캔도 실시하겠습니다. 〈활동 내용〉 ① 명상음악을 준비한다. ② 호흡 명상을 실시하면서 바디스캔도 함께 실시한다(10분). ③ 소감을 나눈다(명상을 하면서 느낀 점, 오늘 활동에 대한 생각 등을 나눈다. 각 활동 마지막에 소감을 나누는 시간을 통해 참여자들의 마음을 충분히 이야기할 수 있게 한다. 이러한 과정을 통해 참여자들이 가질 수 있는 기대감이나 불안함, 막연함 등의 역동을 충분히 나눌 수 있게 한다). 명상을 실시해 보았습니다. 호흡 명상과 바디스캔을 꾸준히 연습해서 신체를 이완하는 것이 익숙해지면 분만할 때나 분만 후에 스트레스와 통증 관리에 도움이 될 것입니다. 꾸준히 연습하셔서 도움을 받으시길 바랍니다.

전개 (80분)

▶ 활동 4-1. 신생아 돌보기에 대한 교육 및 실습

지금부터는 생후 0~6주 사이의 신생아 돌보기에 대해 알아보는 시간을 가질 것입니다.

〈활동 내용〉 강의자료 4-1

① 신생아 돌보기에 대한 강의를 한다.

② 기저귀 갈기, 아기 울음 대처방법, 배꼽 관리하기, 목욕시키기, 수유하기 등을 연습한다(각 영역별로 동영상을 활용할 수 있으면 동영상을 함께 활용할 수 있다).

예: 목욕시키기- 목욕 물 온도 맞춰 보기, 신생아 목욕 시 필요한 물건 준비하기

③ 소감을 나눈다(신생아 돌보기에 대한 마음, 궁금함, 주변에 신생아를 기르는 부모들을 보면서 느낀 점 등 다양한 마음을 충분히 나눌 수 있게 한다).

신생아를 돌보는 것은 처음 해 보는 활동이기에 어색하고 어렵고 긴장되는 일일 수 있는데 연습을 통해서 이러한 어려움에서 벗어날 수 있을 것으로 기대됩니다.

▶ 활동 4-2. 동요 듣고 따라 부르기

신생아를 돌보는 과정에서도 노래를 불러 주거나 이야기를 나누는 식으로 교감을 하는 것이 필요합니다.

〈활동 내용〉

① 발달단계에 맞는 동요를 같이 불러 본다.

② 짝을 지어 부모와 아이 역할을 해 보며 발달단계에 맞는 동요를 불러 보고 듣는 경험을 한다.

③ 소감을 나눈다.

▶ 활동 4-3. 신체접촉에 대한 느낌 알기

아이가 태어나면 아이를 돌보는 과정에서 아이와 잦은 신체접촉을 하게 됩니다. 그래서 이번 시간에는 신체접촉에 대한 느낌을 느껴 보고 이야기해 보는 시간을 가지겠습니다.

〈활동 내용〉

① 다양한 신체접촉 활동(자신의 손등 마사지하기, 어깨를 마사지해 주기, 등 맞대고 서서 기대 보기, 서로의 손을 잡고 눈을 마주보기, 손에 로션 발라 주기 등)을 한다.

② 신체접촉 활동을 하면서 느낌에 대하여 표현할 수 있도록 제안하여, 아이와도 접촉하는 행위뿐만 아니라 느낌을 공유할 수 있는 이야기를 나누는 것이 중요함을 설명한다.

③ 소감을 나눈다.

④ 신체접촉에 대해 긍정적인 느낌을 가지는 사람도 있고, 부정적인 느낌을 가지는 사람도 있을 수 있다. 자신의 느낌에 대해 충분히 이야기하는 시간을 가지고 부정적인 느낌을 가지고 있을 때 아이와의 접촉에 어떤 영향을 미칠 수 있을지 생각해 본다.

	⑤ 아이를 따뜻하게 안아 주고 만져 주는 등 부모와 아이의 신체접촉을 통해 아이와 건강한 애착이 형성될 수 있음을 설명한다(아이는 온몸으로 주변 세계를 느끼고, 배우고, 관계를 맺으며 접촉을 통한 감각체계를 통해 자신과 주변과의 관계를 만들어 간다. 자기 자신에 대한 긍정적 자존감 형성뿐만 아니라, 타인에 대한 개념을 갖게 되며 타인을 긍정적으로 받아들이고자 하는 수용력을 얻게 된다). ⑥ 소감을 나눈다. 당연하게 이루어지는 신체접촉이지만 사람마다 느낌은 다양하다는 것을 알게 되었네요. 오늘의 느낌들을 잘 기억하셨다가 아이와 편안하고 행복한 교감을 나누시길 기대합니다. ▶ 활동 4-4. 동화책 읽기 〈활동 내용〉 ① 짝을 지어 부모와 아이 역할을 해 보며 발달단계에 맞는 동화책을 읽어 보고 듣는 경험을 한다. ② 소감을 나눈다. **Tip** 생후 1~3개월의 아기들은 하루 종일 누워서 자는 시간이 많기 때문에 오랫동안 그림책을 보여 주기에는 무리가 있으므로 아기가 기분이 좋을 때나 젖을 먹고 난 후 잠깐씩 보여 주는 것이 좋습니다. 예: 시각 훈련에 도움이 되는 그림책, 흑백 그림책, 베베 아기 그림책 등 ▶ 활동 4-5. 베이비 마사지 연습 이번 시간에는 아이의 성장과 발달에도 도움이 되고 부모와 아이가 교감을 나누는 시간을 가질 수 있는 베이비 마사지에 대해 알아보고 연습해 보는 시간을 가지겠습니다. 〈활동 내용〉 강의자료 4-2 ① 베이비 마사지에 대한 간단한 강의를 한다. ② 아기인형을 이용하여 실제 베이비 마사지를 연습한다(동영상을 활용할 수 있다면 동영상을 활용하여 연습할 수 있다). ③ 밝은 표정으로 아이와 대화를 하면서 마사지를 하는 것이 양질의 애착 형성에 도움이 됨을 설명하고 실제 연습하도록 교육한다. ④ 소감을 나눈다. 인형이지만 마사지를 해 주니 어떠신가요? 실제 우리 아이에게 해 준다면 아이도 행복하고, 아이의 행복한 모습을 보면 부모님들도 행복하실 거라 생각됩니다.

마무리 (20분)	▶ 미니 병풍 만들기 및 소감 나누기 이제는 오늘을 마무리하는 활동을 하겠습니다. 우리는 이 프로그램에 참여하면서 한 개인에서 부모로 성장하는 경험을 하게 됩니다. 그러한 과정을 하나의 상징물로 남기기 위해 한 회기가 끝날 때마다 새롭게 알게 되었거나 깨달은 것, 간단한 소감, 또는 나의 다짐 등을 기록해 보기로 하겠습니다. 〈활동 내용〉 ① 10면 미니 병풍을 나누어 준다. ② 미니 병풍의 네 번째 면을 기록한다. ③ 기록한 내용을 나누면서 한 회기를 마무리한다. 이것으로 오늘 활동을 마치겠습니다. 다음 시간에는 '**초롱초롱! 눈맞춤을 해요**'라는 주제로 신생아기 아기들과 부모님의 상호작용 방법에 대해 배워 보도록 하겠습니다. 수고하셨습니다. 다음 시간에 뵙겠습니다.
유의점	• 집단원들이 편안한 마음으로 참여할 수 있도록 신뢰할 수 있고 허용적인 분위기를 조성한다. • 참가자 중 임산부가 있다면 몸에 무리가 가지 않게 배려한다. • 소감 나누기 시간에 집단원들이 마음이나 궁금함을 충분히 나눌 수 있게 한다.

Smart Map 신생아 돌보기

1. 아이의 수면

생후 1개월 미만의 아이들은 20시간 이상 잠을 잔다. 수유하는 시간을 제외한 모든 시간을 수면에 할애한다고 생각하면 된다. 수유 후 트림을 꼭 시키고 잠을 재우면 된다. 이때 엄마도 수면의 질이 떨어질 수 있다. 아이가 잘 때 엄마도 같이 휴식을 취하는 것이 좋다. 아빠의 적극적인 가사 참여가 필요하다.

2. 적정한 온도 조절

아기들은 체온 조절 기관이 아직 미성숙하기 때문에 적정한 온도 유지가 필요하다. 온도는 22~24도 정도가 적당하고 체온은 36.5~37.5도가 적당하다. 만약 38도 이상의 열이 난다면 미지근한 물수건으로 아이의 몸을 닦아 주고 병원 치료를 받는다.

3. 적절한 수분 공급

신생아는 어른보다 신진대사 속도가 빠르다. 또한 배설 시에 수분이 많이 배출되기 때문에 적절한 수분 공급이 필요하다. 입에 엄마의 손가락을 물려 보아 손가락이 마른다면 끓인 물을 조금 주거나 수유를 한다.

4. 신생아 목욕과 배꼽 관리

배꼽이 떨어지기 전에는 부분 목욕을 하고 배꼽이 떨어지고 나면 몸 전체를 물에 담그는 목욕을 할 수 있다. 목욕 후에는 배꼽 주변을 소독하고 자연건조를 시켜 준다. 너무 잦은 목욕은 피부를 건조하게 하므로 주 2~3회 15분 이내로 목욕한다. 비누 사용은 최대한 자제한다. 목욕 후에는 보습제를 발라 준다.

5. 예방접종

신생아는 각종 질병으로부터 보호하기 위해 예방접종을 해야 한다. 퇴원 시 병원에서 안내하는 예방접종 시기에 맞춰 접종한다. 예방접종을 한 날은 목욕을 시키지 않는다. 신생아는 예방접종으로 인한 피로감 때문에 칭얼거리기도 한다. 예방접종에 대한 부작용이 있을 수 있으니 세심한 관찰이 필요하다. 잊지 않고 예방접종을 실시하기 위해 꾸준히 다닐 병원을 정해 놓는 것이 좋다.

6. 신생아의 호흡

신생아는 코로만 호흡을 하고 입으로는 먹기만 한다. 입으로 숨을 쉴 수 없기 때문에 모유 수유 시 아이의 코가 막히지 않게 유의해야 한다. 아이와 부모가 한 침대를 사용하지 않는다. 부모의 움직임이 아이의 호흡에 방해가 될 수 있다.

7. 많이 흔드는 것은 금물

신생아의 뇌는 수초가 충분히 발달하지 않았기 때문에 무리하게 흔들리면 뇌출혈이 일어날 수 있다. 신생아를 달랜다고 신생아를 심하게 흔드는 것은 금물이다.

8. 신생아의 울음

신생아는 배가 고프거나, 기저귀가 젖었거나, 너무 덥거나, 너무 춥거나, 심심하거나, 피곤하거나, 아프거나 하는 경우에 운다. 상황에 따라 우는 모양이 약간씩 다르다. 신생아의 울음에 민감하고 적절하게 반응하는 것이 좋다.

Smart Map 베이비 마사지

마사지를 하면서 부모와 아이가 눈을 맞추면서 서로 교감할 수 있고, 마사지를 받는 동안 부모의 사랑을 느껴 아이의 몸이 편안해지고 정서 발달에 도움이 된다. 또한 아이가 보고, 듣고, 피부로 느끼는 감각을 느끼게 하는 신체접촉은 감각을 통합해서 인지할 수 있도록 도와준다. 이러한 과정은 아이의 두뇌 발달에도 도움이 된다.

마사지 주의사항

- 아이가 기분 좋은 시간을 선택해서 일정한 시간에 한다.
- 짧은 시간이라도 매일 꾸준히 하는 것이 좋다.
- 머리나 등을 가볍게 쓰다듬는 것을 시작으로 마사지 부위를 점차 넓혀 간다.
- 아이가 싫어한다면 억지로 하지 않는다.
- 엄마의 손은 청결하게 하고 손톱은 짧게 자르고 반지 등 장신구를 하지 않는다.
- 주변 온도 유지에 유의하고 로션이나 오일의 온도도 너무 차지 않게 주의한다.
- 예방접종을 한 날은 마사지를 하지 않는다.
- 마사지 후 몸에 남아 있는 오일이나 로션은 따뜻한 물수건으로 닦아 주고 물을 먹인다.
- 마사지를 하는 동안 아이와 눈을 맞추고 아이의 반응을 살피며 아이에게 노래를 불러 주거나 말을 걸어 주는 등 아이와 교감한다.

5회기 초롱초롱! 눈맞춤을 해요

활동지도안	
활동 목표	• 애착 형성의 중요성과 전 애착단계에 대해 이해할 수 있다. • 신생아 정서 발달을 도울 수 있는 놀이를 경험해 본다.
준비물	이름표, 동요 가사 및 음원, 동화, 명상음악, 미니 병풍, 활동지 5-1
단계	진행절차
도입 (20분)	▶ 지난 회기 돌아보기와 이번 시간 안내 한 주 동안 잘 지내셨나요? 지난주 프로그램에 참여하시고 어떠하셨는지 궁금하네요. 〈활동 내용〉 ① 인사하고 지난 회기를 간단하게 정리해서 돌아보고 지난 회기 참가 후 한 주 동안의 생활에 대해 이야기 나눈다. ② 이번 시간의 활동에 대해 안내한다. ▶ 마음 열기-호흡 명상하기 〈활동 내용〉 ① 악기 소리의 변화가 있는 음악을 준비한다. ② 호흡 명상을 하면서 악기 소리의 변화에 대해 느껴 본다. ③ 소리에 대한 민감성을 가지면 아이의 울음소리의 변화도 빨리 알아차릴 수 있고 아이의 욕구에 적절한 대응을 할 수 있음을 이야기한다. ④ 소감을 나눈다(명상을 하면서 느낀 점, 오늘 활동에 대한 생각 등을 나눈다. 각 활동 마지막에 소감 나누는 시간을 통해 참여자들의 마음을 충분히 이야기할 수 있게 한다. 이러한 과정을 통해 참여자들이 가질 수 있는 기대감이나 불안함, 막연함 등의 역동을 충분히 나눌 수 있게 한다). 이상 소리에 대한 민감성을 느껴 보는 명상을 해 보았습니다. 살아오면서 자신도 모르게 익숙해져 있는 것들, 스스로 만들어 온 선입견들이 모두 우리 삶 속 깊숙이 기록되어 있습니다. 그런 선입견을 모두 버렸을 때 비로소 있는 그대로의 소리를 들을 수 있는 것입니다.

전개 (80분)	▶ **활동 5-1. 동요 듣고 따라 부르기** 〈활동 내용〉 ① 발달단계에 맞는 동요를 같이 불러 본다. ② 짝을 지어 부모와 아이 역할을 해 보며 발달단계에 맞는 동요를 불러 보고 듣는 경험을 한다. ③ 소감을 나눈다. ▶ **활동 5-2. 애착 형성의 중요성에 대한 강의** 영아기는 아이와 부모가 건강한 애착을 형성하는 것이 중요한 시기입니다. 지금부터는 애착 형성의 중요성에 대해 알아보는 시간을 가지도록 하겠습니다. 〈활동 내용〉 강의자료 5-1 **활동지 5-1** ① 건강한 애착 형성의 중요성에 대해 강의한다(동영상을 활용할 수 있으면 동영상을 활용하여 애착에 대해 이야기한다). ② '활동지 5-1'을 작성한다. ③ 소감을 나눈다(알고 있던 것, 새롭게 알게 된 것, 참여자들의 부모와 대인관계, 배우자와의 애착 등에 대해 충분히 이야기 나눌 수 있도록 한다). 애착에 대해 알아보고 서로의 느낀 점을 나누어 보았습니다. 애착은 부모 각각에 대해 아동이 가지는 강하고 지속적인 유대로, 특히 생후 1년 동안 유아와 양육자 사이의 초기 관계의 질이 애착을 형성하는 데 가장 중요합니다. 또한 이때 형성된 애착은 일반적으로 한 개인이 인생에서 맺는 모든 대인관계에 영향을 미친다는 점에서 그 중요성을 충분히 알 수 있었던 시간이었으리라 생각됩니다. ▶ **활동 5-3. 동화책 읽기** 쉬어 가는 시간으로 여러분이 준비해 오신 동화책을 읽어 보는 시간을 갖겠습니다. 〈활동 내용〉 ① 짝을 지어 부모와 아이 역할을 해 보며 발달단계에 맞는 동화책을 읽어 보고 듣는 경험을 한다. ② 소감을 나눈다. **Tip** • 초점 그림책은 시각적 환경을 마련해 주는 도구입니다. 그러므로 읽고 내용을 전하는 것에 초점을 두기보다는 아기와 눈을 맞추고, 책을 펼쳐 들고 좌우로 움직이거나 아코디언처럼 접었다 폈다 하면서 보여 주는 것이 좋습니다. 3개월 전 아기에게는 너무 반응에 얽매이기보다는 아이와 직접 눈을 맞추고 엄마의 다양한 표정을 보여 주면서 대화를 나눠 봅시다.

	• 생후 3개월까지의 아이에게는 조용한 환경에서 책을 읽어 주는 것이 좋습니다. 이 시기는 아직 듣고 싶어 하는 것과 들리는 것을 구분하지 못하기 때문에 주위가 조용해야 부모의 목소리에 집중할 수 있습니다. 또한 아기의 주의력이 매우 미미하지만 중요한 발달을 보이기 시작하는 시기이므로 주위를 흐트러지게 하는 것이 없는 환경을 만들어 주면 주의력 발달에도 도움이 됩니다. 아이의 눈을 마주치며 동화를 읽어 주는 것도 건강한 애착 형성에 도움이 될 것이라 생각됩니다. ▶ 활동 5-4. 신생아 정서 발달을 도울 수 있는 놀이(자기 신체 인식을 중심으로) 아기는 사람의 얼굴 중에 눈을 처음으로 봅니다. 아기를 안게 되었을 때 어른들이 짓게 되는 자연스러운 표정은 바로 아기에게 어떤 표정으로 감정에 호소해야 하는지, 그것을 아기가 어떻게 받아들일 수 있는지를 가르쳐 주는 것이라 할 수 있지요. 이 시기 어린 아기에게 엄마가 주는 상호작용이란 무엇을 보여 준다거나 가르쳐 주겠다는 것이 아니라, 엄마의 존재를 아기가 느끼고 알 수 있도록 해 주는 것이 중요해요. 그래서 지금부터는 신생아 정서 발달에 도움이 되는 놀이를 해 보는 시간을 갖도록 하겠습니다. 〈활동 내용〉 ① 신생아기 놀이의 중요성에 대하여 설명한다. – 신생아는 생존을 위해 일상생활의 많은 부분을 성인에게 의지하고, 의사소통에 필요한 언어의 발달이 이루어지지 않아 기본적인 신호체계(웃기, 울기, 단순한 소리)를 통해 의사를 주고받는다. – 놀기를 요구하는 신호 보내기, 상대방을 주의 깊게 관찰하기 등의 기본적인 기술을 익힘으로써 부모-자녀 간의 게임을 통해 타인에 대한 인식이 가능하고, 애착을 형성할 수 있으며, 언어의 발달을 촉진할 수 있다(예: 까꿍 놀이-아기에게 다가가 '까꿍' 하며 소리를 내면, 그 소리와 얼굴 자극에 아이는 웃음으로 반응을 보임). 이렇게 단순한 게임을 통해 신생아는 상호작용 기술을 익히게 되며, 차례 지키기, 역할을 바꾸어 하기, 반복하기, 순서 기다리기 등을 배우게 된다. – 부모의 역할: 부모는 어린 자녀가 나타내 보이는 신호를 잘 알아차려야 하며, 일상생활 속에서 모든 일과를 놀이처럼 끌어 주는 것이 좋다(예: 기저귀를 갈아 주면서, 목욕을 시키면서, 우유를 먹이면서, 청소를 하면서, 설거지를 하면서 형편이 되는 대로 아이에게 말을 걸고, 놀이에 적극 참여하여 함께 놀이하는 마음을 가진다). ② 놀이를 소개한다. – 입김 불기 놀이: 아기의 신체 부위에 돌아가며 입김을 불며 아기의 반응을 살피고 교감하는 놀이 – 아기와 눈맞춤하기: 아기의 눈을 따라가면서 이야기하고 아기의 반응을 살피는 놀이 ③ 소감을 나눈다(이 활동을 하면서 느낀 점이나 주변에 이 시기 아기를 키우는 부모들을 보면서 느꼈던 점, 궁금한 점 등 부모들의 마음을 충분히 나눌 수 있게 한다). 신생아 정서 발달을 도울 수 있는 놀이에 대해 알아보았습니다.

마무리 (20분)	▶ 미니 병풍 만들기 및 소감 나누기 이제는 오늘을 마무리하는 활동을 하겠습니다. 우리는 이 프로그램에 참여하면서 한 개인에서 부모로 성장하는 경험을 하게 됩니다. 그러한 과정을 하나의 상징물로 기록하기 위해 한 회기가 끝날 때마다 새롭게 알게 되었거나 깨달은 것, 간단한 소감, 또는 나의 다짐 등을 기록해 보기로 하겠습니다. 〈활동 내용〉 ① 10면 미니 병풍을 만들 수 있는 재료를 나누어 준다. ② 미니 병풍의 다섯 번째 면을 기록한다. ③ 기록한 내용을 나누면서 한 회기를 마무리한다. 이것으로 오늘 활동을 마무리하겠습니다. 다음 시간에는 **'냠냠! 맛있게 먹어요'**라는 주제로 돌 이전 아이들의 발달과 그 시기 부모역할에 대해 배워 보는 시간을 가지도록 하겠습니다. 수고하셨습니다. 다음 시간에 뵙겠습니다.
유의점	• 서로를 배려하고 존중하는 마음과 행동을 가지도록 한다. • 참가자 중 임산부가 있다면 몸에 무리가 가지 않게 배려한다. • 소감 나누기 시간에 집단원들이 마음이나 궁금함을 충분히 나눌 수 있게 한다.

Smart Map 건강한 애착 형성

심리학에서 애착은 생후 1~2년 이내에 아기가 자신의 주 양육자와 형성하는 상호적이고 감정적인 유대관계를 뜻한다. 신생아기에 형성되는 부모와의 안정적인 유대관계는 아기로 하여금 부모를 안전기지로 인식하게 하여 건강한 애착 형성을 돕는다. 건강한 애착 형성은 아이가 주체성을 가지고 원만한 대인관계를 맺으며 생활하는 데 기본 바탕이 되며 성인이 되어서까지 영향을 미친다고 할 수 있다. 그래서 생애 초기 주 양육자와 맺게 되는 애착은 한 사람의 평생을 좌우할 수 있다. 생후 6주 정도까지는 전 애착단계로 아직은 주 양육자와의 본격적인 애착이 형성되기 전이긴 하지만 이 시기에는 주 양육자와 자신의 존재를 긍정적으로 인식할 수 있게끔 도와주어야 한다.

신생아 애착 형성 꿀팁

1. 많이 안아 주기

엄마와 아이 사이에 신체적 접촉이 늘면 아이는 엄마를 보다 더 분명하게 물리적으로 느낄 수 있다. 엄마와 피부가 맞닿을 때의 촉감은 아이를 정서적으로 안정시킨다.

2. 모유 수유하기

엄마 젖을 빨 때의 편안함과 더불어 음식이 제공됨으로써 아이는 엄마에 대한 기본적인 신뢰를 갖고 기본적인 생리 욕구를 충족해 생존에 대한 안정감을 얻게 된다. 분유를 먹이는 경우에도 모유 수유하듯이 안고 눈을 맞추며 수유한다.

3. 아이와 자주 눈을 맞추기

아이와 자주 눈을 맞춤으로써 아이의 시야에 엄마의 모습이 분명하게 들어오게 한다. 이와 같은 과정을 통해 아이의 뇌에 엄마의 모습이 각인되어 점차 애착 대상으로 자리 잡게 된다.

4. 웃는 얼굴을 자주 보여 주기

엄마가 자주 웃으면 아이는 감정적으로 편안함을 느낀다. 이때 아이가 엄마를 따라 웃는다면 상호 긍정적인 감정의 교류가 일어난다. '우리 엄마도 나를 소중하게 여기고, 나를 좋아하는구나'라는 인식이 생긴다.

5. 아이의 이름을 많이 불러 주기

처음에는 잘 모르겠지만 아이는 자신의 이름을 반복적으로 들으면서 서서히 존재감을 느낀다. 엄마가 다른 사람들 앞에서 아이 이름을 불러 주면 자존감 향상에 도움이 된다.

6. '사랑해'라는 말을 많이 들려주기

직접적으로 '사랑해' '귀여워' '예뻐' 등의 말을 해 주는 것은 아이의 자존감 향상은 물론이고 엄마가 나를 사랑하고 보살펴 주는 사람이라는 인식을 갖게 해 애착을 원활하게 한다.

7. 엄마의 냄새를 맡게 해 주기

엄마 냄새를 기억하고 확인함으로써 아이는 늘 엄마가 곁에 있는 것 같은 느낌을 받는다. 후각은 감정의 매우 원초적인 단계에 해당되는데, 아이는 엄마 냄새를 통해 안정감을 얻는다.

Smart Map 나의 안전기지

나의 애착관계를 돌아보고 애착관계가 나의 생활에 어떤 영향을 주는지 알아봅시다.

1. 어린 시절, 나는 어려운 일이 생기면 부모님에게 도움을 요청했나요?

2. 부모님이 어떻게 해 주기를 바랐나요?

3. 아이와 안정 애착을 맺기 위해 내가 준비해야 할 부분이 있다면 무엇일까요?

6회기 냠냠! 맛있게 먹어요

활동지도안	
활동 목표	• 애착 형성단계의 영아 발달단계를 이해하고 이에 따른 양육기술을 익힌다. • 초기 이유식에 대하여 알아보고 이유식을 만들 수 있다.
준비물	이름표, 건포도, 동요 가사 및 음원, 동화, 불린 쌀, 이유식 조리도구, 8절 도화지, 식용 색소, 물티슈, 미니 병풍
단계	진행절차
도입 (20분)	▶ 지난 회기 돌아보기와 이번 시간 안내 한 주 동안 잘 지내셨나요? 지난주 프로그램에 참여하시고 어떠하셨는지 궁금하네요. 〈활동 내용〉 ① 인사하고 지난 회기를 간단하게 정리해서 돌아보고 지난 회기 참가 후 한 주 동안의 생활에 대해 이야기 나눈다. ② 이번 시간의 활동에 대해 안내한다. ▶ 마음 열기–먹기 명상 연습하기 오늘은 먹기 명상을 연습하겠습니다. 먹을거리를 먹는 동안 순간순간 느끼는 미각, 후각, 촉각 등의 감각적 속성과 느낌 그리고 생각 등을 주로 알아차리는 연습을 해 보겠습니다. 〈활동 내용〉 강의자료 6-1 ① 건포도를 나눠 주고 먹기 명상을 한다. ② 먹기 명상을 하면서 느낀 점을 이야기 나눈다(명상을 하면서 느낀 점, 오늘 활동에 대한 생각 등을 나눈다. 각 활동 마지막에 소감 나누는 시간을 통해 참여자들의 마음을 충분히 이야기할 수 있게 한다. 이러한 과정을 통해 참여자들이 가질 수 있는 기대감이나 불안함, 막연함 등의 역동을 충분히 나눌 수 있게 한다). **Tip** 건포도 대신 다른 먹을 것을 준비할 수 있습니다(예: 크래커, 딸기, 땅콩 등). 내 앞에 놓인 음식에 집중하여 현재의 즐거움과 소중함을 느껴 보고 익숙하게만 여겨 왔던 것들에 새로운 감각을 더해 보는 시간을 가져 보았습니다. 모유나 분유만 먹던 아기가 이유식을 시작할 때 어떠할지 아이의 마음도 함께 느껴 보는 시간이 되었길 기대합니다.

<table>
<tr>
<td>전개
(80분)</td>
<td>
▶ 활동 6-1. 동요 듣고 따라 부르기

〈활동 내용〉
① 발달단계에 맞는 동요를 같이 불러 본다.
② 짝을 지어 부모와 아이 역할을 해 보며 발달단계에 맞는 동요를 불러 보고 듣는 경험을 한다.
③ 소감을 나눈다(동요 부르기를 계속 연습하면서 달라지는 것, 동요를 부르며 아이를 생각하면 어떤 마음이 드는지, 변화된 모습 등에 대해 충분히 나눌 수 있게 한다).

▶ 활동 6-2. 애착 형성단계의 영아 발달에 대한 강의

〈활동 내용〉 강의자료 6-2
① 애착 형성단계의 영아 발달에 대해 강의한다.
② 소감을 나눈다.

▶ 활동 6-3. 동화책 읽기
쉬어 가는 시간으로 여러분이 준비해 오신 동화책을 읽어 보는 시간을 갖겠습니다.

〈활동 내용〉
① 짝을 지어 부모와 아이 역할을 해 보며 발달단계에 맞는 동화책을 읽어 보고 듣는 경험을 한다.
② 소감을 나눈다.

Tip
영아기에는 책으로 즐거운 경험을 하고 책과 친해지는 것이 가장 중요합니다. 이 시기에는 책을 물고 빨고 책장을 마구 넘기거나, 책장에서 책을 다 꺼내어 책들을 늘어놓고 쌓아 보기도 합니다. 그래서 얇은 페이퍼 북보다는 보드 북이 좋습니다. 책은 소중히 다루고 가지런히 꽂아야 한다는 고정관념에서 벗어나 아이의 이러한 행동을 책을 즐기는 과정 중에 하나로 인정해 주세요.
예: 글이 짧고 그림이 선명한 그림책, 아기가 흥미를 갖도록 의성어, 의태어가 많이 쓰인 책, 엄마와 함께 놀이해 볼 수 있는 책, 입체 북이나 소리 나는 책, 촉감 책

아이의 눈을 마주치며 동화를 읽어 주는 것도 건강한 애착 형성에 도움이 됩니다.

▶ 활동 6-4. 초기 이유식 만들기와 먹어 보기
보통 생후 4~6개월 정도가 되면 이유식을 시작하게 됩니다. 초기 이유식은 아기가 모유나 분유 이외에 처음으로 다른 음식을 먹어 보는 거라 낯설어요. 초기 이유식의 목표는 단순하게 엄마의 젖이나 젖병을 빠는 행위가 아니라 음식을 입 안에 넣어 빨지 않고 먹을 수 있는 것을 경험하고 그것에 적응하는 것입니다. 이번 시간에는 초기 이유식에 대해 알아보고 직접 쌀미음 이유식을 만들어 보는 시간을 가지겠습니다.
</td>
</tr>
</table>

	〈활동 내용〉 강의자료 6-3 ① 초기 이유식에 관한 강의를 한다. ② 초기 이유식을 만들어 본다. ③ 혀를 이용하여 넘기는 것이 힘든 시기이다. 혀를 자유롭게 사용할 수 없는 환경(사탕을 양쪽 이로 물기)을 조성하고 이유식을 먹어 보면서 아이의 마음이 어떠할지 느껴본다. 그 후 이유식을 먹일 때 어떠한 자세로 먹이면 좋을지에 대해 생각하고 서로 먹여 주는 연습을 한다. 이유식을 먹일 때도 밝은 표정으로 아이의 마음을 읽어 주는 대화를 할 수 있게 연습한다. ④ 소감을 나눈다(이유식을 처음 접하는 아이가 되었다고 상상하면 어떤지, 먹어 보기도 하고 먹여 주는 체험을 통해 느낀 점, 주변에서 이유식을 하는 아이들을 보면서 느꼈던 점 등에 대해 충분히 나누는 시간을 가진다). ▶ 활동 6-5. 풀 그림 그리기 〈활동 내용〉 ① 만들어 놓은 미음에 식용 색소를 이용하여 여러 가지 색의 미음으로 만든다. ② 참가자들에게 8절 도화지와 색깔 미음을 나눠 준다. ③ 색깔 미음을 이용하여 손으로 행복한 내 마음 그리기 활동을 한다. ④ 소감을 나눈다(참가자들의 기질에 따라 손으로 그림을 그리는 것에 대한 느낌이 다를 수 있다. 이러한 면들에 대해 충분히 이야기 나누는 시간을 가진다. 지나친 청결 유지나 지나친 허용은 아이의 성격 형성에 영향을 줄 수 있음에 대해서도 이야기할 수 있다).
마무리 (20분)	**▶ 미니 병풍 만들기 및 소감 나누기** 이제는 오늘을 마무리하는 활동을 하겠습니다. 우리는 이 프로그램에 참여하면서 한 개인에서 부모로 성장하는 경험을 하게 됩니다. 그러한 과정을 하나의 상징물로 남기기 위해 한 회기가 끝날 때마다 새롭게 알게 되었거나 깨달은 것, 간단한 소감, 또는 나의 다짐 등을 기록해 보기로 하겠습니다. 〈활동 내용〉 ① 10면 미니 병풍을 만들 수 있는 재료를 나누어 준다. ② 미니 병풍의 여섯 번째 면을 기록한다. ③ 기록한 내용을 나누면서 한 회기를 마무리한다. 이것으로 오늘 활동을 마무리하겠습니다. 다음 시간에는 '**반짝반짝! 신기한 세상**'이라는 주제로 돌 전 아이들과 상호작용하는 방법, 정서 발달에 도움이 되는 놀이 등을 배워 보는 시간을 갖도록 하겠습니다. 수고하셨습니다. 다음 시간에 뵙겠습니다.
유의점	• 서로를 배려하고 존중하는 마음과 행동을 가지도록 한다. • 참가자 중 임산부가 있다면 몸에 무리가 가지 않게 배려한다. • 소감 나누기 시간에 집단원들이 마음이나 궁금함을 충분히 나눌 수 있게 한다.

강의자료 6-1

Smart Map 먹기 명상

음식을 먹는다는 것은 인간의 생존과 관련된 중요한 행위이지만 실제 사람들은 먹는 것에 대한 중요함이나 즐거움, 또는 감사함을 잊어버릴 때가 많다. 먹기 명상은 먹는 행위에 대해 집중해 보는 것을 통하여 자신의 식습관을 알고 이를 통해 건강한 식생활을 할 수 있으며, 음식을 먹을 수 있는 것에 대한 감사함을 느끼게 하는 명상으로 식이장애 환자의 치료법으로 많이 활용된다. 이 프로그램에서는 이유식을 처음 시작하는 아기들이 새로운 맛과 새로운 느낌을 접할 때의 마음을 먹기 명상을 통해 함께 느껴보고 이유식을 시작할 때 아기가 건강한 식습관을 가지게 하는 데 도움을 주고자 한다. 먹기 명상은 주로 건포도를 많이 이용하지만 다른 음식을 사용하여도 무방하다.

먹기 명상 방법

1. 건포도(또는 다른 여러 가지 음식)을 손바닥에 올려놓는다.
2. 이 음식이 어떤 과정을 거쳐 나에게 오게 되었는지 생각해 본다.
3. 이 음식을 당신의 모든 감각 기관을 동원하여 관찰한다.
4. 이 음식을 한 번도 접해 보지 못한 음식이라 상상하며 천천히 먹는다.
5. 음식을 최대한 천천히 먹으면서 느껴지는 감각의 변화를 느껴 본다.
6. 음식을 최대한 천천히 삼키면서 느껴지는 감각의 변화를 느껴 본다.
7. 음식이 위장으로 내려가는 느낌을 느껴 보며 먹은 음식의 무게만큼 몸이 더 무거워진 것을 느껴 본다.

세상에 태어나 모유나 분유를 제외하고 새로운 맛을 느끼는 것, 또한 빠는 행위가 아니라 자신의 의지로 삼키기를 해야 하는 아이의 느낌이나 마음이 어떠할까? 이때 아기가 먹는 것에 대한 즐거움을 느끼게 하기 위해서는 엄마의 입장이 아닌, 아이의 입장이 되어 충분히 기다려 주고 정성스럽게 이유식을 만들고 먹여야 한다.

Smart Map 애착 형성단계의 영아 발달

이 시기에는 누워서 버둥거리기만 하던 아기가 목을 가누고 주변을 살피기도 하며 혼자 몸을 뒤집기도 한다. 청각이나 시각 등도 급격히 발달하여 보이는 것과 들리는 소리에 호기심을 갖는다. 옹알이도 본격적으로 시작하기에 부모의 적극적인 반응이 필요한 시기이다. 또한 앉혀 두면 잠시 앉아 있을 수 있고, 물건을 한 손에서 다른 손으로 바꿔 쥘 수 있다. 소리를 흉내 내기 시작한다.

배밀이를 하거나 기어 다니는 등의 행동으로 아기의 행동반경이 넓어진다. 그래서 아기의 눈높이에 있는 위험한 물건은 치우는 것이 좋으며 안전사고에 신경을 써야 한다. 눈에 보이는 것은 무조건 입으로 가져가는 시기이지만 지나친 제재는 구강기적 쾌락 추구에 좌절을 경험하게 한다. 그러므로 무조건 못하게 하기보다 위험한 물건은 치우고 장난감들은 깨끗하게 씻어 주는 것이 좋다.

생후 18개월까지의 기간을 통틀어 구강기라 하는데 이때는 빨고, 마시고, 먹는 것, 입에 닿는 무엇이든지 빠는 것과 같은 구강기 활동을 통해 쾌락을 추구하게 된다. 구강기의 욕구가 좌절되거나 지나치게 만족되면 구강기 고착현상이 일어나는데 구강기적인 욕구의 만족 정도가 성격 형성에 영향을 미치기도 한다. 욕구불만이나 과다만족으로 인해 손톱 깨물기, 손가락 빨기, 식탐 등의 구강기적 행동을 할 수 있다. 낯가림을 하는 시기이기도 하다. 또한 이때부터 이유식을 시작하는 시기이다.

아이 돌보기 유의점

1. 차에서는 카시트를 반드시 사용하고 뒷좌석에 뒤를 보게 고정한다. 의자에 앉히게 된다면 반드시 안전벨트를 매 주고 어른 침대나 소파 등 높은 곳에 아이를 혼자 두지 않는다.
2. 너무 푹신한 침구나 베개는 질식사의 원인이 될 수 있으므로 사용하지 않는다.
3. 아이 주변에 위험한 물건을 두지 않는다. 특히 블라인드의 끈은 아이의 손이 닿지 않게 정리한다.

4. 아이의 입에 음식이 있을 때는 아이를 웃기지 않는다. 사레가 들면 위험하다.
5. 보행기는 사용하지 않는 것이 좋다.
6. 되도록 아이의 곁을 떠나지 않는다.
7. 샤워 손잡이는 차가운 쪽으로 돌려 놓고 잠근다.

아이의 발달은 개인마다 차이가 있다. 아이의 발달이 월령에 비해 심각하게 차이가 나지 않는다면 느긋하게 기다려 주는 것이 필요하다. 이 시기의 아이들은 다른 사람의 감정을 느낄 수 있다. 그러므로 주 양육자의 감정 상태를 느끼고 영향을 받을 수 있다. 주 양육자가 조급해하거나 불안한 마음을 주로 가진다면 아이 또한 불안해하거나 예민해질 수 있다.

Smart Map 초기 이유식

보통 아기가 생후 6개월 정도가 되면 이유식을 시작할 수 있다. 아기의 건강과 건강한 식습관 형성을 위해 신경 써야 한다. 특히 알레르기에 대한 주의가 필요하다.

이유식 시작 원칙

1. 이유식은 생후 6개월 이후부터 시작하기

2. 재료는 한 가지씩 추가하기

초기 이유식의 목적은 영양 공급보다는 씹는 연습을 시키는 데 있다. 음식을 섭취하면서 알레르기 반응이 있다면 어느 음식이 원인인지 알아야 하므로 이유식은 반드시 모유 농도의 쌀미음으로 시작한다. 쌀미음에 알레르기 반응이 없다면 다른 한 가지 재료를 추가해서 먹이는 식으로 한다. 달걀 흰자, 두부 등의 음식은 알레르기를 유발할 수 있으므로 8개월 이후에 추가한다.

3. 간을 하지 않기

아이의 입맛이 짠맛에 길들여지면 건강한 식습관을 지키기 힘들다. 이유식을 만들 때는 간을 하지 않고 재료 자체의 맛을 음미하게 하는 것이 좋다.

4. 개인차를 존중하기

아기마다 발달 속도가 다르고 입맛이 다르다. 다른 아이와 비교하지 말고 자신의 아기의 발달에 맞는 태도를 가진다. 알레르기가 나타나는 시기도 다르므로 부모의 여유로운 마음과 세심한 관찰이 필요하다. 때로는 식욕이 떨어지거나 삼키는 행동이 순조롭게 진행되지 않더라고 초조해 하지 말고 기다려 줘야 한다. 엄마가 조바심을 내면 아기는 엄마의 감정을 느끼게 되고 건강한 애착 형성에도 방해를 받고 이유식에 대한 흥미도 잃게 할 수 있다.

5. 이유식의 형태를 갑작스럽게 변화시키지 않기

아기가 무리 없이 이유식을 진행한다고 하여 이유식의 형태를 갑자기 바꾸는 것은 좋지 않다. 음식의 무르기 정도나 크기를 단계적으로 천천히 변형시켜 나간다.

활동지도안	
활동 목표	• 애착 형성단계의 특성을 알고 부모역할에 대해 이해한다. • 애착 형성단계의 영아 정서 발달을 돕기 위한 놀이를 경험해 본다.
준비물	이름표, 동요 가사 및 음원, 동화, 풍선, 공, 귀마개, 미니 병풍
단계	진행절차
도입 (20분)	▶ 자난 회기 돌아보기와 이번 시간 안내 한 주 동안 잘 지내셨나요? 지난주 프로그램에 참여하시고 어떠하셨는지 궁금하네요. 오늘은 영아기 애착 형성단계의 특성에 대하여 알아보고, 정서 발달을 돕는 놀이를 경험해 보는 시간을 갖겠습니다. 〈활동 내용〉 ① 인사하고 지난 회기를 간단하게 정리해서 돌아보고 지난 회기 참가 후 한 주 동안의 생활에 대해 이야기 나눈다. ② 이번 시간의 활동에 대해 안내한다. ▶ 마음 열기–호흡 명상하기 오늘 프로그램을 시작하기에 앞서 명상을 하는 시간을 가지겠습니다. 〈활동 내용〉 ① 호흡 명상을 할 수 있는 자세를 취한다. ② 호흡 명상을 하면서 나의 배우자를 떠올려 보는 시간을 가진다(배우자의 하루 생활, 배우자에 대한 마음, 배우자에 대한 고마운 점, 배우자에게 바라는 점 등 배우자에 대한 자신의 마음을 느낄 수 있는 멘트를 한다). ③ 소감을 나눈다(명상을 하면서 느낀 점, 오늘 활동에 대한 생각 등에 나누기를 한다. 각 활동 마지막에 소감 나누는 시간을 통해 참여자들의 마음을 충분히 이야기할 수 있게 한다. 이러한 과정을 통해 참여자들이 가질 수 있는 기대감이나 불안함, 막연함 등 역동을 충분히 나눌 수 있게 한다). 배우자가 나의 든든한 지지처이듯이 아이에게도 부모가 든든한 지지처가 되어 세상에 나아갈 수 있게 도울 수 있기를 기대합니다.

<table>
<tr>
<td>전개
(80분)</td>
<td>
▶ 활동 7-1. 동요 듣고 따라 부르기

〈활동 내용〉
① 발달단계에 맞는 동요를 같이 불러 본다.
② 짝을 지어 부모와 아이 역할을 해 보며 발달단계에 맞는 동요를 불러 보고 듣는 경험을 한다.
③ 소감을 나눈다(동요 부르기를 계속 연습하면서 달라지는 것, 동요를 부르며 아이를 생각하면 어떤 마음이 드는지, 변화된 모습 등에 대해 충분히 나눌 수 있게 한다).

▶ 활동 7-2. 애착 형성단계에 대한 강의
생후 6~8개월 정도까지 아이가 호기심도 많아지고 주 양육 대상과 본격적인 애착 형성을 하는 시기에 해당됩니다. 애착 형성단계의 특성에 대해 알아보는 시간을 가지겠습니다.

〈활동 내용〉 강의자료 7-1
① 애착 형성단계에 대해 강의한다(동영상 활용이 가능하다면 동영상을 함께 활용할 수 있다).
② 소감을 나눈다.

▶ 활동 7-3. 나의 성격 이해하기
이 시기 아이들은 움직임이 많아지기 시작합니다. 또한 이 시기에는 아이에게 적절한 격려와 칭찬도 중요하지만 이와 함께 아이가 안정감을 가지고 세상을 체험할 수 있도록 한계를 정해 주는 것 또한 중요합니다. 나는 아이의 행동을 어느 정도까지 허용할 수 있는지에 대해 알아보는 시간을 가지겠습니다.

〈활동 내용〉
① 아이가 움직임이 많아지고 호기심도 왕성해지기 시작하여 이것저것 많은 시도를 하게 되는데 이때 부모가 아이에게 적절한 한계를 제시하여 아이로 하여금 위험으로부터 보호할 수 있고, 아이는 한계 내에서 자유롭게 경험하는 것을 배움으로써 더욱 안정감을 가지고 세상을 경험하게 된다. 아이에게 적절한 한계가 주어지지 않으면 아이는 오히려 불안해하고 자신의 한계를 알기 위해 테스트하는 행동을 하게 됨을 이야기한다. 이는 영아기 이후에까지 연결됨을 함께 이야기한다.
② 풍선을 나눠 주고 자신이 불고 싶은 만큼 불게 한다(임신부가 풍선이 터지는 소리에 놀라지 않도록 귀마개를 제공하는 등 주의를 기울인다).
③ 두 사람씩 짝을 지어 공을 던지고 받는 놀이를 하는데, 가까운 거리에서 출발하여 점점 거리를 멀리하며 놀이를 한다.
④ 각각의 활동을 통해 느낀 점을 서로 나누며 자신의 성격에 대해 이야기해 본다(자신의 허용범위는 어느 정도 되는지, 허용범위가 너무 좁거나 넓으면 어떠할 것 같은지, 위험한 상황이라 인지하는 정도는 어디인지 등에 대해 이야기하면서 자신의 허용 정도, 불안 정도, 성격 등에 대해 이야기할 수 있게 한다).
</td>
</tr>
</table>

풍선을 부는 크기도 다르고, 공놀이를 하는 거리도 다르고, 이처럼 사람은 저마다 성격이 다르고 자신의 성격 특성에 따라 아이의 움직임에 대해 어떻게 대할지에 대해 생각해 보는 계기가 되었습니다.

▶ 활동 7-4. 동화책 읽기

〈활동 내용〉

① 짝을 지어 부모와 아이 역할을 해 보며 발달단계에 맞는 동화책을 읽어 보고 듣는 경험을 한다.

② 소감을 나눈다.

Tip

아이들은 특히 같은 책을 반복해서 보는 것을 좋아합니다. 아직 언어 발달이 미숙한 아이들은 한 번 보고 완벽히 이해하기 어려우므로, 되풀이하면서 이해도를 높이고 재미도 느끼게 되고, 익숙한 이야기를 들으면서 긴장감 없이 편안한 상태에서 상상력을 발휘할 수 있습니다. 아이 스스로 원하는 책을 고르고, 책장도 스스로 넘기도록 하여 호기심을 자극하고 아이가 주도적으로 책읽기를 할 수 있게 해 주세요.

예: 구멍에 손가락을 넣을 수 있는 책, 누르면 소리가 나는 책, 문을 열어 볼 수 있는 플립 책, 바퀴가 달린 책, 펼치면 모양이 변하는 팝업 책 등

▶ 활동 7-5. 애착 형성단계의 정서 발달을 도울 수 있는 놀이(대상영속성 획득을 중심으로)

영아기는 사람의 인생에 있어 가장 중요한 시기입니다. 신체 성장도 빠르고 주변의 환경을 마치 스펀지처럼 빨아들이는 이 시기에는 아이에게 이것저것 경험하게 하는 것이 좋습니다. 영아기에는 호기심을 키울 수 있는 놀이, 감각 기능과 운동 발달을 돕는 신체 놀이가 좋습니다. 이번 시간에는 정서 발달을 도울 수 있는 놀이에 대해 알아보겠습니다.

〈활동 내용〉 강의자료 7-2

① 정서 발달에 도움이 되는 놀이를 소개한다.

② 팀을 짜서 놀이를 만들어 보고 소개한다. 대상영속성을 획득할 수 있는 놀이로는 보물찾기 놀이, 까꿍 놀이 등이 있다.

③ 소감을 나눈다.

실제로 놀이를 해 보시니 어떠신가요? 다양한 놀이를 통해 아이와 교감하고 아이가 부모님의 사랑을 많이 느낄 수 있을 것으로 생각합니다. 또한 이렇게 아이랑 몸으로 놀아 주는 것을 아빠가 많이 해 주면 아빠와 아이의 건강한 관계 형성에 도움을 줄 수 있습니다.

마무리 (20분)	▶ 미니 병풍 만들기 및 소감 나누기 이제는 오늘을 마무리하는 활동을 하겠습니다. 우리는 이 프로그램에 참여하면서 한 개인에서 부모로 성장하는 경험을 하게 됩니다. 그러한 과정을 하나의 상징물로 남기기 위해 한 회기가 끝날 때마다 새롭게 알게 되었거나 깨달은 것, 간단한 소감, 또는 나의 다짐 등을 기록해 보기로 하겠습니다. 〈활동 내용〉 ① 10면 미니 병풍을 만들 수 있는 재료를 나누어 준다. ② 미니 병풍의 일곱 번째 면을 기록한다. ③ 기록한 내용을 나누면서 한 회기를 마무리한다. 이것으로 오늘 활동을 모두 마치겠습니다. 다음 시간에는 **'영차영차! 내가 해 볼래요'** 라는 주제로 돌 이후부터 두 돌 전 아이들의 발달에 대해 알아보고 그 시기 양육방법에 대해 알아보는 시간을 가지도록 하겠습니다. 수고하셨습니다. 다음 시간에 뵙겠습니다.
유의점	• 서로를 배려하고 존중하는 마음과 행동을 가지도록 한다. • 참가자 중 임산부가 있다면 몸에 무리가 가지 않게 배려한다. • 소감 나누기 시간에 집단원들이 마음이나 궁금함을 충분히 나눌 수 있게 한다.

Smart Map 애착 형성단계

생후 6~8개월까지는 본격적으로 주 양육자와 애착을 형성하는 시기로, 낯가림을 하게 된다. 낯가림을 한다는 것은 주 양육자와 애착 형성이 잘 이루어지고 있다는 신호로 이해할 수 있다. 흔히 이 시기가 되면 '엄마 껌딱지'라고도 한다. 우스갯소리로 화장실을 갈 때도 아이의 시선에서 사라지면 안 된다고 말하는 시기이기도 하다. 즉, 이 시기는 아이가 엄마를 안전기지로 삼고 세상에 안전하게 나갈 수 있게 돕는 시기라 할 수 있다.

건강한 애착 형성 꿀팁

1. 스킨십 많이 하기

애착 형성 시기에는 아이에게 안정감을 주는 것이 중요하다. 안정감을 주기 위해 자주 안아 주고 쓰다듬어 주는 등의 스킨십이 도움이 된다.

2. 아이의 시선과 눈높이 같이 하기

아이의 시선에서 아이가 원하는 대로 눈높이를 맞춰 같이 노는 것이 애착 형성에 도움을 준다.

3. 아이의 행동에 반응해 주기

이 시기에는 아이의 행동에 바로바로 반응을 해 주는 것이 좋다. 올바른 행동에 대해서는 아낌없는 격려와 칭찬을 하고 위험한 행동에 대해서는 제재를 해야 한다. 그러나 지나친 제재는 아이의 호기심을 저해할 수 있으므로 유의해야 한다.

4. 가능하면 엄마와 많은 시간 보내기

맞벌이 부부가 늘어남으로써 이 시기에 엄마와 함께하는 시간이 부족한 경우가 있다. 그렇다면 엄마가 퇴근 후에 집중적으로 아이에게만 애정을 표현해 주는 시간을 가지는 것이 좋다. 엄마와 헤어지고 만나는 시간을 일정하게 하는 것이 좋다.

5. 아이의 신호를 민감하게 알아차리기

이 시기의 아이들은 아직 자신의 의사표현에 미숙하다. 말로 의사표현을 할 수 없기에 주로 울음으로 자신의 의사표현을 하는데, 아이의 신호에 민감하게 반응하는 것이 좋다.

6. 엄마의 상태를 이야기해 주기

이 시기는 주 양육 대상에게만 특정 반응을 보이는 시기이다. 그래서 엄마가 잠시라도 보이지 않으면 불안해한다. 엄마의 동선에 대해 아이에게 이야기해 주는 것이 좋다. 또한 엄마가 아이를 안고 집안 이곳저곳을 함께 다니면서 설명하고 구경시켜 주는 것이 좋다.

이처럼 이 시기는 주 양육자인 엄마가 아이에게 안전한 환경을 제공하고, 건강한 애착 형성을 위해 전적으로 아이와 함께 많은 시간을 보내야 하는 시기이다. 그래서 이 시기에는 엄마가 집안일에 대한 부담을 많이 느낄 수 있고 이전과 같은 집안일을 할 수도 없다. 이 시기 아빠의 적극적인 가사 분담이 필요하다. 가사 분담이 제대로 이루어지지 않아 육아와 집안일로 지나친 스트레스를 받아 엄마가 행복하지 않다면 아이의 행복과 건강한 애착 형성에 방해를 받을 수 있다.

강의자료 7-2

Smart Map 애착 형성단계에 도움 되는 놀이

엄마들은 '아이와 같이 논다'라고 하면 장난감이 있어야 한다는 생각을 한다. 그래서 아이에게 끊임없이 장난감을 제시하지만 정작 아이는 장난감에 별다른 흥미를 느끼지 않거나 흥미를 가진다 하여도 오랜 시간 지속되지 않는다. 그러면 점점 더 엄마는 아이와 어떻게 놀아야 할지 막막하게만 느껴지고, 영상매체를 아이들에게 제시하게 되면서 아이와의 상호작용은 줄어들게 된다. 아이와의 상호작용이 줄어들면 아이의 정서 발달과 건강한 애착 형성에도 부정적인 영향을 줄 수 있다. 상호작용을 통해 아이의 정서 발달에 도움을 주고 건강한 애착 형성에 도움이 되는 놀이를 소개하면 다음과 같다.

우리의 전통놀이

1. 도리도리

엄마는 "도리도리"라는 말을 중얼거리듯 노래를 부르면서 고개를 좌우로 흔든다. 아이도 엄마의 도리도리라는 말과 행동을 보고 모방한다. 아이가 잘 따라 하면 아이의 행동을 칭찬해 주며 볼을 쓰다듬어 준다. 또 옹알이를 하는 시기의 아이를 엄마의 무릎에 앉히고 눈을 맞추며 볼을 쓰다듬는 등 신체접촉을 하며 대화를 한다.

2. 짝짜꿍

엄마는 "짝짜꿍짝짜꿍" 하면서 손뼉을 친다. 아이가 따라 할 수 있도록 하거나 엄마가 아이의 손을 잡고 함께 "짝짜꿍짝짜꿍" 하며 손뼉을 친다. 이때도 아이에게 칭찬을 해 주며 아이의 눈을 바라보면서 대화한다.

3. 곤지곤지

"곤지곤지" 하면서 아이의 손가락으로 자신의 손바닥을 찍는 동작을 한다. 손바닥을 찍기도 하고 엄마와 아이의 여러 신체 부위의 이름을 말하며 찍어 본다. 볼에 바람을 넣어 아이의 손가락으로 찍어 보게 하는 것도 좋다. 칭찬과 대화를 잊지 않는다.

4. 죔죔

"죔죔" 하면서 손을 쥐었다 폈다 하며 아이가 따라 하게 한다. 아이가 아직 어려 스스로 할 수 없다면 엄마가 아이의 손을 잡고 손을 쥐었다 폈다 한다. 아이의 손가락 하나 하나 쥐었다 폈다 할 수 있고 아이의 손에 입을 맞추기도 한다.

5. 불무불무

아이의 겨드랑이에 손을 넣어 아이를 세우고 "불무불무" 하며 아이를 좌우, 앞뒤로 흔들어 준다. 아이의 다리의 힘도 길러 줄 수 있다. 아이와 눈을 맞추고 아이의 반응에 민감하게 반응해 준다.

6. 다리 비행기 타기

엄마가 바닥에 누워 무릎을 구부려 세운 다음, 발등 위에 아이를 앉힌다. 아이의 양 손을 잡는다. 다리를 위아래로 움직이며 "○○가 위로 올라갑니다, 다시 내려옵니다." 등과 같이 아이와 대화를 나누며 아이를 위로 올렸다 내렸다 한다. 놀이가 끝나면 아이를 안고 쓰다듬어 준다.

7. 까꿍 놀이

숨어 있다가 나타나며 "까꿍" 하면 아이가 놀라면서도 무척 즐거워한다. 이 시기 아이들이 가장 좋아하는 놀이이기도 하다. 까꿍 놀이를 통해 엄마가 항상 곁에 있다는 확신을 줄 수 있고 또한 당장 눈에 보이지 않으면 그 사물이 없다고 생각하는 아이들의 인지를 한 단계 높일 수 있는 놀이이다.

8회기 영차영차! 내가 해 볼래요

활동지도안	
활동 목표	• 애착단계의 영아기 발달에 대한 이해한다. • 애착단계에 필요한 부모역할을 알아보고 양육기술을 익힌다.
준비물	이름표, 동요 가사 및 음원, 동화, 애착인형 만들기 재료, 미니 병풍
단계	진행절차
도입 (20분)	▶ 지난 회기 돌아보기와 이번 시간 안내 한 주 동안 잘 지내셨나요? 지난주 프로그램에 참여하시고 어떠하셨는지 궁금하네요. 오늘은 애착단계의 영아 발달에 대해 알아보는 시간을 가지겠습니다. 〈활동 내용〉 ① 인사하고 지난 회기를 간단하게 정리해서 돌아보고 지난 회기 참가 후 한 주 동안의 생활에 대해 이야기 나눈다. ② 이번 시간의 활동에 대해 안내한다. ▶ 마음 열기–명상하기 지금부터 호흡 명상을 해 보겠습니다. 〈활동 내용〉 명상자료 8–1 ① 호흡 명상 자세를 취한다. ② 이 시기 아이들은 활동량이 급격히 많아지고, 부모가 육아로 인한 스트레스를 받을 수 있으므로 부모의 스트레스 관리에 더욱 신경을 써야 함을 안내한다. ③ 호흡 명상을 할 때 명상자료를 읽어 주며 생각할 기회를 제공한다. ④ 소감을 나눈다(명상을 하면서 느낀 점, 오늘 활동에 대한 생각 등을 나눈다. 각 활동 마지막에 소감 나누는 시간을 통해 참여자들의 마음을 충분히 이야기할 수 있게 한다. 이러한 과정을 통해 참여자들이 가질 수 있는 기대감이나 불안함, 막연함 등의 역동을 충분히 나눌 수 있게 한다). 여러분의 마음의 온도를 높여 줄 무언가를 꼭 찾으시길 바랍니다.

전개 (80분)

▶ 활동 8-1. 동요 듣고 따라 부르기

〈활동 내용〉

① 발달단계에 맞는 동요를 같이 불러 본다.
② 짝을 지어 부모와 아이 역할을 해 보며 발달단계에 맞는 동요를 불러 보고 듣는 경험을 한다.
③ 소감을 나눈다(동요 부르기를 계속 연습하면서 달라지는 것, 동요를 부르며 아이를 생각하면 어떤 마음이 드는지, 변화된 모습 등에 대해 충분히 나눌 수 있게 한다).

▶ 활동 8-2. 애착단계의 영아 발달에 대한 강의

이번 시간에는 애착단계의 영아 발달에 대해 알아보는 시간을 가지겠습니다.

〈활동 내용〉 강의자료 8-1

① 애착단계의 영아 발달에 대해 강의한다.
② 소감을 나눈다.

▶ 활동 8-3. 동화책 읽기

쉬어 가는 시간으로 여러분이 준비하신 동화를 같이 읽어 보는 시간을 가지겠습니다.

〈활동 내용〉

① 짝을 지어 부모와 아이 역할을 해 보며 발달단계에 맞는 동화책을 읽어 보고 듣는 경험을 한다.
② 소감을 나눈다.

Tip

그림책을 통해 말을 배우고, 생활습관을 익히고, 그림을 이해하고, 놀이를 익히는 시기이므로 그림책을 읽어 주는 것이 빼놓을 수 없는 하루의 일과가 되어야 합니다. 그림책은 엄마 아빠가 어떻게 읽어 주느냐에 따라 변하는 신기한 책입니다. 아이에게 그림책을 읽어 주기 전, 엄마 아빠가 미리 내용을 파악해 두면 아이의 흥미를 보다 효과적으로 이끌 수 있습니다. 아이의 수준에 따라 이야기를 바꾸거나 길이를 조절할 수 있고, 이야기의 흐름에 맞춰 목소리 톤을 조절하고 리듬감을 살려서 읽는 데 도움이 되어 아이와 정서적인 교감이 더 활발하게 이루어질 수 있습니다.

예: 숫자, 색깔, 가족, 동물 그림책을 보여 주면서 그림과 글에 맞는 다양한 목소리 변조와 율동, 노래 등을 곁들여서 읽어 주기

▶ 활동 8-4. 애착인형 만들기

지금부터는 아이들의 심리적 안정에 도움이 될 수 있는 애착인형을 만들어 보겠습니다.

	〈활동 내용〉 ① 애착인형은 아이의 정서적 안정에 도움을 주는 것으로 너무 일찍 사용하면 지나치게 집착할 수도 있으므로 12개월 이후에 사용하는 것이 적당함을 이야기한다. ② 애착인형 반제품을 나눠 주고 애착인형을 완성한다. ③ 소감을 나눈다(나의 애착물은 무엇이었는지, 주변에 아이들을 보면서 느낀 점, 애착인형을 만들며 미래의 아이를 생각하면서 느낀 마음 등 다양한 이야기들을 충분히 할 수 있게 한다). 애착 인형을 만들어 보았습니다. 인형을 만드는 동안 부모님들의 행복한 모습이 보기 좋았습니다.
마무리 (20분)	▶ 미니 병풍 만들기 및 소감 나누기 이제는 오늘을 마무리하는 활동을 하겠습니다. 우리는 이 프로그램에 참여하면서 한 개인에서 부모로 성장하는 경험을 하게 됩니다. 그러한 과정을 하나의 상징물로 남기기 위해 한 회기가 끝날 때마다 새롭게 알게 되었거나 깨달은 것, 간단한 소감, 또는 나의 다짐 등을 기록해 보기로 하겠습니다. 〈활동 내용〉 ① 10면 미니 병풍을 만들 수 있는 재료를 나누어 준다. ② 미니 병풍의 여덟 번째 면을 기록한다. ③ 기록한 내용을 나누면서 한 회기를 마무리한다. 이것으로 오늘 활동을 모두 마치겠습니다. 다음 시간에는 '**동글동글! 같이 놀아요**'라는 주제로 돌 이후부터 두 돌 전 아이들과의 상호작용, 놀이에 대해 알아보는 시간을 가지도록 하겠습니다. 수고하셨습니다. 다음 시간에 뵙겠습니다.
유의점	• 집단원들이 편안한 마음으로 참여할 수 있도록 신뢰할 수 있고 허용적인 분위기를 조성한다. • 서로를 배려하고 존중하는 마음과 행동을 가지도록 한다. • 참가자 중 임산부가 있다면 몸에 무리가 가지 않게 배려한다. • 소감 나누기 시간에 집단원들이 마음이나 궁금함을 충분히 나눌 수 있게 한다.

명상자료 8-1

Smart Map 당신의 마음의 온도를 높여 주는 것

아이의 이유 없는 짜증에 짜증이 아닌 다른 방법으로
대응하기란 쉽지 않습니다.
내 마음이 안정되어 있어야 가능합니다.
아이 수준의 감정 처리를 받아 줄 배려심도 있어야 합니다.
못한다고 실망할 필요는 없어요.
이것이 된다면 아이에게 큰 선물을 주는 셈입니다.
당신도 받지 못했던 선물일 수 있어요.
흥겹거나 부드러운 음악, 따뜻한 차,
친한 친구와의 수다, 마음을 달래는 책,
아이의 아기 때 사진, 산책과 운동, 기도와 명상, 뭐든 좋습니다.
부모에겐 자신을 따뜻하게 할 작은 것이 꼭 필요해요.
곧 마주칠 아이는 당신의 온도를 온몸으로 느끼나요.
당신의 온도를 높여 줄 무언가가 지금 있습니까?

–서천석(2017). 『하루 10분 내 아이를 생각하라』 중에서

강의자료 8-1

Smart Map 애착단계의 영아 발달

애착단계의 영아는 걷거나 뛰기가 가능해지고, 작은 물건을 집을 수 있을 정도로 소근육이 발달된다. 사용할 수 있는 언어의 개수가 늘어난다. 간단한 문제해결 능력이 생기고 스스로 하기를 좋아한다. 이때는 아이의 활동범위가 더욱더 확대되므로 안전에 더욱 유의하여야 한다. 또한 이 시기에는 올바른 식습관 교육과 배변훈련이 필요하다.

식습관 교육

애착단계는 이유식에서 벗어나 유아식으로 가는 시기이다. 짜게 먹이지 않도록 유의한다. 이제는 음식을 스스로 먹을 수 있는 연습을 시작할 때이다.

1. 돌 전이라도 아기가 '혼자 먹기'에 흥미를 보일 때 도전할 수 있게 도와주기

엄마 아빠가 떠먹여 주는 시간을 줄인다. 생각보다 꽤 이른 시기에 아이들은 '혼자 스스로 먹기'에 흥미를 보인다. 10~11개월쯤 되면 숟가락으로 스스로 떠먹는 행동을 모방하는 아기들도 있다. 이때 "엄마가 해 줄게. 더러워지잖아." 하고 아이의 주도권을 빼앗지 않는다. 부모 스스로 청결에 대해 어떤 태도를 가지고 있는지 유심히 살펴볼 필요가 있다.

돌 전 아기라면 스스로 밥 먹는 습관을 들이긴 어렵다. 그럼에도 손에 음식을 쥐어 주고, 도전할 수 있게 도와준다. 아이가 자신의 손과 발을 제대로 움직일 수 있고, 씹고 삼키는 방식이 가능하다면 돌 전 아기라도 충분히 혼자 먹기에 도전해 볼 수 있다.

2. 생후 16~18개월에는 본격적 '혼자 먹기'가 가능

생후 16~18개월쯤부터는 이유식이 완료되므로 아이 혼자 밥 먹는 식사 습관을 들여야 한다. 소근육이 발달하면서 숟가락이나 포크를 집는 것도 가능해진다. 이때 '혼자 먹기'를 지속적으로 연습해 온 경우라면 16~18개월에 '혼자 밥 먹는' 습관이 자연스럽게 자리할 수 있다. 만약 그전까지 연습을 하지 않은 경우라도 이때부터는 슬슬 혼자 먹기를 연습해야 한다.

3. 식탁에 앉아 30분 정도 식사하기

아이에게 식사의 원칙은 '식탁에 앉아 30분 정도 식사'하는 것이라고 알려 준다. 아이가 식사하지 않고 50분 이상 장난만 치고 있다면? 식판을 단호하게 치우는 자세도 필요하다.

4. 더러워도 괜찮아

많은 부모가 여러 가지 이유로 아이에게 식사 주도권을 넘겨주기 어려워한다. 가장 큰 이유 중 하나가 아이가 집을 난장판으로 만들어 놓기 때문이다. 하지만 아이가 걸음마 배울 때를 생각해 보면 어떠한가? 넘어지지 않으면 걸음마를 배울 수 없다. 주변을 더럽히고, 엉망진창으로 만드는 것은 아이의 발달단계상 어른처럼 먹기가 어렵기 때문이고 당연한 것이다. 방수 턱받이를 구매하고, 아이가 음식을 던질 수 있는 주변에 신문지 등을 깔아 준다. '더러워도 괜찮다. 이건 아이가 배우는 과정이다.'라고 마음을 컨트롤하는 자세가 필요하다.

5. 아이 마음 이해해 주기

지금까지 엄마가 떠먹여 주다가 어느 날 갑자기 "오늘부턴 혼자 먹어! 다 컸잖아!"라고 하기도 한다. 그러나 이럴 경우에 아이 입장에선 '지금까지 떠먹여 줬는데 왜 갑자기 나 보고 밥을 먹으라는 거야?'라고 생각할 수 있다. 많은 엄마 아빠가 '어린이집 등원' 등을 앞두고 갑작스럽게 태도가 변한다. 식습관이나 잠자는 버릇은 하루 이틀 만에 만들어지는 것이 아니다. 부모가 여유를 가지고 천천히 '혼자 먹기' 버릇을 연습하는 것이 중요하다. 아이가 혼자 먹기를 시도했을 때 격려해 주는 것도 잊지 않는다.

6. 따라다니며 먹이지 않기

간혹 먹는 걸 좋아하지 않는 아기들이 있다. 이런 아기를 기르는 부모들의 마음은 애가 탄다. 그래서 따라다니며 "한 입만, 두 입만." 혹은 "간식이라도 먹어 봐."라고 애원하게 된다. 아이에게 '음식은 엄마가 애원해야 먹는 것'이라는 느낌을 주면 곤란하다. 식사는 맛있게, 가족이 함께, 식탁에 앉아 먹는 것이라고 느끼게 해 주는 것이 필요하다.

딱 한 달만 마음을 먹고 따라다니는 일을 멈춰 보자. 아이가 많이 먹지 않아도 괜찮다. 우선은 식탁에 앉아, 규칙적인 시간대에 음식을 먹게 함께 노력한다. 따라다니며 먹이는 습관은 아이 입을 점점 더 짧아지게 한다. 굳이 자신이 먹지 않아도 배가 늘 차 있기 때문이다.

7. 핑거 푸드 준비하기

돌 전 아기거나 16개월 아기라도 숟가락질을 어려워한다면, 찐 고구마, 익힌 브로콜리, 국수나 과일과 같은 '핑거푸드'로 혼자 먹는 식습관을 연습해 본다. 핑거 푸드를 달콤한 요거트에 찍어 먹는다거나, 음식을 "냠냠냠냠" 하고 오버스럽게 먹어 재미난 분위기를 조성하는 게 중요하다. 핑거 푸드를 스스로 먹었을 땐 "너무 멋지다. 이제 곧 어린이집 형님반에 올라갈 수 있겠네!" "아빠처럼 튼튼해지겠다." 등 아이가 좋아할 수 있는 칭찬을 해 준다.

8. 목표는 명확하고 현실적으로

밥을 잘 먹지 않는 아기가 갑자기 '혼자 스스로 잘 먹는 아기'로 변할 순 없다. 아이들마다 상황이 다르니, 목표도 현실적으로 세워야 한다. 지금까지 따라다니면서 엄마가 떠먹여 주는 아이였다면, 따라다니며 먹이는 행동만 줄여 본다. 우선 아이를 식탁에 앉혀, 간식이든 무엇이든 함께 먹는 시도를 한다.

편식이 심한데 혼자 먹는 습관도 없다면, '편식'보다는 '혼자 먹는 습관 들이기'를 우선한다. 좋아하는 음식을 핑거 푸드 형태로 식탁에 마련해 준다. 아이의 문제 행동이 여러 개라고 느껴지면, 그중에 딱 하나만 정해 '이건 이번 달에 나아지게 만들 거야'라고 생각하면 행동방식이 심플해진다.

배변훈련

18개월부터 항문기라는 발달단계에 접어들게 된다. 대소변의 보유와 배출과정을 통해 만족감을 얻는 시기로 배변훈련을 통해 욕구를 충족시켜 준다. 하지만 유아는 사회의 기대에 순응하고 사회적 제약을 직면하게 되는 것으로 배변훈련에 대해 즉각적으로 만족을 구할 것인지 또는 만족을 늦출 것인지에 대해 갈등할 수 있다. 아이는 배변을 함으로써 환경에 대한 자신의 적극적인 순응을 표현하거나, 반대로 배변을 보유함으로써 자신의 불복종을 표현할 수도 있다. 유아가 배변훈련을 성공적으로 마칠 수 있는 것은 주 양육자에게 달려 있다. 양육자의 배변훈련에서 생기는 욕구불만으로 항문기 강박적 성격(배변훈련이 지나치게 엄격하여 근육수축 쾌감에 고착이 일어남), 항문기 폭발적 성격(배변훈련이 지나치게 관대하여 근육이완 쾌감에 고착됨)을 나타낼 수 있다. 그래서 적절한 배변훈련이 필요하다.

처음에는 변기와 친해지게 만드는 것으로 시작한다. 처음에는 변기에 잠깐씩 앉혀보고 앉은 채 놀기도 하고 부모가 변기에서 용변을 보는 시범을 보이기도 한다. 여유를 가지고 천천히 기저귀를 떼고 변기에 용변을 보게 한다. 그러나 아이가 '응가는 더러운 것'이라는 인식을 갖게 되면 대변 보기를 거부할 수 있다. 아이가 '응가'와 '쉬'를 구분할 수 있도록 가르치고 아이가 '응가'라는 말에 익숙해지면 혼자 변기에 가도록 유도한다. 아이가 혼자서 대변을 보았다면 크게 칭찬하고 격려해 준다.

9회기 동글동글! 같이 놀아요

활동지도안	
활동 목표	• 애착단계의 특성을 알고 부모역할에 대해 안다. • 애착단계의 정서 발달을 돕기 위한 놀이를 경험해 본다.
준비물	이름표, 동요 가사 및 음원, 동화, 전지, 크레파스, 미니 병풍
단계	진행절차
도입 (20분)	▶ 지난 회기 돌아보기와 이번 시간 안내 한 주 동안 잘 지내셨나요? 지난주 프로그램에 참여하시고 어떠하셨는지 궁금하네요. 오늘은 애착단계에서 부모의 역할을 알아보고, 정서 발달을 돕는 놀이를 경험해 보는 시간을 갖겠습니다. 〈활동 내용〉 ① 인사하고 지난 회기를 간단하게 정리해서 돌아보고 지난 회기 참가 후 한 주 동안의 생활에 대한 이야기를 나눈다. ② 이번 시간의 활동에 대한 안내를 한다. ▶ 마음 열기–호흡 명상하기 명상으로 몸과 마음을 이완하고 프로그램을 시작하도록 하겠습니다. 〈활동 내용〉 명상자료 9–1 ① 명상 자세를 취한다. ② 아이를 대할 때 마음의 여유를 가지는 것이 중요함을 이야기하며 부모의 태도에 아이가 영향을 받음을 이야기한다. ③ 소감을 나눈다(명상을 하면서 느낀 점, 오늘 활동에 대한 생각 등을 나눈다. 각 활동 마지막에 소감 나누는 시간을 통해 참여자들의 마음을 충분히 이야기할 수 있게 한다. 이러한 과정을 통해 참여자들이 가질 수 있는 기대감이나 불안함, 막연함 등의 역동을 충분히 나눌 수 있게 한다).

<table>
<tr>
<td>전개
(80분)</td>
<td>

▶ 활동 9-1. 동요 듣고 따라 부르기

〈활동 내용〉

① 발달단계에 맞는 동요를 같이 불러 본다.

② 짝을 지어 부모와 아이 역할을 해 보며 발달단계에 맞는 동요를 불러 보고 듣는 경험을 한다.

③ 소감을 나눈다(동요 부르기를 계속 연습하면서 달라지는 것, 동요를 부르며 아이를 생각하면 어떤 마음이 드는지, 변화된 모습 등에 대해 충분히 나눌 수 있게 한다).

▶ 활동 9-2. 애착단계에 대한 강의

애착단계의 아이들은 호기심으로 가득 찬 시기이기도 한데 좀 더 자세히 알아보도록 할게요.

〈활동 내용〉 강의자료 9-1

① 애착단계에 대해 강의한다.

② 강의 후 소감을 나눈다.

호기심으로 가득 찬 아이가 부모를 든든한 안전기지로 여기고 세상을 향해 씩씩하게 나갈 수 있게 도울 수 있는 멋진 부모가 되기를 기대합니다.

▶ 활동 9-3. 동화책 읽기

이번에는 여러분이 준비하신 동화를 같이 읽어 보는 시간을 가지겠습니다.

〈활동 내용〉

① 짝을 지어 부모와 아이 역할을 해 보며 발달단계에 맞는 동화책을 읽어 보고 듣는 경험을 한다.

② 소감을 나눈다.

Tip

나와 관련된, 일상에서 접할 수 있는 친근한 이야기가 있는 내용에 쉽게 공감할 수 있으며, 책읽기를 통해 말을 배우고 생활 습관을 익힙니다. 의성어, 의태어로 구성된 간단한 질문이 있는 책, 신체의 이름을 알려 주는 책을 선호합니다.

예: 까꿍놀이나 냠냠놀이, 아장아장 걷는 놀이를 표현한 책, 사물 그림책, 의성어, 의태어 또는 간단한 질문으로 구성된 책, 운율과 리듬감이 있는 살아 있는 책, 신체의 이름을 알려 주는 책

▶ 활동 9-4. 애착단계의 정서 발달을 도울 수 있는 놀이

애착단계 시기에 부모와 함께하는 놀이는 정서 발달에 많은 도움이 됩니다. 그럼, 지금부터 놀이에 대한 중요성을 알아보고 실제 놀이를 해 보는 시간을 가지겠습니다.

</td>
</tr>
</table>

	〈활동 내용〉 강의자료 9-2 ① 놀이의 중요성에 대해 강의한다. ② 전지에 난화 그리기를 한다. 이 시기 아이들의 낙서에 어떻게 반응하면 좋을지 이야기 나눈다. ③ 애착단계에 아이와 할 수 있는 놀이를 소개하면서 집단원들이 함께 해 본다. ④ 집단원들이 앞서 배운 놀이를 활용하여 다른 놀이를 만들어 보고 소개한다. ⑤ 소감을 나눈다(놀이를 통한 즐거움, 놀아 주는 것이 아니라 같이 노는 것, 자신과 주로 놀았던 사람, 그 사람에 대한 느낌, 자주 했던 놀이 등 놀이와 관련된 생각과 마음을 충분히 이야기하게 한다).
마무리 (20분)	▶ 미니 병풍 만들기 및 소감 나누기 이제는 오늘을 마무리하는 활동을 하겠습니다. 우리는 이 프로그램에 참여하면서 한 개인에서 부모로 성장하는 경험을 하게 됩니다. 그러한 과정을 하나의 상징물로 남기기 위해 한 회기가 끝날 때마다 새롭게 알게 되었거나 깨달은 것, 간단한 소감, 또는 나의 다짐 등을 기록해 보기로 하겠습니다. 〈활동 내용〉 ① 10면 미니 병풍을 만들 수 있는 재료를 나누어 준다. ② 미니 병풍의 아홉 번째 면을 기록한다. ③ 기록한 내용을 나누면서 한 회기를 마무리한다. 이것으로 오늘 활동을 모두 마치겠습니다. 다음 시간에는 '**으쓱으쓱! 멋진 부모가 될 수 있어요**'라는 주제로 전체 활동을 마무리하는 시간을 가지도록 하겠습니다. 수고하셨습니다. 다음 시간에 뵙겠습니다.
유의점	• 집단원들이 편안한 마음으로 참여할 수 있도록 신뢰할 수 있고 허용적인 분위기를 조성한다. • 서로를 배려하고 존중하는 마음과 행동을 가지도록 한다. • 참가자 중 임산부가 있다면 몸에 무리가 가지 않게 배려한다. • 소감 나누기 시간에 집단원들이 마음이나 궁금함을 충분히 나눌 수 있게 한다.

Smart Map 삶을 통해 배우는 아이들

삶을 통해 배우는 아이들

도로시 로 놀트 지음

꾸지람 속에 자란 아이
비난하는 것을 배우고
미움 받으며 자란 아이
싸움질을 하게 된다.

(중략)

관용 속에 자란 아이
참을성을 알게 되며
격려 받으며 자란 아이
감사할 줄 알게 되고

(중략)

안정 속에서 자란 아이
자신을 사랑할 줄 알게 되며
인정과 우정 속에서 자란 아이
온 세상에 사랑에 충만함을 알게 된다.

Smart Map 애착단계

아기가 생후 6~8개월에서 두 돌까지의 시기가 되면 아기의 애착행동이 한 사람을 향해 좀 더 능동적으로 이루어진다. 이 시기에 비로소 아기와 양육자 간에 애착이 형성되었다고 볼 수 있다. 그래서 아기는 엄마가 떠나려 할 때 능동적으로 접근하고 곤경에 빠졌을 때 제일 먼저 엄마를 찾는다. 그래서 엄마는 아기의 안전기지가 되는 것이고 부모와 떨어지게 되면 큰 소리로 우는 행동을 보인다. 이 시기 아이들은 혼자 노는 시간이 늘어난다. 그러나 혼자 놀더라도 엄마의 존재를 확인한다. 아기는 수시로 엄마에게 다가와 안정감을 확보하고 다시 혼자 놀기를 한다. 엄마는 아이와 최대한 많은 시간을 보내고 아이에게 집중하며 아이의 욕구에 민감하게 반응해야 하는 것을 잊지 말자.

양육에 있어 부모의 일관성이 중요한 시기이다. 아이들은 세상에 대한 호기심이 왕성해지고 활동 반경도 점점 넓어지는데, 부모가 일관성 있는 양육태도로 아이가 자신의 한계를 알고 한계 안에서 자유롭고 안전하게 세상을 만나는 것이 중요하기 때문이다. 아이의 긍정적인 행동이나 노력에 대해서는 아낌없는 칭찬을 하고 바람직하지 않은 행동을 했을 때 야단을 치기보다는 부모가 모범이 되어야 한다. 야단을 친다고 해서 바람직한 행동이 길러지는 것은 아니다. 아이가 최대한 많은 세상을 경험할 수 있게 부모는 든든한 안전기지가 되어 주는 것이 포인트이다. 책을 읽어 주고 이야기를 들려 주는 것이 두뇌 발달에 좋다. '~하지 마라'보다는 '~하자'는 식으로 긍정적인 행동에 대해 명확하게 말하는 것이 좋다. 또래를 많이 만날 수 있게 하고 가족, 친척들과 이야기를 많이 나눈 것은 언어 발달에 도움이 된다. 세상에 나가게 되는 아이는 불안한 마음이 들기도 한다. 그럴 때 아이가 엄마에게로 와서 안정을 찾고 그 안정감으로 세상을 다시 만날 수 있도록 도와주는 것이 이 시기 부모의 역할이다. 점점 엄마의 체력적 부담이 늘어나는 시기이기도 하다. 주변 사람들의 적극적인 도움이 필요하다.

Smart Map 애착단계에 도움 되는 놀이

호기심과 움직임이 왕성해지는 시기인 애착단계에서는 다양한 놀이를 해 주는 것이 좋다. 영아들에게 있어 놀이는 인지 발달, 언어 발달, 사회성 발달, 정서 발달에 도움을 준다. 아이들은 움직임으로 인해 몸과 마음이 성장한다. 이 시기 부모는 아이가 안전하고 즐겁게 충분히 놀 수 있는 환경을 제공하는 것이 중요하다. 다음은 애착단계에 활용할 수 있는 놀이로, 이 밖에도 다양한 놀이를 할 수 있다.

• 이불놀이

이불을 펼쳐 두고 아기가 가운데 앉게 하는 놀이이다. 엄마 아빠가 양쪽에서 이불 모서리를 쥐고 당기고 흔들어 준다.

• 공처럼 움직여요

왕성한 신체 발달이 이루어지는 시기이므로 다양한 신체적 움직임을 일으키는 놀이가 좋다. 아기 앞에서 공을 튀겨 보면서 "통통 튀네."라고 말하고, 스르륵 굴리면서 "떼굴떼굴 잘 굴러가네."라고 이야기해 준다. 공이 굴러가다 멈추는 모습을 보면 "흔들흔들, 흔들거린다." 등의 표현을 한 뒤 아기를 무릎 위에 앉히고 공처럼 움직여 본다. 통통 무릎을 튕기면서 "우리 서윤이가 통통 튀고 있구나." 한다든가, 옆으로 몸을 흔들면서 "흔들흔들 흔들리네."라는 식으로 이야기해 본다. 언어 발달에 도움이 된다.

• 거울 속에 누가 있니?

6~9개월 아기는 자신의 몸과 움직임에 대해 인식을 한다. 아기와 함께 거울을 보고 다양한 표정을 지어 보자. 거울 속 자신의 모습과 움직임에 관심을 보이며 즐거워할 것이다. 아기의 이목구비 등 몸의 각 부분의 감각을 느끼게 해 주는 놀이로도 좋다. 엄마가 먼저 "눈눈눈눈." 하면서 눈을 가리키고 아기의 눈도 가리켜 본다. "코코코코." 하면서 눈, 코, 입 찾기를 하거나 거울 속 눈을 짚어 본다. 눈의 초점을 맞추게 하고 자아 인식에도 도움이 된다.

• 리듬에 맞춰요

음악을 틀어 엄마와 아이가 같이 리듬에 맞춰 몸을 움직인다. 빠르기에 변화를 주는 음악을 이용하여 리듬에 맞춰 몸을 움직여 본다.

• 종이 구겨 보기

엄마와 아이가 같이 종이를 양손으로 구겨 보고 둥근 모양으로 만들어 던지거나 굴리기 등 공놀이를 한다.

• 공굴리기 해 봐요

커다란 공을 굴리며 걸어가는 놀이이다. 공이 멀리 굴러가면 엄마와 아이가 같이 잡으러도 간다.

• 나는야 화가

이 시기 아기는 크레용이나 연필로 낙서하는 활동을 즐긴다. 어떤 사물이나 대상을 그리길 바라는 것은 무리이다. 마음껏 그려 보도록 격려하고 큰 종이를 벽에 붙여 주거나 고정시켜 좀 더 손동작을 크게 움직여 보게 하자.

• 거울아 거울아~

전신거울을 이용하여 전신을 비춘다. 거울 앞에서 마음껏 움직여 보게 하고 신체 부위 이름에 따라 콕 찍어 보기도 한다.

• 소리를 만들어요

주변에 있는 도구를 이용해 소리를 만들어 보고 함께 들어 보자. 컵에 입을 대고 소리 내 보기나 호일 접시 흔들기, 병에 콩 담아 흔들어 보기 등을 할 수 있다. 또한 악기를 이용해 다양한 소리를 경험할 수 있다.

• 비눗방울 놀이

비눗방울을 불어 주고 잡아 보도록 하자. 비눗방울의 모습과 움직임을 재미있어 하며 손으로 방울을 잡기 위해 움직여 볼 수 있는 활동이다.

• 상자 속에 무엇이 있나

상자 속에 물건을 넣고 꺼내는 모습을 보이고 아이가 꺼내 보게 한다. 모두 꺼내면 다시 상자에 넣고 꺼낸다. 상자를 흔들어 상자 속에 물건이 들어 있다는 것을 알려 준다.

10회기 으쓱으쓱! 멋진 부모가 될 수 있어요

활동지도안	
활동 목표	• 프로그램을 정리하며, 미래 부모로서의 내 모습을 구체화한다.
준비물	이름표, 꾸미기 재료, 활동지 10−1, 미니 병풍
단계	진행절차
도입 (20분)	▶이번 회기 활동 안내 지난주 잘 지내셨나요? 오늘은 프로그램을 마치는 날입니다. 프로그램을 마친다고 하니 아쉬운 마음이 듭니다. 오늘은 그동안의 활동들에 대해 다시 한 번 생각해 보고 처음 이 프로그램에 참여했을 때와 지금의 자신에 대해 이야기해 보고 또 앞으로 어떤 부모가 될 것인지에 대한 이야기를 나눠 보는 시간을 가지겠습니다. ▶마음 열기–호흡 명상하기 이번 시간에는 미래의 나의 아기를 생각하며 또 미래 부모가 된 나의 모습을 생각하며 그들에게 행복을 기원하는 명상을 하겠습니다. 〈활동 내용〉 ① 명상음악을 준비한다. ② 미래의 아이가 행복하기를 기원하는 시간을 가진다. ③ 미래 부모가 된 나와 나의 배우자가 행복하기를 기원하는 시간을 가진다. ④ 소감을 나눈다(명상을 하면서 느낀 점, 오늘 활동에 대한 생각 등을 나눈다. 각 활동 마지막에 소감 나누는 시간을 통해 참여자들의 마음을 충분히 이야기할 수 있게 한다. 이러한 과정을 통해 참여자들이 가질 수 있는 기대감이나 불안함, 막연함 등 역동을 충분히 나눌 수 있게 한다).
전개 (70분)	▶ 활동 10−1. 미니 병풍 완성하기 이제는 우리가 그동안 한 면씩 채워 나가던 미니 병풍을 완성하는 시간을 가지도록 하겠습니다. 처음 이 프로그램에 참여할 때 마음과 지금의 마음을 생각해 보시면 어떠하신지요? 미래의 여러분의 아이에게 어떤 부모가 되어 주실 수 있는지, 그러한 것들을 생각해 보며 미니 병풍의 마지막 면을 채우도록 하겠습니다.

	〈활동 내용〉 ① 미니 병풍을 나눠 준다. ② 미니 병풍 마지막 면을 채운다. ③ 미니 병풍의 이름 짓기를 한다. ④ 소감을 나눈다(병풍의 1면부터 돌아보고 자신의 변화를 충분히 느끼게 하고 이에 대한 것을 충분히 나누게 한다). 여러분들이 성장하는 모습과 추억이 고스란히 들어 있는 멋진 작품이 되었네요. ▶ 활동 10-2. 축복하기 이제 모든 활동을 마무리하겠습니다. 이제 마지막으로 그동안 함께했던 여러분들이 개인에서 부모로 성장한 것을 서로 축하하고 앞으로 행복한 가정을 만들어 가기를 바라는 마음을 전달하는 시간을 가지겠습니다. 〈활동 내용〉 ① 집단원들이 의자를 가운데 두고 동그랗게 앉는다. ② 한 사람씩 의자에 앉아 앞으로 자신이 어떤 부모가 될 것인지 선언한다. ③ 다른 사람들은 "당신은 ○○○ 같은 부모가 될 것입니다. 응원합니다."라는 말로 동시에 응원의 말을 한다.
마무리 (30분)	▶ 프로그램 전체 소감 나누기 활동지 10-1 우리는 지난 시간 동안 많은 활동들을 했습니다. 활동들을 한번 생각해 볼까요? 그동안 여러분과 함께하는 시간이 행복한 시간이었습니다. 여러분들이 좋은 부모, 행복한 부모가 되어 행복한 가족이 되기를 기원합니다. 수고하셨습니다.
유의점	• 집단원들이 편안한 마음으로 참여할 수 있도록 신뢰할 수 있고 허용적인 분위기를 조성한다. • 서로를 배려하고 존중하는 마음과 행동을 가지도록 한다. • 참가자 중 임산부가 있다면 몸에 무리가 가지 않게 배려한다.

Smart Map 개인에서 부모로

그동안 우리는 많은 활동을 하였고 오늘 마무리를 하려 합니다. 프로그램에 참여했던 지난 시간을 생각하며 기록해 봅니다.

1. 프로그램 시작 전에는 어떤 마음이었나요?

2. 프로그램에 참여하는 동안 어떤 것을 알게 되었나요?

3. 프로그램 활동 중 나에게 가장 도움이 되었던 점은 무엇인가요?

4. 프로그램을 마치는 지금은 어떤 마음인가요?

제2장

격려단계(Encourage stage)

-유아기와 초등 저학년기 자녀를 둔 부모를 돕기 위한 부모역할 훈련 -

1. 프로그램의 필요성

오늘도 아영이 집에서는 아침부터 아영이와 엄마의 실랑이가 벌어집니다. 매일 아침 다섯 살 아영이의 유치원 등원 시간 때마다 밥 먹는 것, 옷 입는 것과 같은 사소한 일로 집이 시끌벅적합니다.

아영이 엄마는 직장맘으로 아침에 아이 밥을 먹이고 챙겨서 유치원에 보내고 바쁘게 출근을 해야 합니다. 아영이 아빠가 퇴근 후에는 많이 도와준다고는 하지만 출근 전 아영이 유치원 등원은 오롯이 아영이 엄마의 담당입니다.

그런데 최근 들어서 아영이의 고집이 부쩍 늘어서 아침시간이 더 힘이 듭니다. 시간은 촉박하고 초조한데 아이는 TV를 보면서 느릿느릿 밥을 제대로 먹지도 않고, 마음이 급해 아이를 따라다니면서 밥을 억지로 떠먹이고 나면 다음은 입고 갈 옷을 고르느라 또 한바탕 전쟁입니다. 자기가 좋아하는 옷과 신발이 아니면 절대 입지 않는데 꼭 더러워서 빨려고 내놓은 옷을 찾거나, 겨울에도 여름 원피스처럼 계절에 맞지 않는 옷을 입겠다고 고집을 부립니다.

처음에는 좋은 말로 몇 마디 달래다가 출근시간이 늦어질 것 같아서 마음이 급해지면 결국 버럭 화를 내면서 "고집 피우지 말고 아무거나 입어, 어서! 진짜 너 엄마 말 안 듣고 계속 이렇게 할래?"라고 소리를 지르게 되고 결국 아이가 울면서 상황이 끝나게 됩니다. 그런 날에는 자신이 너무 나쁜 엄마 같아서 속이 상합니다.

또 유치원에서는 아영이가 또래들이랑 잘 어울리지를 못하고 집에서처럼 자기 고집대로 되지 않으면 아이들과 싸우는 일이 자주 있어 사회성이 많이 부족한가, 앞으로 잘 적응을 못하면 어쩌지 하는 걱정이 듭니다. 게다가 그 이유가 아이가 외동이고 자신이 직장맘이라 잘 케어를 못해 줘서 그런 것 같아 아이에게 미안한 마음과 죄책감이 들기도 합니다.

많은 육아서들을 보아도 잠시뿐이고 오히려 알아도 실천이 안 되는 자신의 탓만 같아서 마음이 편치 않습니다. SNS에 올라온 비슷한 또래의 엄마들이 아이들 옷도 예쁘게 입히고, 아이들 음식도 멋지게 만들어서 올린 사진들을 보면 자신과 더 비교가 되어 속이 상합니다. 아영이 엄마는 하나뿐인 아이를 잘 기르고 싶은데 어떻게 하면 좋을지 걱정입니다.

유・아동기 자녀를 키우는 부모들에게는 사례 속의 아영이 엄마가 아침마다 아이와 실랑이하는 상황이 낯설지 않을 것 같다. 이 시기에는 아이들의 발달 특성상 자율성과 주도성이 발달하면서 부모의 지시에 무조건 아니라고 대답하거나 자기 고집이 생기면서 부모와 대치하는 상황이 많이 발생하게 된다. 부모들은 아이의 행동이 이 시기에 흔히 나타날 수 있는 행동이라는 점을 알고 있지만, 이러한 상황에서 막상 어떻게 대처해야 할지 난감하다. 또한 사례와 같은 고집부리기 행동 외에도 유・아동기에는 먹는 것, 입는 것, 사회적 규칙 등 일상생활의 여러 가지 측면에서 부모의 훈육이 많이 필요하게 되는데 혹시 내가 아이를 잘못 키우고 있는 것은 아닌지 불안에 빠지기도 한다. 버릇없는 아이가 되어선 안 될 것 같아 아이에게 엄격하게 하지만, 너무 강압적으로 대해서 아이의 기를 너무 눌러 버린 것 같아 이내 곧 반대로 과도하게 허용해 버리기도 한다. 특히나 아이가 첫아이라서 부모가 양육경험이 없는 경우에는 더 애를 먹기 마련이다. 그러면서 내가 잘하고 있는 걸까? 매일 걱정하고 후회하기 쉽다. 아마도 우리 아이를 어떻게 하면 건강하게 잘 기를 수 있을까 하는 것이 모든 부모의 공통된 고민일 것이다. 그렇다면 이 시기 아이들의 성장발달에 있어 부모들은 어디에 초점을 두고 역할을 해야 할까?

본 프로그램에서는 아이의 관계성 증진에 관심을 두고 있다. 앞으로 아이들이 살아갈 사회는 4차 산업혁명과 인공지능으로 상징되는 최첨단 과학기술의 시대이다. 아이러니하게도 그렇기 때문에 감성, 공감 능력, 사회성, 대인관계 능력과 같은 가장 인간적인 능력들이 미래 인재에게 요구된다. 특히 관계성은 유・아동기와 관련이 깊다. 이 시기의 관계가 아동의 전반적인 관계성에 발판이 되기 때문이다. 관계성이란 자신의 감정을 느끼고 타인의 감정을 이해할 수 있으며 이를 토대로 다른 사람과 상호작용을 통해 만족스러운 관계를 맺고 살아갈 수 있는 능력이다. 실제로 관계성이 높은 사람은 주변 사람들과 좋은 관계를 꾸릴 수 있으며 자기 자신에 대해서도 긍정적으로 인식하고, 자존감이 높아 스스로 무엇을 해 나갈 수 있는 힘이 있어 사회생활에도 적응을 잘하는 것으로 알려져 있다. 긍정심리학의 창시자 샐리그먼(Seligman)도 보편적으로 웰빙과 가장 큰 관련이 있는 요소는 바로 긍정적 대인관계(positive relationship)라고 하였다. 긍정적인 대인관계는 신체, 정신의 영역에서 건강하고 행복하게 살아갈 수 있도록 하는 반면, 인간관계로부터 비롯된 갈등은 부정적 감정의 원천이고 불행을 초래하게 된다.

그렇다면 우리는 아이들의 관계성을 증진시키기 위해서 어떻게 해야 할까? 타인과 만족스러운 관계를 꾸려 가는 데 있어서 요구되는 능력들은 나와 타인의 감정을 인식하는 능력, 공감 능력, 정서조절, 의사소통 기술 같은 것들이며, 이러한 것을 처음 경험하는 관계가 바로 부모와의 관계이다. 여러 전문가 역시 자녀의 건강한 성장의 핵심을 바로 부모-자녀 관계에 두고 있다. 아이의 인성, 성격, 습관 형성의 기본적인 틀이 바로 이 시기의 부모-자녀 관계에서 형성된다. 특히 유・아동기에는 어린이집, 유치원,

학교와 같은 사회적 환경에 노출되기 시작하면서 아이의 관계 대상이 또래뿐만 아니라 교사와 같은 부모 외의 다른 어른들로 확장된다. 또한 타인과 함께 살아가기 위한 여러 가지 사회적인 규칙들을 학습하게 되는 시기이다. 아이들은 부모와의 상호작용을 통해서 필요한 기술들을 습득하고 이것을 사회적 상황에 적용함으로써 일반화시켜 가게 되는 것이다. 뿐만 아니라 부모-자녀 관계에서의 정서적인 안정감 획득은 성공적으로 관계성을 발달시킬 수 있는 토대가 된다. 만약 자녀가 부모와의 긍정적인 상호작용을 하게 되면 자신과 타인에 대해 긍정적인 이미지를 갖게 되어서 타인과의 좋은 관계를 형성하는 대인관계 기술뿐만 아니라 갈등 상황에서도 문제해결 능력을 습득할 수 있다. 따라서 자녀의 건강한 발달을 위한 부모-자녀 관계가 매우 중요해진다. 본 프로그램은 부모-자녀 관계 증진을 통해 미래사회에서 요구되는 관계성 역량을 자녀들이 함양할 수 있도록 하는 것에 목적을 두고 이와 관련된 부모의 역할을 훈련할 수 있도록 구성하였다.

그렇지만 한 가지 기억해야 할 점은 이 세상에 완벽하게 부모역할을 하는 사람은 존재하지 않는다는 것이다. 이 프로그램에서 제시하는 부모의 역할들은 부모로서 지향해서 나아가야 할 방향을 제시하고 있으나 완벽한 부모가 되어야만 하는 것은 아니다. 부모와의 관계 속에서 아이가 하루하루 성장하듯이, 부모 역시 자녀와의 관계를 통해서 함께 성장해 가고 함께하는 즐거움을 느끼길 바란다. 자녀와 좋은 관계를 맺고자 하는 마음은 크지만 어떻게 다가가야 할지 몰랐다면 프로그램을 통해서 하루씩 자녀와 더 가까워지는 경험을 하고, 매일 성장해 나가는 과정 속에서 즐거움을 느끼기를 기대한다.

2. 이론적 배경

본 프로그램은 부모-자녀 관계를 증진하는 핵심 요소를 자기이해-자녀이해, 공감, 의사소통, 격려로 보고 있다. 각 요소들이 어떻게 작용하여 부모-자녀 관계 향상에 도움을 주고 궁극적으로 관계성 높은 아이를 기르는 데 도움이 되는지 살펴보자. 우선 유·아동기의 심리사회적 발달 특성을 알아보고, 각 요소들과 부모-자녀 관계를 알아보자.

1) 유 · 아동기 아동의 심리사회적 발달 특성

관계성 높은 아이로 키우기 위해서는 먼저 아이가 어떤 상황에 처해 있는지 알아보는 것이 필요하다. 유 · 아동기에는 다음과 같은 발달 특성을 나타낸다.

첫째, 자기중심성이 강해지고 자아의식이 생기는 시기이다. 유 · 아동기에는 영아기의 완전 의존상태에서 벗어나 독립적으로 되면서 자기중심성이 강해지고 자아의식이 생겨 순종성이 적어지고 반항적 태도가 나타난다. 이러한 태도는 겉으로는 "아니" "내가"와 같은 말, '고집'이나 '억지 부리기'로 나타나지만 내면에서는 자아개념이 형성되는 과정이다. 부모가 이를 모르고 꾸중하고 제한하면 아이는 계속 반항하고 성인은 거부적으로 반응하게 되는 악순환을 형성하여 아동기까지 영향을 미친다. 따라서 부모는 자신과는 다른 독립적 개체로서 아이를 이해하고 존중해야 한다. 부모의 이해와 존중은 유치원이나 학교에서 아이가 자기중심성에서 벗어나 다른 사람을 이해하려는 태도를 가지게 하는 데 도움이 된다.

둘째, 감정을 다양하게 느끼고 분화하는 시기이다. 아이의 사고력과 창의성은 이 시기의 감정이 얼마나 다채롭게 발달되느냐에 달려 있다. 뇌 발달에서 다양한 감정 발달이 선행되어야 청소년 초기에 전전두엽의 발달과 함께 논리적인 사고를 할 수 있는 능력이 형성되므로 감정에 대한 자극은 감정조절뿐만 아니라 학습에도 영향을 미친다. 부모가 공감하는 태도로 아이의 감정에 적절한 이름을 붙여 주고 어떤 감정이든 느낄 수 있는 것으로 받아들여 준다면 아이는 감정을 풍부하게 분화시켜 갈 것이다.

셋째, 유치원이나 학교에서 또래들과 사회적 관계를 형성하기 시작하는 시기이다. 부모와의 관계는 아이의 사회적 관계의 바탕이 된다. 자신감 있고 타인을 배려하며 관계성 높은 아이로 자라기 위해서는 부모와 좋은 관계를 경험해야 한다. 좋은 관계를 형성하는 것의 핵심은 소통이다. 아이는 소통의 과정에서 부모를 모델링하여 정서를 조절하고 적절하게 표현하는 방법을 습득해야 한다.

넷째, 아동의 활동 반경이 넓어지고 주도성, 자율성을 키워 가는 시기이다. 부모는 그에 따라 문제가 되는 행동이나 상황을 자주 겪게 된다. 이 시기에 아동과 관련된 문제는 실제로 문제행동이라기보다 발달단계상 시행착오를 통해 학습하는 과정일 가능성이 높다. 따라서 부모는 일방적으로 훈계하거나 야단치기보다는 아이가 부딪히는 문제들에 대해 적절한 선택권을 부여하여 스스로 해결해 갈 수 있도록 도와야 한다. 그러면 아이는 자신의 행동에 대한 자율성과 책임감이 생기며 성숙해 간다.

다섯째, 이 시기의 아이들에게는 놀이가 중요하다. 놀이는 아이의 신체, 언어 발달을 돕고 사회성을 길러 주며 정서 발달에도 도움이 된다. 일상생활에서 접할 수 있는 물건으로 아이와 놀이를 하면 자연스럽게 부모와의 관계가 좋아진다. 놀이를 할 때는 가르치려 하지 말고 아이와 함께 하며 아이가 놀이를 주도할 수 있도록 자유로운 분위기를 만드는 것이 좋다.

2) 부모–자녀 관계

(1) 부모–자녀 관계와 자녀의 관계성 향상

관계성 높은 사람은 자신의 감정과 타인의 감정을 잘 느끼고 이를 토대로 타인과의 상호작용을 통해 만족스러운 관계를 맺으며 살아갈 수 있는 능력을 가진다. 미래사회에서 요구하는 인재에 기본적으로 요구되는 능력은 바로 이 '관계성'이다. 과거 산업화 시대에는 '성실한 사람'이 최고였으나 미래사회에서는 창의성, 소통 능력, 인성, 융합 능력, 협업역량, 공감 능력과 감수성, 문제해결력, 대인관계 능력 등 다양한 능력을 요구한다. 최근에는 이들 중 감정을 느끼고 다룰 수 있는 능력과 인간관계 능력을 의미하는 '감성지능, 인성'이 새롭게 강조되고 있다.

우리 프로그램에서 관계성 높은 아이는 자신의 감정과 타인의 감정을 잘 느끼고 이를 토대로 타인과의 상호작용을 통해 만족스러운 관계를 맺으며 살아갈 수 있는 능력을 가진 아이를 말한다. 관계성은 과거부터 강조되어 왔고, 미래사회의 핵심 역량으로 꼽히며, 유・아동기 발달단계상으로도 꼭 길러 주어야 하는 능력에 속한다.

이러한 관계성은 부모–자녀 관계에서 시작된다. 부모는 아동이 이 세상에 태어나 최초로 관계를 형성하는 대상이며 아이의 관계성 형성에 영향을 미치는 중요한 인물이기 때문에 특히 유・아동기에 부모–자녀 관계를 잘 형성하는 것이 중요하다. 부모와의 관계에서 충분한 이해와 사랑을 경험하면 아이들은 자신감을 갖고 타인과의 관계로 나아갈 수 있다.

(2) 자기이해–자녀이해와 부모–자녀 관계

사람 사이의 관계에서 나 자신을 알고, 상대를 아는 것은 좋은 관계 형성의 기초이자 서로가 성장하는 관계의 밑거름이 된다. 부모–자녀의 관계도 마찬가지이다. 부모 자신은 아이를 위해 모든 것을 포기할 정도로 최선을 다했다고 생각하지만 오히려 아이는 부모를 원망하는 경우를 볼 수 있다. 아이와 자신에 대한 제대로 된 이해 없이 무조건적인 노력을 하고, 아이에게는 집착이나 방임으로 느껴져 부모도 아이도 원치 않는 방향으로 관계가 흘러가게 된 것이다. 관계는 한쪽의 일방적인 노력으로만 이루어지는 것이 아니다. 따라서 부모–자녀 관계를 잘 형성해 나가기 위해서는 자신과 자녀에 대한 충분한 이해가 필요하다.

부모는 태내기에 내 몸의 일부분이었던 아이, 영아기에 내가 모든 것을 돌봐 주어야만 했던 아이에서 벗어나 유 · 아동기에는 부모 자신과는 다른 개체로서의 자녀를 마주대하게 된다. 이 아이는 내 몸에서 만들어져 나왔지만 나와는 모습도, 성향도 다르다. 다름을 인정하지 않는 경우, 특히나 자녀의 성향이 부모와 많이 차이가 난다면 부모–자녀 관계에서 갈등이 심해지게 된다. 따라서 부모는 자신과는 다른 자녀의 특성을 잘 이해하고 이 같은 특성에 맞는 발달 환경을 꾸려 줄 필요가 있다.

또한 부모는 자신에 대해서도 면밀히 이해해야 한다. 정신역동적 이론에서는 부모와의 관계가 자녀와의 관계로 대물림된다고 본다. 예를 들어, 어렸을 때 부모의 사랑을 충분히 받지 못하고 자라 온 엄마가 자신이 못 받은 사랑을 자신의 자녀에게는 겪지 않도록 모든 것을 자녀에게 올인하거나, 부모의 태도를 그대로 답습하여 아이에게 무심한 태도를 보이며 아이를 외롭게 할 수도 있다. 이런 태도는 지금의 자녀를 고려하지 않기 때문에 관계에 문제가 될 수 있다. 즉, 자신이 그러한 긍정적인 양육을 경험해 보지 않았기 때문에 어떻게 좋은 부모 노릇을 하는지 모르는 것이다. 이처럼 부모 자신의 경험이 현재 자녀에게 무의식적으로 내가 미치고 싶지 않은 영향을 주고 있는 것은 아닌지 살펴보아야 한다.

(3) 공감과 부모–자녀 관계

공감(empathy)이란 상대방의 입장이 되어 그 사람의 상황과 감정을 이해하는 것으로, 타인에게 공감하기 위해서는 첫째, 다른 사람의 관점에서 생각할 수 있는 능력의 발달과, 둘째, 다른 사람의 사고와 동기를 상상할 수 있는 인지적 능력이 요구되며, 셋째, 다른 사람이 어떻게 느끼는지를 함께 느낄 수 있는 정서적 능력까지 포함하는 고도의 정신작용이라 할 수 있다.

세계적인 심리학자 대니얼 골먼(Daniel Goleman)은 미래사회를 좌우할 화두로 '사회지능(social intelligence quotient: SQ)'을 꼽는데, 사회지능의 핵심 요소가 바로 공감이다. 공감 능력이 발달한 아이들은 대체로 행복하고 정서지능(Emotional intelligence quotient: EQ)과 집중력이 높으며 스스로 학습하려는 능력이 우수하다. 또한 정서조절이 잘 되고 회복탄력성도 좋아 공감 능력이 높은 아이들이 그렇지 않은 아이들보다 인기가 많고 이타심도 높으며, 공격행동은 적게 하는 것으로 보고되고 있다.

그렇다면 공감은 어떻게 발달하는가? 인간은 공감의 씨앗을 가지고 태어나지만, 평생에 걸쳐 연습하고 훈련해야 얻을 수 있는 능력이다. 공감 능력 발달에 관련된 요인은 여러 가지가 있으나, 특히 가정환경과 부모의 역할이 중요한 것으로 알려져 있다. 부모는 아이들이 태어나 처음 경험하는 인간관계로 아이들은 어른의 모습을 모방하면서 세상을 배워 나가게 된다. 따라서 부모가 아이의 감정을 잘 수용하고 공감해 주는 경험을 제공함으로써 아이들의 공감 능력 발달에 도움을 주는 것이다. 따라서 부모는 자녀와의 관계 증진과 자녀 발달을 위해서 자녀의 감정을 공감해 주는 방법에 대해 배울 필요가 있다.

(4) 의사소통과 부모-자녀 관계

의사소통이란 대인관계에 있어서 서로의 감정, 생각, 태도, 느낌 등의 메시지를 전달하는 매개체로 인간관계를 형성하고 유지하는 데 필수적이다. 의사소통은 정보와 함께 감정소통을 가능하게 하여 관계를 친밀하게 한다. 특히 가정에서의 원활한 의사소통은 부모-자녀 관계를 친밀히 하고 서로 간의 유대감을 형성하여 자녀의 관계성에 큰 영향을 미친다.

부모의 촉진적 의사소통은 유·아동기 자녀의 언어적·정서적·사회적 발달을 촉진하는 기능을 한다. 부모가 자녀의 감정을 읽어 주고 공감해 주는 언어적·비언어적 반응은 자녀의 감정인식, 감정조절, 공감과 같은 정서 발달을 촉진한다. 또한 언어 발달의 측면에서 유아기 자녀는 아직 자기가 표현하고자 하는 말이 무엇인지 분명하지 않고 적절한 어휘를 선택하는 데 어려움이 있다. 따라서 이 시기의 부모가 찬찬히 대화하고 아이가 스스로 마음을 이해하고 자신의 생각과 감정을 표현할 수 있도록 도움으로써 자녀는 부모와의 대화에서 언어 발달과 사고 능력을 길러 가게 되는 것이다. 그리고 부모-자녀 간의 의사소통은 자녀의 대인관계 기술과 사회 적응을 높일 수 있는 수

단이 되게 한다.

부모–자녀 의사소통에 있어 대화의 양과 함께 대화 내용의 질도 중요하다. '자녀들과 대화하고 있습니까?'라는 질문에 '그렇다'라고 대답한 경우에도 사실상 말의 양은 많은지 몰라도, 대화의 내용에 있어 효과적인 대화가 아닌 경우도 많다. 부모–자녀 간 상호작용에서 비난, 공격적 언어, 무관심과 같은 부정적 메시지는 아동에게 좌절감, 낮은 자존감, 적개심 등을 야기한다. 부모는 자녀와의 대화에서 개방적인 의사소통을 통해 자기 의견을 솔직하고 자유롭게 표현하고 공감적이고 지지적인 대화를 나눌 수 있어야 한다. 자유롭게 감정을 표현하고 긍정적 지지를 받는 부모와의 개방적 의사소통은 아동의 삶에 대한 만족과 행복감에 긍정적인 영향을 미치게 된다. 이와 같이 부모–자녀 간의 의사소통은 자녀의 성장과 발달에 큰 영향을 미치므로, 부모는 자녀와 바람직한 의사소통을 할 수 있는 지식과 기술을 습득할 필요가 있다.

(5) 격려와 부모–자녀 관계

유·아동기에는 특히 통제하려는 부모와 자율을 추구하려는 아이들 사이에 갈등이 많이 나타난다. 부모–자녀 사이의 갈등을 겪는 것은 매우 힘든 일이지만 관계성을 위해서 적절한 기준을 마련하는 것은 매우 중요하다. 아이들이 흥미 없어 하는 사회적 환경에서 요구하는 기준을 자신의 것으로 만들어 자율적으로 행동을 선택하도록 돕는 것은 아이들의 관계성 향상을 위해 매우 중요하다.

사회적 기준을 배우게 하는 것을 생각하면 일반적으로 옳고 그름을 따져 벌과 상을 주는 것을 떠올리기 쉽다. 그러나 이런 양육은 잘못된 행동에 대한 대안 제시 없이 상벌을 사용하기 때문에 아이가 스스로 행동을 돌아볼 기회를 주지 않아 자율성과 책임감을 기르기 어려우며, 부모와의 관계에서 아이가 불안과 분노를 느끼게 한다. 반대로 모든 것을 허용하는 방식을 떠올릴 수도 있다. 자녀의 행동에 대해 가르치지 않고 반응 없이 대하면 아이는 문제 상황을 어떻게 해결하는지, 내 욕구를 어떻게 충족시킬 수 있는지 배우지 못하여 부모와의 관계에서 불만과 불안을 가지게 된다.

부모와의 관계는 아이가 앞으로 만날 사람들과 세상 자체와 관계하는 것의 큰 틀이 된다. 아이들이 좀 더 잘 배우게 하고, 다른 사람들과 원만한 관계를 맺도록 하며, 자기 주도적이고 책임감 있게 행동하도록 도우려면 사회적 규칙을 효과적으로 훈육하는 것이 중요하다. 효과적으로 훈육하려면 기본적인 큰 울타리를 정해 놓고 일관성 있게 아이에게 설명하고 알려 주어야 한다. 특히 이 시기에는 발달단계의 특성상 움직임이 많고 행동 반경이 넓어지며 다양한 시도들을 하게 된다는 것을 감안하여 아이의 행동을 바라보고 그 행동의 동기가 무엇인지 먼저 이해하려고 하여야 한다. 부모의 눈에는 말했는데도 또 잘못하는 것으로 보이겠지만, 바꾸어 행동하려고 하는데 잘 안 되면 아이는 낙담하고 좌절하게 된다. 이때 얼마나 노력했는가에 초점을 두고 아이를 격려하는 것이 중요하다. 일관성 있는 기준으로 친절하게 설명하고, 좌절할 때 격려하면 아이는 부모를 믿고 변화를 시도할 수 있으며 처벌과 같은 외부의 압력이 아니라 스스로의 동기로 바른 행동을 생각해 보고 선택하는 힘을 기르게 된다.

3. 프로그램의 목표

본 프로그램은 유아기와 초등 저학년기 자녀를 둔 부모들을 대상으로 부모-자녀 관계 증진을 통해 자녀의 건강한 발달을 촉진할 수 있도록 하는 데 목적을 둔 부모역할 훈련 프로그램이다. 이러한 목적을 위하여 다음과 같은 목표를 설정한다.

첫째, 아이의 건강한 발달에 있어 부모-자녀 관계의 중요성을 이해한다.

둘째, 아이의 고유한 특성을 이해하고 아이의 특성에 따른 양육태도를 갖는다.

셋째, 아이의 감정에 민감하고 공감적으로 반응함으로써 부모-자녀 관계를 향상시킨다.

넷째, 효과적인 의사소통기술 습득을 통해 부모-자녀 관계를 향상시킨다.

다섯째, 효과적인 훈육과 격려기술 습득을 통해 아이의 발달을 촉진하는 양육태도를 갖는다.

4. 프로그램의 구성

1) 개입 전략

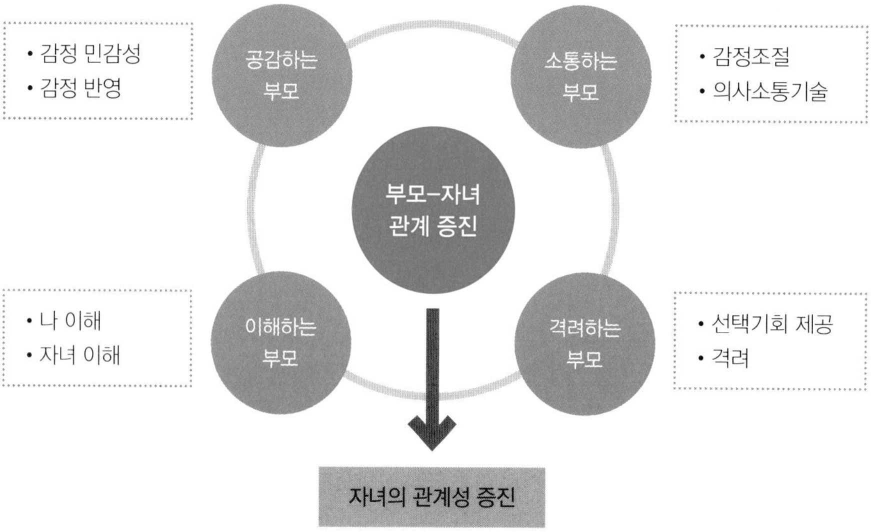

[그림 2–1] **부모–자녀 관계 증진 모형**

본 프로그램은 자녀의 관계성 발달을 촉진하기 위한 부모–자녀 관계 증진을 위해 다음의 일곱 가지 개입 전략을 수립하였다.

첫째, 자녀와 부모의 기질을 확인하고, 서로 간의 기질 차이 이해를 토대로 자녀의 성향을 존중하는 구체적인 양육태도를 탐색하도록 한다. 기질은 선천적인 요인으로 유・아동기까지는 기질의 영향을 많이 받게 된다. 만약 아동의 기질 특성이 부모 등 아동에게 의미 있는 타인이 기대하는 기질 유형과 조화로운 합치를 이루게 되면 아동은 긍정적인 상호작용을 경험하면서 바람직한 발달을 이뤄 낼 수 있는 가능성이 높지만, 많은 경우에 아이의 기질과 부모의 성격이 맞지 않아 서로 힘들어하게 된다. 그런데 아이의 기질은 바꾸려 들기보다 장점을 살릴 수 있도록 이런 경우에는 부모가 아이의 기질을 이해하고 맞추어 주려고 노력할 필요가 있다. 따라서 부모–자녀의 기질 특성을 확인하고 자녀의 특성을 존중하는 양육태도를 탐색하도록 하여 부모–자녀 관계를 증진한다.

둘째, 부모의 주 양육자와의 부정적 상호작용 경험이 현재 자녀와의 관계에 미치는 영향을 확인하기 위해 부모의 주 양육자와의 관계 경험을 탐색한다. 부모가 아동기 때 주 양육자와의 경험들은 부모 자신의 자녀 양육행동과 관련이 있으며 세대 간 전이, 즉 대물림된다. 따라서 부모-자녀 관계에서 나타나는 문제의 해결을 위해서는 부모의 자기이해가 선행되어야만 가능하다. 이러한 이해 없이는 부정적인 행동이 계속 반복되며, 부모 자신에 대해 성찰하고 자신의 삶의 변화가 이루어졌을 때 자녀와의 관계가 변하고 양육태도에서의 변화가 가능하다. 따라서 부모의 주 양육자와의 상호작용에 대한 탐색을 통해서 현재 자녀와의 관계에 영향을 주고 있는 부분을 인식할 수 있도록 돕고 부정적인 상호작용 패턴을 변화시킬 수 있는 계기를 마련한다.

셋째, 부모 자신의 감정인식 능력을 향상시켜 자녀의 감정을 민감하게 알아차릴 수 있도록 한다. 타인 감정인식 능력은 공감의 필수적 선행 요건이라 할 수 있다. 부모가 자녀의 감정을 알아차려야 감정에 대해 적절한 공감이 가능하게 된다. 부모의 감정 민감성을 증진시키기 위해서는 우선 스스로 자신의 감정을 인식하고 민감해져야 한다. 자신의 다양한 감정에 대해 이해하고 민감하게 인식할 수 있어야 자녀의 감정에도 민감하고 정확하게 인식할 수 있게 된다. 특히 유·아동기에는 아직 다양한 감정을 세밀하게 구별하고 언어적으로 표현하는 것이 미숙하기 때문에 부모가 자녀의 감정에 민감하게 인식하고 반응해 주는 것이 중요하다. 따라서 순간적인 자신의 감정들을 세밀하게 들여다보도록 훈련하며, 자녀의 감정인식을 도울 수 있는 효과적인 방법들을 탐색한다.

넷째, 자녀의 감정에 대해 적절하게 공감적으로 반응하는 법을 습득하여 부모-자녀 관계를 증진한다. 타인의 마음을 공감할 수 있는 능력은 진실하고 깊은 관계를 가능하게 만들며, 부모로부터 공감받은 경험이 있는 자녀는 타인을 공감할 수 있게 되며 정서적으로 안정된다. 그런데 자녀의 감정을 인식하더라도, 적절하게 언어적·비언어적 표현으로 돌려주지 않으면 자녀는 공감받는다는 것을 느끼기가 어렵다. 따라서 언어적·비언어적 표현을 통해서 자녀의 감정에 대해 효과적으로 반영하는 법을 익힐 수 있도록 돕는다.

다섯째, 부모의 감정조절 능력을 향상시켜 자녀에게 정서적으로 안정감을 제공하고, 자녀와 원활하게 소통하는 관계를 형성할 수 있도록 돕는다. 부모-자녀 관계에서 부모가 감정적으로 격앙되거나 우울한 상태에서는 자녀의 말에 공감적으로 반응하거나 부모의 마음을 잘 전달하기가 어렵다. 뿐만 아니라 부모가 감정조절에 어려움을 겪을 경우 자녀는 불안감, 부모는 죄책감을 경험하기 쉽다. 따라서 부모의 감정조절 능력이 자녀와의 관계에 있어 중요함을 인식하고 감정조절 능력을 향상시킬 수 있는 방법을 훈련하여 자녀와의 소통을 준비할 수 있도록 한다.

여섯째, 자녀와 소통을 증진할 수 있는 효과적인 의사소통기술을 습득한다. 의사소통은 관계를 촉진하는 핵심적인 수단이다. 부모-자녀 간 원활한 의사소통은 부모-자녀 관계를 친밀히 하고 서로 간의 유대감을 형성하는 데 도움을 줄 뿐만 아니라 부모를 역할모델로 삼아 아이들은 자기표현, 자기주장 및 타인과의 소통 방식을 학습하게 된다. 따라서 부모의 언어적·비언어적 의사소통 패턴을 점검하고, 역기능적인 의사소통 방식을 사용하고 있다면 이를 효과적 표현으로 바꿀 수 있는 기회와 적절한 피드백을 제공한다.

일곱째, 부모-자녀 관계에서 부모의 일방적이고 지시적인 훈육 태도가 아닌 자녀에게 적절한 선택권을 제공하는 방법을 훈련한다. 아동이 어릴수록 부모-자녀 관계는 부모에 의한 수직적인 관계를 형성할 가능성이 높다. 그러나 이러한 일방적인 관계 경험은 유·아동기의 자율성과 주도성 발달에 부정적인 영향을 끼칠 수 있으며, 타인과의 관계에도 부정적인 영향을 끼칠 수 있다. 따라서 부모는 자녀의 발달수준에 맞추어 적절한 선택권을 제공하고 자율감을 느낄 수 있는 관계 경험을 제공할 필요가 있다. 이를 위해 우선적으로 자녀 훈육에 있어 부모의 자녀 행동의 허용 수준을 탐색하고, 상황을 구분하여 그 상황에 따라서 적절하게 대응할 수 있도록 하고, 효과적으로 선택권을 제공하는 훈육 방법을 익힐 수 있도록 한다.

여덟째, 자녀가 격려가 필요한 상황을 이해하고, 격려의 말을 통해 아이의 성장을 촉진하는 부모-자녀 관계를 형성한다. 유·아동기는 사회생활의 범위가 점차로 확장되어 가며 자율성과 주도성을 획득하기 위한 여러 도전과제들이 주어지며, 부모가 아동의 격려자가 되어 적응적 행동을 촉진하면 아동은 더욱 적극적으로 자신을 발달시켜 간다. 또한 부모의 격려는 자녀가 부모를 더욱 신뢰하는 관계가 되도록 이끈다. 따라서 자녀에게 격려가 필요한 상황을 알고 상황에 맞는 격려의 말을 실천할 수 있도록 돕는다.

2) 구성 내용

본 프로그램은 자녀의 건강한 발달에 있어 부모–자녀 관계에 핵심이 있다고 보았으며, 부모–자녀 관계를 향상하기 위해 요구되는 부모의 역할을 이해하는 부모, 공감하는 부모, 소통하는 부모, 격려하는 부모로 설정하였다. 부모역할에 따라 프로그램 단계를 구성하였으며 구체적인 내용은 다음과 같다.

■ 제1단계: 이해하는 부모(1~3회기)

1단계에서는 아이의 건강한 발달과 관계성 함양에 있어 부모–자녀 관계의 중요함을 이해하고 자녀의 고유한 성향에 따라 양육태도를 달리할 수 있는 부모의 역할에 중점을 두었다. 이를 위해 자녀의 건강한 발달에 있어 강의를 통해 부모–자녀 관계의 중요함을 이해하고(1회기), 부모와 자녀의 기질과 성향을 체크해 보는 활동을 통해 부모–자녀의 성향이 어떻게 다른지를 확인할 수 있도록 하였다. 이를 통해 부모–자녀 관계의 문제와 성향 차이를 연관성을 확인하고, 자녀의 고유한 성향을 존중하는 태도를 갖고, 자녀의 기질과 조화를 이룰 수 있는 양육방법에 대해 모둠활동을 통해 계획을 세워 보는 활동으로 구성하였다(2회기). 그리고 부모의 주 양육자와의 과거 관계 경험을 탐색함으로써 나와 부모와의 관계가 현재 나와 자녀와의 관계에 미치고 있는 영향을 구체적으로 탐색해 보는 활동으로 구성함으로써(3회기) 나와 자녀에 대한 이해를 높일 수 있도록 하였다.

■ 제2단계: 공감하는 부모(4~5회기)

2단계에서는 부모–자녀 관계 증진을 위해 자녀의 감정을 민감하게 알아차리고 공감적으로 반영하는 부모역할에 중점을 두었다. 자녀의 감정을 알아차리고 공감하는 능력을 향상하기 위해서는 먼저 부모 자신이 자신의 감정을 민감하게 인식하고 수용받는 경험이 먼저 선행되어야지 자녀의 감정에도 민감하고 공감적으로 반응할 수 있다. 따라서 감정 목록지와 감정 그래프 등을 활용하여 다양한 감정과 순간순간 감정을 인식할 수 있는 능력을 향상시킬 수 있도록 구성하였다. 또한 사진 속 인물들을 보면서 감정을 추측해 보는 훈련과 아이들에게 익숙한 동화매체를 통해서 자녀들의 감정에 민감해지고 감정을 코칭할 수 있는 내용으로 구성하였다(4회기). 그리고 자녀에게 관심을 표현하는 비언어적인 태도와 자녀 마음에 언어적으로 공감하는 반응을 역할극 활동을 통해 훈련할 수 있도록 구성하였다(5회기).

■ 제3단계: 소통하는 부모(6~7회기)

3단계에서는 부모–자녀 간 원활한 소통을 통한 관계 증진에 중점을 두었다. 강의를 통해 자녀와 소통함에 있어 부모의 감정조절의 중요성과 언어적 메시지 전달 전에 감정조절이 우선되어야 함을 이해할 수 있도록 하며, 감정조절을 힘들게 만드는 패턴(예: 특정 언어 자극, 상황 등)에 대해 탐색하며 집단 안에서 충분히 수용받는 경험 및 자신만의 감정조절 방법에 대해서 탐색해 보도록 구성하였다(6회기). 그리고 관계를 망치는 언어적 습관에 대해서 강의를 통해 확인하고 역할극을 통해 평상시 자녀와의 관계에서 부모의 메시지 전달 방법을 점검하여 효과적인 의사소통 방법을 익힐 수 있도록 구성하였다(7회기).

■ 제4단계: 격려하는 부모(8~10회기)

4단계에서는 부모의 일방적인 훈육이 아닌 유・아동기 아동의 발달수준에 맞추어 적절한 선택권을 제공하고 격려하는 효과적인 훈육에 초점을 두었다. 이를 위해 일관성 있는 훈육을 위해 부모 자신의 기준을 설정하기 위한 탐색활동(8회기)과 자녀의 자율적인 행동 선택 능력을 길러 사회 적응에 보다 도움이 될 수 있는 선택권 제공의 실제적인 방안 및 격려하기 활동으로 구성하였다(9회기). 끝으로 자기 자신에 대한 격려 활동을 통해서 프로그램에서 익힌 것들을 지속해 나갈 수 있도록 하였다(10회기).

5. 프로그램의 운영 지침

프로그램 운영 지침은 다음과 같다.

첫째, 전체 10회기 프로그램으로 회기당 120분 진행되며 일주일에 1회기씩 진행한다. 본 프로그램은 부모역할 훈련 프로그램으로 회기에 배운 활동을 가정에서 충분히 적용해 볼 수 있는 시간을 제공하는 것이 필요하다.

둘째, 매 회기 도입 활동은 자녀와 함께 가정에서 직접 해 볼 수 있는 게임을 익히도록 하였다. 유・아동기 아동들의 발달에 있어 놀이가 매우 중요하며, 특히 부모와의 상호작용 놀이는 부모-자녀 관계를 증진시킬 뿐만 아니라 사회적 관계 형성에 있어 필요한 기술들을 재미있으면서도 자연스럽게 습득할 수 있는 기회를 제공한다.

셋째, 전개 활동은 [강의-활동 1-활동 2]로 구성하여 강의를 통해 각 회기에 다룰 지식을 습득하고 활동을 통해 익혀 볼 수 있도록 구성하였다. 특히 매 회기 강의에 동영상을 제시하여 학습자의 흥미와 동기부여를 높일 수 있도록 하였으며 강의나 활동에서 제시되는 예들은 유・아동기 자녀를 둔 부모들이 흔히 경험할 수 있는 상황 및 사례들로 제시하고자 하였다.

넷째, 마무리 활동에서 간단한 과제 제시를 통해 회기에 배운 내용을 가정에서 적용해 볼 수 있도록 하였으며, 다음 회기의 도입 단계에서 과제 수행 후 소감을 나누는 시간을 갖도록 하여 실제 적용 능력을 높일 수 있도록 하였다.

다섯째, 부모들이 자녀 양육을 위해 현재까지 해 온 일들에 대해서 충분히 인정해 주고 비판단적인 지도자의 자세가 필요하다. 특히 현재 부모가 하고 있는 행동을 점검하는 내용들이 포함된 회기 활동에서 평가받는 느낌을 갖게 되면 솔직하게 자신을 드러내기 어렵다. 완벽한 부모는 존재하지 않는다는 것을 이해하고 부모가 좀 더 바람직한 방향으로 성장해 나가려는 마음과 동기가 중요하며 이를 충분히 인정해 주는 지도자의 태도가 필요하며, 이러한 분위기가 집단 안에서 형성되어야만 부모들이 솔직하게 자신을 개방하고 변화되는 계기로 삼을 수 있다.

여섯째, 프로그램 활동을 통해 익힌 내용들(감정인식, 감정조절, 의사소통, 긍정적 훈육 등)은 단시간에 변화가 어렵고 일상 속에서 실제적으로 반복을 통해서 몸으로 체득되어야 습관화될 수 있는 것들이다. 따라서 처음에는 적용이 어렵고 어색하더라도 인내심을 가지고 계속해서 훈련해 나갈 수 있도록 프로그램 시작 전뿐만 아니라 프로그램 과정 중에 계속해서 동기수준을 유지하는 데 주의를 기울여야 하며, 프로그램 종결 시에도 지속해 나갈 수 있는 힘을 가질 수 있도록 충분하게 격려하여 자신감을 심어 줄 수 있도록 한다.

6. 프로그램의 내용

프로그램의 회기별 목표와 구체적인 내용은 다음과 같다.

단계	회기	주제	목표	활동
도입	1	똑똑! 관계의 문을 열어요!	• 프로그램의 목적을 이해하고 참여 동기를 높인다. • 자녀의 관계성 향상에 부모-자녀 관계가 중요함을 이해한다.	• 도입 활동 -Smart Map 부모역할 훈련 프로그램: 격려단계 안내 • 전개 활동 -인사로 가까워지기 -이야기로 가까워지기 -부모-자녀 관계의 문을 열어요! 강의 • 마무리 활동 -회기 참여 소감 나누기 -과제: 강의에서 배운 놀이 한 가지 이상 아이와 해 보기
이해하는 부모	2	우리 아이, 어떤 아이일까요?	• 자녀의 고유한 성향을 존중하기 위한 부모 역할을 이해한다. • 자녀의 고유한 성향을 존중하는 양육태도를 갖는다.	• 도입 활동 -과제 수행 소감 나누기 -사랑의 손바닥 게임 • 전개 활동 -우리 아이는 이런 아이 -사람은 다 달라요 강의 -우리 아이, 장점을 살리는 부모 되기 • 마무리 활동 -회기 참여 소감 나누기 -과제: 자녀 성향에 맞는 양육계획 실천하기
	3	나는 어떤 아이였을까?	• 부모의 주 양육자와의 관계 탐색을 통해 현재 자녀와의 관계에 미치는 영향을 이해한다.	• 도입 활동 -과제 수행 소감 나누기 • 전개 활동 -우리는 닮았어요 강의 -나의 부모님을 떠올리면 -이제는 선택할 수 있어요 • 마무리 활동 -회기 참여 소감 나누기 -과제: 아이가 나에 대해 어떻게 생각하는지 묻고, 들어보기

공감하는 부모	4	마음을 느껴요	• 다양한 감정을 알고, 감정에는 좋고 나쁨이 없음을 이해한다. • 자녀의 표현을 이해하고 아이의 감정에 대한 민감성을 키운다.	• 도입 활동 –과제 수행 소감 나누기 –감정 스피드 게임 • 전개 활동 –쓸모없는 감정은 없다 강의 –감정 알아차리기 –아이 감정, 깊게 느끼기 • 마무리 활동 –회기 참여 소감 나누기 –과제: 아이와 함께 동화 읽으며 감정 느끼기
	5	마음으로 들어요	• 부모–자녀 관계에서 공감적 반응의 중요성을 이해한다. • 자녀의 말을 공감적으로 듣고 반응한다.	• 도입 활동 –과제수행 소감 나누기 –'날 따라 해 봐요, 요렇게~' 게임 • 전개 활동 –공감의 중요성 강의 –아이 마음에 집중하기 –아이 마음 그대로 돌려주기 • 마무리 활동 –회기 참여 소감 나누기 –과제: 아이와 눈 맞추기
소통하는 부모	6	마음을 조절해요	• 자녀와의 의사소통에서 감정조절의 중요성을 이해한다. • 효과적인 부모의 감정조절 방법을 익힌다.	• 도입 활동 –과제 수행 소감 나누기 –탁구공 옮기기 게임 • 전개 활동 –내 마음의 온도가 아이에게 강의 –내 마음의 온도는 몇도? –내 마음의 온도 조절하기 • 마무리 활동 –회기 참여 소감 나누기 –과제: 감정조절 ABC 적용해 보기

	7	마음으로 말해요	• 부모-자녀 관계를 살리는 대화를 이해한다. • 자녀와 효과적으로 소통하는 방법을 익힌다.	• 도입 활동 -과제 수행 소감 나누기 -달팽이 길 안내 게임 • 전개 활동 -관계를 망치는 말! 관계를 살리는 말! 강의 -소통하고 있나요? -관계를 살리는 말하기 • 마무리 활동 -회기 참여 소감 나누기 -과제: 관계를 살리는 말하기 연습
격려하는 부모	8	건강한 울타리를 만들어요	• 내가 수용 가능한 아이 행동의 범위를 탐색하여 일관성 있는 훈육 기준을 세운다. • 상황에 적절한 효과적 훈육 방법을 익힌다.	• 도입 활동 -과제 수행 소감 나누기 -내 마음의 울타리 게임 • 전개 활동 -어떻게 하시겠습니까? 강의 -나의 울타리는 어디까지인가요? -효과적으로 훈육해요 • 마무리 활동 -회기 참여 소감 나누기 -과제: 상황에 맞는 훈육 실천하기
	9	격려로 성장 시켜요	• 자녀의 건강한 성장을 위한 격려의 중요성을 이해한다. • 자녀를 격려하는 구체적인 방법을 익힌다.	• 도입 활동 -과제 수행 소감 나누기 -당연하지~! 게임 • 전개 활동 -칭찬과 격려는 달라요 강의 -칭찬, 격려로 바꿔요 -격려나무로 성장시켜요 • 마무리 활동 -회기 참여 소감 나누기 -과제: 아이를 격려하기
마무리	10	우리, 관계를 통해 성장해요!	• 프로그램을 통해 변화하고 성장한 점을 찾을 수 있다. • 자녀의 성장을 돕는 부모 역할을 이해하고, 계속적인 실천을 다짐한다.	• 도입 활동 -과제 수행 소감 나누기 -꼬인 손을 풀어라 게임 • 전개 활동 -나의 변화 확인하기 -나의 성장 에너지바 • 마무리 활동 -회기 참여 소감 나누기

1회기 똑똑! 관계의 문을 열어요!

활동지도안	
활동 목표	• 프로그램의 목적을 이해하고 참여 동기를 높인다. • 자녀의 관계성 향상에 부모-자녀 관계가 중요함을 이해한다.
준비물	동영상, 서약서, 활동지 1-1, 활동지 1-2, 경쾌한 음악, 이름표, 매직, 필기구, 그림이나 사진카드
단계	진행절차
도입 (20분)	▶회기 목표 및 활동 안내 1회기에서는 프로그램의 목적과 필요성을 알아보고 서로 가까워질 수 있는 시간을 가지겠습니다. 본 프로그램은 3세 이상의 유아, 그리고 초등 저학년까지의 자녀를 둔 부모님들을 대상으로 하며 부모-자녀 간의 관계 증진을 통해 자녀의 건강한 성장과 사회적응력을 향상시키는 데 초점을 두고, 올바른 부모 역할을 함께 고민하고 배우기 위한 프로그램입니다. 〈Smart Map 부모역할 훈련 프로그램: 격려단계〉 1. 목적 Smart Map 부모역할 훈련 프로그램은 자녀의 발달시기에 따라 각 단계가 나누어지며, 각 단계별로 자녀의 건강한 성장을 돕는 데 요구되는 부모의 역할에 대해 고민하고 훈련하는 프로그램이다. 격려단계는 유·아동기 자녀를 둔 부모들을 대상으로 하며 부모-자녀 관계 증진을 통해 자녀의 건강한 발달을 지원할 수 있도록 하는 데 목적을 두고 있다. 2. 프로그램의 필요성 • 유·아동기는 전적으로 부모에게 의지하던 이전 시기와 달리 유치원, 학교와 같은 사회적 활동을 시작하면서 여러 관계에서 필요한 기술들이 요구된다. 이때 자녀는 자신을 대하는 부모의 태도와 행동을 모델 삼아 사회 적응에 필요한 기술을 학습한다. • 원만한 부모-자녀 관계는 자녀에게 정서적 안정을 제공함으로써 모험, 도전, 자율성과 같은 능력을 향상시켜 자기 스스로에 대해 긍정적 느낌을 갖게 만들며, 이는 자녀의 관계성 향상의 바탕이 된다. • 앞으로 자녀들이 살아가게 될 사회는 지금까지와는 다른 모습의 사회가 될 것이다. 급변하는 사회에 효과적으로 적응하고 자신의 삶을 주체적으로 살아가는 데 있어 요구되는 핵심 역량은 바로 관계성이라 할 수 있다. 유·아동기에 부모와 맺었던 긍정적인 관계 경험이 자녀들의 심리적 자본이 된다.

	어떠신가요? 프로그램에 대한 흥미와 기대가 생기시나요? 프로그램의 어떤 면이 기대되거나 궁금해지시나요? 아이들이 사회의 규칙을 배우고 지켜 나가듯이, 우리 프로그램에서도 역시 원활한 진행을 위한 최소한의 규칙이 필요합니다. 서로가 성장을 돕는 프로그램이 되기 위해서 무엇보다 여러분의 도움이 꼭 필요합니다. 그래서 중요한 내용을 담아 서로 약속하는 시간을 가지려고 합니다. 서약서를 함께 보겠습니다. 〈서약서〉 **활동지 1-1** 1. 프로그램에 성실하게 참여하겠습니다(요일, 시간 지키기). 2. 함께하는 분들의 개인적인 이야기에 대해서 비밀을 지키겠습니다. 3. 진지하게 생각하여 말하고, 다른 사람의 생각도 존중하겠습니다. 4. 알게 된 것을 생활 속에서 실천하려고 노력하겠습니다. 그럼, 프로그램을 시작해 볼까요?
전개 (80분)	▶ 활동 1-1. 인사로 가까워지기 여기에 오늘 처음 본 분이 더 많으시죠? 그러면 어색하기도 하고 궁금하기도 하실 겁니다. 간단한 활동을 통해 서로 지금보다 조금 더 편안해지도록 움직이며 활동하도록 하겠습니다. 〈활동 내용〉 ① 사람 수보다 의자를 한 개 더 준비하고, 둥글게 원을 만들어 모두 의자에 앉는다. ② 빈 의자 양옆에 있는 두 사람은 손을 잡고 가운데 있는 '인사 제비' 통에서 인사 방법을 무작위로 하나 뽑는다(인사 방법 예: 눈맞춤과 미소, 공수 인사, '안녕하세요~' 하며 악수, 하이파이브, '어머~! 오랜만이야' 하고 호들갑 떨며 손바닥 마주치기, 엎드려 절, 팔짱 끼고 한 바퀴 돌기, 엉덩이 부딪히기, 손 하트 날리기, 윙크하기, 손 키스 날리기 등). ③ 뽑은 인사 방법은 두 사람만 읽고 의자에 앉아 있는 한 사람(손님)에게 다가가 뽑은 인사 방법으로 인사한다. 이때, 손님이 동일한 방법으로 인사하며 화답하면 손님을 빈 의자로 모셔 올 수 있다(예: 손님을 모시러 간 두 사람이 눈맞춤과 미소를 지었을 때 손님도 눈맞춤과 미소를 지음). ④ 이제 다른 빈 의자가 생겼고 옆 두 사람이 다시 같은 방법으로 게임을 진행한다. 만약, 손님이 동일한 방법으로 화답하지 않거나 인사를 거절하면 다른 손님을 찾아가야 한다. **Tip** • 인사 방법은 강사가 재량껏 다양하게 제안할 수 있습니다. • 음악을 틀거나, 손님이 거절할 수 있는 규칙을 넣어 더 스릴 있게 진행할 수도 있습니다. 참가자의 성향을 살펴 재미 요소를 더하거나 감하여 친밀감을 높일 수 있도록 진행합니다. • 강사도 함께 게임을 하며 시범을 보이면 친밀감도 높이고 움직임의 적극성을 촉진할 수 있습니다.

먼저 가벼운 인사게임을 통해 프로그램을 시작했습니다. 낯선 사람과의 첫 시작이 어땠나요? 괜히 말 걸기가 어색하고, 쑥스러워 불편하셨나요? 아니면 모르는 사람에 대한 호기심, 관심이 커지고, 대화하는 것이 어렵지 않고 자연스러우셨나요? 우리 아이들 역시 새로운 관계를 맺을 때 두렵고 경계하기도 하고 반대로 호기심과 기대감을 갖고 시작하기도 합니다. 그런데 만약 즐겁고 긍정적인 관계 경험이 하나둘씩 쌓이게 된다면 새로운 관계를 형성해 나가는 데 좀 더 자신감을 가질 수 있게 되겠지요?

▶ 활동 1-2. 이야기로 가까워지기

인사하기를 통해서 서로 얼굴을 익히니 처음보다는 조금 가까운 느낌이 들면서 서로에게 궁금한 점들도 생길 것 같습니다. 이번에는 이야기를 통해서 조금 더 서로를 알아보는 시간을 갖도록 하겠습니다.

〈활동 내용〉 **활동지 1-2**

① 그림이나 사진 카드를 준비하고 그중 자신을 잘 나타낸다고 생각하는 카드를 한 장 고른다. 그 카드가 자신을 잘 나타낸다고 생각한 이유를 생각해 본 후, 집단원들과 이야기 나눈다. 그림이나 사진카드는 꽃, 식물, 동물, 생활용품, 음식, 건물 등 어떠한 종류라도 사용할 수 있으나 다양하게 준비하는 것이 좋다. 시중에 나와 있는 딕싯 게임카드, 프리즘 카드 등을 활용할 수도 있다.

② 다음 질문에 대해 생각해 보고 집단원들과 이야기 나눈다.

③ 다음 질문에 대해 탐색해 정리한다.

- 현재 나와 자녀의 관계는 어떤지, 앞으로 어떤 관계가 되길 바라는가?
- 프로그램을 마쳤을 때 자녀와의 관계에서 내가 되고 싶은 모습은 어떤 모습인가?
- 이와 관련하여 10회기 동안 불릴 별칭을 짓는다면?

이야기를 들으면서 한 분 한 분이 더욱 가깝게 느껴지고 앞으로의 활동이 기대됩니다. 각자가 갖고 있는 프로그램에 대한 기대를 나누어 보았는데 부모-자녀 관계의 중요성과 관계 맺기를 위한 상호작용 놀이에 대해서 강의를 통해 알아보도록 하겠습니다.

▶ 강의 1-1. 부모-자녀 관계의 문을 열어요!

〈강의 내용〉 강의자료 1-1

1. 부모-자녀 관계 경험을 통한 자녀의 관계성 향상
2. 유·아동기 관계 맺기에 있어 놀이의 중요성

여기에 참여하신 분들은 모두 다른 모습이지만, 아마도 한 가지 공통점은 아이를 잘 키우고 싶다는 마음일 것입니다. 옆에 계신 분이 아직은 낯설겠지만, 프로그램을 마칠 때까지 함께해야 할 집단원입니다. 본 프로그램은 집단원과 관계 맺기를 통해서 부모역할 훈련을 배워 나가게 됩니다. 따라서 서로가 서로의 성장을 돕는 관계를 맺을 수 있기를 기대합니다.

마무리 (20분)	▶ 마무리 오늘은 프로그램의 진행방향과 각자의 바람들을 들어 보는 시간이었습니다. 이 시간에 참여하면서 어땠는지 느낀 점, 새롭게 알게 된 점 등에 대해 함께 나누어 보겠습니다. ▶ 과제 제시 및 차시 안내 이번 시간의 과제는 강의 중 알게 된 놀이 중 한 가지 이상을 아이와 함께 해 보고 오는 것입니다. 다음 시간에는 '**우리 아이, 어떤 아이일까요**?'라는 주제로 활동을 해 보겠습니다.
유의점	• 편안한 분위기에서 솔직하게 자신을 드러낼 수 있도록 허용적이고 신뢰할 수 있는 분위기를 조성한다. 강사 자신의 경험을 강의 중간에 진솔하게 표현하는 것도 솔직한 분위기를 여는 방법이 된다.

Smart Map 부모-자녀 관계의 문을 열어요!

부모-자녀 관계 경험을 통한 자녀의 관계성 향상

• 미래사회가 요구하는 핵심 역량: 관계성

관계성은 자신의 감정과 타인의 감정을 잘 느끼고 이를 토대로 타인과의 상호작용을 통해 만족스러운 관계를 맺으며 살아갈 수 있는 능력을 말한다. 미래사회는 과학이 최첨단으로 발달하여 기계와 인공지능으로 대표될 새로운 시대이지만, 그렇기 때문에 우리에게 가장 필요한 역량은 가장 인간다운 능력이다. 미래사회에서도 꼭 필요한 것은 사람과 사람이 서로 소통하고 관계하는 능력이다. 따라서 관계성이 높은 아이는 미래사회 적응력이 높고 좀 더 행복한 삶을 살아갈 가능성이 높다.

• 관계성 높은 아이로 키우기

부모는 자녀가 경험하는 가장 첫 번째 사회적 관계이다. 따라서 아이의 관계성 발달은 어린 시절의 부모와의 관계 경험이 결정적인 영향을 미친다. 즉, 부모-자녀 관계 경험이 자녀가 다른 사람들과의 관계를 맺는 데 기초가 되는 것이다. 이 시기에 부모가 아이의 발달적 요구를 적절히 충족시키며, 대화와 소통을 통한 긍정적인 관계 경험을 제공하는 것이 아이의 긍정적 자아상 형성을 돕는다. 부모와의 관계에서 충분한 이해와 사랑을 경험한 아이들은 주도성과 자신감을 갖고 타인과의 관계로 나아갈 수 있다. 따라서 유·아동기 자녀의 발달을 위해서 부모가 자녀를 이해하여 공감하고, 소통하며 선택권을 주어 스스로 책임감을 갖도록 도울 수 있어야 한다.

유·아동기 관계 맺기에 있어 놀이의 중요성

아이들에게는 놀이가 매일 먹는 밥처럼 중요하다. 놀이는 아이의 신체 및 언어 발달을 돕고 사회성을 길러 주며 정서 발달에도 도움이 된다. 일상생활에서 접할 수 있는 물건으로 자녀와 놀이를 하면 부모-자녀의 관계가 좋아지는 데에도 도움이 된다.

• 자녀와 놀이할 때 고려사항

–아이가 놀이를 주도할 수 있는 자유로운 분위기: 놀이를 할 때는 제안하고 이끄는 면도 있어야겠지만 가르치려 하지 말고 아이가 놀이를 주도할 수 있는 분위기를 만드는 것이 좋다. 놀이 자체가 목적이기도 하지만 놀이를 통해 아이는 새로운 방식을 만들어 내고 부모는 이를 인정해 주는 관계가 핵심이다. 아이가 하고 싶은 놀이를 선택하게 하고, 놀이할 때만큼은 뒷정리에 대한 걱정을 떠나 그 활동에 푹 빠져 함께 느끼는 것이 좋다.

–아이의 특성 고려하기: 경쟁을 좋아하고 지는 것을 싫어하는 아이의 경우, 경쟁적인 놀이(더 빨리 하기, 더 잘하기 등)보다 협력을 통해 함께 무엇을 완성하는 놀이가 좋다. 정리를 못하는 아이의 경우, 정리과정까지를 놀이에 포함하면(예: 장난감을 바구니에 넣기) 자연스럽게 정리정돈을 배울 수 있다.

–아이의 발달에 따른 놀이방식 변화: 유아기는 발달단계상 또래와 놀더라도 함께 논다기보다 한 공간에서 각자 논다고 표현하는 것이 더 적절하다. 학령기가 되면서 점차 함께 노는 것을 터득하며 규칙을 지키는 것, 각자 조금씩 양보해야 놀이가 재미있게 진행된다는 것을 배우게 된다. 발달에 따른 아이의 놀이방식 변화를 고려하여 유아에게 어울려 놀기를 강요하지 말아야 하며, 학령기가 되었을 때는 점차 또래관계를 형성하는 것을 세심하게 살피고 사회적 규칙을 배워 나가도록 도와주어야 한다.

• 집에서 하는 간단한 놀이

집에서 쉽게 구할 수 있는 놀잇감으로 할 수 있는 간단한 놀이들이 있다. 주변의 물건들을 놀잇감으로 선택할 때는 위험하지 않으면서 다양한 방법으로 놀 수 있는 것을 선택하는 것이 좋다. 다음 몇 가지 놀이 방법을 소개한다.

놀잇감	놀이 방법
휴지	• 두루마리 휴지를 통째로 두 사람의 손 사이, 엉덩이 사이에 끼워 두고 안 떨어뜨리도록 하기 • 휴지를 풀어 양 끝을 잡고 림보막대로 활용하기 • 두 칸 정도를 떼어 내어 손이나 입김으로 공중에 오래 띄우기
이불	• 이불 양쪽을 어른이 잡고 가운데 아이를 태워 그네처럼 흔들어 주기 • 아이가 이불 속에 들어가게(질식 주의: 머리가 꼭 밖으로 나오도록 하고, 너무 어린 아이는 하지 않는다) 김밥 말기 • 어른이 들어가고 아이들이 함께 김밥 말기
수건	• '○○맨' 으로 변신 놀이 • 뭉쳐서 공처럼 활용 • 끝을 잡고 줄다리기 • 정해진 시간에 (접힌) 수건 높이 쌓기 • 수건으로 모양 만들어 이름 붙이기
깨지지 않는 그릇이나 냄비	• 작은 그릇을 큰 그릇에 넣고 빼기 • 크기 순서대로 나열하기 • 용기를 뒤집어 두드려 소리 내기(난타)
식재료	• 밀가루, 녹말가루, 두부를 활용한 촉감놀이 • 딸기와 같이 색이 있는 과일을 만지고, 먹으면서 맛 표현하기 • 마시멜로나 빵을 국수나 파스타면으로 연결해 가며 동물이나 모양 만들기 • 음식 맛보고 재료 맞추기
그 밖의 일상용품	• 위험하지 않은 일상용품을 4~5개 늘어놓고 뒤돌아 순서 맞추기/순서를 바꾸어 놓고 바뀐 것 찾기/하나씩 빼고 무엇이 사라졌는지 맞추기 • 손이나 나무젓가락으로 두드려 소리의 다양한 경험하기 • 다양한 물건의 소리를 들으면서 소리에 크기(숫자)를 정해서 붙여 보기 • 엄마 아빠가 사용하는 물건을 아이에게 주고 어른 흉내 내기 • 에어캡 먼저 다 터뜨리기(하나씩, 손바닥으로, 발바닥으로, 한꺼번에 터뜨리며 소리와 느낌이 다른 것을 느껴 보기) • 협력하여 책 쌓기
언어적 상호작용	• 스무고개 • 수수께끼 • '이럴 때 무슨 기분이야?' 맞추기 놀이

Smart Map 서약서

나는 앞으로 'Smart Map 부모역할 훈련 프로그램: 격려단계'에 참가하면서 우리 아이를 관계성 높은 아이로 기르기 위해 부모-자녀 관계를 증진시키는 나의 역할을 배울 것입니다.

프로그램의 목적과 내용에 대해 안내 받은 바에 따라 다음과 같이 약속을 정하고 지킬 것을 다짐합니다.

〈우리가 지켜야 할 약속〉

1. 프로그램에 성실하게 참여하겠습니다(요일, 시간 지키기).

2. 함께하는 분들의 개인적인 이야기에 대해서 비밀을 지키겠습니다.

3. 진지하게 생각하여 말하고, 다른 사람의 생각도 존중하겠습니다.

4. 알게 된 것을 생활 속에서 실천하려고 노력하겠습니다.

20　　년　　월　　일

이름:　　　　　　(서명)

활동지 1-2

Smart Map 이야기로 가까워지기

프로그램 참여 동기와 프로그램을 통해 변하고 싶은 나의 모습을 확인하고, 집단원들과 함께 이야기 나눠 봅시다.

1. 제시된 사진(혹은 그림) 카드 중에 나를 잘 나타낸다고 생각하는 카드를 골라 그 이유를 생각해 봅시다.

2. 우리가 앞으로 함께할 'Smart Map 부모역할 훈련 프로그램: 격려단계'는 부모-자녀 관계를 중심으로 한 프로그램입니다. 프로그램을 시작하면서 지금 내 자녀와 나와의 관계는 어떤지, 앞으로 어떤 관계가 되고 싶은지 생각해 봅시다.

지금 나와 자녀 관계	앞으로 되고 싶은 모습의 나와 자녀 관계

3. 2번과 관련하여 프로그램을 마쳤을 때 자녀와의 관계에서 나는 어떤 모습이 되기를 기대하는지 생각해 봅시다.

4. 위의 바람들을 담은 내 별칭을 정해 봅시다.

2회기 우리 아이, 어떤 아이일까요?

활동지도안	
활동 목표	• 자녀의 고유한 성향을 존중하기 위한 부모역할을 이해한다. • 자녀의 고유한 성향을 존중하는 양육태도를 갖는다.
준비물	동영상, 강의자료, 활동지 2-1, 활동지 2-2, 포스트잇, 스티커
단계	진행절차
도입 (20분)	▶과제 수행 소감 나누기 지난 회기 우리는 아이를 어떻게 키울 것인가에 대해 배우고 나의 프로그램 참여 목표를 공유하였습니다. 과제는 지난 시간에 배운 놀이 한 가지를 자녀와 함께 해 보는 것이었는데, 하면서 어떠셨나요? 자유롭게 놀이를 하면서 느낀 점을 이야기 나눠 볼까요? • 아이와의 놀이를 하는 것이 즐거웠나? 힘들었나? 어떤 점이 그랬나? • 아이와 놀이를 할 때 주도성이 누구에게 있었나? 아이와 놀이에서 나를 힘들게 하는 요소들은 아이의 문제행동일 수도 있지만, 성향의 다름일 수도 있습니다. 오늘은 나와 아이의 성향을 알아보고, 아이가 자신의 성향을 잘 발휘하며 자랄 수 있도록 어떻게 양육하면 좋을지 알아봅시다. ▶ 도입 활동: 사랑의 손바닥 게임 본격적인 강의와 활동에 들어가기 전에 간단한 게임을 통해 몸 풀기를 해 보도록 하겠습니다. 이 게임은 두 사람씩 짝을 이루어 하며 가정에서 아이와 함께 해 볼 수 있습니다. 〈활동 내용〉 ① 두 사람이 마주보고 한 손바닥을 마주 댄다. ② 리더(두 사람 중 움직임을 리드할 사람)를 정한다. ③ 제한시간 동안 리더가 손바닥을 움직이면 다른 한 사람은 손바닥이 떨어지지 않도록 따라 움직인다. ④ 제한시간이 다 되면 리더를 바꾸고, 손바닥 대신 손가락을 이용하여 게임을 한 번 더 한다.

	Tip 아이와 할 때는 손가락 사이에 빨대나 나무젓가락 등을 활용하여 떨어지지 않도록 움직이는 게임으로 변형하여 해 볼 수 있다는 것을 강사가 안내하도록 합니다. 게임을 하면서 어떠셨나요? 재미있었던 것, 어색했던 것은 어떤 것인가요? 리드하는 것이 어색한 사람도 있고, 따라가는 것이 어색한 분도 계셨을 겁니다. 이렇게 사람들은 성향이 다 다릅니다. 그렇지만 놀이에서 손바닥을 맞추었듯이 서로 마음을 맞추어 가면 즐겁게 함께 지낼 수 있습니다. 자녀도 부모를 닮았지만 독립된 개체로서 나와는 다른 아이만의 고유한 성향을 가지고 있습니다. 이 고유한 성향이 나와 잘 맞아 좋은 관계를 유지할 수도 있지만, 내가 아쉬워하는 나의 어떤 모습과 비슷해서 안타까운 마음이 들 수도 있고, 나와는 너무 달라서 이해하기 어렵고 답답할 수도 있습니다. 그러나 안타깝고 답답한 마음을 넘어 아이의 고유한 성향을 이해하고, 존중하며 맞춰 갈 수 있어야 합니다. 아이는 부모에게 자신의 고유함을 이해받는 경험을 통해 친구관계에서 자신감을 가지고 자신과 다른 아이들도 이해하는 마음을 기를 수 있습니다. 또한 아이의 성향 때문에 관계를 맺을 때 부족할 수 있는 부분은 부모와의 관계에서 자연스럽게 기를 수 있도록 안내해야 합니다. ▶ 회기 목표 및 활동 안내 2회기에서는 강의와 활동을 통해 아이의 고유한 성향을 알고 나와는 어떤 면이 비슷하고 다른지 이해하여 아이의 성향을 존중하고 보완할 수 있는지 알아보도록 하겠습니다. 아이의 성향을 잘 이해하고 존중하며, 아이의 강점을 강화하고 약점을 보완하려는 부모의 태도는 아이로 하여금 다른 사람과의 관계에서 자신감을 가질 수 있도록 하며, 나아가 다양한 관계를 맺을 수 있는 토대가 됩니다.
전개 (80분)	▶ 활동 2-1. 우리 아이는 이런 아이 먼저, 일상생활과 놀이 장면을 통해 아이의 성향을 알 수 있는 짧은 동영상 한 편을 보겠습니다. 동영상: EBS 아기성장보고서 5편, 육아의 키워드, 기질 같은 공간의 장난감 방에서 기질에 따라 각기 다른 반응을 보이는 아이들 장난감 방에 들어간 아이들의 반응이 모두 다 다르지요? 우리 아이는 어떤 아이일까요? 성향을 알아보는 도구는 다양하게 나와 있지만 본 활동에서는 독수리형, 앵무새형, 올빼미형, 비둘기형의 네 가지 특성으로 나누어 아이와 나의 성향을 알아보겠습니다. 자녀와 나의 기질을 체크하고 성향의 다름 때문에 겪는 어려움을 나누어 봅시다.

〈활동 내용〉 **활동지 2-1**

① '활동지 2-1'에 제시된 표로 나와 아이의 성향을 체크한다.

② 부모의 성향을 기준으로 네 모둠을 만든다.

③ 모둠에서 나와 자녀의 성향이 같고 다름을 이야기 나눈다.

④ 부모-자녀 성향 때문에 겪는 양육의 어려움을 포스트잇에 써 붙이며 함께 이야기 나눈다.

⑤ 모둠에서 공통적으로 어려운 점을 정리하여 한 사람이 전체에게 발표한다.

⑥ 각 모둠의 발표 내용을 듣고 느낀 점을 이야기한다.

Tip

성향별로 포스트잇으로 붙인 양육의 어려움은 쉬는 시간에 벽에 게시하여 전체가 살펴볼 수 있도록 할 수 있습니다.

성향의 차이 때문에 부모가 어려움을 느끼듯 아이들도 어려움을 겪을 것입니다. 어린아이에게 부모는 생존과 연결되므로 부모의 양육에 적응할 수밖에 없습니다. 그러므로 오늘 배운 것을 잘 활용하여 자신을 드러내 이해받고 존중받도록 기르는 것이 중요합니다.

▶ 2회기 강의. 사람은 다 달라요.

활동 2-1에서 확인한 자녀와 나의 성향에 대해 좀 더 자세하게 알아봅시다. 부모는 아이의 성향을 이해하고 존중하여 장점으로 발휘될 수 있도록 도와야 합니다. 아이가 부모에게 자신을 이해받고 존중받은 경험은 대인관계에서 자신감을 갖게 하며 대인관계에서 타인을 이해하는 바탕이 됩니다. 또한 아이의 성향에 따라 조심해야 할 부모의 반응들이 있으니 양육 시 유의점도 함께 살펴봅시다.

〈강의 내용〉 강의자료 2-1 강의자료 2-2

- 독수리형, 앵무새형, 올빼미형, 비둘기형 아이의 특성과 양육 시 유의점

강의를 듣고 어떤 점을 배우고 느꼈는지 나눠 봅시다.

▶ 활동 2-2. 우리 아이, 성향을 살리는 부모 되기

배운 내용을 토대로 내 자녀의 기질에 맞춰 아이의 성향을 살릴 수 있는 양육방법을 탐색하고 구체적인 계획을 세워 봅시다.

본 활동은 평소의 양육방법에서 벗어나 아이의 성향을 존중하고, 관계성 좋은 아이로 자라기 위해 타고난 성향을 보완해 줄 수 있는 양육계획을 세워 보는 것이 목적입니다. 거창하고 바람직한 모든 것을 하려고 하기보다 일상에서 자주 실천할 수 있는 계획을 세우는 것이 좋겠습니다.

	〈활동 내용〉 활동지 2-2 강의자료 2-2 ① '활동 2-1'에서 찾았던 문제 상황에서 성향에 맞춰서 양육하려면 어떤 방법이 필요한지 생각해 본다. '강의자료 2-2'에 제시된 양육방법을 참고하고 모둠원끼리 서로 의논하여 우리 아이 성향에 맞는 양육계획을 세운다. ② 계획을 전체에서 발표한다. **Tip** 아이의 성향이 같더라도 부모의 성향에 따라 어떻게 다르게 느끼고 대하는지 모둠에서 이야기 나누도록 합니다. 서로의 계획을 나누어 보니 어떤가요? 같은 활동을 계획하더라도 아이의 어떤 면에 초점을 둘 것인지에 따라 다른 경험을 하게 될 것입니다. 우리 아이의 타고난 성향대로 성장하면서도 관계성 좋은 아이로 자라게 하기 위해서는 존중과 보완할 수 있는 양육방법을 균형 있게 활용해야 할 것입니다.
마무리 (20분)	▶ 마무리 오늘은 아이의 성향을 알고 알맞게 양육하는 방법에 대해서 알아보았습니다. 이 시간에 참여하면서 어땠는지 느낀 점, 새롭게 알게 된 점 등에 대해 함께 나누어 보겠습니다. ▶ 과제 제시 및 차시 안내 이번 시간의 과제는 활동 2-2에서 세운 자녀 성향에 맞는 양육계획을 다음 시간까지 한 번 이상 실천하는 것입니다. 다음 시간에는 '**나는 어떤 아이였을까**?'라는 주제로 활동을 해 보겠습니다.
유의점	• 활동 2-2에서 강사는 계획에 대한 질문을 해서 실천 동기를 높일 수 있다(질문의 예: 아이의 성향에 적절한가? 실천 가능한가? 이번 주에 하려고 실천할 때 어려운 점은 없겠는가? 있다면 어떻게 극복할 것인가?).

강의자료 2-1

Smart Map 우리 아이는 이런 아이

우리 아이의 성향

아이의 성향을 외향과 내향, 성취 중심과 관계 중심을 고려하여 독수리형, 앵무새형, 올빼미형, 비둘기형으로 나누어 생각해 보면 다음과 같다.

독수리형과 앵무새형은 둘 다 외향성이지만 독수리형의 경우 목표나 성취 중심이고 앵무새형은 성취보다 사람 중심이다. 올빼미형과 비둘기형은 내향성이지만 올빼미형은 일을 심사숙고하고, 비둘기형은 평화롭고 안정된 관계를 중요하게 생각한다.

아래와 같이 아이들의 놀이 장면을 예를 들어 생각해 보면 더 알기 쉽다.

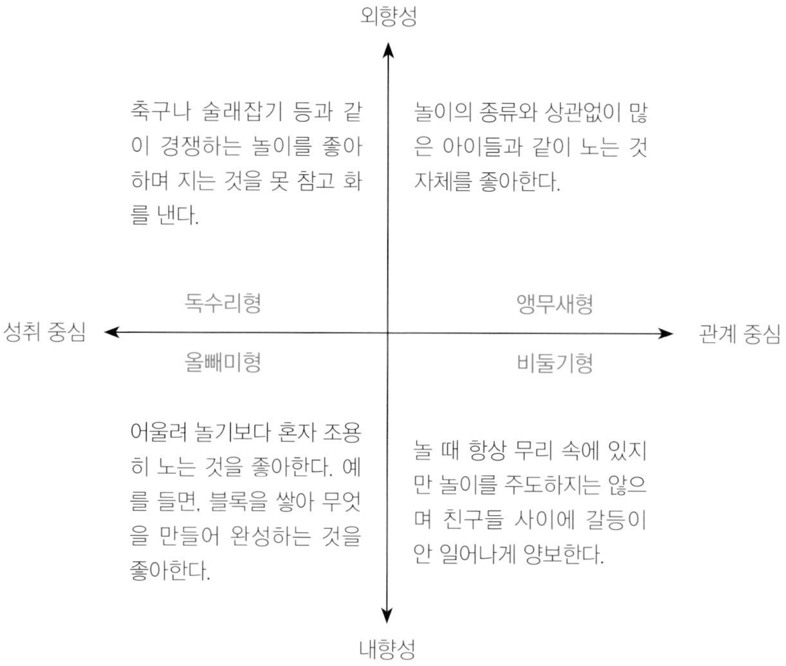

Smart Map 우리 아이 어떻게 지도할까요?

아이 각각의 성향을 알았다면 어떻게 지도해야 할까? 아이의 타고난 성향은 각기 장점이 있으므로 장점을 살리기 위해 부모가 보여야 할 반응과 삼가야 할 반응이 있으며, 성향상 보완할 점은 아이가 스트레스 받지 않도록 조금씩 길러 주어야 다양한 사람들과 좋은 관계를 맺고 하는 일에 성취감을 가지고 살아갈 수 있다. 다음은 각 성향별로 성향을 장점으로 살리기 위해 보여야 하는 반응(+)과 삼가야 할 반응(−), 보완을 위해 해 볼 수 있는 활동들이다.

1. 독수리형 아이

경쟁심이 많고 목표의식이 뚜렷하며 활동적인 성격이다. 이를 잘 살릴 수 있도록, 위험하지만 않다면 무엇이든 주도적으로 해 볼 기회를 준다. 경쟁에 대한 압박을 덜 받도록 목표는 두되 과정에도 의미를 부여할 수 있도록 질문하고 격려하면 경쟁심에 시달리는 것을 보완할 수 있다.

+ 목표를 설정하여 능률적인 분위기를 만들어 준다.
+ 위인전이나 비전을 심어 줄 수 있는 역할모델을 설정할 수 있도록 해 준다.
+ 외향적인 기질을 고려하여 다양한 전시관, 자연학습장 등을 활용하여 관찰학습을 하도록 한다.
+ (보완) 관계보다 일에 집중되어 있으므로 공동의 과제를 주어 함께 무엇인가를 완성하는 경험을 하게 한다(퍼즐놀이, 병원놀이 등의 역할놀이).
+ 위험하지만 않다면 무엇을 할 때 주도적으로 하는 기회를 준다.
− 경쟁에 대한 압박을 덜 받도록 결과에 초점을 두기보다 과정에 대해 질문하고 그것을 칭찬한다.

2. 앵무새형 아이

사람과의 관계가 행동의 목표이자 중심이며 상상력이 풍부하고 정리정돈을 어려워한다. 장점을 잘 살릴 수 있도록 친구들과 지내는 시간을 이해하고 엉뚱한 질문도 적극적으로 받아 준다. 즉흥성을 보완할 수 있도록 계획을 짜서 생활하는 연습을 차근차근 해 볼 수 있게 하면 계획적인 면을 습관화할 수 있다.

+ 몸동작이나 노래로 자신의 감정을 표현하도록 한다.
+ 뮤지컬이나 연극 같은 활동에 참여한다.
+ 사람들을 대하는 법을 알려 주고, 친구와 할 수 있는 활동에 참여시킨다.
+ (보완) 즉흥적이고 낙천적인 성격 때문에 너무 불규칙적인 생활을 하지 않도록 하루 계획표를 만들어 계획표대로 생활하는 연습이 필요하다.
+ (보완) 차분함을 기르기 위해 앉아서 하는 장난감 놀이를 하게 한다.
+ 관심을 많이 표현한다.
− 아이 친구들 때문에 집이 더러워지는 것을 이해하고 잔소리를 삼가야 한다.
− 다른 사람과 비교하는 말을 하지 않는다.
− 엉뚱한 질문에 핀잔을 주거나 무시하지 말고 적극적으로 받아 준다.

3. 올빼미형 아이

올빼미형 아이들은 정확하고 꼼꼼하게 하는 것을 좋아하기 때문에 시간이 오래 걸리는 것을 이해하는 태도가 필요하고, 격려와 구체적인 칭찬을 하는 것이 좋다. 자기표현이 많지 않으므로 표현하지 않는 것도 어떻게 생각하고 느끼고 있는지 질문해서 표현될 수 있게 하고 공감해 주어야 한다.

+ 마음속에 상처를 간직하는 성향이기 때문에 먼저 묻고 기다려 주어야 하며 신중하고 섬세하게 대해야 한다.
+ 목표와 이상이 높고 경쟁적인 분위기를 잘 받아들이기 때문에 공정한 경쟁심과 평가로 학습의욕을 높여 줄 수 있다.
+ 과제는 한 번에 하나씩 부여해야 한다.
+ (보완) 논리적이고 비판적이기 때문에 감성이 메마르지 않도록 자극할 수 있는 음악 듣기, 미술관 관람, 자연에서 산책하기 등을 자주 할 필요가 있다.
+ (보완) 아이의 성향에 잘 맞는 활동을 하고, 잘할 수 있는 것을 사람들 앞에서 해 보도록 해야 한다. 예를 들어, 이야기 책을 읽고 사람들 앞에서 발표하기 등이 있다.

- 다른 사람 앞에서 자신을 드러내는 것을 싫어하므로 강요하지 말아야 한다.
- 검토가 끝나야 행동하기 때문에 기다려 주어야 한다.
- 작은 실수도 스스로 학대하는 성향이기 때문에 간섭과 잔소리보다 칭찬과 차근차근 설명하는 것이 필요하다.

4. 비둘기형 아이

비둘기형 아이는 사람과 함께 하는 것을 좋아하나 나서는 것은 부담스러워 하며 변화보다 적응을 잘한다. 친구들과 함께 보내는 시간을 만들어 주고, 아이의 생활공간을 자주 변화시키지 않는 것이 좋으며 손재주와 예술적 재능이 있는 경우가 많으니 이를 개발시켜 주면 좋다.

+ 결정을 요구하기보다 무엇을 어떻게 해야 하는지 가르쳐 주면 더 잘한다.
+ 많은 사람의 집중을 받는 것을 당황스러워 하므로 아이가 어떤지 묻거나 칭찬할 때는 아이가 편안해할 상황에서 따로 이야기를 나누는 것이 필요하다.
+ 익숙하고 편안한 환경을 만들어 주고, 교사가 자주 바뀌지 않도록 신경을 써야 한다. 어린이집, 유치원, 학원은 아이가 편안해하는 한 군데를 쭉 보내는 것이 좋다.
+ 악기나 음악, 그리기와 같은 예술적인 감성이 있으므로 다양하게 노출시켜야 한다.
+ 손재주가 좋은 아이들이 많으므로 조립하기, 만들기를 시킨다.
+ (보완) 꼼꼼하고 치밀한 대신 창의성, 상상력이 부족하므로 이를 키우기 위해 책 읽기, 가베나 블록놀이를 할 수 있도록 하면 좋다.
- 리더가 되기를 강요하지 말아야 한다.
- 심사숙고하는 성향이므로 성격이 급한 부모는 다그치지 말고 아이의 결정을 기다릴 수 있어야 한다.

Smart Map 우리 아이, 이런 아이

나와 우리 아이의 성격 유형을 확인해 보고 서로의 성격 차이로 인해서 양육에서 겪게 되는 어려운 점이 무엇인지 확인해 봅시다.

1. 나와 우리 아이의 성격 유형을 알아봅시다. 아래에 성격을 나타내는 문장을 읽고 해당하는 문장의 개수를 마지막에 쓰세요.

독수리형	나	아이
1. 활동적인 것을 좋아하고 스릴을 즐긴다.		
2. 무엇을 한번 시작하면 방해가 있어도 끝까지 할 정도로 집중력이 강하다.		
3. 고집이 세다.		
4. 요점만 간단하게 말하는 것을 좋아한다.		
5. 성격이 급하다.		
6. 다른 아이들과 놀이를 할 때 주도(리드)하는 역할을 한다.		
7. 자기가 하는 일에 대해서 간섭받는 것을 싫어한다.		
8. 경쟁하는 것을 좋아하고 지는 것을 싫어한다.		
9. 압박감을 느끼면 쉽게 공격적이 된다.		
10. 뭔가 일이 잘못되었을 때 남 탓을 한다.		
합계		
앵무새형	나	아이
1. 사람을 좋아하고 친구들과 어울리는 것을 좋아한다.		
2. 열정적이고 다양한 것에 관심이 많다.		
3. 충동적이다.		
4. 표정이 다양하고 감정표현을 잘한다.		
5. 처음 만난 친구들과 어울리는 데 전혀 어려움이 없다.		
6. 남에게 관심을 받는 것을 좋아하며 무대 체질이다.		
7. 매우 창의적이고 상상력이 풍부하다.		
8. 명랑하고 낙천적이다.		

9. 주어진 일을 끝마치는 데 어려움을 느낀다.		
10. 정리정돈을 못한다.		
합계		
올빼미형	나	아이
1. 혼자 하는 활동을 좋아하고 내성적이다.		
2. 무슨 일이든 분명하고 정확하게 하기를 좋아한다(꼼꼼하다).		
3. 정리정돈을 잘한다.		
4. 정해진 규칙을 잘 따르고 규칙에 어긋나는 것을 싫어한다.		
5. 행동하기 전에 어떻게 할지 생각하는 시간이 길다(신중하다).		
6. 예의 바르다.		
7. 절제력이 있다.		
8. 감정을 잘 표현하지 않는다.		
9. 결정하고 행동하는 데까지 시간이 많이 걸린다.		
10. 자기 기준이 높아서 쉽게 만족하지 못한다.		
합계		
비둘기형	나	아이
1. 다른 사람을 돕는 것을 좋아한다.		
2. 친구를 한번 사귀면 깊고 오랜 우정을 유지하려고 한다.		
3. 다른 사람에게 친절하고 친구관계에서 평화로운 관계를 추구한다.		
4. 나서서 주도하기보다 가르쳐 주는 대로 따르는 편이다(순종적이다).		
5. 인내심이 많다.		
6. 칭찬을 좋아하지만 시선이 집중되는 것을 부담스러워한다.		
7. 협동을 잘한다.		
8. 겁이 많다.		
9. 변화에 적응하는 데 시간이 걸린다.		
10. 자신을 잘 표현하지 않는다.		
합계		

2. 나와 자녀의 성격 유형을 보고 자녀와 나의 같은 점과 다른 점을 나눠 봅시다.

3. 나와 자녀의 성격이 같거나 달라서 양육할 때 어려운 점을 떠올려 봅시다.

- 나와 성격이 너무 닮아서 힘든 점

- 나와 성격이 너무 달라서 힘든 점

활동지 2-2

Smart Map 우리 아이 성향을 살리는 부모가 되어요

아이의 특성에 맞는 양육방법을 참고하여 우리 아이의 특성에 맞는 양육계획을 세워 봅시다.

우리 아이 특성과 관련하여 자주 겪는 문제 상황	우리 아이의 장점을 살리는 나의 계획
예: 비둘기형 아이인 경우, "점심 만들려고 하는데, 뭐 먹고 싶니?"라고 가볍게 질문했는데 답이 없다.	예: 아이가 비둘기형이라면 원하는 것을 묻는 질문에 답하기가 어렵다. → 보기가 있는 질문을 한다. (예: "점심에 오믈렛과 자장면 중 무엇을 먹을까?") → 답을 천천히 한다는 것을 예상하고 충분한 시간을 가지고 질문한다.

3회기 나는 어떤 아이였을까?

활동지도안	
활동 목표	• 부모의 주 양육자와의 관계가 현재 자녀와의 관계에 미치는 영향을 이해한다.
준비물	동영상, 강의자료, 활동지 3-1, 활동지 3-2, 도화지, 색연필, 사인펜
단계	진행절차
도입 (20분)	▶ 과제 수행 소감 나누기 지난 회기에 우리는 아이의 성향과 그에 따른 양육방법을 알아보았습니다. 그리고 한 주 동안 가정에서 새로운 양육계획을 실천해 보면서 어떠셨나요? 평소 방식과 달라서 어색하거나 힘든 부분이 있었을 겁니다. 자유롭게 느낀 점을 이야기 나눠 볼까요? • 참여자들이 한 주 동안 과제 수행을 하면서 느낀 점, 어려운 점 등을 자유롭게 이야기한다(예: "편안하게 태도를 바꿀 수 있었나요?" "어떤 면이 어려웠나요?" "무엇에 불편한 마음이 생겼나요?"). 어려움 속에서도 실천하려고 노력한 마음에 박수를 보냅니다. 실천 의지가 없었다면 어려움도 느끼지 않았겠지요. 그러나 그 어려움은 우리의 어린 시절과도 관련이 있습니다. 오늘은 나의 부모와의 관계에 대해 나누어 보려고 합니다. 자녀를 대할 때, '안 그래야지.' 하면서도 유지되는 태도가 있죠? 그 태도를 바꾸기가 어려운 이유는 우리도 모르게 우리 부모님께 양육되며 몸에 익은 것이기 때문입니다. 이것은 대인관계에서도 나타나지만 특히 부모-자녀 관계에서 자신의 부모와의 관계가 자녀와의 관계에서 그대로 재현되는 경우가 많습니다. 다행히도 부모와의 관계에서 어려움을 겪었던 성인도 자신에게 영향을 준 것이 무엇인지 인식하고 건강한 방향으로 바꾸려고 노력하면 자녀와의 관계에서 다른 태도를 가질 수 있습니다. ▶ 회기 목표 및 활동 안내 3회기에서는 강의와 활동을 통해 원가족에서 부모와 나의 관계가 아이와 나의 관계에 어떤 영향을 미치고 있는지 알아보도록 하겠습니다. 나와 자녀의 관계는 자녀의 대인관계의 바탕이 되기 때문에 자녀와의 관계를 따뜻하고 안정감 있게 만들어 가는 것이 중요합니다. 그런데 나의 부모와의 관계가 현재 내 자녀와의 관계에 영향을 미치기 때문에 나의 부모와의 관계를 알아볼 필요가 있습니다.

<table>
<tr><td>전개
(80분)</td><td>

▶ 강의 3-1. 우리는 닮았어요

먼저 부모와 나, 그리고 자녀와 나의 관계는 서로 어떤 영향을 주고 있는지 보여 주는 짧은 동영상 한 편을 보겠습니다.

동영상: 대물림되는 양육태도
어릴 때 엄마가 자신을 대했던 대로 아이를 비난하고 다그치며 기르고 있는 한 엄마의 이야기

영상을 본 소감을 이야기 나눠 봅시다. 무엇이 느껴지나요? 나에게도 이런 면이 있나요? 부모에게 받은 상처를 나도 똑같이 자녀에게 주고 있지는 않은가요? 명확하게 의식하기는 어렵지만 부모와의 관계에서 형성된 '애착'은 습관처럼 우리에게 남아서 우리는 부모의 양육태도를 그대로 재현하고 있을 가능성이 높습니다. 부모님과 나와의 관계가 우리 아이에게 어떻게 영향을 미치고 있는지 알아봅시다.

〈강의 내용〉 강의자료 3-1
1. 관계의 대물림
2. 애착유형과 관계의 특징
– 안정형, 무시형, 집착형
– 관계 변화 가능성

우리는 아이를 대할 때 나의 의지와 상관없이 내가 길러진 방식으로 자녀를 대하고 있는 경우가 많습니다. 강의에서 배운 것을 바탕으로 나와 부모와의 관계에서 나는 어떤 것을 느끼며 자랐는지 떠올려 봅시다.

▶ 활동 3-1. 나의 부모님을 떠올리면

친구와 사이좋게 지내며 자신이 원하는 것을 잘 아는 행복한 아이로 키우기 위해서는 자녀와의 관계를 안정적으로 맺어 가는 것이 중요합니다. 그러나 때때로 우리는 나의 부모와의 관계에서 겪은 경험 때문에 나의 바람과는 다르게 행동하게 됩니다. 이 활동에서는 먼저 내가 우리 아이만큼 어렸을 때를 떠올려, 나와 부모와의 관계는 어땠는지 나타내 주는 장면을 그려 보고 부모와 나의 관계가 어땠는지 살펴보겠습니다.

〈활동 내용〉 활동지 3-1
① 나와 주 양육자의 관계를 떠올리며 활동지 3-1에서 동물을 선택한다.
② 선택한 이유에 대해 아래 질문을 주고받으며 짝과 이야기를 나눈다.
– 이 동물을 선택한 이유가 무엇인가요?
– 어떤 장면이나 말이 떠오르나요?

</td></tr>
</table>

	짝과 이야기를 통해 인식하게 된 부모와 나와의 관계를 전체와 나누어 봅시다. ▶ 활동 3-2. 이제는 선택할 수 있어요 활동 3-1에서 찾은 경험이 나에게 어떤 영향을 미쳤는지 생각해 봅시다. 이 경험은 내가 살아오는 데 어떤 영향을 주었나요? 경험을 통해서 얻은 것들은 내가 의식을 하든 못하든 우리 아이에게 영향을 미치게 됩니다. 내가 경험을 통해 얻은 것이 무엇인지 분명하게 아는 것은 내가 받은 부정적인 영향을 대물림하지 않는 첫 번째 걸음이 됩니다. 따라서 본 활동에서는 부모와의 경험에서 내가 얻은 것들이 나와 자녀의 관계에 어떤 영향을 미치고 있는지 알아봄으로써 보다 건강한 양육태도를 가지는 바탕을 마련하려고 합니다. 〈활동 내용〉 **활동지 3-2** ① 나의 부모님(주 양육자)과 나, 자녀의 관계를 도화지에 동물 그림을 붙여 나타낸다. ② 나의 부모님과 나, 나와 자녀의 관계를 선으로 표현한다. ③ 부모님과 나와의 관계에서 부모님한테 물려받았다고 생각하는 것 중에 좋은 것과 받고 싶지 않은데 받은 것을 떠올려 쓴다. ④ 우리 아이에게 물려주고 싶은 것, 물려주고 싶지 않은 것을 떠올려 쓴다. ⑤ 3세대의 관계를 표현한 그림을 가지고 이야기를 나눈다. 부모와 나, 그리고 자녀까지 연결되어 있는 관계를 살펴보았습니다. 내가 어떤 영향을 받았고, 어떤 행동을 하고 있는지 알게 되었으니 변화의 첫걸음을 뗀 것입니다. 어떠셨나요?
마무리 (20분)	▶ 마무리 오늘은 나와 부모와의 관계가 현재 나와 자녀와의 관계에 어떤 영향을 미치는지 나를 돌아보며 살펴보고, 지금 나는 앞으로 어떻게 하고 싶은지에 대해서도 그려 보았습니다. 이 시간에 참여하면서 어땠는지 느낀 점, 새롭게 알게 된 점 등에 대해 함께 나누어 보겠습니다. ▶ 과제 제시 및 차시 안내 이번 시간의 과제는 우리 아이에게 나는 어떤 이미지인지 실제로 대화를 통해 알아보는 것입니다. 다음 시간에는 '**마음을 느껴요**'라는 주제로 활동을 해 보겠습니다.
유의점	• 자신의 애착유형을 정확하게 판가름하기보다 나의 관계성에 영향을 미친 한 장면을 그림으로 나타내고 그 장면에서 내가 받은 영향과, 그 영향이 아이에게로 어떻게 이어지고 있는지를 파악하는 것에 초점을 둔다. • '부모-나-자녀'로 이어지고 있는 애착유형의 대물림을 확인하고 부모에 대한 원망과 자녀에의 죄책감을 표현하는 참가자가 있다면 공감하여 수용하되 거기에 머무르지 않고 변화될 수 있고 앞으로 어떻게 하고 싶은가를 선택할 수 있다는 점에 초점을 두도록 한다.

Smart Map 애착유형과 특징

아이는 태어나서 처음 맺는 주 양육자와의 관계에서 타인과 어떻게 관계를 맺을 것인가에 대한 태도를 결정하게 된다. 이것을 애착이라고 하는데, 애착은 무의식중에 한 사람의 대인관계 전반과 자녀와의 관계에도 영향을 미친다. 애착과 대물림, 그리고 변화의 가능성에 대해 살펴보자.

1. 관계의 대물림

아기는 태어나서 엄마(주 양육자)와의 상호작용을 통해 세상에 대한 느낌을 만들어 간다. 엄마가 아기의 욕구에 민감하고 따뜻하게 반응하면 아기는 자신과 타인에 대해 긍정적이고 호의적인 느낌을 형성하게 된다. 주 양육자와의 상호작용으로 갖게 된 느낌을 애착이라고 부르는데, 애착은 3세 이전에 형성되어 성인이 될 때까지 잘 변하지 않으며 한 사람의 삶에 대한 태도와 대인관계에 중요한 영향을 미친다.

애착은 자녀와의 관계에도 영향을 준다. 나의 엄마가 민감하고 따뜻했다면 나도 자녀에게 그렇게 대할 수 있으며 반대로 냉담하고 무감각하거나 엄마의 기분과 상태에 따라 아기를 대하는 태도가 달랐다면 나 또한 그런 태도로 자녀와의 관계를 맺어 왔을 가능성이 높다. 이처럼 부모에게 받은 애착은 나의 자녀에게 대물림된다.

2. 애착유형과 관계의 특징

애착유형을 세 가지로 살펴보자. 먼저, 엄마가 아기의 욕구에 민감하고 따뜻하게 반응하면 아이는 안정형 애착을 형성한다. 아기가 필요로 하는 것을 잘 알아차리고 적절한 반응으로 욕구를 해소해 주면 아기는 편안하고 안정감을 느끼며 자신과 타인에 대해 긍정적으로 생각하게 된다.

만약 엄마가 여러 가지 이유로 냉담하고 아기의 필요에 무감각했다면 아이의 욕구는 채워지지 않는다. 이러한 엄마를 가진 아기는 무시형 애착을 형성하게 된다. 무시형 애착인 아이는 자신에 비해 타인에게 부정적 느낌을 가지며, 관계에서 좌절되는 경험을 되풀이하지 않기 위해서 관계에서 거리를 두며 자신을 보호하고 방어하는 특징을 보인다.

엄마가 아기의 욕구보다 자신의 기분에 따라 아기의 필요를 채워 주기도 하고 그렇지 못하기도 했다면 아이는 집착형 애착을 형성하게 된다. 집착형 애착을 형성한 아이의 특징은 불안하고 초조해하는 것이다. 엄마가 내 욕구에 어떻게 반응할지 모르기 때문에 관계에서 안정감을 느끼지 못하고, 타인보다 자신에 대해 부정적인 인상을 가지기 때문에 혼자 있는 것을 힘들어 한다.

애착유형을 바꾸는 것은 쉽지 않은 일이다. 하지만 불가능한 것은 아니다. 실제로 안정형 애착으로 자녀를 길러 내는 부모 중 절반 정도는 안정형 애착이 아니지만 스스로를 이해하고 변화시킨 것이라고 한다. 이는 타인과의 관계에서 안정과 받아들임, 연결감을 느끼는 과정을 통해 가능하다.

Tip

위와 같은 맥락에서 본 회기의 활동을 통해 참가자는 자신의 경험을 되돌아보고 인식하고, 비슷한 경험들을 나누며 자신이 받아들여지는 경험을 할 수 있으면 좋습니다.

활동지 3-1

Smart Map 나의 부모님을 떠올리면

1. 다음 동물 그림들을 보고 우리 부모님(나의 주 양육자)과 나를 잘 나타내 주는 동물을 골라 봅시다. 그리고 그렇게 선택한 이유를 이야기를 나눠 봅시다. 만약 해당되는 동물이 없다면 단어로 써도 됩니다.

2. 이 동물을 선택한 이유는 무엇인가요? 연관해서 떠오르는 사건이나 장면, 부모님의 말이나 행동이 있나요?

Smart Map 이제는 선택할 수 있어요

나와 주 양육자와의 관계가 현재 나와 자녀와에 관계에 미치는 영향을 확인해 봅시다.

1. 이번에는 자녀와 나와의 관계에서 자녀를 잘 나타내 주는 동물을 '활동지 3-1'에서 골라 봅시다. 나의 부모님(주 양육자), 나 그리고 자녀를 나타내는 동물을 도화지에 붙여 봅시다.

도화지 구성

물려받은 것 중 좋은 것

물려주고 싶은 것

주 양육자

나

자녀

물려받고 싶지 않았는데 물려받은 것

물려주고 싶지 않은 것

2. 부모님과 나, 나와 자녀의 관계를 선으로 표현해 봅시다.

① 부모님(주 양육자)과 나의 관계에서 내가 부모님한테 물려받았다고 생각하는 것 중에 좋은 것과 받고 싶지 않은데 받은 것을 떠올려 봅시다.

② 나와 자녀의 관계에서 물려주고 싶은 것과 물려주고 싶지 않은 것을 떠올려 봅시다.

〈예시 1〉

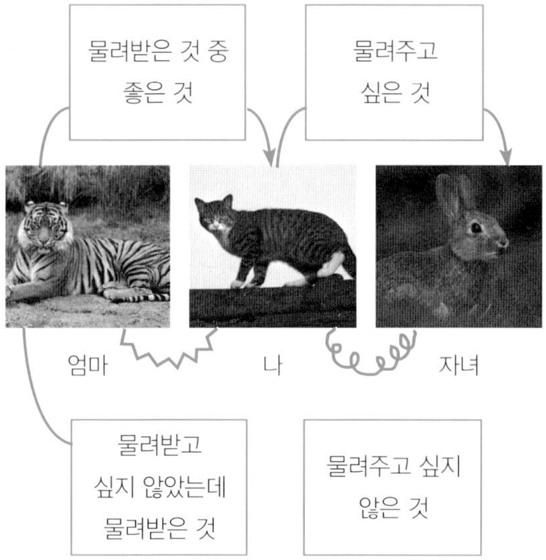

〈예시 2〉

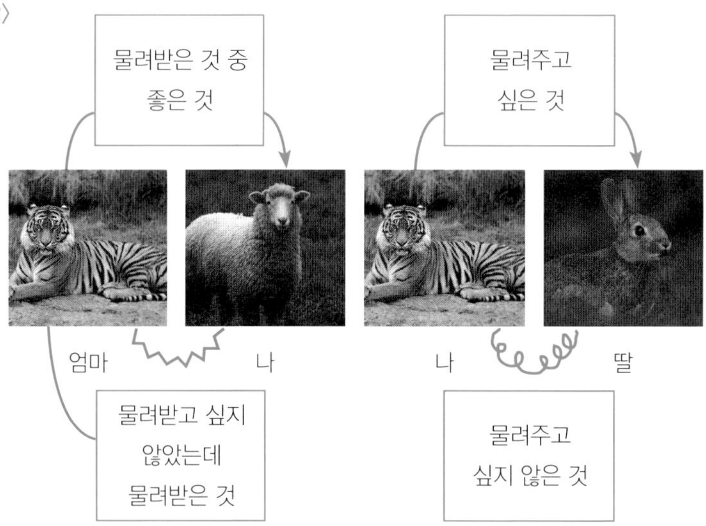

4회기 마음을 느껴요

활동지도안	
활동 목표	• 다양한 감정을 알고, 감정에는 좋고 나쁨이 없음을 이해한다. • 자녀의 표현을 이해하고 아이의 감정에 대한 민감성을 키운다.
준비물	동영상, 강의용 PPT, 감정 단어 카드, 활동지 4-1, 활동지 4-2, 필기구
단계	진행절차
도입 (20분)	▶ 과제 수행 소감 나누기 지난 시간에는 나의 부모가 나에게 준 영향을 생각해 보고 그것이 내 아이를 키울 때 어떤 영향을 미치는지에 대해서 알아보았습니다. 과제로는 아이가 나를 어떻게 생각하는지를 물어 오도록 했습니다. 아이들은 나를 어떻게 표현했나요? 아이들이 표현하는 내 모습을 들을 때 어떤 감정이 들었나요? 함께 이야기 나누어 보도록 하겠습니다. • 내가 예상했던 답과 실제 아이의 반응이 비슷했는지? • 아이가 나를 표현하는 말을 그대로 수용할 수 있었는지? • 아이의 반응을 듣고 내 감정은 어땠는지? ▶ 도입 활동: 감정 스피드 게임 먼저, 본격적인 강의에 앞서 감정 단어 맞추기 게임으로 시작해 보겠습니다. 〈활동 내용〉 ① 한 사람을 설명자로 정하고 나머지 집단원들이 문제를 맞춘다. ② 카드에는 감정 단어들이 제시되어 있다. ③ 설명자는 카드에 적힌 감정 단어를 몸짓과 표정으로 설명한다(예: '기쁘다'를 설명하기 위해 웃으며 폴짝폴짝 뛴다). **Tip** 게임 운영은 두 팀으로 나누어 실시할 수도 있고, 한 사람이 전체를 대상으로 설명할 수도 있습니다. 설명자나 정답을 맞힌 사람을 위해 간단한 소정의 상품을 제공하는 것도 좋습니다. 게임을 통해서 감정을 표정과 몸으로 표현해 보았는데, 이처럼 감정은 적절한 표현을 통해서 다른 사람에게 전달할 수 있습니다. 그러면 우선 자신의 감정을 잘 파악하는 능력이 요구됩니다. 감정 민감성이 높아 자신의 감정을 잘 조절할 수 있는 부모는 자녀의 마음도 잘 이해하고 받아 줄 수 있으며, 이를 통해 자녀가 정서적으로 건강하게 발달할 수 있는 토대를 제공할 수 있게 됩니다.

	▶ 회기 목표 및 활동 안내 이 시간에는 다양한 감정들을 찾아봄으로써 나의 감정에 민감해지고, 나아가 아이의 표현을 이해하고 아이의 감정에도 민감해지는 방법을 강의와 활동을 통해 알아보도록 합니다.
전개 (80분)	▶ 강의 4-1. 쓸모없는 감정은 없다 영화 〈인사이드 아웃〉을 보신 분 계신가요? 주인공 소녀 라일라의 속에는 기쁨이, 슬픔이, 버럭이, 까칠이, 소심이라는 다섯 감정 캐릭터가 존재합니다. 이 다섯 캐릭터 중 누가 감정 컨트롤 본부를 차지하느냐에 따라서 라일라의 감정이 달라지게 됩니다. 그러면 우선 〈인사이드 아웃〉의 짧은 영상을 보고 나서 우리 속의 다양한 감정들에 대해서 이야기 나눠 볼까요? 동영상: 감정은 다 소중해 영화 〈인사이드 아웃〉 중 감정들 각자가 맡은 역할이 있음을 짧은 에피소드로 보여 준다. 라일라가 어릴 적 가장 좋아하던 장난감 빙봉. 라일라가 빙봉과의 즐거운 추억을 잊어버리면서 기억들이 사라지자 빙봉이 슬퍼한다. 기쁨이가 억지로 긍정적으로 생각하도록 하지만 도움이 되지 않고, 그동안 쓸모없다고 생각했던 슬픔이가 빙봉이 한바탕 울고 나서야 오히려 회복이 된다. 영상을 보고 나서 어떤 생각이 드셨나요? 우리는 흔히 기쁘고, 긍정적인 감정들만 허용하고, 화나거나 슬픈 감정과 같은 부정적인 감정들은 표현하면 안 되고 애써 억누르려고 하는 경우가 많습니다. 나 자신뿐만 아니라 아이들에게도 아이가 화를 내거나 짜증을 부릴 때 "그러면 나쁜 아이야!" "그러면 경찰 아저씨한테 잡아가라고 한다." "울면 안 돼! 뚝!" 하고 겁을 주어 부정적 감정을 표출하지 못하도록 합니다. 그런데 감정은 모두 상황에 따라 각자 맡은 고유한 역할이 있으며, 부정적 감정을 억제한다고 긍정적으로 변화하는 것은 아닙니다. 그럼 강의를 통해서 있는 그대로 감정을 인정하는 것과 부모의 감정 민감성과 자녀의 정서 발달에 대해서 좀 더 자세히 알아보도록 합시다. 〈강의 내용〉 강의자료 4-1 1. 감정의 꼬리표를 떼고 감정을 있는 그대로 인정하기 2. 부모의 감정 민감성과 자녀의 정서 발달 강의를 통해서 감정에는 좋고 나쁜 것이 없으며, 감정을 그대로 인정할 필요성과 함께 부모의 감정 민감성이 자녀의 정서 발달에 미치는 영향을 살펴보았습니다. 그러면 이번에는 활동들을 통해서 감정 민감성을 키워 보는 시간을 가져 봅시다.

▶ 활동 4-1. 감정 알아차리기

먼저, 나의 감정 상태는 어떠한가를 활동을 통해 알아보도록 하겠습니다.

〈활동 내용〉 활동지 4-1

① 감정 그래프에 현재 내 마음 상태를 표시한다.

② 감정 단어 목록에서 지난 일주일간 내가 느꼈던 감정에 모두 체크해 본다.

순간순간 잠시 멈춰서 '내 마음이 지금 어떤가?' 스스로에게 물어봐 주는 것이 필요합니다. 강도가 높은 감정 한두 가지 외에는 다양한 감정을 느끼기가 어려운데, 다양한 감정들에 세심하게 주의를 기울일 필요가 있습니다. 감정 민감성은 훈련이 필요합니다.

'내 마음이 지금 어떤가?' 자신에게 묻는 것처럼, 아이에게도 지금 기분이 어떤지 물어봐 줌으로써 아이의 감정인식 능력 향상을 도울 수 있습니다. 우리는 도표를 통해서 확인했는데, 감정 단어를 표현하기 어려워하는 아이에게는 표정 그림을 제시하고 선택하는 방법을 활용해 볼 수 있습니다.

Tip

아이의 감정을 물어볼 때 단어 표현이 어려운 경우 다음과 같이 표정이 그려진 목록을 주어서 활용할 수 있습니다.

시중의 감정 카드를 활용해도 좋고, 아이와 그리기 작업을 통해 다양한 기분을 그려서 우리 아이만의 감정 목록을 만들어 볼 수도 있습니다.

그러면 이번엔 모둠을 이루어서 상대의 이야기를 듣고 어떤 감정일까를 생각해 보는 시간을 가져봅시다.

〈활동 내용〉

① 모둠원 4명이 한 그룹을 만든다. 한 사람을 제외하고 나머지 모둠원들에게 카드를 무작위로 똑같은 숫자씩 배분한다. 카드를 받지 않은 사람이 말하는 사람이 되고 나머지 세 사람이 듣는 사람이 된다.

② 카드를 받지 않은 한 명이 최근 자녀와의 관계에서 있었던 짧은 에피소드 한 가지를 상황과 사실만으로 설명하면 나머지 모둠원은 이야기를 말없이 경청한다.
③ 이야기를 다 듣고 나면 말하는 사람이 느꼈을 것 같은 감정을 모둠원들이 각자 자기가 가진 카드 중에서 한 가지씩 돌아가면서 내밀며 물어본다(예: '그때 당황하셨나요? 슬프셨나요?').
④ 말하는 사람은 모둠원으로부터 카드를 한 장씩 받을 때마다 그 감정을 느꼈는지 아닌지를 생각해 보고, 모둠원의 질문에 대답을 하며(예: '네, 당황스러운 느낌이 들었어요.' '아니요. 공포스러운 것보다는 약한 것 같아요.') 자신의 느낌에 부합하는 카드를 받는다.
⑤ 더 이상 모둠원이 말하는 사람의 감정에 부합할 만한 카드가 없어질 때까지 계속한다.
⑥ 마지막으로 말하는 사람은 자신이 느꼈던 감정 카드를 모아서 나는 그 상황에서 어떤 감정들을 느끼는지 확인한다.
⑦ 같은 방법으로 다른 모둠원이 설명하는 사람이 되어 ①~⑥을 반복한다.
⑧ 활동을 하면서 자신이 느끼는 감정에 대해 새롭게 인식하게 된 것이나 감정을 맞추는 과정에서 느낀 점을 모둠에서 간단하게 나눈다.

Tip

- ④를 통해 화자는 당시 상황에서 미처 느끼지 못했던 다양한 감정을 인식할 수 있게 되며, 사소한 감정이라도 민감하게 인식할 수 있는 민감성을 키울 수 있습니다. 활동 소감을 나눌 때 관련한 것이 나오면 강사가 짚어 주어 모두가 공유할 수 있도록 하면 좋습니다.
- ⑤에서는 자신이 느끼는 감정을 잠시라도 전반적으로 살펴볼 수 있도록 하는 것이 좋으며, 이러한 감정은 자신이 주로 느끼는 감정의 패턴일 수 있으므로 3회기와 연관하여 강사가 알아주고 피드백할 수 있습니다.

한 가지 사건에도 정말 여러 종류의 다양한 감정들이 존재하며, 동일한 상황에서 각 사람마다 감정의 종류나 강도가 다를 수 있음을 확인할 수 있었을 것입니다. 또한 활동을 통해서 내가 놓치고 있던 감정을 다른 사람을 통해서 발견하기도 했을 것입니다. 다양한 감정을 내 스스로 느껴야 타인에 대한 감정 민감성도 높아질 수 있습니다.

▶ 활동 4-2. 아이 감정 깊게 느끼기

이 활동은 상대방의 감정에 대한 민감성을 키우는 활동입니다. 동화나 사진 같은 매체를 통해서 가정에서도 아이와 함께 해 볼 수 있는 활동입니다. 함께 해 보고 이야기 나눠 보도록 하겠습니다.

〈활동 내용〉 **활동지 4-2**

① 둘씩 짝을 지어 특정한 상황(학교생활/부모-자녀 관계/또래관계)이 그려진 그림(혹은 사진)을 보고 한 사람은 질문하고 한 사람은 응답하며 이야기 나눈다.
  - 이 그림을 보고 어떤 느낌이 드나요?
  -지금 이 장면은 어떤 장면인 것 같아요?

<table>
<tr><td></td><td>
–그림 속의 인물들은 어떤 기분일 것 같아요?
–왜 그런 기분이 들었을까요?
–혹시 당신도 그런 기분을 느껴 본 적이 있나요?
–그때에 대해서 구체적으로 이야기해 줄 수 있나요?
② 질문자와 응답자 역할을 서로 바꾸어 실시해 본다.
③ 활동을 한 뒤 질문자의 어떤 반응이 응답자로 하여금 좀 더 말을 잘할 수 있고, 하고 싶게 만들었는지를 짝과 함께 이야기 나누어 본다.

우리는 흔히 아이의 감정을 물어보지 않고 '아마 그럴 거야'라고 속단해서 반응하는 경우가 많습니다. 그런데 '지금 기분이 어때?'라고 물어 주게 되면, 엄마도 아이의 기분을 알 수 있게 되지만, 아이의 입장에서도 '지금 내 기분이 어떤가?' 하고 스스로 점검할 수 있는 기회가 생기게 됩니다.
이 활동은 평소에 아이들과 책이나 동화를 읽으면서 지금과 같이 주인공들이 느꼈을 감정을 다양하게 상상해 볼 수 있는 기회를 제공함으로써 아이들의 감정 민감성 향상에 도움이 되고 '그럼 너도 이런 적이 있었어?'라고 연결해서 이야기하면서 아이의 감정을 부모가 더 잘 이해할 수 있는 계기가 됩니다.

Tip 아이와 함께 활동할 때 주의사항
• 이 활동은 정답 맞추기 게임이 아니므로 아이가 내 생각이나 일반적인 상식과 다른 답을 하더라도 "아니지, 여기서 어떻게 기쁠 수가 있어?"라고 반응하기보다, "왜 그렇게 느꼈어?"라고 아이가 그렇게 느낀 이유를 물어봅니다.
• 아이들의 감정 단어를 잘 몰라 단어로 명확하게 표현을 못할 경우에는 충분히 아이의 이야기를 듣고 난 후에 "아~ 너의 얘기를 들어 보니 그럴 땐 ○○○라고 말할 수 있어." 하면서 부모가 감정 단어를 알려 주는 방법도 아이의 감정표현을 풍부하게 하는 데 도움이 될 수 있습니다.
• 동화를 자연스럽게 읽으면서 흐름을 끊어지지 않는 정도로 질문합니다. 너무 인물들의 감정을 묻는 데만 집중해서 아이가 동화를 읽는 데 재미를 잃지 않도록 합니다.
</td></tr>
<tr><td>마무리
(20분)</td><td>
▶ 마무리
오늘은 다양한 감정에 대해서 알아보고 감정 민감성을 기르는 활동을 해 보았습니다. 이 시간에 참여하면서 어땠는지 느낀 점, 새롭게 알게 된 점 등에 대해 함께 나누어 봅시다.

▶ 과제 제시 및 차시 안내
이번 시간의 과제는 활동 4–2를 가정에서 자녀와 함께 일상생활 장면이나 동화를 함께 읽을 때 적용해 보는 것입니다. 다음 시간에는 '마음으로 들어요'라는 주제로 자녀의 말에 공감적으로 반응하는 법에 대해서 알아보겠습니다.
</td></tr>
<tr><td>유의점</td><td>
• 활동 4–1에서 자신에게 해당되는 가장 정확한 감정 단어를 맞추는 것이 목적이 아니라 당시 상황에서 조금이라도 느꼈을 만한 여러 가지 감정을 찾아내는 것이 목적임을 염두에 두어 활동에 참여하도록 한다.
</td></tr>
</table>

강의자료 4-1

Smart Map 쓸모없는 감정은 없다

1. 감정의 꼬리표를 떼고 감정을 있는 그대로 인정하기

우리는 감정을 흔히 긍정 감정(쾌), 부정 감정(불쾌)으로 구분하고, 긍정 감정은 좋은 것으로, 부정 감정은 나쁜 것으로 꼬리표를 매긴다. 아이들이 화를 내고 짜증을 내거나 별것 아닌 일에도 불안해하는 모습을 보이면 부모는 잘못된 행동으로 판단하고 아이들의 감정표현을 막는 경우가 흔하다. 또한 부모도 부정적인 기분을 억제하고, 억지로 긍정적인 기분으로 전환시키려 한다.

그러나 감정 자체에는 좋고 나쁨이 없으며, 좋은 감정, 나쁜 감정이라는 꼬리표는 우리의 잘못된 판단에서 비롯된 것이다. 다양한 감정을 느낄 수 있다는 것은 우리의 삶을 풍요롭게 만들어 준다. 슬픔을 억지로 기쁨으로 왜곡시킬 필요도 없고 축소할 필요도 없으며, 감정을 인정하고 그대로 받아들이는 편이 정신건강에도 훨씬 이롭다.

우리가 사용하는 감정 단어들은 긍정 감정 단어(30%)보다 부정 감정 단어(70%)가 더 많이 존재하는 것으로 알려져 있다. 이는 인간의 진화과정에서 생존에 위협을 주는 요소들에 대처하기 위해 감정을 더 세분화해서 발달할 필요가 있었기 때문이다. 즉, 인간의 생존과 유익을 위해 부정 감정의 고유한 역할이 있다. 따라서 감정의 좋고 나쁘고 꼬리표를 떼고 순간순간 느껴지는 다양한 감정을 있는 그대로 수용하며, 그러한 감정이 나에게 주는 신호(sign) 혹은 의미를 파악하는 것이 중요하다.

2. 부모의 감정 민감성과 자녀의 정서 발달

부모의 감정 민감성은 자녀의 정서 발달에 있어 모델이 된다. 신생아 때에는 울음을 통해서만 감정을 표현할 수 있지만, 성장하면서 부모의 얼굴 표정과 언어적 · 비언어적 반응을 통한 상호작용을 통해 다양한 감정을 발달시켜 나간다. 즉, 부모와의 상호작용을 통해서 감정을 표현하고 다루는 법을 익혀 간다.

따라서 부모가 스스로 자신의 감정을 잘 인식할 수 있는 감정 민감성이 있어야만 자녀의 감정도 잘 인식할 수 있게 된다. 부모 자신이 감정에 민감하고, 부정적 감정을 잘 받아들이고 해결해 나가는 모습을 보이면 아이 역시 부모를 모델 삼아서 감정을 잘 다

루는 방법을 익힐 수 있다. 반대로 부모 자신이 감정 민감성과 감정조절 능력이 떨어진다면, 아이의 감정에도 민감하게 반응하기 어렵게 되고 아이의 적절한 정서 발달을 돕기 어렵게 된다.

부모는 자녀의 감정을 무시하지 않도록 한다. 감정을 무시당할수록 자존감이 떨어지고 스트레스에 약한 아이로 성장하게 될 가능성이 높아진다.

부모는 자녀의 작은 감정이나 숨긴 감정에도 관심을 기울여야 한다. 만약 자녀의 행동이나 표정만으로 자녀의 감정을 알아차리기 어렵다면 아이에게 "지금 기분이 어때?"와 같은 열린 질문으로 직접 물어봐 주는 것도 좋다.

활동지 4-1

Smart Map 지금 내 마음 상태는?

다음 그림은 내 마음 상태를 좀 더 선명하게 확인하는 것을 돕기 위한 것입니다. 가로축은 감정의 긍정, 부정 정도를 나타내며, 세로축은 에너지 수준을 나타냅니다. 지금 나의 상태를 곰곰이 생각해 보고 그림 위에 표시하고 감정에 이름을 붙여 봅시다.

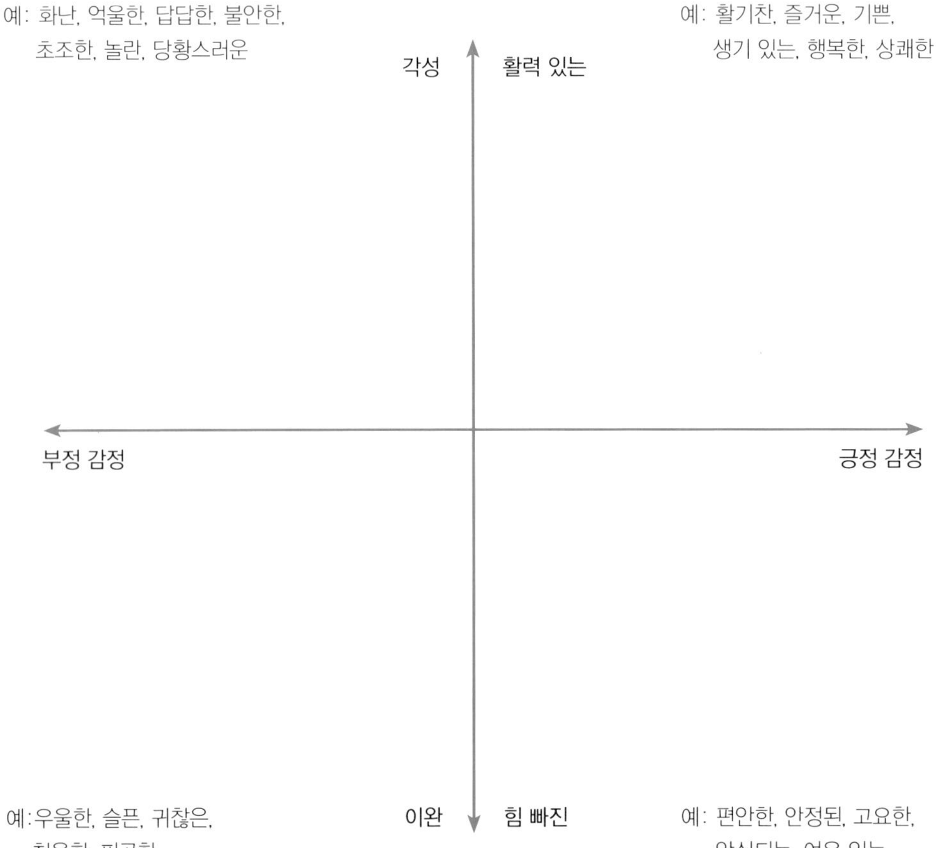

감정 단어 목록

아래의 표는 여러 가지 감정을 나타내는 단어들입니다. 다음 단어들 중에서 지난 일주일 동안 내가 느꼈던 감정들을 모두 체크해 봅시다. 이때 아주 잠깐이라도 느꼈던 감정이라도 체크하도록 합니다.

욕구가 충족되었을 때	욕구가 충족되지 않았을 때
• 감동받은, 뭉클한, 감격스런, 벅찬, 환희에 찬, 황홀한, 충만한 • 고마운, 감사한 • 즐거운, 유쾌한, 통쾌한, 흔쾌한, 기쁜, 행복한, 반가운 • 따뜻한, 감미로운, 포근한, 푸근한, 사랑하는, 정을 느끼는, 친근한, 훈훈한, 정겨운 • 뿌듯한, 산뜻한, 만족스런, 상쾌한, 흡족한, 개운한, 후련한, 든든한, 흐뭇한, 홀가분한 • 편안한, 느긋한, 담담한, 친밀한, 친근한, 긴장이 풀리는, 안심이 되는, 차분한, 가벼운 • 평화로운, 누그러지는, 고요한, 여유로운, 진정되는, 잠잠해진, 평온한 • 흥미로운, 매혹된, 재미있는, 끌리는 • 활기찬, 짜릿한, 신나는, 용기 나는, 기력이 넘치는, 기운이 나는, 당당한, 살아 있는, 생기가 도는, 원기가 왕성한, 자신감 있는, 힘이 솟는 • 흥분된, 두근거리는, 기대에 부푼, 들뜬, 희망에 찬	• 걱정되는, 까마득한, 암담한, 염려되는, 근심하는, 신경 쓰이는, 뒤숭숭한 • 무서운, 섬뜩한, 오싹한, 주눅 든, 겁나는, 두려운, 간담이 서늘해지는, 진땀 나는 • 불안한, 조바심 나는, 긴장한, 떨리는, 안절부절못한, 조마조마한, 초조한 • 불편한, 거북한, 겸연쩍은, 곤혹스러운, 떨떠름한, 언짢은, 괴로운, 난처한, 멋쩍은, 쑥스러운, 답답한, 갑갑한, 서먹한, 숨막히는, 어색한, 찝찝한 • 슬픈, 가슴이 찢어지는, 구슬픈, 그리운, 눈물겨운, 목이 메는, 서글픈, 서러운, 쓰라린, 애끊는, 울적한, 참담한, 처참한, 안타까운, 한스러운, 마음이 아픈, 비참한, 처연한 • 서운한, 김빠진, 애석한, 냉담한, 섭섭한, 야속한, 낙담한 • 외로운, 고독한, 공허한, 적적한, 허전한, 허탈한, 막막한, 쓸쓸한, 허한 • 우울한, 무력한, 무기력한, 침울한, 꿀꿀한 • 피곤한, 고단한, 노곤한, 따분한, 맥 빠진, 맥 풀린, 지긋지긋한, 귀찮은, 무감각한, 지겨운, 지루한, 지친, 절망스러운, 좌절한, 힘든, 무료한, 성가신, 심심한 • 혐오스런, 밥맛 떨어지는, 질린, 정떨어지는 • 혼란스러운, 멍한, 창피한, 놀란, 민망한, 당혹스런, 무안한, 부끄러운 • 화가 나는, 끓어오르는, 속상한, 약 오르는, 분한, 울화가 치미는, 핏대 서는, 격노한, 분개한, 억울한, 치밀어 오르는

출처: 한국비폭력대화 홈페이지(https://www.krnvc.org:5009/about/about04.aspx).

활동지 4-2

Smart Map 아이 감정 깊게 느끼기

둘씩 짝을 지어 다음에 제시된 사진에 대해 이야기 나누어 봅시다. 먼저, 한 사람이 마음에 드는 그림을 선택하고 그림에 대해서 스토리를 자유롭게 상상해 봅니다. 다른 한 사람은 다음의 질문 목록을 참고하여 상대방의 생각과 느낌을 잘 표현할 수 있도록 질문합니다.

- 이 그림을 보고 어떤 느낌이 드나요?
- 지금 이 장면은 어떤 장면인 것 같아요?
- 그림 속의 인물들은 어떤 기분일 것 같아요?
- 왜 그런 기분이 들었을까요?
- 혹시 당신도 그런 기분을 느껴 본 적이 있나요?
- 그때에 대해서 구체적으로 이야기해 줄 수 있나요?

5회기 마음으로 들어요

활동지도안	
활동 목표	• 부모-자녀 관계에서 공감적 반응의 중요성을 이해한다. • 자녀의 말을 공감적으로 듣고 반응한다.
준비물	동영상, 강의용 PPT, 활동지 5-1, 필기구
단계	진행절차
도입 (20분)	▶ 과제 수행 소감 나누기 지난 회기 다양한 감정을 알아보고 감정 민감성을 높이기 위한 활동들을 해 보았습니다. 그리고 한 주 동안 자녀와 함께 일생생활이나 동화 읽기를 통해서 감정 추측하기 활동을 해 보도록 과제를 내드렸었는데요? 해 보시니 어떠셨나요? 자유롭게 돌아가면서 이야기 나눠 볼까요? • 아이가 감정표현을 잘했는지? • 아이 감정 묻기 과제 수행에 어려움은 없었는지? ▶ 도입 활동: '날 따라 해 봐요, 요렇게~' 게임 본격적인 강의와 활동에 들어가기 전에 간단한 몸 풀기 활동을 해 보도록 하겠습니다. 다시 어린이로 돌아갔다고 생각하고 참여하시고, 가정에서도 아이와 해 보시기 바랍니다. 〈활동 내용〉 • '날 따라 해 봐요, 요렇게~' 노래에 맞춰 상대방의 행동을 그대로 따라 하기 어떠셨나요? 이 간단한 활동이 바로 공감적 반응의 핵심이라 할 수 있습니다. 상대의 반응을 따라 하는 것이 바로 공감의 기초라 할 수 있습니다. 내 판단을 덧붙이지 않고 그 사람이 하는 말을 그대로 돌려주는 것을 반영이라고 하고 반영은 공감의 기초가 됩니다. ▶ 회기 목표 및 활동 안내 이번 시간에는 아이들의 성장에 있어 부모의 공감이 얼마나 중요한지를 확인하고, 부모가 자녀의 말을 공감적으로 듣고 반응하는 법을 강의와 활동을 통해서 알아보도록 하겠습니다.

<table>
<tr>
<td>전개
(80분)</td>
<td>
▶ 강의 5-1. 공감의 중요성
먼저, 아이 마음을 알기와 관련된 짧은 동영상 한 편을 보겠습니다.

동영상: 아이의 마음에 초점 맞추기
아이의 마음을 들여다보고 이해해야지 부모-자녀 간의 벽이 사라지고 사랑의 마음이 전달될 수 있다.

영상을 보시고 어떤 생각이 드셨나요? 한 아이가 엄마는 자신의 모든 것을 다 알 것 같다고 말했는데, 정말 그럴까요? 아이들은 왜 엄마에게 자신의 솔직한 마음을 이야기하기 어려웠던 것일까요? 공감하는 부모가 되려면 아이의 행동 밑바탕의 마음을 읽고 그 마음에 먼저 반응해 줘야 합니다. 부모의 공감은 아이의 성장과 발달에 밑거름이 됩니다. 부모의 공감의 중요성을 강의를 통해 확인해 보겠습니다.

〈강의 내용〉 강의자료 5-1
1. 21세기 리더의 중요 덕목: 공감 능력
2. 부모-자녀 관계와 공감의 발달

강의를 통해 부모의 공감적 반응이 자녀의 성장에 얼마나 중요한지를 알아보았습니다. 그러나 막상 아이의 마음을 읽고 공감적으로 반응하려고 하면 쉽게 되지 않습니다. 어떻게 하면 아이 마음에 집중하고 공감적으로 반응할 수 있을까요? 활동들을 통해서 어떻게 하면 아이 마음에 집중해서 공감적으로 듣고 적절하게 반응할 수 있을지를 알아보도록 합시다.

▶ 활동 5-1. 아이 마음에 집중하기
이번에는 두 사람이 짝을 지어 서로 말없이 눈을 맞춰 보겠습니다. 이때 한 사람은 눈으로 자신의 이야기를 전달하는 역할을 하고 다른 한 사람은 상대가 눈으로 전달하는 메시지를 이해하는 역할을 합니다. 이때 주의할 점은 절대로 말을 해서는 안 된다는 것입니다. 오직 눈빛으로만 서로가 통해야 합니다.

〈활동 내용〉
① 두 사람이 짝이 되어 1분간 눈맞춤을 한다. 이때 한 사람은 자신의 감정을 눈빛으로 상대에게 전달하고, 다른 한 사람은 말없이 상대의 눈빛만 보고 상대의 감정을 이해하려고 노력한다.
② 1분이 지나고 나면 서로 소감을 나눈다.
- 전달한 사람은 어떤 감정이었고, 받는 사람은 어떻게 느꼈나요?
- 눈으로만 표현해 보고, 또 눈을 보고 상대를 이해해 보는 경험이 어땠나요?

Tip
맞고 틀리고에만 집중되지 않도록 하고, 소감을 나눌 때에는 상대에게 집중하고 눈빛을 통해 주고받았던 느낌에 초점을 두도록 유의합니다.
</td>
</tr>
</table>

사람들 간의 소통에서 언어적 표현이 30% 정도를 차지한다면 비언어적 표현은 70% 이상을 차지한다고 합니다. 평소 아이가 이야기할 때 바쁘다 보니 대강대강 '응응' 하면서 고개만 끄덕이고 듣는 척만 하진 않으셨나요? 아이들은 엄마 아빠가 내 말을 듣고 있는지 아니면 내 말을 듣는 척만 하는지를 너무나 잘 느낍니다. 물론 여러 가지 일로 바쁜 상태에서 아이에게 온전히 집중한다는 것이 현실적으로 어려울 수도 있습니다. 그러나 자녀 양육에 있어 시간보다 더 중요한 것은 부모-자녀 관계의 질(quality)입니다. 퇴근 후에 아이에게 단 한 시간이라도 온전히 집중하여 관계하는 시간을 가져보시길 바랍니다.

▶ 활동 5-2. 아이 마음 그대로 돌려주기

앞에서는 비언어적인 태도를 통해서 내가 너의 말을 듣고 있다는 걸 보여 주었다면, 이번에는 언어를 통해서 적절하게 반응하는 법을 익혀 보도록 하겠습니다.

〈활동 내용〉 **활동지 5-1**

① 두 사람씩 짝을 지어 한 사람은 부모역할을 하고 다른 한 사람은 자녀역할을 하여, 제시된 상황을 보고 자신의 경험을 떠올려 평소 어떻게 반응하는지 역할극을 해 본다.

② 제시된 상황에서 아이의 마음은 무엇일까 생각해 보고 공감적으로 반응할 수 있는 말이나 질문을 짝과 함께 찾아본다.

③ 제시된 상황에 대해 공감적 반응을 하는 법을 짝과 함께 역할극을 통해 익힌다.

④ 한 가지 상황을 선택하여 평소 반응과 공감적 반응을 before/after로 나누어 역할극 형태로 전체 집단원을 대상으로 표현한다.

⑤ 공감적 반응을 연습해 본 소감과 아이 입장에서 엄마에 대해서 어떻게 느낄지 등을 전체가 소감을 나눈다.

Tip

③에서 제시된 상황 외에 실제 아이와의 관계에서 벌어지는 상황을 한 가지씩 떠올려 짝과 함께 역할극으로 꾸며 보는 것도 좋습니다.

익숙하고 자동적으로 반응하는 언어습관을 새로이 변화시킨다는 것은 쉽지 않은 일입니다. 그러나 처음에는 어색하고 익숙하지 않았던 말이지만, 반복해서 연습과 훈련을 하면 점차 익숙해지고 자연스럽게 사용할 수 있게 됩니다. 또한 아이들은 부모의 언어습관을 그대로 따라 하므로 부모의 공감적인 대화 연습이 더욱 필요합니다. 이를 위해서 가정에서 예시 문장을 잘 보이는 곳에 두고 연습하시기 바라며, 언어적인 것도 중요하지만 무엇보다 공감하려는 태도가 중요하다는 점을 잊지 마시기 바랍니다.

마무리 (20분)	▶ 마무리 오늘은 공감의 중요성에 대해서 알아보고 공감적으로 반응하기 활동을 해 보았습니다. 이 시간에 참여하면서 어땠는지 느낀 점, 새롭게 알게 된 점 등에 대해 함께 나누어 봅시다. ▶ 과제 제시 및 차시 안내 우리는 오늘 공감적으로 반응하는 법에 대해서 알아보았습니다. 그런데 언어적인 표현도 중요하지만 비언어적인 태도 역시 매우 중요합니다. 때로는 말보다도 진실된 눈빛으로 진심이 더 잘 전해지는 법입니다. 따라서 이번 시간의 과제는 아무 말 없이 아이와 눈맞춤을 1분간 해 보고, 어떤 감정들이 아이로부터 전해 오는지 느껴 보는 것입니다. 그리고 아이를 하루에 한 번 꼭 안아 보기입니다. 다음 시간에는 '**마음을 조절해요**'라는 주제로 소통하는 부모에 대해서 알아보겠습니다.
유의점	• 공감적 언어 반응에 앞서 아이의 마음에 관심을 갖고 비판단적인 태도가 우선되어야 함을 강조한다. • 처음에는 공감적 언어 반응을 하는 것이 어색하더라도 점차 반복 훈련을 통해 자연스러워질 수 있음을 이해할 수 있도록 한다.

Smart Map 공감의 중요성

1. 21세기 리더의 중요 덕목: 공감 능력

공감(empathy)이란 상대방의 입장이 되어 그 사람의 상황과 감정을 이해하는 것이다. 공감을 위해서는, 첫째, 다른 사람의 관점에서 볼 수 있고, 둘째, 다른 사람의 사고와 동기를 상상해 볼 수 있으며, 셋째, 다른 사람이 어떻게 느끼고 있는지를 파악할 수 있어야 가능한 고도의 정신 능력이다.

공감은 자신과 타인의 감정을 이해하고 조절하며 다른 사람과 긍정적인 관계를 유지하는 필수 수단이며, 자기발전과 긍정적인 자아개념의 원천이다. 실제 연구에서도 공감 능력이 높은 아이들이 그렇지 않은 아이들보다 인기도 많고, 이타심도 높으며, 반대로 공격행동은 적게 하는 것으로 나타났다.

미래사회는 공감 능력이 뛰어난 사람을 요구한다. 4차 산업혁명 시대의 도래로 기계가 인간의 모든 능력을 앞서게 된 상황에서 여러 학자는 기계가 대신할 수 없는 인간의 고유한 능력인 '감정'을 인간의 경쟁력으로 보고 있으며, 21세기가 요구하는 리더의 중요 덕목으로 '공감' 능력을 꼽는다. 미래사회에서는 높은 공감 능력을 가진 관계 지향적이고 섬세한 감성을 가진 사람이 경쟁력이 있다는 것이다.

2. 부모-자녀 관계와 공감의 발달

부모와의 상호작용은 자녀의 공감 발달에 지대한 영향을 끼치게 된다. 인간의 뇌에는 거울 뉴런(mirror neuran)이 있어서 아기들은 태어나면서부터 다른 사람을 흉내 낼 수 있다. 아이들은 엄마의 말소리와 표정을 거울을 보는 것처럼 따라 하며, 이러한 모방행동은 아이의 언어 습득과 관계 형성에 중요한 역할을 한다. 거울 뉴런은 아이가 부모의 공감 반응을 보고 공감 능력을 발달시킬 준비가 되어 있음을 의미한다.

아이의 공감 능력의 발달은 부모의 반응에 따라 좌우되게 된다. 즉, 부모를 통해 공감 반응을 경험해 보고, 부모의 적절한 공감 반응을 통해서 아이의 공감 능력이 학습된다. 아이가 부모에게 어떤 반응을 표현하면 부모는 그에 맞는 반응을 보여 줘야 한다. 아이는 너무나 신이 나는데, 엄마가 무표정한 얼굴로 "엄마도 기뻐."라고 표현하면 반응의 양이 부족해 공감받는다는 느낌을 받을 수 없게 된다.

안정된 애착관계를 형성한 아동은 부모로부터 지속적인 애정을 받고 자신의 욕구가 충족되었기 때문에 나중에 대인관계에서 타인에게 수용적 · 공감적으로 반응할 수 있는 능력을 발달시킬 수 있게 된다. 이와 반대로, 안정된 애착을 형성하지 못한 아동은 정서적으로 필요할 때 부모의 거부를 경험하고 동일시할 수 있는 공감적 모형이 없기 때문에 타인의 고통에 적절히 반응할 수 있는 능력을 발달시키지 못하게 된다. 정서적 반응이 부족한 부모 아래서 자라난 자녀들은 공감 발달이 저조하여 성인이 되어서도 남을 사랑하기 어렵게 된다. 또한 훈육에 있어서도 수용적이고 공감적인 부모의 태도가 우선해야 하며 그러한 부모의 태도를 통해 안정감과 신뢰감이 형성되어야만 적절한 훈육의 효과를 기대할 수 있게 된다.

활동지 5-1

Smart Map 아이 마음 그대로 돌려주기

제시된 상황을 예시와 같이 부모-자녀 역할극으로 나타내 봅시다. 두 사람이 짝이 되어 한 사람은 부모역할을, 다른 한 사람은 자녀 역할을 맡고 차례대로 역할을 바꾸어 실시해 봅시다.

상황 1 : 유치원에 늦었는데, 옷을 고르고 있다. 덜 마른 원피스를 입고 가겠다고 고집을 피울 때 “싫어~, 이 원피스 입을래.”

상황 2: 아이가 유치원(학교)을 다녀와서 기분이 시무룩하게 구석에서 엎드려 있을 때

상황 3: 아이가 형과 함께 놀다가 맞아서 울고 있을 때 “엄마 형이 또 때렸어~!”

1. 제시된 상황에서 평상시 부모 자신이 하는 대로 자연스럽게 반응해 봅시다.

2. 제시된 상황에 대해 아이 마음에 공감적으로 반응할 수 있는 부모의 반응을 찾아봅시다.

아이의 마음을 읽고 돌려주는 반응하기

1. Step 1: 아이의 말에 관심을 집중하는 태도 보여 주기

- 자동적으로 올라오는 판단, 비판적인 생각을 버리고 아이 말을 있는 그대로 들을 마음의 준비를 먼저 한다.
- 부드러운 표정, 눈맞춤과 함께 고개 끄덕거림, 미소 짓기로 아이의 말에 반응한다.

2. Step 2: 아이가 이야기를 계속할 수 있도록 되돌려 주고 질문하기

- 그러니까 네 말은 ○○○ 했다는 거구나? 엄마 말이 맞니?
- 거기에 대해 더 이야기해 줄래?
- 그래, 그럴 때 어떤 느낌이었어?

3. Step 3: 아이가 느낀 감정을 돌려주기

- 그렇구나. ○○ 때문에 ○○한 기분이구나!

Tip

아이의 입장이 아닌 부모 입장에서 느껴지는 감정을 단어로 돌려주지 않도록 합니다. Step 3에서 아이가 느낀 감정을 돌려줄 때에는 아이가 사용한 감정 단어를 그대로 사용하는 것이 좋으며, 만약 아이가 어려서 적절한 단어로 감정표현이 어려울 경우에는 부모가 아이의 이야기를 충분히 듣고 난 후에 적절한 감정 단어로 이름 붙여서 돌려줍니다.

6회기 마음을 조절해요

활동지도안	
활동 목표	• 자녀와의 의사소통에서 감정조절의 중요성을 이해한다. • 효과적인 부모의 감정조절 방법을 익힌다.
준비물	동영상, 강의용 PPT, 포크, 탁구공 1개, 활동지 6-1, 활동지 6-2, 필기구
단계	진행절차
도입 (20분)	▶ 과제 수행 소감 나누기 지난 회기에 우리는 아이 마음을 느껴 보고 공감적으로 반응하는 법에 대해서 알아보았습니다. 가정에서 자녀와 1분간 눈맞춤을 하면서 어떤 감정들을 느끼셨나요? • 아이와 눈맞춤하는 것이 어땠나? 자연스럽고 편했나? 어색했나? • 아이는 어떻게 반응했는지? ▶ 도입 활동: 탁구공 옮기기 게임 본격적인 강의와 활동에 들어가기 전에 간단한 게임을 통해 몸 풀기를 해 보도록 하겠습니다. 〈활동 내용〉 ① 한 사람당 포크 한 개씩을 나눠 준다. ② 일정한 간격(세 걸음 정도)을 두고 둥글게(혹은 일렬로) 선다. ③ 탁구공을 포크에 올려 두고, 떨어뜨리지 않고 옆(혹은 뒤)사람에게 전달한다. ④ 제한시간 안에 마지막 사람의 포크에 탁구공이 전달되면 성공한다. 만약, 전달할 때 탁구공이 바닥에 떨어지면 첫 번째 사람부터 다시 시작한다. 게임을 해 보니 어떠셨나요? 탁구공을 떨어뜨리지 않고 전달한다는 것이 정말 쉽지 않지요? 시시각각 변하는 우리의 감정을 조절하는 것도 이와 같이 쉽지 않은 일입니다. 부모가 감정조절이 힘들면, 나도 모르게 자녀를 위축시키거나 상처를 주는 말이 튀어 나가 버리기 쉽습니다. 자녀와의 대화에 앞서 먼저 마음의 준비가 되어 있지 않으면 진정한 소통이 어렵습니다. 내 감정을 잘 조절할 수 있어야 자녀 또는 또 다른 사람과 진정한 소통이 가능해질 수 있습니다. ▶ 회기 목표 및 활동 안내 이번 시간에는 자녀와의 의사소통에서 감정조절의 중요성을 이해하고 효과적인 감정조절 방법을 강의와 활동을 통해 익혀 보도록 하겠습니다. 이를 통해 부모-자녀 관계가 증진되며, 부모 자신뿐만 아니라 자녀들도 부모의 태도를 통해서 정서적 안정감을 느끼고 감정조절 능력을 학습할 수 있을 것입니다.

전개 (80분)	▶ 강의 6-1. 내 마음의 온도가 아이에게 먼저, 감정조절에 관련된 짧은 동영상 한 편을 보겠습니다. 동영상: 부모의 감정조절과 아이의 감정조절 EBS 다큐프라임. 퍼펙트베이비 2부. 감정조절 능력 아이는 블록 쌓기를 하고, 엄마는 아이를 관찰만 하도록 과제를 부여한 상황으로, 아이가 열심히 블록을 쌓고 있을 때 우연을 가장하여 제3자가 블록을 무너뜨린다. 이때 감정조절 능력이 높은 엄마와 그렇지 않은 엄마에 따라서 아이와 그 상황을 대처하는 방식이 다르게 나타난다. 영상을 잘 보셨나요? 만약 여러분이 동영상에 나오는 어머니들과 같은 상황이라면 어떠셨을 것 같나요? 영상에서와 같이 감정을 조절하기 힘든 일상생활의 사건은 무엇이 있을까요? 열심히 집을 깨끗이 청소했는데 아이들이 흙이 잔뜩 묻은 상태로 들어와서 온 집안에 장난감을 펼쳐서 다시 엉망진창을 만들었다면? 기분 좋게 가족이 마트에 장을 보러 갔는데 원하는 장난감을 사 달라고 마트 바닥에 누워 아이가 울고 보챈다면? 자녀와의 관계에서 아이들이 내 뜻대로 따라 주지 않거나, 상황이 내 맘대로 되지 않아 부정적인 감정이 확 올라올 때 여러분들은 어떻게 대처하고 계신가요? 강의를 통해서 감정조절과 부모-자녀 관계에서 감정조절의 중요성에 대해 살펴보도록 합시다. 〈강의 내용〉 강의자료 6-1 1. 감정조절이란? 2. 부모-자녀 관계에서 감정조절의 중요성 강의를 통해 확인한 것처럼 감정조절이란 감정을 적절하게 표현할 수 있고, 회복할 수 있는 능력을 말합니다. 부모의 감정조절은 자녀와 마음으로 소통할 수 있는 준비를 위해 필수적입니다. 또한 자녀에게 정서적 안정감을 전해 주고 부모가 감정을 조절하는 것을 보고 모델링하여 자녀는 감정조절 능력을 배울 수 있습니다. ▶ 활동 6-1. 내 마음의 온도는 몇 도? 이번에는 활동을 통해서 최근 나의 마음 상태가 어땠는지 그리고 어떻게 대처해 오고 있는지 점검해 보도록 하겠습니다. 〈활동 내용〉 활동지 6-1 ① 최근에 자녀와 있었던 일 중에서 감정조절이 어려웠던 일(예: 슬픔, 화가 남, 주체할 수 없는 기쁨 등)을 각각 하나씩 떠올려 본다. ② 당시 상황에서 나의 감정들은 무엇이었는지, 감정 온도(강도), 신체적 반응, 내가 한 말, 태도, 행동 등을 적어 본다.

③ 두 사람이 짝이 되어 한 사람은 내가 당시 경험했던 상황을 간단히 말하고 그때 느꼈던 감정을 짝에게 이야기한다. 듣는 사람은 말하는 사람의 감정을 판단하지 않고 공감해 주는 반응을 한다.
④ 서로 역할을 바꾸어서 해 본다.
⑤ 전체가 활동 소감을 나눈다.

Tip

- 내 감정이 상대로부터 내가 그 상황에서 그럴 수밖에 없었던 '나'를 충분히 이해받고 수용받는 경험이 있어야만 자기 자신을 객관적으로 점검할 수 있습니다. 강사는 모둠이나 짝 활동들을 돌아보며 공감을 잘 주고받고 있는지 확인하고 상황에 따라 직접 도울 필요가 있습니다.
- 강사는 부모가 자녀를 대했던 행동에 대해 지나치게 자기비난하거나, 자책하지 않는지 살펴야 합니다. 자책감이 들면 잘 배울 수 없는 상태가 되므로, 이런 부모가 보인다면 우선 올라오는 부모는 감정을 알아주어 해소될 수 있도록 하여 학습 의욕이 생기도록 도와야 합니다. 특히 앞에서 살펴본 감정 패턴이 스트레스 상황에서 우울하고 무기력에 빠지는 사람인지 살펴봅니다.

활동을 해 보니 어떠셨나요? 감정을 적절하게 느끼고 표현하고 있으신가요? 감정조절이란 내가 느끼는 감정이 무엇이든 수용하고 적절하게 표현할 수 있는 것을 말합니다. 감정은 적절하게 표현되고 수용받는 경험을 통해 해소됩니다. 감정이 적절히 처리되지 않으면 나 자신에 대한 후회, 죄책감과 같은 부정적인 감정이 더욱 심해집니다. 어떻게 하면 내 감정을 적절하게 조절할 수 있을까요? 다음 활동을 통해 방법을 찾아보도록 합시다.

▶ 활동 6-2. 내 마음의 온도 조절하기

감정조절은 '내 상태가 이렇구나'라고 인지하는 것으로부터 시작되며, 그 감정을 받아들이되 감정에 압도되어 휩쓸리지는 않아야 합니다. 그러기 위해서는 감정조절 ABC 단계에 해당되는 내용을 잘 파악하여 훈련되어 있어야 합니다. 감정조절을 위한 나의 ABC를 찾아보고 함께 이야기 나누어 봅시다.

〈활동 내용〉 **활동지 6-2**

① 그 당시에 내가 진정으로 원했던 것은 무엇인가?
② 내가 원했던 것, 듣고 싶었던 반응을 짝으로부터 받는다.
③ 짝으로부터 들었던 말을 내 스스로 나에게 해 본다.

※ 감정조절 ABC
- A: Awareness(감정인식)
  – 내 마음 상태 순간순간 자각하기

	– 온도에 따른 나의 신체 반응 및 상태 찾기 – 나를 참을 수 없게 만드는 폭발 스위치는(어떤 특정한 말, 행동, 생각 등)? • B: Breathing(심호흡) – 폭발 스위치가 켜지려고 할 때 멈추게 하는 방법 찾기 • C: Choice(대안 행동 선택) – 행동의 대안들을 찾기 감정조절의 시작은 평소에 나에 대해서 더 관심을 갖고, 나를 더 자세히 들여다보고 나에 대해 잘 알아 가는 것부터 시작됩니다. 그리고 부정적 감정은 좌절된 욕구로부터 나오게 됩니다. 이를 스스로 알아차리는 것이 조절에 도움이 됩니다.
마무리 (20분)	▶ 마무리 오늘은 소통에 있어 감정조절의 중요성에 대해서 알아보고 효과적인 감정조절 방법을 찾아보았습니다. 이 시간에 참여하면서 어땠는지 느낀 점, 새롭게 알게 된 점 등에 대해 함께 나누어 봅시다. ▶ 과제 제시 및 차시 안내 이번 시간의 과제는 활동에서 찾은 나의 폭발 스위치가 작동했을 때 감정조절 ABC를 실제로 적용해 보고 오는 것입니다. 다음 시간에는 **'마음으로 말해요'**라는 주제로 소통하는 부모에 대해서 계속해서 알아보도록 하겠습니다.
유의점	• 평소 특정 인물, 상황, 말 등에 감정조절이 잘 되지 않고 부적절한 감정을 반복적으로 느낀다면, 왜 그렇게 그 말이나 상황, 행동을 참기가 어려운지, 과거의 어떤 경험과 연관되어 있는지를 탐색해 볼 수 있도록 한다.

Smart Map 내 마음의 온도가 아이에게

1. 감정조절이란?

감정조절이란 감정을 느끼지만 그에 압도되거나 휩쓸리지 않는 상태를 말한다. 화가 나지만 그 화를 주체하지 못해 이성을 잃는 대신 화가 난 상태를 견딜 수 있는 것, 슬프지만 견딜 수 없을 만큼 슬퍼서 우울증으로 가는 대신 슬픈 상태에 머물 수 있는 것, 기쁜 것에 대해서도 그에 압도되어 주체할 수 없는 기쁨을 느끼는 것이 아니라 기쁨을 즐길 수 있는 상태로 있는 것이다.

그런데 흔히 감정조절을 부정적 감정을 억누르는 것으로 오해하는 경우가 많다. 감정조절은 좋은 감정만 느끼고 불편하고 부정적인 감정은 느끼지 않는 상태, 곧 내가 원하는 감정만을 선택적으로 느끼는 것이 아니다. 슬픔이 너무 아파서, 분노가 너무 두려워서 이런 감정을 아예 느끼지 않으려고 하다 보면, 그 대가로 부정적인 감정뿐 아니라 긍정적인 감정도 같이 못 느끼는 감정적으로 죽은 상태가 되기 쉽다. 이런 사람들은 겉으로는 어떤 일에도 동요하지 않는 안정된 사람처럼 보일지 몰라도, 실상은 어떤 일에도 흥미를 못 느끼고 무감각하게 된다. 감정이 잘 조절된 상태가 아니라 감정을 마비시킨 상태라고 볼 수 있다.

2. 부모-자녀 관계에서 감정조절의 중요성

우리는 긍정적이든 부정적이든 간에 감정이 격해진 상태에서는 상황을 객관적으로 바라보고 적절하게 대처하기가 어렵다. 감정에 휩싸인 상태에서는 들어오는 정보가 제한되거나 왜곡되는데, 예를 들어 부모가 아이의 행동을 금지했을 때, 아이가 "엄마는 항상 엄마 마음대로 해! 엄마 미워!"라고 말한다. 이럴 때 부모의 기분이 안정된 상태라면, 자기가 하고 싶은 것을 못해서 화가 난 아이 마음을 이해하고 왜 안 되는지를 차분히 설명할 수 있다. 그러나 부모가 몹시 기분이 나쁜 상태라면, 아이의 말이 도전과 반항으로 느껴지면서 아이의 태도를 비난하고 공격하기 쉽다. 반대의 경우에도 마찬가지이다. 부모가 기분이 너무 좋을 때에는 '그래! 그래! 그 정도야 뭐' 하면서 평상시라면 절대 허용할 수 없는 아이의 행동을 눈감아 주기 쉽다. 이런 일들이 자주 반복된다면 비일관적인 훈육 태도로 인해 아이가 혼란에 빠지게 된다.

이와 같이 부모가 감정조절의 어려움을 겪게 되면 감정에 휩싸인 상태에서 원치 않게 아이에게 마음의 상처와 혼란을 줄 수 있으며, 부모-자녀 관계가 악화되고 올바른 훈육도 이루어지기 어렵게 된다. 또한 자녀는 부모를 모델로 삼기 때문에 자녀의 감정조절 능력은 자녀의 감정조절 능력 수준에도 영향을 미치게 된다. 부모가 감정 인식과 수용을 잘하고 적절히 표현하는 것을 통해 아이들 역시 감정조절을 자연스럽게 습득할 수 있게 된다.

활동지 6-1

Smart Map 내 마음의 온도는 몇도?

최근에 자녀와 있었던 일 중에서 감정조절이 힘들었던(예: 슬픔, 화남, 주체할 수 없는 기쁨, 냉랭함 등) 상황을 하나 떠올려 보고 다음의 내용을 작성해 봅시다.

1. 어떤 일이 일어났나?

2. 그때 내가 느낀 감정과 강도는?

3. 내 표정과 신체 반응은?

4. 내가 했던 말이나 행동은?

활동지 6-2

내 마음의 온도 조절하기

감정조절이 힘든 순간의 내 마음을 잘 살펴보면 그 아래에는 나의 충족되지 못한 욕구로 아픈 마음이 있습니다. 그 마음을 스스로 알아준다면 내 마음의 온도를 조절하기 쉬워집니다. 감정조절이 힘들었던 상황에서 내가 원했지만 충족되지 못했던 내 마음을 알아봅시다.

1. 내가 그때 진짜 원했던 것은?

2. 그때 충족되지 못한 내 마음을 알아주는 말을 적어 봅시다.

내 마음의 온도를 조절하기 위한 '감정조절 ABC'

A. Awareness(감정인식): 내 마음 상태 순간순간 자각하기

예: "잠깐, 내가 지금 무슨 기분이지?"
"내가 화가 많이 났네."
"좀 답답하구나."

B. Breathing(심호흡): 잠시 멈추고 심호흡하면서 자기 자신을 다독이기

예: "잘하고 싶은데 원하는 대로 안 되니 실망스럽구나."
"내가 우리 아이한테 더 잘해 주고 싶구나."
"내가 여러 가지로 애쓰느라 지쳤구나."

C. Choice(대안 행동 선택): 여러 가지 대안 행동을 찾아서 선택하기

예: 이를 안 닦고 자려는 아이에게 할 수 있는 행동을 떠올려 선택할 수 있다.
① 몇 시까지 이 닦으라고 시간 정해 주기, ② 지금 바로 이 닦아 주기,
③ 언제까지 닦을 수 있냐고 묻기

7회기 마음으로 말해요

활동지도안	
활동 목표	• 부모-자녀 관계를 살리는 대화를 이해한다. • 자녀와 효과적으로 소통하는 방법을 익힌다.
준비물	동영상, 강의용 PPT, 안대(또는 손수건), 색연필 또는 사인펜, 활동지 7-1, 활동지 7-2, 활동지 7-3, 필기구
단계	진행절차
도입 (20분)	▶ 과제 수행 소감 나누기 지난 회기에 우리는 소통을 위한 마음의 준비로 감정조절에 대해서 알아보았습니다. 나의 스위치가 작동되어 감정조절 ABC를 사용할 일이 있었나요? 적용해 본 경험이 있다면 그에 대한 소감을 자유롭게 돌아가면서 이야기 나눠 볼까요? • 참여자들이 한 주 동안 지내면서 달라진 점, 과제 수행을 하면서 느낀 점 등을 자유롭게 이야기한다. ▶ 도입 활동: 달팽이 길 안내 게임 본격적인 강의와 활동에 들어가기 전에 간단한 게임을 통해 몸 풀기를 해 보도록 하겠습니다. 이 게임은 두 사람씩 짝을 이루어 하며 가정에서 아이와 함께 해 볼 수 있습니다. 〈활동 내용〉 활동지 7-1 ① 두 사람이 짝이 되어 한 사람은 안대(안대가 없을 경우 손수건 등을 활용할 수 있음)로 눈을 가린다. ② 눈을 가리지 않은 사람은 눈을 가리고 있는 사람이 해야 할 행동을 말로 설명을 해 준다. ③ 도화지에는 꼬불꼬불한 선이 그려져 있고 눈을 가린 사람은 상대의 설명에만 의지해서 선을 벗어나지 않고 그린다. 우리는 종종 내가 '척' 하고 말하면 아이가 '착' 하고 알아들을 것이라는 착각을 합니다. 그러나 사실 부모 입장에서 한 말을 자녀에게 이해시킨다는 것은 장님에게 달팽이 길을 안내하는 것처럼 쉽지 않은 일입니다. 때로는 아이가 내 말을 듣지 않을 때, 잘 알아듣도록 이야기하기보다는 나에 대한 반항으로 생각하여 아이를 다그치거나 혼내는 것으로 결말이 나기도 합니다. 부모는 자녀의 인생의 달팽이 길에서 길잡이 역할을 하여야 하지만, 답답하다고 해서 부모가 직접 자녀의 손목을 잡고 강제로 끌고 가서는 안 되겠지요? 길잡이 역할을 하기 위해선 자녀와 원활한 소통이 되어야 할 것입니다. 따라서 이 시간에는 우리 아이와 원활한 소통을 위해 어떻게 해야 하는지 함께 찾아보도록 합시다.

	▶ 회기 목표 및 활동 안내 7회기에는 부모-자녀 관계를 살리는 대화를 이해하고 자녀와 효과적으로 소통하는 법을 익혀 보도록 하겠습니다. 부모-자녀 간의 소통하는 대화는 부모-자녀 간의 관계를 살리는 경험이 되며, 더 나아가서는 부모가 아이의 모델이 되어 자녀의 입장에서는 부모 외에 다른 사람들과도 효과적으로 소통할 수 있는 법을 배울 수 있게 됩니다.
전개 (80분)	▶ 강의 7-1. 관계를 망치는 말! 관계를 살리는 말! 먼저, 우리가 일상생활에서 흔히 자녀와 관계에서 일어날 수 있는 대화들에 관해 짧은 동영상 한 편을 보겠습니다. 동영상: EBS. 상위 1%의 대화 밤늦게까지 컴퓨터를 하는 아들에 대한 걱정을 이야기하는 두 어머니. 그런데 아들들의 반응이 너무나도 다릅니다. 두 모자간의 차이는 무엇인가요? 두 어머니는 같은 주제로 아들에게 말합니다. 그렇지만 아들은 어머니의 말을 들으면서 어떤 느낌이 들었을까요? 사람 간의 관계에서 어떤 말이 오가느냐에 따라서 더욱 친밀한 관계가 되기도 하고 반대로 관계가 깨어지기도 합니다. 이는 부모-자녀 간에도 마찬가지입니다. 물론 진실한 마음이 가장 중요하지만 그것을 잘 전달해 주는 것이 바로 언어입니다. 그러면 이번에는 강의를 통해서 부모-자녀 관계에서 관계를 망치는 말과 관계를 살리는 말에 대해서 알아보도록 하겠습니다. 〈강의 내용〉 강의자료 7-1 1. 관계를 망치는 말 2. 관계를 살리는 말 어떠신가요? 아마도 무의식중에 별 생각 없이 쓴 말들이 관계를 해치는 대화에 많이 포함되어 있어서 놀라셨을 것 같습니다. 평상시 아이와의 대화에서 관계를 망치는 말과 관계를 살리는 말을 어느 정도 비중으로 쓰고 계신가요? 우리가 쓰는 말 중에 관계를 살리는 말의 비중이 더 많아지도록 점차 노력할 수 있지 않을까요? 다음 활동들을 통해서는 관계를 살리는 말에 대해서 구체적으로 알아보도록 합시다. ▶ 활동 7-1. 소통하고 있나요? 이번에는 활동을 통해서 평소에 내가 아이와 어떻게 소통하고 있었는지를 점검해 보도록 하겠습니다. 본 활동은 그동안 내가 잘 인식하지 못했던 나의 자녀와의 소통 방법을 그대로 드러내는 것이 목적입니다. 사람은 항상 잘하기만 하거나 반대로 항상 잘못하지도 않습니다. 어떤 경우에는 모범적으로, 또 반대로 잘못하는 경우도 있습니다. 따라서 내가 부족한 부분을 애써 감추거나 타인에게 보여 주기 위해서 하는 것은 자신에게 전혀 도움이 되지 않습니다. 평상시 언어대로 자연스럽게 해 보는 것이 나의 변화를 위해서 가장 좋은 방법일 것입니다.

〈활동 내용〉 **활동지 7-2**

① 세 사람이 한 모둠이 되어 한 사람은 부모역할, 한 사람은 아이역할, 마지막 사람은 관찰자역할을 맡는다.

② '활동지 7-2'에 제시된 상황에 대해 평소 내가 하던 대로 자연스럽게 부모-자녀 대화를 해 본다. 관찰자는 부모-자녀 대화를 관찰하면서 부모의 언어 반응과 태도에 대해서 체크해 본다.

③ 역할극이 끝나면 서로의 입장에서 소감을 이야기한다.

④ 한 번씩 부모, 자녀, 관찰자 역할을 번갈아서 해 본다.

서로 번갈아 가면서 부모, 자녀, 관찰자 역할을 번갈아 가면서 해 보셨을 텐데요. 어떠셨나요? 늘 부모 입장에서 항상 말하다가, 자녀의 입장이 되어 보고, 또 객관적인 관찰자 역할에서도 보게 되면 아이를 좀 더 이해하거나 상황을 좀 더 객관적으로 볼 수 있었을 것입니다. 그리고 다른 사람을 관찰하기도 하고 다른 사람으로부터 피드백을 들음으로써 그동안 미처 몰랐던 나의 언어습관을 알게 되었을 수도 있을 것입니다. 그러면 다음 단계로 관계가 살아날 수 있도록 지금보다 좀 더 나은 대화 방법은 없을지 함께 모색해 봅시다.

▶ 활동 7-2. 관계를 살리는 대화하기

이번에는 같은 상황에 대해서 느낀 점과 피드백 내용을 반영하여 소통하는 대화로 변화시켜 봅시다.

〈활동 내용〉 **활동지 7-3**

① '활동지 7-3'의 문장을 소통하는 말로 바꾸어 보는 연습을 한다.

② 세 사람이 한 모둠이 되어 한 사람은 부모역할, 한 사람은 아이역할, 나머지 한 사람은 관찰자역할을 맡는다.

③ '활동 7-1'에서 했던 상황을 이번에는 공감하고 소통하는 표현으로 바꾸어서 연습해 본다.

④ 연습하는 동안 이전의 대화에 비해서 어떤 점이 더 좋았는지 역할 속에서 느낀 점과 연습을 하는 동안 어떤 긍정적 변화가 있었는지 모둠에서 소감을 나눈다.

우리는 말을 통해서 소통하고 대화합니다. 그런데 혹시 아이와의 대화가 아닌 나의 일방적인 강요나 지시 전달이 대부분은 아니었는지 생각해 볼 필요가 있겠습니다. 특히 평소 아이와 대화를 많이 하기 위해서는 아이와의 공통 관심사를 많이 갖는 것이 좋습니다. 이를 위해서는 아이가 무엇을 좋아하고 요즘 관심사는 무엇인지에 대해서 관심을 기울이는 노력이 필요할 것입니다. 오늘 익힌 말하기 방법을 통해 아이와 소통하고 부모-자녀 관계를 살리는 데 도움이 되었으면 하는 바람입니다.

마무리 (20분)	▶ 마무리 오늘은 관계를 살리는 말에 대해서 알아보고 자녀와 효과적으로 소통하는 방법에 대해서 알아보았습니다. 이 시간에 참여하면서 어땠는지 느낀 점, 새롭게 알게 된 점 등에 대해 함께 나누어 보겠습니다. ▶ 과제 제시 및 차시 안내 언어 습관이라는 것은 한번에 바뀌기가 힘듭니다. 따라서 오늘 배운 메시지 전달 문장구조(관찰+감정+요구)를 가정에서 잘 보이는 곳에 붙여 두시고 틈 날 때마다 연습해서 보시면 좋겠습니다. 다음 시간에는 '**건강한 울타리를 만들어요**'라는 주제로 활동을 해 보겠습니다.
유의점	• 활동 7-1에서 수치심을 느끼지 않고, 평소 자신을 있는 그대로 자연스럽게 표현할 수 있게 안전한 분위기를 형성하도록 한다. • 활동 7-1, 7-2에서 서로 피드백을 주고받을 때 잘못된 점을 지적하여 서로 비난하는 분위기가 아니라 함께 고민하고 성장하기 위한 과정으로 받아들이는 태도를 갖도록 한다.

강의자료 7-1

Smart Map 관계를 망치는 말! 관계를 살리는 말!

관계를 망치는 말

1. 명령하기: "당장 끄고 이리 와."

무조건적인 강압적 명령이나 지시는 아이의 마음에 상처를 남기게 되고, 어렸을 때는 통할지 몰라도 아이가 성장할수록 도리어 반항하게 만들 수 있다.

2. 위협하기: "너 이거 안 먹으면 오늘 하루 종일 아무것도 못 먹을 줄 알아! 장난감 사 준다는 것도 취소야!"

아이의 행동을 수정하기 위해서 흔히 "~하면 ~안 해 준다."와 같은 위협이나 또는 반대로 "~하면, ~해 줄게!"와 같은 회유의 말들을 사용한다. 그런데 이러한 말들은 일시적인 상황은 모면할 수 있어도 제대로 된 대화를 위해서는 피해야 할 표현이다.

3. 탐문/심문하기: "그런 말은 또 누구한테서 배웠어?"

이런 식의 표현은 아이에게 위축감과 죄책감, 수치심을 느끼게 만든다.

4. 비교하기: "너네 형은 안 그랬는데~"

아이들을 누군가와 비교하는 말은 아이의 자존감을 떨어뜨리며, 설사 그것이 아이를 칭찬하기 위한 말이라 하더라도 오히려 교육적으로 악영향을 끼칠 수 있기 때문에 금해야 한다.

이 외에도 "했어? 안 했어?"와 같이 질문하는 표현은 오히려 아이를 혼란스럽게 만들기 때문에 피하고, "한번도" "항상~" "결코~" "절대~"와 같은 표현을 삼가는 것이 좋다. 그리고 욕설이나 비아냥, 수치감을 주는 관계를 망치는 표현들은 결코 해서는 안 된다.

관계를 살리는 말

1. 판단보다 관찰한 사실을 말하기

"너는 하루 종일 휴대폰만 하는구나!" → 부모의 판단

"30분간 소파에 누워서 휴대폰으로 동영상을 보고 있구나." → 관찰한 사실

2. 나의 충족되지 않은 욕구로 인한 감정을 표현하기

"너 때문에 내가 ~하다."라는 말을 잘 쓰는데, 사실 잘 들여다보면 상대방 때문이 아니라 내가 기대한 욕구가 좌절되었다는 말을 내포한다. "너 때문에~"라는 비난의 말보다는 나의 좌절된 욕구를 인식하고 이러한 감정을 "엄마가 ~되었으면 했는데, 섭섭하다."라는 말로 표현하도록 한다.

3. 내 요구를 아이에게 구체적으로 표현하기

나의 요구를 아이에게 표현할 때에는 구체적으로 한다.

활동지 7-1

Smart Map

달팽이 길 안내

다음 그림의 달팽이 길을 선에 닿지 않고 연필로 그림을 그려 빠져나와야 합니다. 이 때 두 사람이 짝이 되어 한 사람은 눈을 가리고 연필로 그림을 그리고, 다른 한 사람은 말로 눈을 가린 사람에게 길을 안내하도록 합니다. 눈을 가린 상태에서 상대방의 설명에만 의지해서 다음 그림의 선을 벗어나지 않고 달팽이 길을 탈출해 보세요.

활동지 7-2

Smart Map 소통하고 있나요?

세 사람이 모둠이 되어 한 사람은 부모역할을, 한 사람은 아이역할을, 마지막 사람은 관찰자 역할을 합니다. 제시된 상황에 대해 평소 내가 하던 대로 자연스럽게 부모-자녀 대화를 해 보고 관찰자는 부모-자녀 대화를 관찰하면서 부모의 언어 반응과 태도에 대해서 체크해 봅시다.

상황 1 : 아이가 친구들과 놀다가 애들이 자기와 놀아주지 않는다면서 울면서 집으로 왔다.
"엄마, 민정이가 나랑 안 논대."

예: "너는 걸핏하면 울기부터 하니?"

상황 2: 유치원 등원 시간에 늦었는데, 계절에 맞지 않는 옷을 입고 가겠다고 계속해서 고집을 피운다.
"이 반팔 입고 갈 거야!"

상황 3: 장난감을 가지고 놀다가 동생이 방해한다고 화를 내면서 동생을 밀쳐서 넘어뜨렸다.
"나와~~~! 비키라고~!"

활동지 7-3

Smart Map 관계를 살리는 대화하기

다음에 제시된 문장을 관계를 살리는 대화(관찰한 사실+감정+요구)로 바꾸어서 작성해 봅시다.

관찰한 사실		감정		요구
판단하지 않고 관찰한 사실을 말하기	+	감정의 원인을 찾고 내가 느끼는 감정을 솔직히 표현하기	+	내 요구를 아이에게 구체적으로 표현하기(강요 ×)
~보니까(하니까)		~ 기분이 들어		~해 주면 좋겠어.

상황 1 아이가 친구들과 놀다가 애들이 자기와 놀아 주지 않는다면서 집으로 왔다.

➡ "네가 울면서 오니깐(관찰한 사실)
엄마는 걱정이 많이 되네.(감정)
친구들과 무슨 일이 있었는지 말해 볼래?"(요구)

상황 2 유치원 등원 시간에 늦었는데 계절에 맞지 않는 옷을 입고 가겠다고 계속 고집을 피운다.
"너는 누굴 닮아서 그렇게 고집이 세니?"

➡

상황 3 장난감을 가지고 놀다가 동생이 방해한다고 화를 내면서 동생을 밀쳐 넘어뜨렸다.
"너는 맨날 동생하고 싸우기만 하니?"

➡

Tip 요구를 표현할 때 주의사항

- 되도록 긍정적인 표현으로 요구하기. "하지 마라" 보다는 "해라!"
- 아이가 할 수 있는, 현실 가능한 수준으로 요구하기
- 구체적으로 표현하기

8회기 건강한 울타리를 만들어요

활동지도안	
활동 목표	• 내가 수용 가능한 아이 행동의 범위를 탐색하여 일관성 있는 훈육 기준을 세운다. • 상황에 적절한 효과적 훈육 방법을 익힌다.
준비물	털실, 동전, 동영상, 스티커(빨간색, 파란색), 활동지 8-1(모둠에 1장 쓸 수 있게 큰 사이즈), 포스트잇, 활동지 8-2
단계	진행절차
도입 (20분)	▶ 과제 수행 소감 나누기 지난 회기 우리는 아이가 잘 알아들을 수 있도록 표현하는 방법을 알아보았습니다. 대화법을 실천해 보면서 어떠셨나요? 자유롭게 느낀 점을 이야기 나눠 볼까요? • 참여자들이 한 주 동안 과제 수행을 하면서 느낀 점, 어려운 점 등을 자유롭게 이야기 한다. 아이에게 주로 어떤 경우에 내 마음을 전하셨나요? 그중에는 아이의 행동에 대한 제재나 주의도 들어 있었을 겁니다. 오늘은 훈육과 관련된 이야기를 해 보려고 합니다. ▶ 도입 활동: 내 마음의 울타리 게임 본격적인 강의와 활동에 들어가기 전에 게임을 함께 만들어 보겠습니다. 이 활동은 4~5명이 한 모둠으로 진행되며 가족이 모두 함께 해 볼 수 있습니다. 〈활동 내용〉 ① 두 사람이 짝이 되고 둘 중 한명은 술래를 한다. 술래는 자유롭게 자신이 원하는 자세를 취하고 그 상태로 20초 동안 가만히 있는다. 그 20초 동안 술래가 아닌 사람은 손가락, 팔, 다리 등의 신체부위를 사용하여 술래의 몸 가까이에 고리를 만든다. ② 20초가 지나면 고리를 만든 사람은 그대로 있고, 술래는 몸을 움직여 상대방이 만든 고리를 빠져나온다. 단, 이때 상대방의 고리에 몸이 닿지 않아야 한다. ③ 두 사람이 성공하면 두 모둠이 만나 4명이 한 모둠이 되어 술래를 1명 정하고 같은 방법으로 놀이를 한 번 더 한다. 4인이 성공하면 8인으로 점차 인원을 늘려 간다. 술래일 때, 고리의 크기와 갯수가 어느 정도일 때 게임이 가장 재미있었나요? 고리가 너무 크면 빠져나오기가 쉬워서 재미가 없고, 고리가 너무 작고 많으면 어려워서 재미가 없습니다.

	놀이의 재미를 위해 고리의 적절한 크기와 거리가 필요하듯이 아이의 행동을 제한할 때도 분명하고 적절한 크기의 울타리가 필요합니다. 초등학생을 대상으로 한 실험에서 운동장에 아이들에게 공간의 제약 없이 그냥 놀라고 했을 때보다 적절한 크기의 놀이공간의 범위를 알려 주었을 때 학생들의 움직임이 더 활동적이었던 결과가 있었습니다. 아이가 안전하게 생활하는 것, 자신의 욕구를 바람직한 방법으로 해결하는 것, 타인과 자신의 욕구를 조정하는 것을 배우기 위해서는 부모가 적절한 행동의 범위를 안내하는 것이 필요합니다. 그 속에서 아이는 더 자유롭게 자신을 펼칠 수 있게 됩니다. ▶ 회기 목표 및 활동 안내 8회기에서는 강의와 활동을 통해 우리 아이에게 어느 정도의 울타리가 필요한지 알아보도록 하겠습니다. 아이가 자율적으로 행동하고 친구들과 잘 지낼 수 있도록 관계성을 길러 주기 위해서는 적절한 행동의 울타리를 제시하는 것이 필요합니다. 부모의 기분에 따라 야단치는 것이 아니라 행동의 선을 명확하게 알려주고, 그 안에서는 자유를 줄 수 있는 것이지요. 이를 통해 아이는 관계에서 필요한 함께 함을 배울 수 있습니다.
전개 (80분)	▶ 강의 8-1. 어떻게 하시겠습니까? 먼저, 위험한 상황에 있는 아이를 보여 주는 짧은 동영상 한 편을 보겠습니다. 동영상: 애들은 가라, 식당들이 화났다 식당에서 뛰다가 뜨거운 물을 들고 있는 사람과 부딪히는 아이 영상을 본 소감을 이야기 나눠 봅시다. 어떤 느낌이 드시나요? 식당에 갔는데 옆 테이블의 아이가 저렇게 뛰어다닌다면 어떻게 하시겠습니까? 혹은 내 아이가 그렇게 뛴다면 어떻게 하시겠습니까? 위 상황에 대해 위험하기 때문에 무엇인가를 가르쳐야 하는 상황이라고 인식하는 분도 계시고, '아이가 그럴 수 있지' 하고 이해하시는 분도 계실 겁니다. 또, 가르쳐야 할 상황이라고 판단하신 분들은 어떤 방법으로 식당에서는 뛰면 안 된다는 것을 가르칠 것인지에 대한 생각이 서로 다를 겁니다. 〈강의 내용〉 강의자료 8-1 1. 바람직하지 않은 훈육 태도 - 처벌적 훈육 - 방임적 훈육 2. 바람직한 훈육 태도 - 효과적 훈육: 적절한 한계 설정과 아이의 선택 나는 어떤 훈육 태도로 아이를 가르칩니까? 강의를 듣고 나의 훈육 태도를 떠올려 봅시다.

▶ 활동 8-1. 나의 울타리는 어디까지인가요?

이 활동에서는 모둠별로 의논하여 우리 아이에게 적절한 훈육의 울타리를 만들어 보려고 합니다. 적절한 훈육의 울타리를 만들기 위해서 먼저 아이의 세 가지 행동에 대해 생각해 봅시다.

〈활동 내용〉 활동지 8-1

① '활동지 8-1'에 있는 세 가지 행동에 대해 허용할지, 통제할지 스티커를 붙여 알아본다.

② 붙인 스티커를 보고 우리의 허용과 통제 범위가 어떻게 같고, 다른지 나눈다.

모둠에서 알아본 나의 울타리는 어떠한가요? 사람들의 울타리는 대체로 어느 정도인가요? 사실 이 세 가지 상황은 각각 다른 훈육 방법이 활용되어야 할 상황입니다. 각 상황을 어떻게 대처해야 하는지 알아봅시다.

〈강의 내용〉 강의자료 8-2

1. 위험한 행동: 즉시 멈춤
2. 제한해야 할 행동: 제한된 선택권 주기
3. 그 밖의 행동: 허용하고 지켜보기

어떠세요? 이처럼 아이의 주도성을 인정하면서도 분명한 울타리를 제시하는 것이 효과적인 훈육입니다. 이제 세 가지 상황별 아이의 행동을 모아 모둠에서 적절한 울타리를 만들어 발표해 봅시다.

〈활동 내용〉

① 모둠별로 1~3에 해당하는 아이의 행동을 최대한 많이 떠올려 포스트잇에 쓴다.

② 활동지에 행동 수준별로 붙여서 울타리를 완성한다.

다른 모둠의 발표를 듣고 어떤 생각이 드나요? 좀 더 적절한 울타리를 만들기 위한 의견을 모아 봅시다.

우리가 함께 만든 울타리입니다. 이제 울타리를 활용하는 방법을 연습해 봅시다.

▶ 활동 8-2. 효과적으로 훈육해요

앞의 활동에서는 세 가지 훈육 방법을 사용해야 하는 상황을 알아보았습니다. 모둠에서 상황을 활용하여 울타리도 만들어 보았습니다.

머리로는 이해하더라도 막상 상황이 되면 배운 대로 행동하는 것이 무척 어렵습니다. 이 활동에서는 세 가지 훈육 방법을 실제로 적용할 수 있도록 역할극으로 연습해 보도록 하겠습니다.

	〈활동 내용〉 활동지 8-2 ① 활동 8-1에서 나눈 다양한 상황 중에 한 가지를 골라 이야기 나눈다. ② 위의 상황에서 '제한된 선택권 주기'를 어떻게 사용할지 모둠에서 의논하여 역할극을 만든다. 목표 행동 설정→제한된 선택권 만들기→표현하기 ③ 모둠별로 역할극을 발표하고 소감을 나눈다. 역할극이지만 제한된 선택권을 주는 것이 쉽지 않지요? 그렇지만 또 못할만한 것도 아닙니다. 오늘처럼 함께 연습해 보시고 효과적 훈육하기의 성공 경험이 쌓여 가길 바랍니다.
마무리 (20분)	▶ 마무리 오늘은 문제 상황별로 효과적인 훈육 방법을 알아보았습니다. 이 시간에 참여하면서 어땠는지 느낀 점, 새롭게 알게 된 점 등에 대해 함께 나누어 보겠습니다. ▶ 과제 제시 및 차시 안내 이번 시간의 과제는 훈육을 해야 하는 상황에서 효과적인 훈육 방법을 사용해 보는 것입니다. 다음 시간에는 '**격려로 성장시켜요**'라는 주제로 활동을 해 보겠습니다.
유의점	역할극을 발표할 때, 잘된 점을 북돋아 실천 동기가 생기게 해야 한다. 또한 적절하지 못한 훈육으로 역할극을 완성했을 때는 부드러운 피드백을 통해 교정하여 효과적인 훈육 방법을 행동으로 익힐 수 있도록 해야 한다.

Smart Map 바람직한 훈육 태도

1. 훈육이란?

훈육은 사전적으로 품성이나 도덕 따위를 가르쳐 기른다는 뜻으로, 의지나 감정을 함양하여 바람직한 인격을 형성하는 것을 목적으로 하는 '교육'을 의미한다.

2. 처벌적 훈육이란?

처벌적 훈육은 대표적으로 체벌을 떠올릴 수 있다. 이는 교육적 목적을 가지기는 하지만 육체적 고통을 줌으로써 아동의 바람직하지 않은 행위를 억제하려는 것을 말한다.

체벌은 두 가지 측면에서 훈육의 본래 목적과는 다른 부정적 효과를 야기한다. 첫째, 체벌받는 아이의 입장에서 생각해 보면 어떤 행동을 선택할 때 고통(체벌)을 얻게 되는가 아닌가로 결정하게 된다. 따라서 아이는 주체적으로 자신의 행동을 선택하는 것이 아니라 일시적으로 고통을 피하기 위한 결정을 하게 되므로 교육적 효과가 없다. 둘째, 체벌은 일종의 폭력으로 아이는 문제해결의 방법으로 폭력을 사용할 수 있다는 것을 배우게 된다. 이는 해결해야 할 문제가 생겼을 때 아이가 다른 사람에게 고통을 주는 방식을 사용할 수 있다는 말이다. 처벌적 훈육을 받은 아이는 공격적이거나 침울한 아이로 자란다.

3. 허용적 훈육이란?

허용적 훈육은 아이에게 적게 요구하고 허용의 범위가 넓지만, 아이의 행동을 면밀하게 살펴보고 일관성 있는 피드백을 하지 않는다. 즉, 사회적으로 어떤 행동이 용인되고 바람직한지, 어떤 상황에서 어떤 행동까지가 적절한지 그 한계를 명확하게 제시해 주지 않는다는 뜻이다. 따라서 아이는 한계선을 인식하고 적절하게 행동하는 방법을 배우지 못한다. 허용적인 훈육은 으스대고 자기중심적이며 통제력이 부족하여 독립성과 성취가 낮은 아이로 자라게 한다.

4. 효과적 훈육이란?

효과적 훈육은 사회적 상황에 적절한 행동 학습을 위해 아이의 발달 수준에 맞는 한계 설정 및 선택권 제공을 의미한다. 아이가 스스로 판단하여 행동하고, 관계성을 길러 사회에 적응하게 하기 위해서는 안전하게 행동하기, 타인을 배려하기 등 꼭 가르쳐야 할 행동이 있다. 이런 행동을 잘 배우게 하기 위해서는 처벌도, 허용도 아닌 적절한 제한을 설정하고 일관성 있게 가르치는 것이 효과적이다. 문제가 생겼을 때 아이에게 선택권을 주어 스스로 행동을 선택하고 결과를 책임지게 하는 것은, 자신의 행동에 대해 생각해 볼 기회가 된다. 또한 아이가 새로운 상황에 적응하려는 도움이 필요할 때 친절하게 사회적 상황과 요구되는 적절한 행동, 행동의 결과를 설명해 주면 상황에 맞는 행동을 배우게 된다.

유・아동기에는 특히 제한된 선택권을 주는 것이 아이의 자율성을 기르는 데 도움이 된다. 제한된 선택권 주기란 아이가 결국 해야 할 목적 행동은 하게 하지만 방법은 선택할 수 있게 하는 것이다. 예를 들어, 이를 닦지 않으려는 아이에게 반드시 이는 닦도록 하지만 이를 닦는 시간과 방법은 선택할 수 있게 하는 것이다. '지금 닦을 수 있고, 보던 TV를 다 보고 닦을 수 있어.'라든지 '엄마가 닦아 줄 수 있고 네가 직접 닦을 수 있어.'와 같이 언제 어떻게 그 행동을 할 것인가에 대해 몇 가지 보기를 제시함으로써 아이가 행동을 선택할 수 있다. 이런 효과적인 훈육 태도는 아이가 자율적이고, 관계성이 높게 자라도록 하는 데 도움이 된다.

Smart Map 행동의 위험 수준별 훈육 방법

1. 위험한 행동 → 즉시 멈춤

바로 즉각 중지시켜야 하는 행동이다. 아이의 생명과 관련된 안전 및 위생에 관한 것은 아이를 물리적으로 상황에서 즉각 분리시켜야 한다. 아이를 안아서 도로에서 뛰지 못하도록 하거나, 아이의 연령이 좀 더 많다면 손을 잡아 제지시켜야 한다.

2. 관계성을 해치는 행동 → 제한된 선택권 주기

아이가 타인과 함께 살아가는 사회에 문제없이 적응하게 하기 위해서 부모가 가르치고 통제해야 할 행동이다. 아이가 다른 사람에게 피해를 주는 행동을 하는데도 아이가 기가 죽을 까 봐, 혹은 야단을 쳐서 부모와의 관계가 나빠질까 봐 아이의 행동을 내버려 두는 경우가 있다. 그러나 아이의 잘못된 행동을 내버려 두는 것은 아이가 바람직한 행동을 학습할 수 있는 기회를 박탈하여 사회 적응을 어렵게 만드는 것이다. 이럴 때에는 행동을 하지 말아야 하는 이유를 설명하고 제한된 선택권을 제시하여 소파에서 뛰지 않고 '내려오는' 행동을 하되 어떻게 할 것인지 방법은 아이가 선택하여 스스로 생각할 수 있도록 할 수 있다. 기질 상 외향적이고 에너지가 많은 아이라면 평소에 아이의 신체 에너지를 발산할 수 있는 바깥 활동이 바탕이 되면 규칙을 받아들이기가 더 용이하다.

3. 그 밖의 행동 → 허용하고 지켜보기

부모가 자녀의 발달단계에 나타날 수 있는 특징에 대해 제대로 이해하지 못하면 이를 문제행동으로 보고 통제하려 들기 쉽다. 일반적으로 유·아동기 발달특성상 호기심이 많아 주변의 사물에 관심을 쉽게 빼앗기기 때문에 주의가 쉽게 흐트러지고 목표 중심의 행동이 어렵다. 이런 특성 때문에 마트에 장을 보러 가거나 유치원 등원 준비를 할 때, 숙제를 할 때 등 목표를 가지고 집중적으로 단시간에 과제를 완수해 내는 것이 아이들에게는 어렵다. 이런 행동은 통제하고 제한하기보다 때때로 목표를 잊은 것은 아닌지 말로 확인시켜 주면서 마음의 여유를 가지고 허용하고 지켜봐야 한다.

혹시 상황 때문에 빠르게 과제를 수행해야 한다면 설명하고 이해시키는 과정이 필요하다. 예를 들어, 아이들은 마트에 가면 이것저것 구경하며 궁금한 것을 질문하려고 할 것이다. 이럴 때에는 여유를 가지고 묻고 답하는 과정을 함께 즐기며 아이의 발달단계에 맞추어 반응하면 된다. 그러나 특별히 장을 보고 빨리 집으로 돌아가야 하는 상황이라면 가기 전에 오늘은 시간이 부족해서 물건만 사고 바로 와야 한다는 것을 설명하는 것이 좋다. 미리 설명을 하더라도 막상 마트에 가면 아이는 장난감에 관심을 가지게 된다. 이때 한 번 설명했던 것을 떠올리지 못하는 것을 타박하지 말고, 한 번 더 상기시켜 주고 부모가 말했던 것(구경하지 않고 물건만 사고 바로 집으로 가기)을 그대로 지키면 된다.

Smart Map 나의 울타리는 어디까지인가요?

1. 아이의 행동에 대한 나의 허용범위를 생각해 스티커를 붙여 봅시다.

아이의 행동 허용: 초록 스티커, 통제: 빨간 스티커		아이가 이렇게 할 때 어떻게 대처하나요?
1. 내 아이가 차도와 가까운 인도에서 동생과 잡기놀이를 한다.	1. 옆집 아이가 차도와 가까운 인도에서 동생과 잡기놀이를 한다.	
2. 내 아이가 소파 위에서 점프를 한다.	2. 윗집 아이가 소파 위에서 점프를 한다.	
3. 내 아이가 숙제를 하라고 했는데 30분 동안 끝내지 못하고 있다.	3. 옆집 아이가 숙제를 하라고 했는데 30분 동안 끝내지 못하고 있다.	

2. 사람마다 허용과 통제의 범위가 어떻게 다른지 이야기 나누어 봅시다.

3. 각 단계에 해당하는 우리 아이의 행동을 다양하게 써 넣어 우리의 적절한 울타리를 만들어 봅시다.

Smart Map 효과적으로 훈육해요

1. 활동지 8-1에서 '제한된 선택권 주기' 영역의 상황 하나를 구체적으로 떠올리고 이야기 나누어 봅시다.

2. 위의 상황에서 '제한된 선택권 주기'를 사용할 수 있도록 준비해 봅시다.

1) 목표행동 설정하기

2) 제한된 선택권 만들기(2~3개)

3) 표현하기

① 아이의 행동 묘사하기

예: "소파에서 뛰고 있네."

② 아이의 행동이 주는 영향 들려주기

예: "아랫집에서 쿵쿵하는 소리 때문에 괴로울까 걱정되는구나."

③ 목표행동과 제한된 선택권 제안하기

예: "뛰지 말고 소파에서 내려와야겠는데? 스스로 내려오는 방법이 있고, 내가 너를 안아서 내려 줄 수 있어. 어떤 방법으로 내려오겠니?"

3. '제한된 선택권 주기'를 역할극으로 만들어 발표해 봅시다.

Tip

아이가 학령기로 접어들면 제한된 선택권 말고 "어떻게 하면 좋을까?"와 같은 열린 질문으로 스스로 행동을 생각해 보게 할 수 있습니다. 이런 과정을 거치면서 아이는 행동의 결과를 고려하여 자신의 행동을 판단하고 스스로 선택할 수 있게 됩니다.

활동지도안	
활동 목표	• 자녀의 건강한 성장을 위한 격려의 중요성을 이해한다. • 자녀를 격려하는 구체적인 방법을 익힌다.
준비물	동영상, 강의자료, 활동지 9-1, 활동지 9-2, 2절지, 포스트잇(두 가지 색), 사인펜, 나뭇잎 모양 포스트잇 또는 잎 모양 메모지
단계	진행절차
도입 (20분)	▶ 과제 수행 소감 나누기 지난 회기에 우리는 아이의 행동 수준에 따른 울타리 설정과 효과적인 훈육 방법을 알아보았습니다. 훈육 방법을 실천해 보면서 어떠셨나요? 자유롭게 느낀 점을 이야기 나눠 볼까요? • 참여자들이 한 주 동안 과제 수행을 하면서 느낀 점, 어려운 점 등을 자유롭게 이야기한다. 아이의 바르지 못한 행동에 대해서는 훈육을 했지만 약속을 잘 지켰을 때, 노력했지만 행동을 바로 변화시킬 수는 없었던 경우, 결과가 기대만큼 좋지 않았을 때는 어떻게 아이를 대하셨나요? 이런 경우에도 아이들은 부모의 사랑이 필요합니다. ▶ 도입 활동: 당연하지 게임 본격적인 강의와 활동에 들어가기 전에 게임을 함께 해 보겠습니다. 이 활동은 2명이 한 팀으로 진행되며 자녀나 배우자와 함께 해 볼 수 있습니다. 〈활동 내용〉 ① 두 사람이 짝이 되어 상대를 번갈아 칭찬한다. ② 칭찬을 들은 사람은 무조건 '당연하지'로 답해야 한다. ③ 상대방의 칭찬에 '당연하지'로 답하지 못하거나 상대를 칭찬할 말을 더 이상 찾지 못하면 게임에서 진다. 게임을 하면서 어떠셨나요? 게임인데도 받아들이기 어려운 칭찬이 있었나요? 그런 칭찬을 '당연하지~'라는 말로 받아들일 때 느낌이 어땠나요? 평소에 칭찬을 받아들일 때 어떤 느낌이 드나요? 어떤 분은 부담스럽고, 어떤 분은 고맙고, 또 어떤 분은 아쉬움을 느끼실 겁니다. 기대에 맞추려 하니 부담스러울 수도 있고, 나를 그렇게 봐 주는 상대가 고마울 수도 있고, 기준이 높은 어떤 사람은 이 정도로 칭찬받아야 하는가를 생각하며 아쉬울 수도 있습니다. 이처럼 칭찬은 긍정적인 욕구를 불러일으키기도 하지만, 부정적인 정서 반응을 불러오기도 합니다.

	칭찬은 무엇을 잘했을 때만 해 줄 수 있지만 아이가 무언가 열심히 하고 있을 때, 하려고 했는데 잘 안 될 때 부모의 사랑이 더 필요합니다. ▶ 회기 목표 및 활동 안내 9회기에서는 강의와 활동을 통해 우리 아이에게 격려가 필요한 이유를 이해하고 효과적인 격려의 방법을 배우도록 하겠습니다. 아이가 다른 사람과 함께하는 힘을 길러 주기 위해서는 도움을 주고받는 능력이 필요합니다. 아이가 도움이 필요할 때 격려를 받으면 도움을 받는 능력이 자라며 격려받은 경험을 바탕으로 다른 친구들이 어려움을 겪을 때 격려할 수 있는 아이로 자랄 것입니다.
전개 (80분)	▶ 강의 9-1. 칭찬과 격려는 달라요 먼저, 칭찬과 격려에 대한 짧은 동영상을 보겠습니다. 동영상: EBS 교육대기획 10부작 〈학교란 무엇인가〉 6부. '칭찬의 역효과' 과정과 노력에 대해 격려받은 아이와 '머리가 좋다'는 칭찬을 받은 아이의 행동의 차이 칭찬과 격려에 대한 영상을 보았습니다. 칭찬과 격려가 아이의 행동에 어떻게 다른 영향을 미치는지 이야기 나눠 볼까요? 칭찬과 격려는 사용할 수 있는 상황과 그 영향에서 차이가 있습니다. 칭찬은 아이가 무엇을 잘했을 때 할 수 있는 말이고 격려는 낙담하고 좌절했을 때에도 사용할 수 있는 말입니다. 칭찬과 격려의 차이를 좀 더 살펴봅시다. 〈강의 내용〉 강의자료 9-1 1. 칭찬과 격려의 의미 2. 칭찬과 격려의 차이 3. 격려로 표현하기 칭찬과 격려의 차이를 알아보았습니다. 여러분은 끊임없이 타인의 욕구에 눈을 돌려 경쟁하는 아이와 자신의 욕구에 집중하여 끈기 있게 이루어 가는 아이 중 자녀를 어떤 아이로 키우고 싶으신가요? 그에 맞는 것은 칭찬인가요? 격려인가요? ▶ 활동 9-1. 칭찬, 격려로 바꿔요 칭찬은 보상을 기다리는 사람에게는 오지 않을 때 쉽게 낙담하게 만들고, 자신에 대한 기준이 높은 사람에게는 부담스러운 일이 됩니다. 여러 자녀를 키울 경우 서로를 경쟁하게 만들기도 합니다. 실제로 우리는 칭찬에 어떻게 영향을 받고 있는지 칭찬받은 경험을 되살려 보고, 격려의 말로 바꾸어 칭찬과 격려가 주는 느낌의 차이를 알아봅시다.

	〈활동 내용〉 활동지 9-1 ① 들었던 칭찬을 떠오르는 대로 포스트잇에 한 가지씩 적는다. ② 듣기 불편했던 칭찬과 듣기 좋았던 칭찬으로 구분해 포스트잇을 붙여 본다. ③ 듣기 불편했던 칭찬을 다른 색 포스트잇에 격려의 말로 바꾸어 덮어 붙인다. ④ 바꾼 격려의 말을 모둠원이 서로 직접 해 주고, 칭찬과 어떻게 느낌이 다른지 나눈다. 격려로 바꾼 말을 들은 경험을 나눠 봅시다. 칭찬받을 때와 어떻게 달랐나요? 아이에게 어떤 느낌을 주고 싶으신가요? ▶ 활동 9-2. 격려나무로 성장시켜요 우리는 아이에게 격려가 필요한 순간을 그냥 지나칠 때가 있습니다. 이번 활동에서는 놓치기 쉬운 격려의 세 가지 순간을 떠올려 격려할 수 있도록 준비해 봅시다. 먼저, 우리 아이에 대해 다음 세 가지 상황을 떠올려 격려나무를 만들어 봅시다. 〈활동 내용〉 활동지 9-2 ① 격려가 필요한 상황을 떠올려 보고 우리 아이에게 격려가 필요했던 순간(무엇을 하고 있는 동안, 무엇에 실패했을 때, 내가 원하는 것은 아니지만 무엇이 발전했을 때)을 찾는다. ② 상황에 대해서 모둠에서 이야기 나눈다. ③ 세 가지 중 한 가지 상황을 골라 모둠에서 돌아가면서 격려의 말을 적어 격려나무를 완성시킨다. 완성된 격려나무를 살펴봅시다. 아이에게 힘이 되는 말들이 많지요? 앞의 활동에서 느꼈듯이 아이에게 칭찬보다 끈기와 집중할 수 있는 힘을 주는 말들입니다.
마무리 (20분)	▶ 마무리 오늘은 격려를 할 수 있는 상황과 방법을 알아보았습니다. 이 시간에 참여하면서 어땠는지 느낀 점, 새롭게 알게 된 점 등에 대해 함께 나누어 보겠습니다. ▶ 과제 제시 및 차시 안내 이번 시간의 과제는 자녀가 격려를 필요로 하는 상황을 찾아보고 자녀에게 격려를 해 보는 것입니다. 다음 시간에는 '**우리, 관계를 통해 성장해요!**'라는 주제로 활동을 해 보겠습니다.
유의점	• 활동 9-1에서는 부모가 직접 칭찬과 격려로 바꾼 말을 들으면서 어떤 것이 더 힘이 나게 하는지 느낄 수 있도록 도와야 한다. • 격려하는 말을 참고로 제시하여 활동 9-2에서 다양한 격려의 말을 접할 수 있도록 해야 한다.

Smart Map 칭찬과 격려는 달라요

우리는 흔히 칭찬이 상대에게 선물이라고 생각한다. 아이들은 특히 칭찬받는 것을 무척 좋아한다. 그러나 칭찬은 말 잘 듣는 수동적인 아이로 길러 낼 수도 있다. 칭찬의 대안이 될 수 있는 격려와 비교하여 알아보자.

1. 칭찬과 격려의 의미

칭찬의 사전적 의미는 '다른 사람의 좋고 훌륭한 점을 추어주거나 높이 평가함'이다. 즉, 칭찬은 어떤 대상의 장점이나 한 일의 결과에 대해 말해 주는 것으로 상대의 기분을 좋게 해 주는 효과가 있다. 그러나 잘못된 칭찬은 상대에게 부담을 주고 역효과를 불러오기도 한다.

격려의 사전적 의미는 '용기나 힘, 기운을 북돋아 줌'이다. 격려는 장점에 대한 이야기가 아니더라도 기운을 북돋아 성장할 수 있는 힘을 낼 수 있도록 하는 효과가 있다. 행동의 결과가 아닌 과정과 시도에 대해 이해하고 알아줄 수 있기 때문이다.

2. 칭찬과 격려의 차이

1) 쓸 수 있는 상황이 다르다.

우선, 칭찬은 아이가 무엇을 잘했을 때 할 수 있는 말이고 격려는 낙담하고 좌절했을 때 사용하는 말이다. 쓰이는 상황은 다르지만 이 둘을 대비할 수 있는 이유는 아이들에게 외부의 도움이 정말 필요한 때는 사실 무엇을 잘했을 때보다 낙담하고 실패했을 때, 결과를 향해 열심히 하고 있는 과정에 있을 때이기 때문이다.

2) 아이에게 미치는 영향이 다르다.

칭찬은 아이가 행동을 할 때 외부에 눈을 돌려 '타인'이 이를 어떻게 여길까에 초점을 맞추게 한다. 칭찬을 기대하고 행동을 하는 경우, 칭찬받지 못하는 것에 대한 두려움을 느끼며 이는 새로운 일에 도전하지 않는 소극적인 자세로 이어지기도 한다. 또한 타인과 자신을 비교하는 마음, 경쟁심을 불러일으켜 끊임없이 외부에 마음을 두게 한다.

반면, 격려는 나의 내부에 눈을 두게 한다. 격려는 타인과 나를 비교하지 않고 '지금 상황이 요구하는 것은 무엇일까?' '내가 할 수 있는 것은 무엇일까?'를 생각하게 한다. 일의 결과보다 과정과 노력, 시도에 대해 스스로 인정하고 자부심을 느끼며 실패한 일에 대해서도 배울 점을 찾고 성장의 기회로 삼을 수 있다면 어떨까? 이렇게 격려를 받고 자란 아이는 실패를 두려워하지 않고 자신이 원하는 것을 능동적으로 추구하며 책임감 있는 태도를 가질 수 있다.

3. 격려로 표현하기

1) 칭찬과 격려의 언어 차이

칭찬	격려
• 행동의 결과 • 부모가 원하는 행동 • 다른 아이들의 귀감이 되는 행동 • 타율적 행동 • 칭찬받는 본인 • 동기유발 • 주변 아이들의 상대적 열등감 • 질책이나 벌	• 행동의 과정과 노력 • 모든 행동 • 스스로 행하는 행동 • 자율적 행동 • 격려받는 본인과 주변인 • 동기유발 및 행동방식 안내 • 효과의 문제 • 방법의 인식과 공감

2) 아이들을 격려할 때 염두에 두어야 할 사항(Dinkmeyer & Dreikurs, 1963)

- 아이 자체에 가치를 두어라.
- 아이에게 신뢰를 보여 주고 아이가 자신을 신뢰할 수 있도록 하라.
- 아이의 능력을 진심으로 믿고, 아이가 자신을 신뢰할 수 있도록 하라.
- 아이가 '잘한 것'에 대해 알아차리고, 노력을 인정하라.
- 아이의 장점과 자산을 인식하고 이에 집중하라.
- 아이의 관심사를 잘 살펴보라.

활동지 9-1

Smart Map 칭찬, 격려로 바꿔요

우리가 평소에 잘 사용하는 칭찬의 말들을 떠올려 보고, 듣고도 불편했던 마음이 있었던 말이 있다면 격려의 말로 바꾸어 봅시다.

1. 들었던 칭찬을 떠오르는 대로 포스트잇에 하나씩 적어 봅시다.

2. 모둠에서 의논하여 위에서 찾은 칭찬의 말들 중 듣기 불편했던 칭찬과 듣기 좋았던 칭찬으로 구분해 포스트잇을 붙여 봅시다.

듣기 불편했던 칭찬	듣기 좋았던 칭찬

3. 듣기 불편했던 칭찬을 다른 색 포스트잇에 격려의 말을 적어 덮어 붙여 봅시다. 다음의 격려의 말을 참고하여 모둠에서 의논해서 격려의 말로 바꾸어 봅시다.

칭찬		격려
예: "너 정말 착하다!"	→	예: "너는 남을 돕는 것을 잘하는 것 같아." "내 말을 잘 따라 줘서 고마워."

- "넌 ~을 잘하는 것 같아."
  아이에게 격려받을 것이라고 예상하지 않았거나 격려를 요청하지 않은 것이라도 격려해야 한다.
- "너의 ~이 발전한 것 같아."
  아이가 발전한 면을 보이면 격려해 준다. 그러면 아이는 그것을 유지하려고 한다.
- "네가 ~해서 나(우리, 타인)를 도울 수 있을 것 같아."
- "함께 시도해 보자."
- "자, 한번 보자. 실수는 누구나 할 수 있는 거야. 네가 실수를 통해서 무엇을 배웠는지가 더 중요해."
- "너는 못할 거라고 생각하겠지만 우리는 네가 할 수 있을 거라고 믿어."
- "포기하지 말고 계속 시도해 보렴."
- "네가 이 문제를 해결할 수 있을 거라고 생각하지만 도움이 필요하다면 내게 말하렴."
- "네가 어떻게 느끼는지 알지만(공감), 네게 이것을 잘 다룰 수 있는 능력이 있다고 확신해."

– 격려로 할 수 있는 말(Reimer, 1967)

4. 바꾼 격려의 말을 모둠원이 서로 직접 해 주고, 칭찬과 어떻게 느낌이 다른지 이야기 나누어 봅시다.

활동지 9-2

Smart Map 격려나무로 성장시켜요

우리 아이에게 격려가 필요한 상황을 떠올려 보고 적절한 격려의 말을 생각해 봅시다.

1. 다음은 우리가 지나치기 쉬운, 아이에게 필요한 격려를 할 수 있는 상황입니다. 각 상황에 맞는 우리 아이의 상황을 떠올려 정리해 봅시다.

상황 1

예) 숙제

을/를 하고 있는 동안

상황 2

예) 블록 5개를 모두 쌓아 올리는 것

을/를 실패했을 때

상황 3

내(부모)가 원하는 것은 아니지만,

예) 쓰레기통에 휴지를 던져서 골인 시키는 것

이/가 발전했을 때

2. 앞의 상황 중 하나를 골라 다음 나무에 쓰고, 전체 집단원이 돌아가며 아이의 상황에서 해 줄 수 있는 격려의 말을 써 봅시다.

3. 풍성해진 격려나무를 읽고 느낌을 나누어 봅시다.

10회기 우리, 관계를 통해 성장해요!

<table>
<tr><th colspan="2">활동지도안</th></tr>
<tr><td>활동 목표</td><td>• 프로그램을 통해 변화하고 성장한 점을 찾을 수 있다.
• 자녀의 성장을 돕는 부모역할을 이해하고 계속적인 실천을 다짐한다.</td></tr>
<tr><td>준비물</td><td>활동지 10-1, 활동지 10-2, 필기구</td></tr>
<tr><td>단계</td><td>진행절차</td></tr>
<tr><td>도입
(20분)</td><td>▶ 과제 수행 소감 나누기
지난 회기 우리는 아이에게 필요한 격려의 순간과 방법을 알아보았습니다. 아이를 격려해 보면서 어떠셨나요? 자유롭게 느낀 점을 이야기 나눠 볼까요?

• 참여자들이 한 주 동안 과제 수행을 하면서 느낀 점, 어려운 점 등을 자유롭게 이야기 한다.

격려에 대한 아이의 반응은 어땠나요? 그런 모습을 보면서 어떤 생각이 들었나요? 언제나 수시로 지지와 사랑을 표현할 수 있는 격려가 자녀와의 관계에 끈이 되길 바랍니다.

▶ 도입 활동: 꼬인 손을 풀어라! 게임
본격적인 강의와 활동에 들어가기 전에 게임을 함께 만들어 보겠습니다. 이 활동은 3명 이상이 한 팀으로 진행되며 한 가족이 함께 해 볼 수 있습니다.

〈활동 내용〉
① 구성원 모두 동그랗게 원을 만들어 원 안쪽을 보고 선다.
② 내 가슴 앞에 양팔을 X자로 교차해서 둔다. 이때, 오른손바닥은 바닥을 향하고, 왼손바닥은 하늘을 향하도록 한다.
③ 그 상태에서 옆 사람과 손을 잡는다.
④ 구성원이 힘과 아이디어를 모아 X자로 교차되어 있는 팔이 풀어지고 모두가 원 안을 바라보도록 움직인다. 이때, 절대로 옆 사람의 손을 떼거나 고쳐 잡아선 안 된다.

Tip
4~5명의 모둠 두세 개로 시작하여 점차 전체가 한 원을 만들게 합니다. ②의 손 꼬는 방법을 다양하게 변형하여 난이도를 높일 수 있으며 꼭 성공하지 못하더라도 '함께' 무엇을 하는 느낌을 갖는 게 중요합니다.</td></tr>
</table>

<table>
<tr>
<td></td>
<td>게임을 하면서 어떠셨나요? 때로 자녀와의 관계가 꼬일 때, 내 마음이 꼬여 배운 대로 되지 않을 때, 우리는 지금처럼 힘을 합쳐 함께 헤쳐 나갈 수 있습니다. 10회기를 함께 울고 웃으며 공부한 분들이 서로의 든든한 지지자와 동반자가 될 수 있고, 집으로 돌아가서 배운 것을 활용하며 가족이 서로 지지자가 되도록 만들 수 있습니다.

▶ 회기 목표 및 활동 안내
10회기는 전체 프로그램의 마지막 시간입니다. 그동안 배운 것을 떠올려 보고, 내가 얼마나 변화해 왔는지 나누는 시간을 가져 보려고 합니다. 아이가 자라는 데 공감과 격려가 필요하듯 우리도 더 좋은 부모로 변화하고 성장하는 데 공감과 격려가 필요합니다. 오늘은 서로의 변화를 찾아 축하하고 앞으로 한걸음 나아가는 에너지로 삼고자 합니다.</td>
</tr>
<tr>
<td>전개
(80분)</td>
<td>▶ 활동 10-1. 나의 변화 확인하기
지금까지 배운 내용을 다시 한 번 떠올려 봅시다. 먼저, 이해하는 부모에서 아이의 성향, 나의 성향, 나의 주 양육자와의 관계를 살펴보았습니다. 공감하는 부모에서는 다양한 감정이 모두 중요하며 아이가 표현하는 어떤 감정이든 먼저 공감하는 것을 배웠습니다. 소통하는 부모에서는 나의 감정을 조절하여 긍정적인 것과 부정적인 것 모두를 적절하게 표현하는 방법을, 격려하는 부모에서는 처벌이나 허용이 아닌 효과적으로 훈육하고 격려하는 방법을 배웠습니다.
우리는 1회기에서 10회기가 끝나고 어떤 모습으로 변화되길 바라는지 인터뷰했었지요? 혹시 기억나시나요? 이 활동지에 여러분이 변하길 바란 모습을 적고, 그 바람으로 10회기 동안 불릴 별칭을 정했습니다. 어떠세요? 내가 바라던 변화가 일어났나요? 모두 다 달성되지 않아도 좋습니다. 목표는 완성되기보다 지향점으로 생각해 두고 조금의 변화라도 있었는지가 더 중요합니다. 출발점에 비해 어느 정도의 변화가 있었는지 1회기 목표에 견주어 나의 변화를 살펴봅시다.

〈활동 내용〉 활동지 10-1
① 프로그램을 통해 변화한 점을 찾는다.
② 변화와 성장의 밑거름이 된 나의 자원(강점, 힘)을 찾는다.
③ 프로그램을 마치는 소감 및 앞으로 계획을 적어 본다.

Tip
한 사람이 발표하면 누군가 발표 내용에 대해 피드백을 하게 하거나 전체가 정해서 축하의 말이나 박수 등을 같이 해 주는 것이 좋습니다.

사람들의 변화와 계획을 들으니 어떠신가요? 마음껏 서로를 축하하며 북돋워 주는 시간이 되길 바랍니다.</td>
</tr>
</table>

	▶ 활동 10-2. 나의 성장, 에너지 바 계획은 참 좋은데, 작심삼일이 되면 어쩌나 걱정도 있을 겁니다. 작심삼일이면 3일마다 마음을 새로 먹으라고 하지요? 이 활동에서는 지칠 때 또 한 번 할 수 있는 에너지를 줄 수 있도록 서로에게 '에너지 바'를 만들어 주려고 합니다. 좌절감이 들고 지칠 때 꺼내 보면서 힘을 얻을 수 있도록 우리가 배운 공감과 소통, 격려의 말을 최대한 발휘하여 서로에게 힘이 될 말을 한마디씩 적어 봅시다. 〈활동 내용〉 **활동지 10-2** ① '에너지바' 그림에 자신의 이름을 쓰고 롤링페이퍼 하듯 종이를 돌린다. ② 다른 사람의 종이를 받으면 그 사람에게 힘이 될 수 있는 말을 배운 내용을 총 동원하여 쓴다. ③ 내 '에너지바'를 돌려받아 집단원들과 함께 읽고 느낌을 나눈다. 완성된 '에너지바'를 받으셨지요? 한번 읽어 보시겠어요? 어떤 느낌이 드시나요? 지치고 힘들 때 펼쳐 보고 힘을 받으시길 바랍니다.
마무리 (20분)	▶ 마무리 말 하나, 행동 하나 변화하는 것이 겉으로는 쉬워 보이지만 하나의 행동에는 그 사람의 욕구와 그럴 수밖에 없는 경험들이 녹아 있기 때문에 사실 정말 어려운 일입니다. 그 힘든 여정을 자녀와 자신을 사랑하는 마음 하나로 기꺼이 받아들여 10회기를 마치신 여러분께 박수를 보냅니다. 배우고 익힌 것이 여러분과 자녀의 관계 성장에 도움이 되길 바라며 프로그램을 마칩니다.
유의점	• 마무리 회기는 새로운 것을 배우는 활동보다는 지금까지 회기를 충분히 돌아보면서 스스로 변화를 느끼고, 점검하는 시간을 갖는 것이 중요하며, 프로그램이 끝난 후에도 배운 것을 실천해 나갈 수 있는 힘을 얻을 수 있도록 하는 데 시간을 충분히 할애하도록 한다.

활동지 10-1

Smart Map 나의 변화 확인하기

그동안 프로그램에 참여하면서 느낀 점과 나의 변화에 대해서 다음의 질문을 통해 살펴보도록 합시다.

1. 1회기에 적은 나의 목표는 무엇인가요?

2. 프로그램 시작 전과 지금을 비교했을 때 어떤 점이 달라졌고, 무엇을 보고 변화를 알아차릴 수 있나요?

3. 프로그램을 통해 변화하고 성장하는 데 밑거름이 된 나의 자원(강점, 힘)은 무엇인가요?

4. 프로그램을 마치는 소감과 프로그램을 통해 배운 것들 중 앞으로도 계속해서 발전시키고 싶은 것은 무엇인지 적어 보세요.

활동지 10-2

Smart Map

나의 성장, 에너지바

프로그램이 끝난 후에도 계속해서 부모-자녀 관계 증진을 위한 부모역할을 실천해 갈 때마다 나에게 힘이 될 만한 응원의 말을 모아서 에너지바를 완성해 봅시다.

제3장

변화와 발전단계(Evolution stage)

-초등 고학년기와 청소년기 자녀를 둔 부모를 돕기 위한 부모역할 훈련-

1. 프로그램의 필요성

"너, 엄마가 방문 걸어 잠그지 말라고 했지, 그런데 왜 또 문을 잠그니? 내가 몇 번이나 얘기했어? 왜 자꾸 엄마 말을 안 듣니?"

올해 열다섯 살인 슬기는 집에 들어오면 제 방문을 걸어 잠그고 나오지 않는다. 엄마는 슬기의 학교생활이 궁금해 물어보고 싶어도 슬기가 방에서 나오지 않아 물어볼 수도 없다. 밥 먹을 때나 겨우 얼굴을 볼 수 있는 슬기에게 엄마는 학교 얘기, 친구 얘기 등 이것저것 물어보는데 슬기는 짧게 "네" "아니요" "몰라요"라고만 한다. 방 청소를 하라거나 아침에 지각하지 않게 일찍 일어나라고 하면 "또 시작이네. 그만 좀 하세요. 내가 알아서 할 테니 신경 끄시라구요."라고 하며 방문을 쾅 소리가 나게 닫고 들어가 나오지 않는다.

초등학교를 다닐 때만 해도 슬기는 엄마에게 학교에서 있었던 이야기, 선생님이나 친구들 이야기를 들려주기를 좋아하는 아이였다. 뿐만 아니라 동네에서 '엄마 껌딱지'로 불릴 정도로 마트에 가거나 운동이나 산책을 할 때에도 항상 엄마를 따라다녔었는데 언제부터인가 슬기는 가족들과 함께 시간을 보내기보다 혼자 있거나 친구들하고 어울리는 시간이 점점 더 많아졌다. 최근에는 엄마의 말을 잘 듣던 아이가 자기주장이 강해졌고, 사사건건 대들거나 늦은 시간까지 친구들과 함께 있으려고 하는 등 이전과는 다른 모습을 보여 엄마와 갈등이 심해졌다.

청소년 자녀와 부모 사이에 일어나는 갈등을 보여 주는 한 사례이다. 부모들은 자녀가 아동기를 지나 청소년기에 이르면 아동기에 경험하지 못했던 다양한 갈등을 경험하게 된다. 청소년기 자녀를 이해하기 위해 먼저 청소년기의 변화와 특징에 대해 알아볼 필요가 있다.

청소년기는 부모에게 의존하며 부모로부터 보호를 받는 아동기와 부모로부터 독립하여 정체감을 획득하는 성인 초기 사이의 과도기로 신체적 · 인지적 · 정서적 측면에서 변화를 경험한다. 신체적으로는 2차 성징이 나타나 성인과 비슷한 신체적 조건을 갖추게 되며, 인지적으로는 논리적 추론이 가능하게 되어 부모의 말에 논리적 모순을 지적할 만큼의 사고력도 생긴다. 정서적으로는 호르몬의 영향으로 감정의 기복이 심해진다. 이때 청소년들은 부모로부터의 심리적 독립을 추구하며 아동기에 비해 또래관계를 보다 중요시하고 점차 이성관계에도 관심을 갖게 된다. 그로 인해 부모와의 관계에서도 이전과는 다른 변화와 갈등을 경험하게 된다. 즉, 청소년기 자녀를 둔 부모는 자녀의 다양한 변화를 인지하고, 그 변화를 경험하면서 자녀와 부모가 함께 발전으로 향하는 '변화와 발전'의 발달단계에 마주하게 된다.

청소년기에는 아동기와 달리 부모-자녀 관계가 크게 달라진다. 먼저, 자녀의 신체적 성장으로 인해 부모는 자녀를 통제하기 어려워지고, 청소년기 자녀로부터 부모의 권위에 도전을 받게 된다. 인지적으로도 성숙해진 자녀는 부모의 말과 행동의 오류나 모순에 대해 비판적으로 대하게 된다. 아울러 청소년기 사회적 발달의 중요한 특징 중 하나는 자아정체감의 확립이다. 이 시기에는 '나는 누구인지' '나 자신에게 가치 있는 것은 무엇인지' '앞으로 살아가면서 추구해야 할 삶의 방향과 가치는 무엇인지'를 탐색하고 알아 가는 것이 필요하다. 자아정체감은 일생을 통해 이루어 나가야 하지만 진로, 친구, 이성교제 등 스스로 선택하고 결정해야 하는 것들이 많기 때문에 청소년기에 특히 중요하다. 청소년기에 긍정적인 자아정체감이 확립되면 이후의 심리적 위기를 적절히 넘길 수 있지만 방황이 계속되면 부정적인 정체감을 형성하게 된다. 자아정체감과 자율성이 형성되는 과정에서 부모의 권위에 대해 의문을 갖게 되고, 자신의 입장을 강하게 주장하면서 부모와의 갈등이 증가하기도 한다.

이때 부모는 자녀의 행동을 버릇없는 행동으로 보고 방어적 태도를 취해 화를 내거나 더욱 권위를 내세우려고 하게 되면 갈등이 심해질 수 있다. 그러나 부모가 청소년기 자녀의 발달적 특징을 이해하며 자녀를 수용하고 적절히 대처한다면 자녀와 갈등을 최소화하면서 부모역할을 효과적으로 수행할 수 있어 부모효능감을 높일 수 있을 것이다.

청소년기는 신체적 · 인지적 · 정서적 변화와 더불어 학업, 진로, 또래관계 등으로 인한 스트레스가 가중되는 시기로 자신감을 잃고 불안정하기 쉽다. 이 시기의 부모는 자신감을 잃은 자녀를 격려하고 정서적으로 안정시켜 주어 자녀가 용기를 내고 다시 도전할 수 있도록 지원해 주는 것이 필요하다. 그러나 청소년기 자녀의 부모 역시 중년기에 접어들어 자신의 신체적 · 인지적 · 정서적 변화로 인해 갈등을 겪게 되는데, 부모가 자신의 발달적 변화를 인지하지 못하고 스트레스나 감정을 조절하지 못할 경우 자녀에게 화, 분노 등의 부정적 감정을 표현하게 되어 자녀와 갈등이 더욱 깊어지게 된다. 이러한 상황이 반복되면 부모는 부모역할을 수행하는 데 자신감이 떨어지게 되고, 이는 자녀 양육에 있어 무능함을 경험하게 되어 결과적으로 부모효능감을 떨어뜨린다. 그러므로 청소년 자녀의 발달과 성장에 맞춰 자녀를 양육하는 부모역할 또한 변화해야 한다. 따라서 부모 자신의 부모효능감과 부모-자녀 관계 향상을 위하여 청소년기 발달 특성을 이해하고 그 발달단계에 적절한 부모역할을 수행할 수 있는 훈련 프로그램이 필요하다.

2. 이론적 배경

청소년의 성장을 도와주는 부모역할 훈련 프로그램은 기노트(Ginott, 1965)의 인본주의 부모교육모델, 긍정심리학의 강점관점, 그리고 아들러(Adler)의 개인심리학에 이론적 근거를 두고 있다.

1) 기노트의 인본주의 부모교육모델

기노트(1965)의 인본주의 부모교육모델은 로저스(Rogers)의 인간중심 접근의 원리에 뿌리를 두고 있다. 기노트(1965)는 부모-자녀 간의 문제는 부모 자신의 성격요인보다는 자녀양육에 대한 경험이나 지식, 기술의 부족에 기인한다고 보았기 때문에 자녀 지도와 교육에 초점을 둔 부모교육의 필요성을 강조하였고, 부모-자녀 관계에서의 긍정적인 상호작용을 촉진시키는 것이 우선적으로 이루어져야 한다고 주장하였다.

또한 인본주의 부모교육모델에서는 대부분의 부모들이 생각하는 것과 달리, 자녀는 자신의 행동을 적절하게 조절하고 통제할 수 있는 능력과 자신의 삶을 주도적으로 살아갈 수 있는 능력이 있다는 가정하에, 이러한 청소년의 능력을 신뢰하고 그 능력을 충분히 발휘할 수 있도록 해 주는 것이 부모교육의 핵심이라고 하였다.

인본주의 부모교육모델은 인간중심적 철학을 바탕으로 자녀에 대한 수용, 즉 자녀를 하나의 독립된 인격체로서 있는 그대로 받아들이는 것을 강조하였다. 여기에서 말하는 '있는 그대로의 수용'은 자녀의 감정이나 생각을 포함하는 자녀의 존재에 대한 무조건적인 수용을 의미하는 것이지 자녀의 행동에 대해서도 무조건적으로 수용하는 것을 말하지는 않는다. 문제행동에 대해서는 적절한 한계를 설정하여 바르게 안내하고 지도해야 함을 강조하였다.

2) 긍정심리학의 강점관점

강점관점이란 인간이 지닌 병리나 문제보다는 능력, 잠재력, 가능성, 비전, 꿈 등에 초점을 두고 인간을 바라보는 시각으로서 긍정심리학과 밀접한 관련이 있다. 강점 발견의 핵심은 희망과 가능성으로 더 나은 미래와 삶에 대한 비전이라고 할 수 있으며, 강점관점의 주요 요소는 유능성, 능력, 용기, 가능성, 긍정적 기대, 잠재력 그리고 자원 등으로 구성된다. 글리켄(Glicken, 2004)은 강점관점의 주요 요소에 관해 다음을 강조하였다. 첫째, 인간의 역기능적이거나 부정적 측면보다는 긍정적이고 기능적인 측면을 강조하며, 긍정적 기능으로는 대처기제, 문제해결 기술, 자기결정 과정에 초점을 두는 것이 있다. 둘째, 인간은 선천적으로 문제해결 능력을 지니고 있으며, 자신이 지향하는 삶을 살 권리가 있다고 강조한다. 셋째, 실천가는 인간의 삶을 성공으로 이끌 수 있는 많은 긍정적 행동들을 탐색해야 하며, 인간이 여러 가지 사회적 · 정서적 문제들에 대처할 수 있고 희망적이지 않은 상황 속에서도 삶을 지속할 수 있도록 돕는 숨겨진 동기로써 인간의 열망, 꿈, 희망, 바람을 발견하고 활용해야 한다고 강조한다.

3) 아들러의 개인심리학

아들러의 개인심리학에서는 격려를 중요한 요소로 다루고 있다. 부모의 양육행동은 부모나 양육자가 자녀양육에 있어서 나타내는 태도나 행동을 말하는데, 이는 자녀에 의해 지각되고 행동으로 나타나는 반응양식이라고 할 수 있다. 이러한 부모의 양육행동은 부모의 의도나 행동에 따라 측정되는 것이 아니라 자녀가 부모의 태도를 어떻게 지각하느냐에 따라 다르게 판단되므로 청소년 자녀가 지각한 부모의 격려는 매우 중요한 의미를 지닌다.

격려의 목표는 단순히 행동을 바꾸는 것이 아니라 변화할 수 있도록 용기와 자신감을 심어주는 것이다. 따라서 개인의 행동을 수정하는 것에 초점을 맞추는 것이 아니라 동기부여를 수정하는 것이 더 중요하다. 아울러 격려는 삶에 직면하여 개인의 이익이 아닌 공공의 이익을 위해서 용기를 가지고 나아가도록 하는 것이다. 이러한 격려의 핵심은 용기의 방향성이다. 따라서 격려는 '나는 할 수 없어'에서 '나는 할 것이다'로 변화시켜 스스로 개인적 힘을 찾도록 돕는 것이다. 결국 격려는 자아존중감을 향상시키고 다른 사람들과 협력하여 성공적인 수행을 통해 사회적 관심을 증진시키게 된다.

3. 프로그램의 목표

자녀의 모든 발달단계에서 부모역할은 중요하지만 특히 부모와 청소년기 자녀가 맺는 관계의 질, 부모의 적절한 지도, 그리고 긍정적 부모역할 기능의 실천은 청소년기 자녀의 발달시기에 일어나는 부적응 문제를 예방함에 있어 매우 중요하다.

본 프로그램의 목적은 청소년기 자녀를 이해하고 자녀와의 갈등을 최소화할 수 있도록 하며, 나아가 자녀의 건강한 성장과 적응을 돕는 부모로서의 역량을 키우고 효과적인 자녀양육 방법을 훈련하여 자녀와의 관계 증진을 돕는 데 있다. 따라서 프로그램은 청소년기 자녀 행동의 원인을 이해하고, 청소년기 부모역할을 위한 바람직한 기술을 익혀 부모효능감의 증진에 기여할 수 있을 것이다.

본 프로그램을 통해 달성하고자 하는 목표는 다음과 같다.

첫째, 청소년 자녀의 신체적 · 정서적 · 심리발달적 특성을 이해한다.
둘째, 청소년 자녀에 대한 부모 자신의 기대와 욕구를 탐색한다.
셋째, 청소년 자녀와의 의사소통 방법 및 갈등 대처 기술을 익힌다.
넷째, 청소년 자녀의 진로 및 학습 발달을 돕는다.
다섯째, 청소년 자녀의 강점을 찾고 격려하는 기술을 익힌다.

4. 프로그램의 구성

1) 개입 원리

오늘날 부모역할에 대한 기대 수준은 날로 증가하고 있지만 정작 부모들은 자녀에게 무엇을 해 주어야 할지 몰라 혼란스러워한다. 따라서 부모를 대상으로 청소년 자녀양육에 필요한 지식과 기술을 증진시키고, 의사소통, 갈등해결, 진로지도 및 학습지도 기술을 향상시켜 부모효능감을 높일 수 있는 프로그램이 요구된다.

프로그램을 구성하기 위하여 기본으로 하는 개입 원리는 다음과 같다.

첫째, 부모 자신에 대한 자각과 통찰을 통해 자기를 이해하고 수용한다. 청소년기 자녀를 둔 부모의 역할을 훈련하기 위하여 부모 자신의 청소년기 시절은 물론이고 부모가 살아온 과거의 삶, 원가족과의 관계 경험이 부모역할과 자녀 양육태도에 영향을 미치고 있음을 자각하도록 한다.

둘째, 청소년기 자녀와 신뢰할 수 있고 친밀한 관계를 유지하기 위하여 의사소통 능력을 증진시키도록 구성한다. 부모 자신의 입장과 요구를 표현하기에 앞서 우선 청소년 자녀의 입장과 심정을 알아주는 의사소통을 할 수 있도록 구성한다.

셋째, 청소년들과 역동적인 갈등 상황에서 부모와 청소년 자녀 모두에게 이익이 되는 다양한 문제해결 방안을 모색할 수 있도록 구성한다. 실제 다양한 갈등 상황에서 부모와 자녀 각자의 문제를 가지고 다양한 문제를 성공적으로 해결하는 경험을 할 수 있도록 구성한다.

넷째, 부모역할 훈련 프로그램에 참여한 부모는 청소년기 자녀와 관계나 문제 상황에서 반복적으로 실패하고 부적절한 대응에 대한 자책과 무기력을 경험한 경우가 많다. 이에 대하여 부모 자신이 부모로서 최선을 다한 정당성을 서로 인정하고 지지할 수 있도록 프로그램을 구성한다.

다섯째, 부모는 프로그램 매 회기에서 자각과 통찰을 통한 경험으로 익힌 내용을 가정으로 돌아가서 실제 자녀와의 관계에서 시도해 보는 과제를 실천하도록 구성한다. 수년 동안 굳어진 부모의 반복된 행동의 변화를 위해 실제 생활에서 실천해 보도록 과제를 부여하고, 다음 회기에서 각자의 경험에 대해 피드백을 주고받으며 현실에 맞는 실천 경험을 찾아가도록 구성한다.

청소년 자녀를 성장시키는 부모역할 훈련 모형은 다음과 같다.

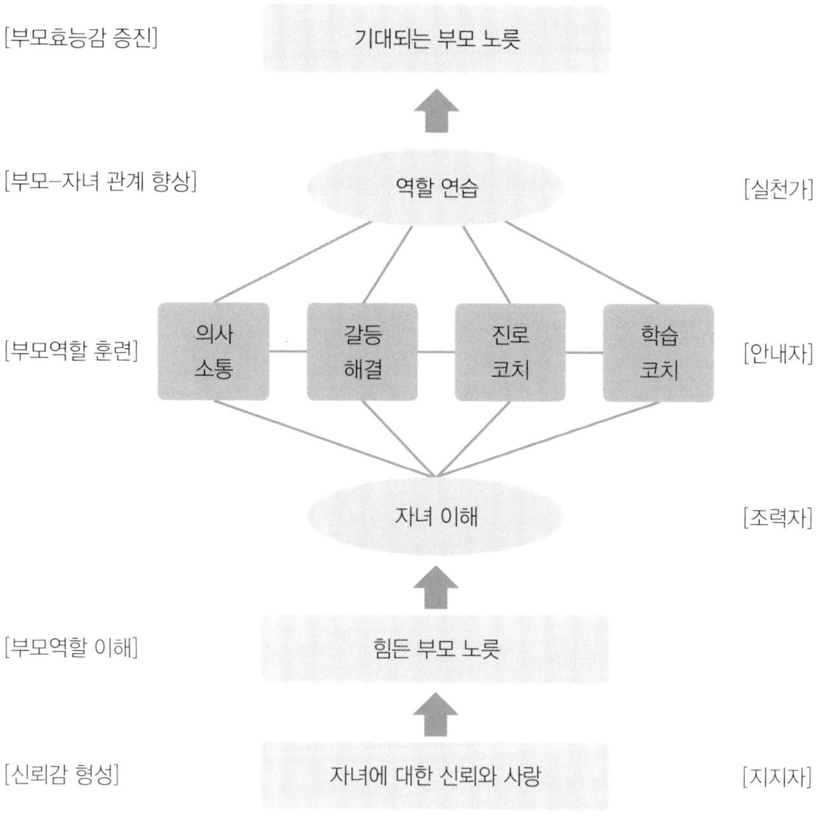

[그림 3-1] **'에볼루션' 모형**

2) 개입 전략

프로그램의 목적과 목표에 따라 집단상담 프로그램을 5단계로 나누어서 구성하였는데 각 단계의 하위 목표와 구체적인 전략은 다음과 같다.

청소년 부모교육 프로그램은 총 5단계로 구성되어 있고, 신뢰감 형성, 부모역할 이해, 부모역할 훈련, 부모-자녀 관계 향상, 부모효능감 증진으로 이루어졌으며 각 단계별 구성은 다음과 같다.

■ 제1단계: 신뢰감 형성단계(1회기)

1단계에서는 청소년기 자녀를 양육하면서 겪는 어려움을 서로 나누며 친밀감을 형성하는 단계이다. 집단원들과 구체적인 경험을 나누며 나만 어려움을 겪는 것이 아니라는 것을 확인하며 서로 동질감을 느낀다.

■ 제2단계: 부모역할 이해단계(2~3회기)

2단계에서는 자녀에게 갖는 기대와 욕구가 어디에서 왔는지를 이해함으로써 자녀를 바라보는 시각을 점검하고 이를 긍정적으로 전환(2회기)시키는 단계이다. 청소년기 자녀의 발달 특성을 살펴보고, 자녀의 발달 과제를 도울 수 있는 부모의 역할(3회기)에 대해 이해하고자 하였다.

■ 제3단계: 부모역할 훈련단계(4~7회기)

3단계는 실제적인 부모역할 수행을 익히는 단계이다. 자녀를 존중하는 대화법(4회기), 자녀와의 갈등 상황에서 문제해결을 위한 갈등해결(5회기), 4차 산업혁명 시대에 맞는 미래인재상에 대해 배우고 자녀의 꿈을 찾을 수 있도록 지원하는 진로 멘토(6회기), 자녀의 학습유형에 맞는 학습법을 지원하는 학습 멘토(7회기)를 통해 효율적인 부모역할을 수행하기 위한 구체적인 방법을 배우고자 하였다.

■ 제4단계: 부모-자녀 관계 향상단계(8~9회기)

4단계에서는 자녀의 장점과 강점을 찾고 활용할 수 있는 방법(8회기)을 찾고 격려하는 태도와 기술(9회기)을 통해 부모-자녀 관계를 향상하고자 하였다.

■ 제5단계: 부모효능감 증진단계(10회기)

5단계에서는 1회기부터 9회기 강의와 활동을 통해 자녀와 부모 자신에 대한 이해도를 높이고 부모역할 수행에 대한 효능감이 증진되었음을 인식하는 회기로 구성하였다.

5. 프로그램의 운영 지침

프로그램은 전반적으로 활동, 게임, 교육으로 구성되어 있다. 따라서 원활한 프로그램 진행을 위하여 프로그램 장소의 환경을 미리 점검하여야 한다. 특히 영상 시청을 통한 활동과 안내하는 차시 운영을 위하여 빔 프로젝터의 설치 여부, 컴퓨터와의 연결 상태, 스크린과 음향 상태 그리고 현장에서 인터넷 연결 가능 여부 등에 대한 사전 점검이 필요하다.

또한 차시 활동에서 게임을 하거나 움직이는 활동이 있는 경우를 고려하여 공간의 상태를 점검한다. 게임을 하는 데 안전한지 살피고, 공간을 미리 확보해 놓는다. 역할극을 하는 차시에서는 집단 참여자들이 활동할 수 있고 시야 확보를 할 수 있도록 공간과 자리를 배치한다.

매 회기 진행에 필요한 강의자료, 활동지, 필기도구, 휴지 등을 사전에 준비해 놓는다. 특히 마지막 회기에서 원예활동을 할 때 화분과 푯말, 색칠도구 및 책상 위에 까는 종이까지 세세하게 준비하여 정돈된 환경에서 안정적으로 활동이 진행될 수 있도록 준비한다. 그리고 프로그램 진행 장소 세팅 시 한쪽에 음료와 간식을 준비하여 프로그램 시작 전후에 참여자들이 다과를 먹으며 담소를 즐길 수 있도록 여유로운 분위기 조성을 위해 신경을 쓴다.

프로그램의 운영 지침은 다음과 같다.

첫째, 본 프로그램은 10회기 구성으로 일주일에 1회기를 운영하는 것을 기본으로 한다. 휴일 등 시기적인 특성과 기관의 상황을 고려하여 가능하면 전체 진행 일정을 사전에 확정하는 것이 바람직하다.

둘째, 프로그램 참여 대상이 되고 있는 청소년기 자녀를 둔 학부모들의 부모-자녀 관계와 소통에 초점을 둔다. 그러므로 특히 프로그램 진행에서 참여자들이 각자 자신의 실제 생활 경험을 바탕으로 프로그램 활동시간에 진솔하고 자유롭게 이야기 나눌 수 있도록 분위기를 조성한다. 다만 지도자는 특정 참여자가 지나치게 개인 사례에 집중하여 프로그램 운영에 차질이 생기지 않도록 염두에 두고 주의하여 진행한다.

셋째, 본 프로그램이 부모-자녀 관계를 다루고 있으므로 매 차시에서 부모 자신이 스스로 반성이 되거나 깨닫게 되기도 한다. 그리고 당일 프로그램에서 배운 내용을 훈련하고 과제로 주어 가정으로 돌아가서 실제 자녀와 함께 실천해 보는 경험을 하는 과정으로 연결되고 있다. 이때 과제 실천 경험과 그 과정을 통해 부모 자신의 역할 훈련의 효율성이 높아지게 되고, 프로그램 참여 과정 중에 부모-자녀 관계에 변화가 일어나기도 한다. 지도자는 참여자들이 지난 한 주 가정에서의 활동과 과제를 잘 수행하고 있는지 매 회기의 마무리와 시작에서 잘 다루어서 다음 회기의 부모역할 훈련과도 연결될 수 있도록 심혈을 기울인다.

넷째, 프로그램의 주체가 부모이기 때문에 부모를 통해 자녀가 변화되기를 기대하고 변화가 빨리 일어나지 않으면 프로그램에 대한 신뢰를 잃을 수도 있으므로 부모가 스스로 변화하면 자녀도 변화하며 그렇게 되는 과정에 시간이 걸릴 수도 있다는 것을 오리엔테이션 해야 한다.

6. 프로그램의 내용

프로그램의 회기별 목표와 구체적인 내용은 다음과 같다.

단계	회기	주제	목표	활동
신뢰감 형성 단계	1	부모 노릇하기 힘드네	• 부모역할 훈련의 중요성을 인식한다. • 집단원 간 친밀감을 형성한다.	• 프로그램 목적과 필요성 안내하기 • 자기소개 및 별칭 짓기 • 집단약속 정하기 • 부모 노릇의 어려움 나누기
부모 역할 이해 단계	2	이제야 내 아이가 보이네	• 자녀에게 갖는 기대와 욕구에 대해 이해한다. • 부모가 자녀를 바라보는 시각을 점검하고 이를 긍정적으로 전환시킨다.	• 도입 활동 –되돌아보기와 준비하기 –회기 목표 및 활동 안내 • 전개 활동 –이게 다 너 잘 되라고 하는 거야 –부모의 기대와 욕구에 대한 강의 –빙산 탐색 –내 마음을 알고 나니 이제야 네가 보이네 • 마무리 활동 –소감 나누기
	3	성장한 아이에게 필요한 부모역할	• 청소년기 자녀의 특성을 이해하고 수용한다. • 청소년기 자녀의 발달을 도와주는 부모의 역할에 대해 이해한다.	• 도입 활동 –되돌아보기와 준비하기 –발달 특성 빙고게임 –회기 목표 및 활동 안내 • 전개 활동 –그때 나는 이랬었구나! –변해버린 너, 낯선 나의 모습 –청소년기 자녀의 부모역할에 대한강의 –아하! 부모역할, 이런 것이 필요했구나! • 마무리 활동 –소감 나누기 –성장을 위한 준비

부모 역할 훈련 단계	4	자녀와 마음을 나누는 대화의 달인	• 자녀와 일상 대화에서 부모가 평소 하는 말의 종류를 파악하고, 자녀에게 어떤 영향을 미치는지 알아본다. • 자녀와 갈등 상황에서 자녀를 존중하는 대화를 사용할 수 있다.	• 도입 활동 –되돌아보기와 준비하기 –회기 목표 및 활동 안내 • 전개 활동 –나는 평소에 이렇게 얘기하는구나 –관계를 해치는 말의 종류에 관한 강의 –자녀와의 대화에서 부모가 가져야할 기본적인 태도에 관한 강의 –서로 상처주지 않고 말해요 • 마무리 활동 –소감 나누기
	5	자녀와 갈등을 해결하는 소통의 달인	• 자녀의 입장이 되어 경험해 봄으로써 자녀를 이해하고 갈등해결에 도움을 받는다. • 역할극을 통해 효과적인 부모–자녀 대화 방법을 연습한다. • 문제해결의 대화 방법을 익히고 연습한다.	• 도입 활동 –되돌아보기와 준비하기 –내가 너를 따라 해 볼게 –회기 목표 및 활동 안내 • 전개 활동 –역할극으로 만나요 –문제해결 6단계를 활용한 WIN-WIN 대화법에 대한 강의 –WIN–WIN 대화법 • 마무리 활동 –소감 나누기 –성장을 위한 준비
	6	자녀의 꿈을 키워 주는 진로 멘토	• 자녀 스스로 자신의 꿈을 찾도록 도와준다. • 자녀가 미래사회에서 요구되는 역량을 기르도록 도와준다. • 자녀의 잠재역량을 찾고 지원할 수 있다.	• 도입 활동 –되돌아보기와 준비하기 –회기 목표 및 활동 안내 –나도 왕년에는 이런 꿈이 있었다 • 전개 활동 –청소년기 자녀의 진로지도에 관한 강의 –미래를 준비하기 위한 7가지 인성 • 마무리 활동 –소감 나누기 –성장을 위한 준비

	7	자녀를 춤추게 하는 학습 멘토	• 자녀 학습유형을 이해한다. • 자녀가 자기주도적 학습 전략을 익히도록 도와준다.	• 도입 활동 –되돌아보기와 준비하기 –회기 목표 및 활동 안내 • 전개 활동 –청소년기와 학습에 관한 강의 –학습 멘토 되기 첫 번째 열쇠 –학습 멘토 되기 두 번째 열쇠 • 마무리 활동 –소감 나누기 –성장을 위한 준비
부모–자녀 관계 향상 단계	8	자녀에게 날개를 달아 줄 강점 찾기	• 다양한 영역에서 자녀의 강점을 찾아본다. • 자녀의 대표 강점을 강화하고 인생에서 활용할 수 있는 방법을 익힌다. • 부모로서 자신이 가지고 있는 강점을 활용하여 좀 더 효율적으로 부모역할을 할 수 있다.	• 도입 활동 –되돌아보기와 준비하기 –회기 목표 및 활동 안내 • 전개 활동 –내가 잘하는 것 10가지 이상 찾아보기 –청소년기 강점의 중요성에 관한 강의 –나의 강점 분석 –자녀가 잘 하는 것 10가지 이상 찾아보기 –자녀의 강점 분석 • 마무리 활동 –소감 나누기
	9	격려하는 부모, 성장하는 자녀	• 자녀를 격려하는 태도와 기술을 익힌다. • 자녀에게 자신감과 가치감을 갖게 한다.	• 도입 활동 –되돌아보기와 준비하기 –믿고… 의지하고… –회기 목표 및 활동 안내 • 전개 활동 –효과적인 격려의 기술에 관한 강의 –자녀의 문제행동을 격려로 바꾸어 보자 –사랑스런 나에게 이 말을 전하고 싶어, 나의 자랑스런 ___에게 이 말을 전하고 싶어 • 마무리 활동 –소감 나누기
부모 효능감 증진 단계	10	달라진 나, 기대되는 부모 노릇	• 자녀 및 부모 자신에 대한 이해와 변화된 자신의 모습을 느껴 본다. • 청소년기 자녀를 둔 부모로서의 역할을 총 정리한다.	• 도입 활동 –되돌아보기와 준비하기 –회기 목표 및 활동 안내 • 전개 활동 –달라진 나, 기대되는 나 –나는 이런 부모로 다시 성장한다 • 마무리 활동 –소감 나누기

1회기 부모 노릇하기 힘드네

활동지도안	
활동 목표	• 부모역할 훈련의 중요성을 인식한다. • 집단원 간 친밀감을 형성한다.
준비물	이름표, 활동지 1-1, 활동지 1-2, 필기도구
단계	진행절차
도입 (20분)	▶ 프로그램 안내하기 반갑습니다. 오늘부터 매주 ○요일 청소년 부모역할 훈련 프로그램으로 여러분과 함께할 강사 ○○○입니다. 여러분과 함께하게 되어 기쁩니다. 여러분의 자녀는 사춘기를 앞두고 있거나 사춘기이거나 혹은 사춘기를 막 지난 청소년기지요. 왜 사춘기라고 할까요? 네, ~이런 말씀도 맞고, ~이런 말씀도 맞는 것 같습니다. 사춘기(思春期)는 한자로 생각 사(思), 봄 춘, 움직일 춘(春), 기약할 기(期)이고, 국어사전을 찾아보면 생각할 것이 많아서 사춘기라고 합니다. 부모님들은 십대 자녀를 키우면서 어떤 점이 어려우신가요? 이런 어려움들을 어떻게 해결하셨나요? 만약 자녀를 키우는 데 도움을 받고 싶은 부분이 있다면 그것은 어떤 것인가요? 청소년 부모역할 훈련 프로그램은 부모님들께서 청소년 자녀를 키우면서 어려워하는 부분에 대해 같이 고민하고 해결해 가는 방법을 배울 수 있는 프로그램입니다. 한 번의 강의를 듣고 이를 잘 실천하는 분도 계시겠지만 지식을 내 것으로 소화해서 실천하기 위해서는 연습이 필요하겠지요. 본 프로그램은 매주 부모님들께서 어려워하고 답답해하는 학습, 진로를 도와줄 수 있는 방법 그리고 자녀와의 갈등을 해결하는 방법, 자녀와 좋은 관계를 만들고 유지하는 구체적인 방법을 배우고 실제 활용할 수 있게 될 것입니다. 그럼 시작해 볼까요? 〈활동 내용〉 • 지도자가 혼자 이끌어가기보다 참가자들도 참여할 수 있도록 질문을 하고 참가자들의 답변을 다시 반영해 준다. 예) 지도자: 어떤 어려움이 있으신가요? 참여자: 아이가 엄마 말을 무시해서 속상해요. 지도자: 네, 아이가 엄마 말을 듣지 않아 속상하셨군요. 다른 분은 어떤 어려움이 있으신가요?

	▶ Smart Map 부모역할 훈련 프로그램: 변화와 발전단계(Evolution stage) 안내 본 프로그램은 10회기로 구성되어 있고 1회기 활동시간은 120분입니다. 매주 ○요일 ○○에서 (○○시~○○시까지) 진행됩니다. 상대방의 말에 경청하며 집단에 적극적으로 참여해서 자신의 목표를 이루어 갈 수 있는 의미 있고 좋은 시간이 되길 바랍니다. 프로그램에 대한 전반적인 안내를 드렸습니다. 혹 궁금한 점이 있으시면 언제든 질문해 주십시오.
전개 (70분)	▶ 활동 1-1. 자기소개 및 별칭 짓기 앞으로 10회기 동안 같이할 집단원들에게 자신을 소개하도록 하겠습니다. 활동지 1-1을 작성하세요. 그리고 프로그램을 하는 동안에는 상대방을 부를 때 이름이 아닌 자기를 나타낼 수 있는 별칭으로 부르게 됩니다. 이름이나 누구의 엄마 아빠로 부르지 않고 별칭으로 부르는 이유는 나이순이나 자녀의 나이, 사회적 지위 등 사회적으로 얽매이기 쉬운 것들을 다 벗어던지고 평등하게 청소년 자녀를 가진 부모로 만나기 위한 것입니다. 별칭은 '부모 노릇' 하면 떠오르는 것으로 정하도록 하겠습니다. 마지막으로, 이 프로그램은 청소년 자녀를 키우면서 어려워하는 부분에 대해 같이 고민하고 해결해 가는 방법을 배울 수 있는 프로그램입니다. 이 프로그램을 통해 부모님은 어떤 부분을 꼭 이루고 싶은지 자신만의 목표를 두 가지 정도 설정해 봅시다. 〈활동 내용〉 **활동지 1-1** ① '부모 노릇'과 관련하여 연상되는 것으로 별칭을 지어 본다(예: 수호천사, 항공모함, 마징가제트 등) ② 별칭의 의미를 적어 본다. ③ 자녀를 양육하면서 가장 행복했던 때나 행복했던 일을 적는다. ④ 자녀를 양육하면서 제일 힘든 일이나 어려웠던 일을 적는다. ⑤ 두 명씩 짝을 지어 인터뷰 형식으로 진행한다. ⑥ 상대방을 인터뷰했던 내용을 집단 전체에 알리고 각 팀의 소개가 끝날 때마다 박수로 환영한다. ⑦ 이 프로그램을 통해 얻고자 하는 자신의 기대 목표에 대해 나눈다. 프로그램의 전체 목표를 제시해 주고 각자의 목표를 정할 수 있도록 안내한다. 활동지 1-1을 작성할 때 특히 주의해야 할 점은 프로그램을 통해 변화하고 싶은 목표를 구체적으로 작성할 수 있도록 한다(예: "나는 에볼루션 부모 훈련 프로그램을 통하여 자녀와 함께 대화할 수 있는 능력을 발전시키는 부모가 되고 싶습니다." 등을 적을 수 있도록 한다). ▶ 활동 1-2. 집단에서의 약속 정하기 지금까지 서로에 대해 알아 가는 시간을 가졌습니다. 프로그램에 참석하면서 지켜야 하는 약속과 규칙이 있습니다. '활동지 1-2'는 프로그램을 하면서 지켜야 하는 우리의 약속입니다. 첫째부터 넷째까지는 공동의 약속입니다. 다 같이 한번 읽어 볼까요? 다섯째는 비워져 있습니다. 여기에 자신만의 약속을 적어 보도록 하세요.

〈활동 내용〉 **활동지 1-2**

- 프로그램을 진행하는 동안 지켜야 할 규칙을 정하고 성실하게 프로그램에 참여할 것을 약속한다.

① 집단이 함께 지킬 점을 안내한다(비밀보장 강조).

② 다섯째에 자신만의 약속을 적도록 한다.

③ 서약서 작성 후 두 명씩 짝을 지어 서로 보증 사인과 복사, 악수를 한다.

우리는 공동의 목표와 개인의 목표를 이루기 위해 서로 보증도 서 주었습니다. 나만 목표를 이루는 것이 아니라 옆의 사람도 함께 간다는 의미겠지요. 그럼 서로의 목표를 이루기 위해 큰 박수로 격려를 해 주십시오.

▶ 게임: 저와 비슷하군요

자기소개를 들어 보니 어떤가요? 나와 비슷한 부분도 있고 다른 부분도 있었지요. 그럼 집단원 중에 누가 나와 비슷한 부분이 있는지 좀 더 서로를 알아보도록 하겠습니다.

〈게임 방법〉

- 집단원들이 지도자의 말에 따라 공통점이 있는 집단원끼리 모여서 서로 인사할 수 있도록 한다.
- 청소년기 부모들이 동질감을 느낄 수 있는 다양한 발문을 통해 어색함을 줄이고 서로에게 공통점이 있다는 것과 집단원 간에 친밀감을 높일 수 있도록 한다.

(예: "자녀의 수, 자녀의 연령대, 부모의 연령대, 직장유무, 부모교육 참여유무, 아이문제로 학교에 상담을 받으러 간 적 있는지, 아이가 학교를 다니지 않겠다 이야기한 적 있는지, 아이가 부모에게 반항한 적 있는지, 아이가 학원 땡땡이 친 적 있는지 등의 공통점을 나누어 본다. "자녀가 한 명, 두 명, 세 명, 그 이상인 사람끼리 모이세요." "큰아이가 각각 초등생, 중학생, 고등학생인 사람끼리 모이세요." 등등 다양하게 서로 모일 수 있도록 안내한다.)

▶ 활동 1-3. 부모 노릇하기 힘드네

아이들 키우시기 어떠세요? 아이가 부모에게 주는 행복도 많이 있지만 어렵고 힘든 점도 많이 있지요. 어떤 점이 어려운가요? 함께 이야기 나누어 보도록 하겠습니다.

〈활동 내용〉 **활동지 1-3**

① 청소년 자녀를 양육하면서 경험하게 되는 어려움을 충분히 나눌 수 있도록 한다.

② 부모로서 함께 겪고 있는 어려움을 공유하도록 하여, 자연스럽게 친밀감 및 공감대를 형성하도록 한다.

마무리 (30분)	▶ 마무리 오늘 첫 모임이었는데 어떠셨나요? 이번 시간을 통해 자신에 대한 느낌이나 새롭게 알게 된 점에 대해서 이야기해 보도록 하겠습니다. ▶ 차시 안내 다음 시간에는 부모가 자녀에게 갖는 기대가 무엇인지, 그리고 그 기대는 어떻게 생기게 되었는지에 대해 알아볼 것입니다. 다음 주에 오시기 전에 부모님이 자녀에게 갖는 기대나 바람은 무엇이 있는지 생각해 보고 오십시오.
유의점	• 집단원들이 편안한 마음으로 집단에 참여할 수 있도록 신뢰할 수 있고 허용적인 분위기를 만든다. • 프로그램에 참여하여 이루고 싶은 목표를 구체적으로 적을 수 있도록 한다. • 나누기를 할 때 모든 집단원들이 적극적으로 참여하고 자신의 이야기를 충분히 표현할 수 있도록 유도한다.

Smart Map 나를 소개합니다

부모로서의 나를 소개하는 활동입니다. 다음의 질문에 자유롭게 적어 보세요.

1. 나의 별칭을 지어 보세요(부모 노릇과 관련하여 연상되는 것으로 자신의 별칭을 지어 보도록 하면 어떨까요? 예를 들면, 수호천사, 항공모함, 마징가제트 등).

2. 별칭의 의미는 무엇인가요?

3. 이제까지 자녀를 양육하면서 가장 행복했던 때나 행복했던 일을 적어 보세요.

4. 현재 자녀를 양육하면서 제일 힘들거나 어려운 점은 무엇인가요?

5. 이 프로그램에 참여하여 이루고자 하는 구체적인 목표는 무엇인가요?

Smart Map 우리의 약속

아래의 약속은 이번 프로그램을 통해 함께 성장할 수 있도록 우리 모두가 지키도록 노력해야 할 사항입니다.

약속합니다!

나는 프로그램에 참여함에 있어서 다음 사항을 성실히 지킬 것을 약속합니다.

첫째, 나는 부모역할 훈련 프로그램에 지각이나 결석을 하지 않겠습니다.

둘째, 나는 함께하는 분들의 의견과 감정을 존중하겠습니다.

셋째, 나는 있는 그대로 솔직하게 자신을 개방하겠습니다.

넷째, 나는 프로그램 중에 이야기된 내용에 대해서는 비밀을 지키겠습니다.

다섯째,

20 년 월 일

이름: (서명)

보증인: (서명)

2회기 이제야 내 아이가 보이네

<table>
<tr><th colspan="2">활동지도안</th></tr>
<tr><td>활동 목표</td><td>• 자녀에게 갖는 기대와 욕구에 대해 이해한다.
• 부모가 자녀를 바라보는 시각을 점검하고 이를 긍정적으로 전환시킨다.</td></tr>
<tr><td>준비물</td><td>활동지 2-1, 활동지 2-2, 활동지 2-3, 동영상, 필기도구</td></tr>
<tr><td>단계</td><td>진행절차</td></tr>
<tr><td>도입
(20분)</td><td>▶ 되돌아보기와 준비하기
지난 한 주 어떻게 보내셨나요? 자녀들하고는 어떻게 지내셨나요? 한 분씩 간단히 이야기를 나눠 주시기 바랍니다.

• 발표가 끝나면 참가자들이 얘기했던 내용 중 이번 시간과 관련되는 사건을 중점으로 부모 노릇의 어려움에 대해 공감해 준다.

지난 시간에는 첫 만남을 하고 자기소개와 별칭 짓기 그리고 프로그램에 대한 기대와 목표를 세워 보았습니다. 그리고 부모 노릇의 힘듦에 대해서 나누어 보았습니다. 오늘은 부모가 자녀에게 갖는 기대와 욕구에 관하여 나눠 보려고 합니다.

▶ 회기 목표 및 활동 안내
사람은 누구나 자신의 삶에 대한 기대를 가지고 있으며, 대부분의 부모는 자녀에게 기대를 가지고 있습니다. 그러나 기대가 현실적이지 않고 지나치다면 자녀와의 관계에서 어려움을 겪을 수 있겠지요. 오늘 활동은 기대와 욕구는 왜 생기고 기대에 따른 나의 감정은 무엇인지, 그리고 부모의 기대와 욕구가 자녀에게 어떤 영향을 미치는지에 대해 알아보겠습니다.</td></tr>
<tr><td>전개
(70분)</td><td>▶ 활동 2-1. 이게 다 너 잘되라고 그러는 거야
모든 부모는 자신의 자녀가 다 잘되기를 바라고 있습니다. 자녀가 잘되기를 바라고 했던 일로는 무엇이 있으신가요? 내가 자녀에게 잘되기를 바라며 했던 말과 행동은 무엇이며 그때 나는 무엇을 기대했었는지 적어 보도록 하겠습니다.

〈활동 내용〉 활동지 2-1
① 자녀가 잘되기를 바라며 했던 행동 또는 말을 적는다(행동을 하지 않았다면 말만 적어도 된다).
② 그때 자녀가 잘되기를 바랐던 나의 기대는 무엇인지 구체적으로 적는다.
③ 내가 자녀에게 바라는 지나치거나 비현실적인 기대가 있다면 적는다.</td></tr>
</table>

나는 자녀가 잘되라고 그러는 건데 자녀가 내 말을 듣지 않으면 어떤 기분이 드시나요? 이러다 잘못되면 어떡하나 하는 생각도 들어 걱정되기도 하고, 내 말을 무시하나 생각되어서 화가 나기도 하지요. 그럼 이런 기분은 왜 들까요? 기대와 욕구에 대해 알아보도록 하겠습니다.

▶ 강의 2-1. 부모의 기대와 욕구

〈강의 내용〉 강의자료 2-1

1. 기대와 욕구가 생기는 이유
2. 부모의 기대와 욕구가 자녀에게 미치는 영향

동영상 : 4등, 부모 기대

강의를 통해 부모가 자녀에게 하는 말과 행동에는 부모의 기대와 욕구가 있다는 것을 알게 되었습니다.
부모의 기대와 욕구가 좌절되면 화가 난다거나 짜증이 나는 등의 부정적인 감정이 듭니다. 이런 감정이 무엇 때문에 일어나는지 빙산 탐색 활동을 통해 좀 더 이해하도록 하겠습니다.

▶ 활동 2-2. 빙산 탐색

만약 자녀가 아침에 늦게 일어나서 지각을 자주 한다면 어떻게 하시나요? 왜 빨리 일어나지 않느냐고 야단도 치면서 드는 감정이 있지요? 화가 나기도 하고, 공부한다고 힘들어 하는 모습을 보면 안쓰럽기도 하고 그렇지요? 밖으로 표현되는 행동은 야단치는 것이고, 아이에게 보이는 감정은 '화'인데, '화'라는 감정 밑에는 안쓰러움이라는 감정이 있습니다. 이번 활동은 '빙산 탐색'입니다. '빙산 탐색'은 인간을 보다 체계적이고 통합적으로 이해하는 방법입니다. '빙산의 일각'이라는 말을 들어 보셨지요? 수면 위에 보이는 사람의 행동은 빙산의 일각입니다. 빙산 탐색은 보이지 않는 나의 무의식을 알아 가는 것으로 빙산 탐색을 통해 자녀와의 갈등 시에 자신과 자녀의 내면에서 일어나는 역동을 탐색하고 자신과 자녀를 이해하고 수용하고자 합니다.
나의 기대로 인해 느끼는 감정은 무엇인지 그리고 밖으로 표현되는 감정 말고 더 마음 깊숙이 어떤 감정이 있는지 알아보도록 하겠습니다.

〈활동 내용〉 활동지 2-2

① '활동지 2-1'에서 예시 상황 중 1개를 골라 상황 칸에 적는다.
② 그때 밖으로 드러난 나의 감정은 어떠했는지 적는다.
③ 그때 숨어 있는 나의 감정은 무엇인지 적는다.
④ 그 감정은 나의 어떤 기대 때문에 생겼는지 적는다.
⑤ 앞과 같은 방법으로 그때 자녀의 감정과 기대에 대해서 생각해 보고 적는다.
⑥ 나의 기대는 어디에서 왔는지 적는다.
⑦ 빙산 탐색을 하며 느꼈던 감정이나 생각을 자유롭게 적는다.

	빙산 탐색 활동을 해 보니 어떤가요? 함께 이야기 나눠 보도록 하겠습니다. ▶ 활동 2-3. 내 마음을 알고 나니 이제야 자녀가 보이네 빙산 탐색을 해 보니 내가 자녀에게 하는 말과 행동에는 나의 욕구나 바람이 있었다는 것을 알게 되었습니다. 그렇다면 나의 욕구나 바람은 자녀에게 어떤 영향을 미쳤는지 생각해 보고 활동지를 작성해 보십시오. 그리고 나의 욕구나 바람으로 자녀가 원하는 것을 제대로 이해하지 못하고 일방적으로 이야기한 적이 있다면 자녀에게 사과하고 다시 나의 마음을 글로 적어 보세요. 〈활동 내용〉 **활동지 2-3** ① '활동지 2-1'에 작성했던 상황 중 한 가지를 선택하여 알게 된 나의 욕구나 바람을 살펴보고 자녀에게 미친 영향에 대한 생각을 적는다. ② 나의 욕구나 바람으로 자녀가 원하는 것을 제대로 이해하지 못하고 일방적으로 이야기한 적이 있다면 자녀에게 사과하고 다시 나의 마음을 글로 적는다. ③ 두 사람씩 짝을 지어 활동을 하면서 들었던 생각이나 감정에 대해 이야기를 나눈다.
마무리 (30분)	▶ 마무리 오늘은 자녀에게 갖는 기대와 욕구에 대해 알아보았습니다. 이번 시간을 통해 자신에 대한 느낌이나 새롭게 알게 된 점에 대해서 이야기해 보도록 하겠습니다. ▶ 차시 안내 다음 시간에는 청소년기 자녀에게 필요한 부모의 역할에 대해 알아보도록 하겠습니다. 이번 주에는 나의 욕구를 잠시 내려놓고 자녀의 욕구와 바람에 관심을 가지며 보내시길 바랍니다.
유의점	• 자녀에게 갖는 기대가 잘못이라는 인식을 갖지 않도록 유의한다. • 활동 2-3을 충분히 나눌 수 있도록 한다. • 나누기를 할 때 경청과 공감을 할 수 있도록 다시 한 번 안내한다.

Smart Map 부모의 기대와 욕구

1. 기대와 욕구

부모는 누구나 자신의 자녀가 건강하고 성공적인 행복한 삶을 살기를 원한다. 이런 부모의 기대는 지극히 자연스럽고 당연한 것이다. 부모의 기대는 자녀의 성취동기에 큰 영향을 주는 것으로 부모가 자녀에게 적절한 기대를 가질 경우 학업, 진학, 진로 등의 성취동기에 긍정적인 영향을 준다. 반면, 자녀에게 과도하거나 지나친 기대를 하게 되면 자녀와 갈등을 일으키기도 한다. 따라서 부모는 자녀가 성취 가능하고 실현 가능한 기대를 해야 하고 자녀가 부모의 기대를 버거워 한다면 자녀가 성취할 수 있도록 기대치를 낮추는 것이 필요하다.

부모가 자녀의 성취를 자신의 성취로 동일시하면 할수록 자녀에게 점점 더 많은 기대를 하게 되고, 자녀가 기대를 충족시키지 못할 경우 자녀와의 관계는 더욱 악화되고 부모 자신도 부정적인 감정을 느끼게 된다. 또는 자신의 어린 시절을 되돌아보고 부모에게서 받고 싶었던 것이나, 반면 원하지 않았지만 주어졌던 것들을 자신이 부모가 되어서 자녀에게 되풀이하기도 한다. 그리고 자녀보다 더 많은 인생 경험과 풍부한 정보로 자녀를 위한다는 명목하에 자녀의 인생을 부모의 기준에 맞춰 로드맵을 정하고 자녀에게 따르라고 강요한다. 부모의 관심이 온통 자녀에게 집중되면 자녀는 성장하면서 겪어야 하는 많은 발달 과제를 완수하는 데 어려움을 겪게 된다.

2. 부모의 기대와 욕구가 자녀에게 미치는 영향

부모가 비현실적으로 높은 맹목적인 기대를 가지는 경우 자녀는 스트레스, 불안 등과 같은 심리적 부적응을 겪게 된다. 또한 자녀는 부모의 기대에 부응하기 위해 부담감을 느끼고, 부모의 기대에 어긋나게 될까 두려워한다.

자녀가 자신의 의지대로 살지 못하고 부모가 원하는 대로 살게 되면 심리적 발달이 멈추게 되어 자녀는 부모와 한 몸처럼 성장하고, 부모에게도 자식은 독립된 인격체가 아닌 자신의 분신이 되어 버린다. 부모는 자녀의 사소한 행동 하나하나가 자신의 욕구 충족과 직접적으로 연관되어 있다 보니 자녀 문제에 과도하게 개입하게 된다. 자녀 입장에서는 자신이 원하는 소망보다 부모가 바라는 목표가 내면에 자리 잡게 되어 혼란스러울 뿐 아니라 지속적으로 부모에게 간섭을 받기 때문에 부모와 갈등을 겪을 수밖에 없다. 따라서 부모는 자녀 스스로 자신의 욕구를 알아갈 수 있도록 돕는 것이 필요하다.

자녀는 부모와는 다른 인격체로 부모가 경험한 세계와 자녀가 경험하는 세계는 다르며, 성향 또한 다르다. 설령 부모가 자신의 삶을 후회하고 자녀에게는 실패가 없는 꽃길을 걷게 해 주고 싶어도 자녀는 부모의 분신이 될 수 없다. 부모는 자녀에게 실수하고 실패할 수 있는 기회를 주어야 하며, 실수와 실패에서 스스로 깨닫고 변화할 기회를 주어야 한다. 실수하고 실패한다는 것은 자녀가 스스로의 의지로 세상을 살아가고 있다는 반증이기도 하다.

활동지 2-1

Smart Map 이게 다 너 잘되라고 그러는 거야

자녀를 위해서 했던 나의 말과 행동은 무엇이 있을까요? 이때 나의 기대는 무엇이었는지 생각해 보고 구체적으로 적어 보세요(예시 상황 외에도 있다면 기재해 보세요).

상황 예시: 아이가 학원 갈 시간을 지키지 않을 때, 아이의 성적이 기대만큼 나오지 않았을 때, 친구하고 노는 것을 너무 좋아할 때, 이성 친구를 사귀기 시작했을 때 등

상황	내가 했던 말이나 행동	나의 기대
아이가 게임이 마음대로 안 된다고 짜증을 내며 계속 게임에 몰입하고 있다.	• "넌 왜 게임을 하면서 짜증을 내니?" • "게임을 하지 말든지 아니면 짜증을 내지 말든지 해. 듣기 싫어." • 아이를 못마땅한 표정으로 쳐다보았다.	아이가 게임을 하지 말았으면 하는 기대가 있었다.

활동지 2-2

Smart Map 빙산 탐색

1. 활동지 2-1에서 하나를 골라 상황이나 사건에 적어 보세요. 그리고 상황이나 사건에서 나와 자녀가 마음 안에서 경험한 것을 적어 보세요.

■ 상황이나 사건:

1) 드러난 감정

기쁨과 흥분의 감정이었는지, 분노와 두려움 또는 슬픔과 아픔에 대한 감정이었는지 등에 대하여 탐색한다.

2) 숨은 감정

그 사건에 대한 자신의 감정은 무엇인지 등에 대하여 탐색 한다.

3) 기대

충족되지 않은 기대의 탐색과 해결방안으로는 자신에 대한 기대와 타인에 대한 기대 그리고 자신에 대한 타인의 기대는 무엇인지를 탐색한다.

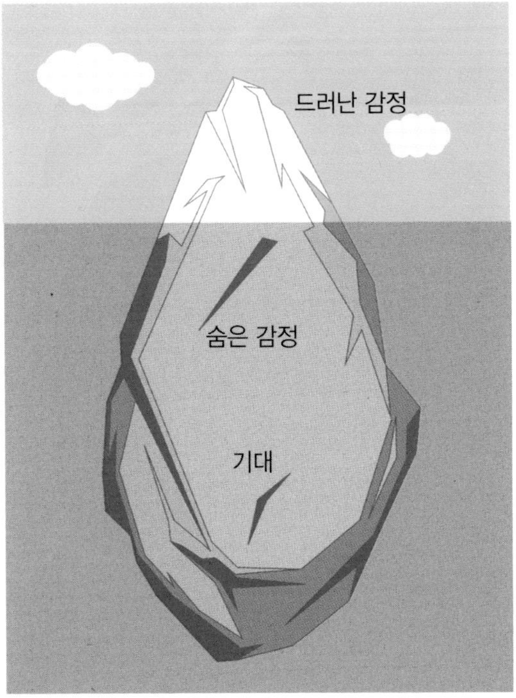

2. 나의 기대는 어디에서 온 건지 생각해 봅니다.

3. 빙산 탐색을 하면서 느꼈던 느낌이나 생각들을 자유롭게 적어 보세요.

Smart Map 내 마음을 알고 나니 이제야 네가 보이는구나

1. '활동지 2-1'에 작성했던 상황 중 한 가지를 선택하여 알게 된 나의 욕구나 비현실적 기대를 살펴보고 자녀에게 미친 영향에 대해 떠오르는 생각을 적어 보세요.

상황	나의 욕구나 비현실적 기대	자녀에게 미친 영향

2. 나의 욕구나 비현실적 기대로 자녀가 원하는 것을 제대로 이해하지 못하고 일방적으로 이야기한 적이 많습니다. 자녀에게 사과하고 다시 당신의 진심을 전한다면 어떻게 표현할 수 있을까요? 마음을 글로 적어 보세요.

3회기 성장한 아이에게 필요한 부모역할

활동지도안	
활동 목표	• 청소년기 자녀의 특성을 이해하고 수용한다. • 청소년기 자녀의 발달을 도와주는 부모의 역할에 대해 이해한다.
준비물	활동지 3-1, 활동지 3-2, 활동지 3-3, 활동지 3-4, 필기도구
단계	진행절차
도입 (30분)	▶ 되돌아보기와 준비하기 지난 시간에는 부모가 자녀에게 갖는 기대와 욕구에 대해 이해하고 부모의 욕구와 기대가 자녀에게 미치는 영향에 대해 알아보았습니다. 나의 욕구를 잠시 내려놓고 자녀의 욕구에 집중해 보니 어떠셨나요? 한 분씩 이야기를 나눠 주시겠습니까? 오늘은 청소년기 자녀의 특성을 이해하고 청소년기 자녀의 발달을 도와주는 부모의 역할에 대하여 나눠 보려고 합니다. • 발표가 끝나면 참가자들이 얘기했던 내용 중 이번 시간과 관련되는 사건을 중점으로 부모역할의 어려움에 대해 공감해 준다. ▶ 도입 활동: 발달 특성 빙고게임 본격적인 강의와 활동에 들어가기 전에 간단한 게임을 통해 청소년기 발달 특성, 중년기 발달 특성을 알아보도록 하겠습니다. 〈활동 내용〉 활동지 3-1 ① 집단원 3~4명을 한 팀으로 하여 모둠을 나누고 각 모둠별로 리더를 뽑는다. ② 청소년기 발달 특성을 '활동지 3-1'에 적는다. ③ 모둠별 순서를 정해서 빙고 칸에 적은 특성을 하나씩 발표한다. ④ 가로, 세로, 대각선으로 네 칸이 완성된 팀이 이긴다. ⑤ 중년기 발달 특성도 위와 같은 방법으로 진행한다. ▶ 회기 목표 및 활동 안내 자녀가 갓난아이였을 때와 유치원에 갔을 때 그리고 초등학생이 되었을 때 부모님은 어떤 것을 해 주셨나요? 유아기 때의 부모의 역할이 자녀를 부모의 품 안에서 돌보고 보살피는 것이라면 청소년기의 부모의 역할은 자녀가 건강한 성인으로 자신의 삶을 살아갈 수 있도록 자녀를 믿고 격려하는 것입니다. 오늘은 청소년기 자녀의 특성을 이해하고 청소년기 자녀의 발달을 도와주는 부모의 역할에 대해 강의와 활동을 통해 알아보도록 하겠습니다.

전개 (60분)	▶ 활동 3-2. 그때 나는 이랬었구나! 부모님들도 청소년이었던 때가 있었지요. 자녀가 반항하거나 자기주장이 많아지는 모습을 보며 '나도 그땐 그랬었지' 또는 '나는 저러지 않았는데'라는 생각을 해 보셨나요? 부모님의 청소년기를 되돌아보고 나는 그때 어땠었는지 적어 보도록 하겠습니다. 〈활동 내용〉 활동지 3-2 ① 중요한 사건이 있다면 표시한다. ② 나의 고민을 적는다. ③ 나의 고민에 대한 부모님의 반응을 적는다. ④ 그때 내가 부모님께 바라는 것은 무엇이었는지 적는다. 나의 모습을 되돌아보니 어떤가요? 지금 자녀의 모습에 대해 이해가 되는 부분이 있나요? 여러분의 소감을 들어 보도록 하겠습니다. ▶ 활동 3-3. 변해 버린 너, 낯선 나의 모습 아동기의 자녀와 지금 청소년기의 자녀는 달라졌지요? 어떤 점들이 달라졌나요? 이번 활동은 자녀가 청소년으로 성장하는 과정에서 예전 모습과 다른 모습을 보일 때 일어나는 부모의 마음과 반응은 어떤 것들이 있는지 살펴보고자 합니다. 〈활동 내용〉 활동지 3-3 ① 아동기와 달리 변한 자녀의 모습을 적는다. ② 그런 자녀를 바라보는 부모의 마음은 어땠는지 적는다. ③ 변한 자녀의 모습에 대한 부모의 반응과 대응하는 모습은 무엇인지 적는다. ④ 변한 자녀로 인한 부모의 마음에 대해 적는다. **Tip** 부모로서의 어려움을 충분히 나눌 수 있도록 시간을 넉넉하게 배분합니다. 활동을 해 보니 어떤가요? 한 분씩 이야기해 보도록 하겠습니다. 샤워하고 속옷도 입지 않고 돌아다니던 아이가 제 방에 들어올 땐 노크를 하라는 말이 낯설기도 하고, 노크하지 않고 방문을 열었다고 화를 내는 모습에 당황스럽기도 하고, 꼬박꼬박 말대꾸를 하는 모습엔 괘씸하기도 하지요. 또 한편으로는 아기 같던 아이가 언제 저렇게 컸나 생각하면 대견하기도 합니다. 그렇다면 청소년기 자녀의 부모는 어떤 역할을 해야 할까요? 강의를 통해 알아보도록 하겠습니다. ▶ 강의 3-1. 청소년기 자녀의 부모역할 〈강의 내용〉 강의자료 3-1 1. 청소년기 자녀의 발달 특성 2. 부모의 발달 특성 3. 청소년기 발달 과업 성취를 위한 부모역할

<table>
<tr><td></td><td>강의를 통해 청소년기 자녀의 발달 특성과 부모의 발달 특성, 청소년기 자녀의 발달 과업 성취를 위한 부모역할에 대해 살펴보았습니다. 그러면 이번에는 활동을 통해서 자녀에게 필요한 부모역할에 대해 생각해 보도록 하겠습니다.

▶ 활동 3-4. 아하! 부모역할, 이런 것이 필요했구나!
강의를 듣고 나니 자녀에 대해 이해되는 부분이 있나요? 어떤 것이 있습니까? 활동지 3-3은 '변해 버린 너, 낯선 너의 모습'에 적은 내용 중 강의를 듣고 난 뒤 변화할 수 있는 나의 반응은 무엇이 있는지 생각해 보려고 합니다. 그리고 생각한 것은 어떻게 실천할 수 있을지 구체적인 방안에 대해서도 고민해 보려고 합니다.

〈활동 내용〉 활동지 3-4
① '활동지 3-3'에 적은 내용 중 강의를 들은 후 이해되는 것이 있으면 적는다.
② 자녀의 성장을 위해 변해야 할 나의 반응과 대응 모습을 적는다.
③ 이를 실천하기 위한 구체적인 방법을 적는다.

여러 사람 앞에서 말을 하게 되면 선언의 효과가 있다고 합니다. 한 분씩 실천방안에 대해 이야기해 보도록 하겠습니다.</td></tr>
<tr><td>마무리
(30분)</td><td>▶ 마무리
오늘은 청소년기 자녀의 특성과 발달 과업을 도와주기 위한 부모의 역할에 대해 알게 되었습니다. 이번 시간을 통해 자신에 대한 느낌이나 새롭게 알게 된 점에 대해서 이야기해 보도록 하겠습니다.

▶ 성장을 위한 준비
이번 시간에는 청소년으로 성장한 자녀에게 이전과는 다르게 반응해 보겠다고 실천방안을 세우셨습니다. 생각한 것을 행동에 옮기고 그것이 습관처럼 익숙하게 되기까지에는 많은 시간과 노력이 필요합니다. 한두 번 정도의 연습만으로 변하는 사람은 없습니다. 잊어버리고 이전과 같은 반응을 했다고 자책하지 말고 꾸준히 연습해 보시길 바랍니다.
이번 주 과제는 자녀와 대화를 하면서 소통이 잘 되는 부분은 무엇이고 어려운 부분은 무엇인지 알아 오는 것입니다. 자녀와 대화를 할 때 염두에 두시고 이야기를 나누도록 하세요. 그럼 이번 주에도 자녀와 즐겁게 보내시기 바랍니다.

▶ 차시 안내
다음 시간에는 청소년기 자녀가 건강한 성인으로 성장할 수 있도록 도와주는 구체적인 부모의 역할에 대해 알아보도록 하겠습니다.</td></tr>
<tr><td>유의점</td><td>• 집단원들이 편안한 마음으로 집단에 참여할 수 있도록 신뢰할 수 있고 허용적인 분위기를 만든다
• 나누기를 할 때 모든 집단원들이 적극적으로 참여하고 자신의 이야기를 충분히 표현할 수 있도록 유도한다.</td></tr>
</table>

강의자료 3-1

Smart Map

청소년기 발달 과업 성취를 위한 부모역할

부모역할은 고정된 것이 아니며 자녀의 발달과 성장에 맞춰 새로운 능력이나 역할을 발달시켜야 한다. 유아기 때의 부모의 역할이 자녀를 부모의 품 안에서 돌보고 보살피는 것이라면 청소년기의 부모의 역할은 자녀가 건강한 성인으로 자신의 삶을 살아갈 수 있도록 자녀를 믿고 격려하는 것이다.

1. 청소년기 자녀의 발달 특성

- 신체적 특성: 성인의 외모와 체력, 성적 욕구 증가
- 인지적 특성: 추상적 · 논리적 · 조작적 추론 능력 증가
- 사회정서적 특성: 정서조절의 어려움, 부모로부터의 독립 욕구, 자아정체감

2. 부모의 발달 특성

- 신체적 특성: 건강문제, 신체적 · 성적 매력 감소, 생식능력 감퇴
- 인지적 특성: 새로운 시대적 변화를 수용하기 어려움
- 사회정서적 특성: 직장에서의 사회적 역할과 가정에서의 배우자, 부모, 자식 등 다양한 역할에 대한 변화

3. 청소년기 발달 과업 성취를 위한 부모역할

부모역할은 자녀의 모든 발달단계에서 중요하지만 특히 부모와 청소년기 자녀가 맺는 관계의 질, 부모의 적절한 지도, 그리고 긍정적 부모역할 기능의 실천은 청소년기 자녀의 발달시기에 일어나는 부정적인 문제를 예방하는 데 매우 중요하다. 청소년기 자녀의 부모는 양육의 역할이 주된 아동기와는 달리 자녀가 건강한 성인으로 성장할 수 있도록 지지자, 조력자, 안내자, 실천가로서의 역할이 요구된다.

첫째, 지지자로서의 부모의 역할이 필요하다. 청소년들은 사회적 관계 안에서 자신을 확립해 나간다는 측면에서 긍정적인 피드백이 많이 필요하다. 따라서 부모는 독립적인 개인으로서 자녀의 자율성을 인정해 주어야 하며, 정서적으로 따뜻한 지지와 관

심을 표현해 주는 것이 매우 중요하다.

둘째, 조력자로서의 부모의 역할이 필요하다. 청소년기의 자녀들은 부모의 체벌이나 통제를 거부하고 부모의 권위에 도전하기도 한다. 부모가 설정한 규칙이나 가치관에 대하여 논리적인 모순을 발견하고, 이의를 제기하거나 비판적으로 부모를 대하기도 한다. 이때 부모는 청소년기 자녀가 아동기와 다르게 버릇없는 태도를 보이는 모습에 당황하게 되고 화를 내거나 방어적으로 대하기 마련이다. 청소년들은 심리적 · 신체적 변화로 인해 자신감을 잃고 불안정하기 쉬운 시기이므로, 자녀의 장점을 격려하고 인정해 주는 부모의 지원이 가장 필요한 역할이라 할 수 있다.

셋째, 안내자로서의 부모의 역할이 필요하다. 청소년은 또래관계 문제와 학업 문제로 많은 고민과 갈등을 겪는다. 이 시기에 또래관계가 원만하거나 친구들과 친밀한 교류를 잘하고 있다면 큰 어려움이 없겠지만, 친구들로부터 소외되거나 따돌림을 당하는 경우 부모가 자녀의 어려움을 들어주고 함께 고민해 주는 역할이 요구된다. 부모는 가치관이 수립된 성인으로 인생 경험이 풍부하므로, 안내자로서의 부모역할은 청소년에게 망망대해에서 만나는 등대와 같은 존재로 도움이 될 것이다.

넷째, 실천가로서의 부모의 역할이 필요하다. 청소년기 자녀를 둔 부모는 자녀가 사춘기를 어떻게 잘 보낼 것인가를 고민하고 있으며, 미리 자녀의 사춘기에 대비하고자 노력하고 있다. 그럼에도 불구하고 이 시기에 부모-자녀 관계에서 갈등이 생기고 힘들어 하는 경우를 보게 된다. 그것은 지식과 정보로 알게 된 것을 실제 자녀와의 생활에서 적용하여 실천하는 노력의 부족에서 온 것이다. 청소년기 자녀의 부모는 특히 자녀의 급격한 발달 특성을 이해하며, 발달 변화에 적응하도록 돕기 위해 실천하는 부모역할이 중요하다.

Smart Map 빙고게임

청소년기 발달 특성

중년기 발달 특성

활동지 3-2

Smart Map 그때 나는 이랬었구나!

1. 자신의 청소년 시기에 일어났던 중요한 사건을 떠올리며 표기해 보세요.

※ 작성 방법

- 왼쪽의 (−10)~(+10)은 자신이 느끼는 감정이나 자신에게 끼친 영향 정도입니다.
- 자신에게 중요한 사건이 있었던 시기에 ★표를 합니다.

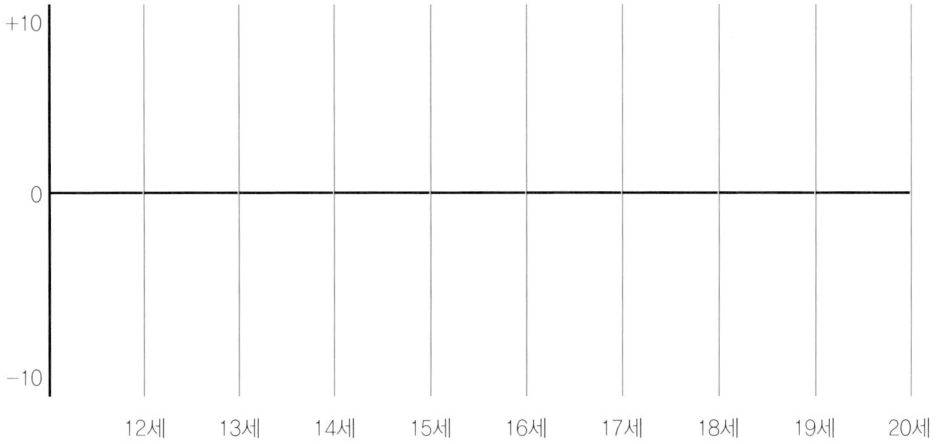

2. 중요한 사건은 무엇이었으며, 그때 부모님의 반응과 나의 바람은 무엇이었는지 적어 보세요.

중요한 사건은 무엇인가요?	
그때 부모님의 반응은?	
내가 부모님께 바랐던 것	

활동지 3-3

Smart Map 변해 버린 너, 낯선 나의 모습

1. 자녀가 청소년으로 성장하면서 이전과는 다르게 행동하는 모습이 나타나지요. 주로 어떤 모습들이 나타나는지 적어 주시고 그럴 때 나는 어떻게 반응하고 대응하는지 적어 보세요(예: 초등학생 때에는 학교 다녀와서 조잘조잘 얘기를 잘 했었는데 중학생이 되어서는 묻는 말에도 대답을 잘 안 한다, 방문을 항상 걸어 잠근다 등).

변해 버린 자녀의 모습	자녀에 대한 나의 마음	현재 나의 반응과 대응 모습

2. 변한 자녀로 인해 갈등이 잦아지면서 자신의 마음이 어떤지 적어 보세요.

활동지 3-4

Smart Map 부모역할, 이런 것이 필요했구나!

'활동지 3-3'의 '변해 버린 너, 낯선 나의 모습'에 적은 내용 중 강의를 들은 후 변화할 수 있는 반응과 대응 방법으로는 무엇이 있을까요? 그리고 이것을 실천하기 위한 구체적인 방안은 무엇이 있는지 적어 보세요.

이해되는 부분	변화할 수 있는 나의 대응 방법	실천방안

4회기 자녀와 마음을 나누는 대화의 달인

활동지도안	
활동 목표	• 자녀와 일상 대화에서 부모가 평소 하는 말의 종류를 파악하고, 자녀에게 어떤 영향을 미치는지 알아본다. • 자녀와 갈등 상황에서 자녀를 존중하는 대화를 사용할 수 있다.
준비물	활동지 4-1, 활동지 4-2, 동영상, 필기도구
단계	진행절차
도입 (20분)	▶ 되돌아보기와 준비하기 지난 한 주 어떻게 보내셨습니까? 지난 시간에는 청소년기 자녀의 특성을 이해하고, 우리 청소년기 자녀의 발달을 도와주는 부모의 역할에 대해 이해하는 시간을 가졌습니다. 대화는 사람과 소통하는 가장 중요한 수단입니다. 그래서 오늘은 부모-자녀 대화법에 관하여 나누어 보고자 합니다. ▶ 회기 목표 및 활동 안내 우리는 일반적으로 청소년과 소통하는 데 많은 어려움을 겪습니다. 특히 청소년기 자녀와 대화를 통해 소통한다는 것은 쉬운 일이 아닙니다. 이러한 이유는 청소년들이 말을 잘 하지 않기 때문입니다. 그럼에도 불구하고 어떻게 자녀와 오고가는 소통을 잘할 수 있을지 오늘 활동을 통해 대화 방법을 배워 볼 것입니다. 우선, 부모가 평소 자녀와 어떻게 대화하고 있는지 살펴보고, 이러한 대화가 자녀에게 어떤 영향을 미치는지 알아보겠습니다. 그리고 자녀와 어떻게 대화하면 좋을지 구체적으로 자녀와 대화하는 방법을 익히고 연습해 볼 것입니다. ▶ 동영상 시청 우선, 관련 영상을 함께 보도록 하겠습니다. 동영상 시청 후 여러분들의 소감을 들어보겠습니다. 동영상: 세상에서 가장 어려운 직업
전개 (70분)	▶ 활동 4-1. 나는 평소에 이렇게 얘기하는구나 여러분들이 평소에 자녀에게 어떤 말들을 하고 있는지 살펴보고자 합니다. 자, 오늘 아침 혹은 요 며칠 동안 우리 자녀에게 일상적으로 건넸던 말을 떠올려 보시고, 평소에 많이 하는 말들을 구체적으로 세세한 대화체 형태로 적어 보세요.

〈활동 내용〉 활동지 4-1

① '활동지 4-1'을 나누어 주고, 활동 내용을 설명한다.

'이런 상황'에 해당하는 여섯 가지 상황은 청소년기 자녀를 둔 가정에서 일상적으로 흔히 일어나는 상황들이므로 이런 상황에서 부모 자신은 어떤 말을 하는지 '내가 하는 말' 칸에 대화체로 기록한다.

② 여섯 가지 상황에 내가 하는 말을 기록한 후 '대화의 종류' 칸은 비워 두도록 한다.

③ 두 사람씩 짝을 만든다. 각자 자신의 활동지에 기록한 내용을 서로 부모-자녀가 되어 역할극으로 재현해 본다. 역할을 바꾸어 상대방의 내용으로 다시 해 본다.

④ 부모역할과 자녀역할을 해 보고 나서 전체 소감 나누기를 해 본다.

여러분이 우리 자녀에게 평소에 사용하는 말들을 찾아보고, 또 직접 자녀가 되어 그 말을 들어 보는 입장이 되는 활동을 해 보셨습니다. 어떻습니까? 자녀는 부모로부터 일상적인 그 말을 들었을 때 어떤 심정일까요? 이제 부모님이 일상적으로 사용하는 말이 자녀에게 어떤 영향을 미치는지 살펴보고자 합니다.

▶ 강의 4-1. 관계를 해치는 말의 종류

〈강의 내용〉 강의자료 4-1

1. 부모-자녀 관계를 해치는 말의 종류를 살펴본다.
2. 부모가 사용하는 일방적인 말이 자녀에게 어떻게 영향을 미치는지 안내하고, 부모-자녀 관계를 해치는 영향에 관하여 이해한다.

말이 얼마나 중요하고, 말의 힘이 얼마나 강력한 것일까요? 부모가 가정에서 자녀에게 일상으로 하는 말이 우리 자녀에게 어떻게 다가갔을지 돌이켜보고 관계를 해치는 말을 최소화하도록 노력해야겠습니다.

▶ 강의 4-2. 자녀와의 대화에서 부모가 가져야 할 기본적인 태도

자녀와 관계를 해치지 않게 대화하려면 어떻게 해야 할까요? 그것은 말의 기술을 배우기에 앞서 자녀를 대하는 부모의 태도에 달려 있습니다. 그 기본적인 태도에 대하여 살펴보도록 하겠습니다.

〈강의 내용〉 강의자료 4-2

1. 부모가 자녀를 대하는 기본적인 태도 네 가지에 관하여 설명한다.
2. 해당하는 기본 태도를 취하는 구체적인 방법을 안내한다.
3. 부모의 기본적인 태도가 자녀에게 어떤 긍정적인 영향을 미치는지 알 수 있다.

이제까지 살펴본 바처럼 부모가 자녀를 존중하고, 자녀에게 성실한 태도를 가지며 자녀의 심정을 공감하고 수용하는 태도를 갖추고 행하게 되면 자녀와 깊이 있는 대화를 할 수 있고, 부모에게 친밀감을 느끼며, 부모-자녀 관계에서 긍정적인 감정을 갖게 될 것입니다. 일상에서 부모의 기본적인 태도를 염두에 두고, 관계를 해치는 말을 줄이도록 노력해 보세요.

	▶ 활동 4-2. 서로 상처 주지 않고 말해요 부모가 일상적으로 사용하는 말이 부모-자녀 관계에 부정적인 영향을 줄 수 있고 특히 청소년기 자녀와의 소통을 위해서는 자녀를 존중하고 일관되게 성실해야 하며, 수용하는 태도가 중요하다는 것을 배웠습니다. 이제 자녀와 갈등 상황에서 어떻게 대화해야 하는지 알아보도록 하겠습니다. 〈활동 내용〉 **활동지 4-2** ① '활동지 4-2'를 나누어 주고, 활동 내용을 설명한다. ② 활동지의 '이런 상황'에 제시된 상황에 해당하는 구체적인 실제 상황을 기록한다. ③ '이렇게 말해요'에 부모가 반응하는 태도, 말, 심정을 기록한다. 세 가지 상황 칸을 모두 기록한다. **Tip** 부모-자녀 대화에서 관계를 해치는 말을 하게 될 때는 이렇게 해 봅시다. • 그 순간 바로 알아차리고 멈추기 • 숨 고르기 호흡을 한 뒤, 현재 상황에서 계속 대화를 할지, 잠시 뒤에 다시 할지 결정하기 • 자녀를 바라보며 부모가 갖추어야 할 기본적인 태도를 상기하기 • 감정을 차분하게 하고, 전하고 싶은 말을 배운 대로 다시 대화를 시도하기 • 부모가 잘못한 것은 솔직하게 인정하기, 속마음을 전하기, 한 번에 한 가지만 말하기 등을 지키기 이 활동을 통해 여러분의 자녀와 벌어지는 상황을 설정해 보고, 이런 상황에서는 어떻게 말해야 하겠다는 심정과 태도를 반영하여 적어 보셨을 거라 짐작됩니다. 오늘 익힌 '자녀에게 대하는 태도와 말하는 방법'을 이대로 간직하셔서 일상에서 사용하고 훈련하도록 노력하시길 바랍니다.
마무리 (30분)	▶ 마무리 및 차시 안내 자녀가 부모에게 하고 싶은 말이 있는 상황에서 부모는 자녀가 말할 수 있도록 허용적인 분위기를 만들어 주고 적극적으로 경청하는 태도가 필요합니다. 한편, 부모가 자녀에게 하고 싶은 말이 있는 상황에서는 자녀의 행동이 부모에게 어떻게 영향을 주었는지 생각과 느낌을 진솔하게 표현하도록 합니다. 그리고 문제 상황에서 문제해결의 대화가 필요할 경우에는 부모-자녀 모두 만족스러운 대화로 이끌어 내야 합니다. 다음 차시에는 문제해결의 대화 방법에 대해 배워 보도록 하겠습니다.
유의점	• 활동 4-1에서 참여자의 일상적인 대화를 찾아볼 때, 실제 상황에서 사용하는 그대로의 솔직한 표현이 나오도록 안내한다.

Smart Map 관계를 해치는 말의 종류

• 비난하기: "너는 도대체 할 수 있는 게 뭐니?"

→ 자녀가 좌절감을 갖게 되고, 자기비하적이거나 자기조소적 성향이 될 가능성이 높다.

• 비교하기: "동생은 저렇게 열심히 공부하는데 형이 돼 가지고 너는 도대체 뭐니?"

→ 자녀에게 수치심, 부끄러움, 시기심을 갖게 할 수 있다.

• 평가하기: "아이고, 이 멍청아! 이걸 한 거라고 하는 거야?"

→ 부정적 평가로 인해 자녀의 자존심을 상하게 하기 쉽다. 적극적인 사고나 행동을 하지 못하고 창의적 사고를 하는 데도 제한적일 수 있다.

• 협박하기: "지금 당장 그만하지 않으면 ~할 거야."

→ 권위에 대한 저항감과 적개심을 갖게 하고, 벌을 피하려는 행동을 배우게 할 수 있다.

• 명령하기: '~해라.' '~하지 마라.'

→ 자녀 자신이 스스로 판단하는 능력이 저하되고 자신감이 떨어질 수 있으며 의존심과 의타심을 키운다.

• 건성으로 대답하기: "나중에 다시 얘기하자."

→ 부모의 말을 믿지 않게 되고, 사실이 아님을 알게 되면 부모에게 불신감을 갖게 한다.

• 설교하기: "착한 사람은 자기 할 일은 스스로 알아서 하는 거야."

→ 자녀의 욕구가 무시되어 불만을 가지게 할 수 있다. 스스로 판단하는 능력을

키우지 못하게 하며, 자신의 능력으로 해내지 못했을 때 좌절감을 갖게 할 수 있다.

부모가 자녀의 욕구를 무시하고 주관적으로 판단하여 평가하거나 자녀의 생각이나 감정을 염두에 두지 않는 대화는 일방적인 대화 방법일 수 있다. 부모가 지속적으로 이러한 말투를 사용한다면 자녀와의 관계에 해로운 영향을 주게 된다. 부모가 일방적인 의사전달 방식을 바꾸도록 부단히 노력하면 자녀도 바뀔 것이다.

Smart Map 자녀와의 대화에서 부모가 가져야 할 기본적인 태도

1. 자녀를 존중하는 마음

자녀를 한 개인으로 인정한다. 자녀가 어떤 가치 있는 일을 하거나 잘하기 때문에 존중하는 것이 아니라 무조건적으로 존중한다는 것을 의미한다.

- 자녀를 칭찬하고 인정하며, 좋아하는 것이다. 자녀를 대하는 태도나 말투가 비판적이거나 평가적이지 않고 조롱하거나 무시하지 않는다.
- 존중하는 태도는 부모가 우월한 입장에서 자녀를 대하는 것이 아니라 자녀의 입장에서 자녀를 보는 것이다. 부모가 스스로를 존중하고 자녀를 존중할 때, 부모 자신을 솔직하게 표현하는 것이다. 자녀가 부모와 동등한 인간임을 인정한다.
- 자녀를 존중하면 자녀가 자존감을 갖게 되고, 자녀가 인정받게 되어 진실한 대화를 할 수 있게 되며, 부모를 존경하고 사랑을 느끼게 될 것이다.

2. 느낌과 행동이 일치하는 태도

자녀와의 관계에서 부모가 진실하고 성실한 태도를 갖는다. 부모 자신의 생각과 감정, 느낌을 솔직하게 나타낸다.

- 부모가 자신의 가치를 인정하고 있어야 한다. 자녀에게 말하기 전에 부모 스스로의 생각이나 감정이 무엇인지 알아차리고 확인한다. 부모가 방어적이거나 구태의연한 태도를 갖지 않는다.
- 자녀를 성실하게 대하면 자녀가 부모의 생각과 감정을 알 수 있게 되고 자녀도 성실하게 진실한 대화를 할 수 있다. 이는 부모-자녀 관계에서 긍정적 감정이 일어나게 한다.

3. 자녀에게 공감하기

자녀의 세계에 들어가서 자녀가 갖는 생각이나 느낌을 같이 느끼는 것이다. 부모의 편견이나 선입견에서 물러나 부모 자신의 생각이나 느낌, 가치관, 도덕성을 통해 자녀를 이해하지 않도록 노력한다.

- 자녀의 말을 주의 깊게 듣고 그 의미와 감정을 이해하려고 노력한다. 자녀의 감정을 알아내기 위해 말의 억양을 세심하게 듣는다. 자녀의 얼굴 표정, 행동을 주의 깊게 관찰하고 자녀의 입장에서 들으려고 노력한다.
- 자녀에게 공감하는 태도를 가지면 자녀를 진정으로 이해할 수 있게 된다. 자녀가 스스로 문제를 해결할 수 있도록 도와줄 수 있다. 자녀가 이해받는다 생각하게 되면 부모에게 친밀감을 느끼게 된다.

4. 자녀를 있는 그대로 받아들이기

자녀에게 조건을 붙이지 않고 있는 그대로 받아들인다. 부모가 진실로 자신을 받아들여 준다고 생각하게 하는 것이다. 자녀가 진실로 받아들여지는 경험을 하게 되면 안정감을 가질 수 있고, 모든 일을 쉽게 말할 수 있을 것이다.

- 자녀의 말, 행동, 감정을 받아들인다. 말을 수용하는 것은 자녀가 하는 말의 의미를 깨닫는 것이다. 또한 자녀의 행동에 간섭하지 않으며 자녀의 감정을 이해할 수 있어야 한다.
- 자녀를 수용하게 되면 자녀는 부모에 의해 간섭받거나 중단되는 일이 없으므로 스스로의 가치를 인정하게 된다. 부모에게서 안정감과 평안함을 느끼게 되고, 자녀 스스로 문제를 해결하려는 태도를 갖는다.

활동지 4-1

Smart Map 나는 평소에 이렇게 얘기하는구나

다음 제시된 상황에서 나는 자녀에게 어떻게 이야기를 하는지 적어 보세요.

이런 상황	내가 하는 말	대화의 종류
1. 중학교 3학년 딸이 내일이 시험인데 엄마 옆에서 TV 드라마에 빠져서 보고 있다.		
2. 자녀의 방 안이 어지럽혀져 있고 엉망이다.		
3. 자녀가 새벽까지 잠을 자지 않고 휴대전화로 친구들과 채팅을 하고 있다.		
4. 중학교 2학년 아들이 학원을 자주 바꿔 달라고 하며 여기저기 옮겨 다니는데 성적이 계속 떨어진다.		
5. 자녀가 학교에서 친구와 자주 싸우고, 집에 와서 화풀이를 한다.		
6. 자녀가 매일 아침 학교 갈 시간이 다 되어도 일어나지 않는다.		

활동지 4-2

Smart Map 서로 상처 주지 않고 말해요

자녀와 갈등이 일어날 때 이렇게 말해 보아요.

이런 상황	이렇게 말해요
(자녀가 부모에게 하고 싶은 말이 있을 때) 자녀가 새벽까지 잠을 자지 않고 폰으로 친구들과 채팅을 하고 있다.	
(부모가 자녀에게 하고 싶은 말이 있을 때) 자녀 방에 들어가니 방 안이 어지럽혀 있고 엉망이다.	
(문제 상황에 처해 있을 때 문제해결 대화) 자녀가 매일 아침 학교 갈 시간이 다 되었는데도 일어나지 않는다.	

<table>
<tr><th colspan="2">활동지도안</th></tr>
<tr><td>활동 목표</td><td>• 자녀의 입장이 되어 경험해 봄으로써 자녀를 이해하고 갈등해결에 도움을 받는다.
• 역할극을 통해 효과적인 부모-자녀 대화 방법을 연습한다.
• 문제해결의 대화 방법을 익히고 연습한다.</td></tr>
<tr><td>준비물</td><td>활동지 5-1, 활동지 5-2, 동영상, 필기도구</td></tr>
<tr><td>단계</td><td>진행절차</td></tr>
<tr><td>도입
(20분)</td><td>▶ 되돌아보기와 준비하기
지난 한 주 자녀와 부모-자녀 대화법으로 소통해 보셨습니까? 지난 시간에는 부모가 평소 일상 대화를 어떻게 사용하고 있는지 알아보고, 자녀와 어떻게 대화하면 좋을지 구체적으로 자녀와 대화하는 방법을 익히고 연습해 보는 시간을 가졌습니다. 지난 회기에 부모-자녀 대화법을 배웠으니 이번 시간은 부모가 자녀를 대하는 기본적인 태도를 갖추면서, 자녀와의 갈등 상황에서 어떻게 부모-자녀 대화법으로 풀어갈 것인지 연결하는 활동을 해 보려고 합니다.

▶ 도입 활동: 내가 너를 따라해 볼게
오늘의 본 활동을 하기 전에 몸을 움직이는 도입 활동을 해 보려 합니다. 저의 설명을 들으시고 저를 따라서 하시면 됩니다.

〈활동 내용〉
① 두 사람씩 짝을 만들고, 두 사람 사이에 50cm 정도 거리를 두고 마주 선다.
② 서로 얼굴을 마주보고 눈을 마주치면서 눈빛으로 대화한다. 말은 하지 않도록 한다(1~2분 정도 눈빛으로 대화하는 시간을 준다).
③ 먼저, 한 사람이 상대와 눈빛 대화를 하면서 동작을 하면 마주보는 다른 한 사람은 그 동작을 거울에 비추듯이 그대로 따라 한다. 주도하는 사람은 자리를 이동하면서 동작의 크기와 빠르기를 원하는 대로 한다.
④ 상대는 최대한 주도하는 사람의 속도와 움직임을 그대로 비추면서 따라 한다. 5분 정도 시간이 경과하면 지도자의 지시에 따라 서로 주도하는 사람과 따라하는 사람의 동작을 바꾸어서 해 본다.

Tip
동작을 할 때 주도하는 사람이 원하는 대로 자유롭게 표현하도록 안내합니다. 활동 시간은 5분 정도를 할애하는데 너무 길다고 여겨지면 상황에 따라 조정합니다.</td></tr>
</table>

	도입 활동을 해 보시니 어떠신가요? 내가 주도하는 입장과 따라 하는 입장에 따라 느끼는 소감이 다를 거 같아요. 한번 소감을 나눠 볼까요? ▶ 회기 목표 및 활동 안내 오늘은 청소년기 자녀와의 사이에서 빈번하게 발생하는 갈등 상황을 역할극으로 실연하여 자녀의 입장이 되어 보는 경험을 해 보겠습니다. 그리고 자녀와 갈등 상황에서 문제해결 대화 방법을 통해 부모-자녀가 각각 WIN-WIN하는 대화법을 배워 보고자 합니다.
전개 (70분)	▶ 활동 5-1. 역할극으로 만나요 여러분은 청소년기 자녀들, 일명 사춘기 자녀들로 인해 시도 때도 없이 당황스러움을 경험하게 되고, 마치 전쟁을 치르는 듯한 경험을 자주 하게 될 것입니다. 자녀가 이 시기에 접어들 무렵이면 부모는 어떻게 대처해야 할지 미리부터 부모역할을 준비하지만 여전히 힘듦을 경험하곤 합니다. 어떻게 청소년기 자녀를 이해하고 갈등을 최소화하며 잘 지낼 수 있을까요? 지금부터 우리 가정에서 벌어지는 상황들을 설정하여 역할극으로 구성해 보고, 자녀역할과 부모역할을 직접 경험해 보도록 하겠습니다. 〈활동 내용〉 활동지 5-1 ① 참여 인원수를 고려하여 3~4개 모둠으로 나눈다. ② '활동지 5-1'을 나누어 주고, 활동 방법을 안내한다. ③ 가정에서 흔히 발생하는 학습, 진로, 친구, 생활습관, 이성교제, 인터넷 과몰입 등의 다양한 갈등 상황을 설정하여 각본을 작성한다. ④ 모둠별로 갈등 상황에 대해 역할극을 시연한다(각 모둠별로 5분 정도 소요시간 배정). ⑤ 갈등 상황에서 실제로 어떻게 대화하며 관계가 드러나는지 생생하게 시연한다. ⑥ 부모역할과 자녀역할을 해 보고 나서 전체 소감을 나눈다. 실제 우리의 일상에서 일어나는 자녀와의 갈등 상황을 상황극으로 재현하고, 각자의 입장이 되어 시연하는 역할극 활동을 해 보셨습니다. 어떠셨습니까? 자녀의 입장이 되어 부모의 태도와 말을 직접 들어 보고 체험하고 나니 어떤 심정이신가요? 우리 가정의 자녀를 이해할 수 있나요? 우리 자녀는 이런 상황이라면 어떤 생각과 감정을 갖고 있을까요? 자녀의 입장이 되어 상상해 봅시다. ▶ 강의 5-1. 문제해결 6단계를 활용한 WIN-WIN 대화법 부모와 자녀의 갈등 상황 속에서 자녀의 저항이 일어나거나 다투게 되거나 크고 작은 어려움을 겪게 됩니다. 자녀의 말을 무조건 들어줄 수도 없고, 부모가 무조건 강요할 수도 없습니다. 어떻게 하면 좋을까요? 자녀도 좋고, 부모도 좋은 방법은 없을까요?

	이제 승-승 대화, WIN-WIN 대화, 문제해결 대화로 이끌어 가는 방법을 배워 보도록 하겠습니다. 우선, 존 듀이의 문제해결 6단계를 안내해 드리겠습니다. 각 단계별 과정을 잘 숙지하시고 실제로 문제해결 대화를 실습해 볼 것입니다. 〈강의 내용〉 강의자료 5-1 1. '강의자료 5-1'을 활용하여 부모와 자녀가 서로 생각이나 욕구가 달라서 갈등이 일어나는 경우 문제해결 대화를 활용할 수 있도록 안내한다. 2. 존 듀이(John Dewey)의 문제해결 6단계를 활용한 WIN- WIN 대화법을 안내한다. 3. WIN-WIN 대화법을 시도할 때 주의해야 할 사항을 안내한다. ▶ 활동 5-2. WIN-WIN 대화법 문제해결 대화를 단계별로 안내하였습니다. 이론을 아는 것과는 달리 실제 상황에서는 각 단계마다 충실하게 대화를 할 때 다음 단계로 순조롭게 진행될 수 있습니다. 이제 역할극에서 다루었던 갈등 상황으로 실제 문제해결의 대화로 풀어 가는 과정을 연습해 보겠습니다. 〈활동 내용〉 활동지 5-2 ① '활동지 5-2'를 나누어 주고, 활동 내용을 설명한다. ② 역할극을 시연했던 모둠별로 모여 앉는다. ③ 역할극 속의 갈등 상황을 설정하여 활동지에 실제 상황처럼 기록한다. ④ 자녀의 입장과 부모의 입장에서 각각 자신의 욕구를 찾아보고, 해결방안을 제시한다. ⑤ 실행하기와 실행 후 재평가 부분까지 구체적으로 계획하여 기록한다. **Tip** 실제로 문제해결 방안들에 대한 아이디어를 모아서 의견을 내놓고, 최선의 해결방안도 최종 결정합니다. 그 과정에서 서로의 의견을 앞에서 배운 부모-자녀 대화법으로 나누려고 노력해야 합니다.
마무리 (30분)	▶ 마무리 오늘 여러분 가정에서 일어날 수 있는 자녀와의 갈등 상황을 역할극으로 시연해 보고, 또 그런 상황에서 소통할 수 있는 문제해결의 대화 방법을 배웠습니다. WIN-WIN 대화법은 부모가 자녀의 욕구를 알게 되고, 자녀 또한 부모의 욕구를 알게 되는 과정을 경험하고 현실적으로 문제 상황에서 서로의 욕구를 조절하여 거리를 좁혀 나가는 과정으로 대화를 할 수 있게 합니다. 이 과정에서 무엇보다 중요한 것은 서로가 서로의 입장이 되어 진정성을 가지고 만나게 된다는 것입니다. 반드시 부모-자녀 관계가 좀 더 친밀해지고 소통이 잘 이루어질 것입니다.

	▶ 성장을 위한 준비 여러분이 자녀와 친밀한 관계로 나아가고, 자녀와 갈등 상황을 잘 해결하기 위하여 오늘 배운 과정을 가정에 돌아가서서 실천해 보는 과제를 수행해 오시기 바랍니다. ▶ 차시 안내 다음 차시에는 부모가 자녀의 진로를 함께 찾아가는 멘토로서의 역할을 알아보도록 하겠습니다.
유의점	• 활동 5-2에서 2단계 해결 가능한 방안을 찾아갈 때, 부모와 자녀가 서로 존중하는 태도를 가지고 있어야 하며, 각자의 욕구나 해결 가능한 방안을 말할 때 어떠한 의견이라도 자유롭게 표현할 수 있는 분위기가 되도록 한다. **Tip** • WIN-WIN 대화법을 훈련하기 위하여 어렵지 않게 성공할 수 있는 작은 것부터 연습합니다(예: 외식 메뉴 결정하기, 관람하려는 영화 선택하기, 용돈 금액 정하기 등). • WIN-WIN 대화법을 하게 되면 부모도 좋고, 자녀도 좋은 일이 되어 서로 유쾌해지는 경험을 맛보도록 합니다.

Smart Map 문제해결 6단계를 활용한 WIN-WIN 대화법

문제해결의 대화가 필요할 때

- 자녀의 생각을 듣는 대화 방식, 부모의 의견을 표현하는 대화 방식으로 문제해결이 어려울 경우 WIN-WIN 대화법을 사용한다.
- 부모-자녀 갈등 상황에서 부모가 원하는 방향으로 설득하거나 권위를 행사하면 자녀가 지는 양상이 되어 자녀가 부모에게 적개심을 가지고 반항할 수 있다.
- 부모-자녀 갈등 상황에서 자녀가 고집을 세우고 부모가 지게 되면 자녀의 통제능력이 결여되고 자기중심적이 되기 쉽다.
- 부모와 자녀가 서로 생각이나 욕구가 달라서 갈등이 일어나는 경우 문제해결의 대화가 필요하다.

존 듀이의 문제해결 6단계를 활용한 WIN-WIN 대화법

- 준비단계: 갈등이 없는 단계
- 1단계: 갈등 상황을 확인하고 그것이 무엇인지 안다.
  - 부모의 욕구와 자녀의 욕구를 찾아보고 대조해 본다.
- 2단계: 해결 가능한 방안을 찾아본다.
- 3단계: 찾아본 해결방안을 하나씩 평가한다.
- 4단계: 평가를 통해서 최선의 해결방안을 선택한다.
- 5단계: 문제해결을 위해 실천한다.
- 6단계: 실행 후 재평가를 한다.

WIN-WIN 대화법을 시도할 때 주의해야 할 사항

- 부모가 일방적으로 자신의 생각이나 요구사항을 강요하지 않도록 한다.
- 2단계에서 자녀를 존중한다 하여 무조건 자녀의 생각이나 요구사항을 받아들이고 부모 자신에게 심리적 갈등을 일으키지 않도록 한다.

Smart Map 역할극으로 만나요

우리 가정에서 벌어지는 상황들을 설정하여 역할극으로 구성해 봅시다.

모둠 별칭:

- 각본 주제:
- 등장인물:
- 시나리오:
- 시연 후 소감:

활동지 5-2

Smart Map WIN-WIN 대화법

역할극에서 다루었던 갈등 상황을 소재로 하여 문제해결의 대화로 풀어가는 과정을 연습해 봅시다.

단계	부모- 자녀 대화	점검
갈등 이전 단계		
갈등 상황을 확인, 갈등이 무엇인가?	• 자녀의 욕구 찾아보기: • 부모의 욕구 찾아보기:	
해결 가능한 방안 제시	• 부모의 방안 제시: 1. 2. • 자녀의 방안 제시: 1. 2.	
제시된 해결방안 평가	(각각의 제시된 방안들을 하나씩 그 실천 가능성에 대해 평가한다. 정직하게 표현한다.)	
최선의 해결방안 선택	(최종 방안을 선택한다.)	
실행하기	(기간을 합의하여 정해 놓고 실천해 본다. 언제 누가 무엇을 할 것인가?)	
실행 후 재평가	(실행 후 각자의 소감을 나눈다.)	

6회기 자녀의 꿈을 키워 주는 진로 멘토

<table>
<tr><th colspan="2">활동지도안</th></tr>
<tr><td>활동 목표</td><td>• 자녀 스스로 자신의 꿈을 찾도록 도와준다.
• 자녀가 미래사회에서 요구되는 역량을 기르도록 도와준다.
• 자녀의 잠재역량을 찾고 지원할 수 있다.</td></tr>
<tr><td>준비물</td><td>커피믹스, A4 용지, 사인펜, 활동지 6-1, 동영상</td></tr>
<tr><td>단계</td><td>진행절차</td></tr>
<tr><td>도입
(20분)</td><td>▶ 되돌아보기와 준비하기
지난 한 주 어떻게 보내셨나요? 지난 시간에는 자녀와의 갈등에서 사용해 볼 수 있는 WIN-WIN 대화법에 대해 배워 보았습니다. 자녀의 진로는 부모님에게도 중요한 부분이지요. 그래서 오늘은 자녀의 꿈에 대해서 나눠 보도록 하겠습니다.

• WIN-WIN 대화법을 시도해 본 집단원의 소감을 들어본다. WIN-WIN 대화법을 시도한 뒤 자신의 반응과 자녀의 반응 그리고 어려웠던 점에 관해 질문을 받고 조언을 한다. 시도하지 못한 집단원에게는 다시 해 볼 수 있도록 격려한다.

▶ 회기 목표 및 활동 안내
부모님들은 진로가 무엇이라고 생각하십니까? 진로(進路)는 앞으로 나아갈 길, 앞으로의 삶의 방향입니다. 진로는 전 생애 동안 사회 환경과 상호작용하면서 지속적으로 성장 발전되는 것입니다. 부모님들은 자녀의 진로에 대해 어떤 생각을 하십니까? 청소년기는 진로에 대한 관심을 가지며 직업 선택을 위해 자신의 욕구, 적성, 흥미, 가치 등을 고려하여 자신에게 맞는 직업을 건설적으로 탐색하는 시기입니다. 직업을 선택하려면 자녀가 실현하고 싶은 희망이나 이상이 있어야겠지요.
많은 연구에서 청소년들이 자신의 직업을 결정하는 데 가장 큰 영향을 미치는 사람은 부모라고 보고하고 있습니다. 오늘은 자녀가 꿈을 찾을 수 있도록 도와주고 자녀의 꿈을 지원해 줄 수 있는 진로 멘토로서의 부모의 역할에 대해 알아보도록 하겠습니다.

▶ 도입 활동: 나도 왕년에는 이런 꿈이 있었다
본격적인 강의와 활동에 들어가기 전에 간단한 활동으로 시작하도록 하겠습니다. 이번 활동은 청소년 시절을 생각해 보고 그때 부모님의 꿈에 대해 생각해 보는 활동입니다.</td></tr>
</table>

	〈활동 내용〉 ① 빈 용지(A4 용지)에 커피믹스를 활용하여 자신의 꿈을 표현해 본다. ② 커피믹스로 표현한 후 추가하고 싶은 것이 있다면 사인펜을 활용할 수 있다. 내 꿈에 대해 생각해 보니 어떤 기분이 드나요? 두 분씩 짝을 지어 '활동지 6-1'의 내용에 대해 나누어 보도록 하겠습니다. 댁에 가셔서 자녀와 함께 꿈에 대해 이야기를 나눠 보십시오. 하고 싶은 것이 있는 아이는 방황하지 않고 목표를 향해 나갈 수 있습니다.
전개 (70분)	▶ 강의 6-1. 청소년기 자녀의 진로지도 청소년기 자녀의 부모는 어떤 역할을 해야 할까요? 강의를 통해 알아보도록 하겠습니다. 〈강의 내용〉 1. 청소년기 진로지도의 의미와 필요성 2. 미래사회에서 요구되는 역량 동영상 1: 2분으로 끝내는 4차 산업혁명과 일자리 동영상 2: 4차 산업혁명과 미래 일자리 인성이 경쟁력이다 3. 올바른 진로지도를 위한 부모의 역할 강의를 통해 청소년기 자녀의 진로지도의 필요성과 미래사회에서 요구되는 핵심 역량과 자녀의 진로지도를 위해 진로 멘토로서 부모는 어떤 역할을 해야 하는지에 대해서 살펴보았습니다. 이번에는 활동을 통해서 자녀가 가진 미래를 준비하는 능력을 찾아보도록 하겠습니다. ▶ 활동 6-1. 미래를 준비하기 위한 7가지 인성 미래는 생각보다 빠르게 변화하고 있습니다. 2030년이면 지금의 일자리에서 80만 개가 사라지고 92만 개가 새롭게 생간다고 합니다. 자녀들이 살게 될 앞으로의 시대는 현재 부모님들이 생각하는 사회와는 다른 모습을 가지고 있습니다. 특히 직업 중에서 반복적이고 예측 가능한 일들은 미래 기술에 의해 대체될 가능성이 있고, 창의성이 없는 직업은 사라지게 될 것이기 때문에 새로운 직업세계에 대비하기 위해 준비해야 할 역량도 변해야 합니다. 미래를 준비하기 위해 필요한 7가지 인성 중 자녀가 가지고 있는 특별한 인성은 무엇인가요? 그리고 자녀가 미래를 준비하기 위해 더 필요한 인성은 무엇이라고 생각하십니까?

	〈활동 내용〉 활동지 6-1 ① 미래를 준비하기 위해 필요한 7가지 인성 중 자녀가 가지고 있는 인성을 적는다. ② 자녀가 자신의 인성을 성장시킬 수 있도록 도와줄 방법은 무엇이 있는지 적는다. ③ 3명씩 모둠을 지어 토론하고 토론이 끝나면 발표를 한다. 자녀가 가지고 있는 인성은 무엇인가요? 3명씩 모둠을 지어, 자녀 스스로 인성을 성장시킬 수 있도록 도와줄 방법은 무엇이 있는지 토론해 봅시다.
마무리 (30분)	▶ 마무리 오늘은 자녀의 진로 멘토로서의 부모역할에 대해 알게 되었습니다. 자녀들이 앞으로 살아갈 사회는 부모님들이 청소년기를 거쳐 대학생이 되거나 사회에 나갔던 지식기반의 사회와는 다른 세계라는 것을 알게 되었습니다. 자녀의 역량을 키워 주는 첫 번째 단추는 자녀가 어떤 인성을 가지고 있는지 잘 살펴보는 것이겠지요. 그리고 부모님의 생각과 의지가 들어간 꿈이나 진로를 강요하기보다 자녀가 스스로 자신의 길을 찾아가도록 도와주고 지켜봐 주는 것이 부모님의 역할입니다. 이 시간에 참여하면서 느낀 점, 새롭게 알게 된 점 등에 대해 함께 이야기를 나눠 봅시다. ▶ 성장을 위한 준비 이번 주엔 가정으로 돌아가서 자녀가 좋아하는 것은 무엇인지 어떤 것에 관심을 가지고 있는지 많은 얘기를 나누어 보면 어떨까요? 그리고 미래사회에서 요구되는 역량을 주제로 부모-자녀 간에 대화해 보시기 바랍니다. ▶ 차시 안내 다음 시간에는 자녀의 학습 멘토로서의 부모의 역할에 대해 살펴보도록 하겠습니다.
유의점	• 미래사회는 현재 부모들이 사는 시대와는 다르며, 다른 직업적 역량을 요구한다는 것을 알려 주어 진로에 대한 부모의 사고를 확장시키도록 한다.

Smart Map 청소년기와 진로

1. 청소년기 진로지도의 의미와 필요성

현대사회는 과거와는 다르게 지식과 기술의 변화속도가 매우 빠르기 때문에 과거처럼 어느 특정 분야의 전문적인 지식만을 가지고 평생 동안 직업생활을 영위한다는 것은 이제 거의 불가능한 일이 되었다. 청소년들이 직업을 갖고 생활하게 될 앞으로의 사회는 21세기 지식기반사회로, 개인들은 평생에 적어도 5~6번 직장을 옮겨 다니게 될 것이라고 한다. 자녀가 자신에 대한 이해를 하지 못한 상태에서 전공을 선택하게 되면 대학생이 되어서도 전공에 쉽게 적응하지 못하거나 여전히 자신의 진로를 탐색하는 데 시간을 허비하는 등 진로에 대한 혼란을 장기적으로 경험하게 된다.

청소년기에 부모와 진로에 대해 소통할 경우 자녀는 자신의 적성과 흥미, 가치관에 대한 이해도가 높아지고, 성인이 되었을 때 적극적으로 진로 계획을 실천하며 만족스러운 직업을 선택할 수 있다. 따라서 부모는 청소년들이 흥미, 적성, 성격, 가치관 등 개인적 요소를 고려한 후 미래에 종사하게 될 각자의 직업에 대해 탐색하여 이를 합리적으로 선택하고, 준비할 수 있도록 능력을 길러 주는 것이 필요하다.

2. 미래사회에서 요구되는 역량

역량이란 다양한 현상이나 문제를 효율적이고 합리적으로 해결하고 사회 공동체 구성원으로서의 역할을 성공적으로 수행할 수 있는 능력을 말한다. 경제협력기구(OECD)에서는 21세기 사회에서 개인의 성공적 삶과 사회의 발전에 요구되는 핵심 역량을 비판적으로 사고하는 능력, 창의성, 다른 사람과 소통하는 기술, 협업하는 기술로 들었다. 부모는 자녀가 미래가 요구하는 역량을 갖출 수 있도록 도와주어야 한다.

■ 미래핵심역량 4C

- 비판적 사고 능력(Critical Thinking): 어떤 사태에 처했을 때 감정 또는 편견에 사로잡히거나 권위에 맹종하지 않고 합리적이고 논리적으로 분석 · 평가 · 분류하는 사고과정이다. 즉, 객관적 증거에 비추어 사태를 비교 · 검토하고 인과관계를 명백히 하여 여기서 얻어진 판단에 따라 결론을 맺거나 행동하는 과정이다.

- 창의성(Creativity): 새로운 생각이나 개념을 찾아내거나 기존에 있던 생각이나 개념들을 새롭게 조합해 내는 것이다.
- 의사소통 능력(Communication Skills): 언어, 몸짓이나 화상 등의 물질적 기호를 매개수단으로 하는 정신적 · 심리적 전달 교류를 가리킨다.
- 협업 능력(Collaboration): 협력하는 것이라는 의미로 공동 출연, 경연, 합작, 공동 작업을 의미한다.

4차 산업혁명시대에는 상호 의존과 연결이 심화되기 때문에 여러 사람과 팀을 이뤄 새로운 것을 만들어 내는 능력이 더욱 중요해진다. 우리가 흔히 똑똑하다고 정의하는 것, 예를 들어 논리와 추론 능력, 수학적 사고력 등은 앞으로 인간이 AI(인공지능)를 따라갈 수 없다. 아울러 주입식 교육과 일방적으로 습득한 지식은 더 이상 쓸모없어지게 되고, 대신 AI가 할 수 없는 것들, 즉 옳고 그름을 판별하고 타인에게 공감할 줄 아는 인성 역량은 인간 고유의 것이기 때문에 더욱 강조될 수밖에 없다. 앞으로 인성은 권장되는 가치 · 덕목이 아니라 필수로 갖춰야 할 '실력'이 될 것이다.

3. 올바른 진로지도를 위한 부모의 역할

청소년의 진로에 가장 큰 영향을 주는 사람은 부모로서 자녀가 선택한 진로를 믿어주고 지원해 주는 부모의 지지는 청소년기 자녀 스스로 자신에 대해 긍정적인 자아상을 갖는 데 긍정적인 영향을 미친다. 뿐만 아니라 진로와 관련하여 발생하는 여러 가지 문제에 자신감을 가지고 해결해 나갈 수 있도록 도움을 준다. 부모가 자녀의 진로발달에 보다 긍정적인 역할을 하기 위해서는 다음과 같은 역할이 요구된다.

- 자녀의 흥미, 적성, 성격, 심리적 특성 등의 이해가 필요하다.

자녀가 무엇을 좋아하고 잘하는지, 그리고 어떤 것에 관심이 있는지에 대한 대화를 나누는 것이 필요하다. 부모와 진로에 대해 대화를 하는 자녀는 진로 계획을 세우고 실천하는 비율이 보통 학생에 비해 2배가 높았다. 또한 대학에 입학했을 때에도 학과 만족도가 높으며, 사회인이 되었을 때 직무 만족도 또한 높은 것으로 나타났다(이은혜, 2016). 더불어 자녀의 성격이나 심리적 특성에 대한 이해를 통해 자녀의 성격이나 심리적 특성과 맞는 직업적 적성을 선택할 수 있도록 한다.

• 자녀의 의견을 존중해야 한다.

부모와 자녀가 진로문제에서 의견 차이를 좁히지 못할 경우, 대부분의 가정에서는 자녀가 부모의 의견을 따르게 된다. 부모는 자녀보다 삶의 경험이 풍부하고, 다양한 정보를 더 많이 알고 있다고 생각하기 때문에 부모의 의견을 따를 때 실패 확률이 줄어들 것이라고 판단하게 된다. 그러나 부모가 자녀의 적성과 흥미에 대해 충분하게 관찰하지 못하고, 자녀의 꿈을 이해하지 못하고, 자녀와의 충분한 소통도 못한 채 자녀의 진로를 결정했을 경우, 자녀들이 대학에 가서 다시 진로를 바꾸거나, 진로 고민을 새로 시작하는 일이 생기기도 한다.

• 진로와 관련된 검사들에 대해 이해와 진로와 관련된 정보를 탐색 · 활용할 수 있어야 한다.

워크넷, 커리어넷 등의 진로 관련 기관이나 진로진학 전문 사이트, 대학 홈페이지 입시자료실 등 다양한 경로에서 정보를 찾고, 수집한 정보를 종합하여 합리적으로 해석하고 판단하는 것이 필요하다.

• 사회와 세상의 변화, 직업세계의 변화에 관심을 기울여야 한다.

미래사회에서 요구하는 인재상으로 자녀를 키우려면 인성을 함양하도록 지원하여야 한다. 또한 미래사회는 전통적인 남성, 여성의 고유한 직업 영역이 존재하지 않는다. 예로, 전통적으로 여성의 직업이라고 생각했던 간호사도 남자 간호사가 점차 늘어나고 있으며, 육군 특전부대에는 40여 명의 여성 대원이 특전 훈련을 남자와 다름없이 해내고 있다. 부모는 '남자가 무슨 그런 일을?' 또는 '여자가 감히 그런 일을 해?'라는 성역할 고정관념을 버리고 자녀가 자신이 좋아하는 일을 선택할 수 있도록 지원해 주는 것이 필요하다.

■ 진로 상담 사이트

커리어넷: https://www.career.go.kr

직업가치관 검사, 직업 적성검사, 진로상담, 학과 및 직업 정보 수록

워크넷: https://www.work.go.kr

직업 심리검사(흥미, 적성, 가치관, 진로성숙도 등), 학과 및 직업 정보 수록

활동지 6-1

Smart Map 미래를 준비하기 위한 7가지 인성

1. 자녀가 가진 인성과 자녀에게 요구되는 인성이 있다면 보기에서 골라서 적어 봅시다.

1. 공감

다른 사람의 의견이나 감정, 생각에 대하여 자신도 함께 하는 능력

2. 창의성

새롭고 독창적이고 유용한 것을 만들어 내는 능력

3. 사회적 민감성

사회에서 나타나는 문제에 대하여 관심을 갖고 자신의 일처럼 생각하는 능력

4. 스토리텔링

상대방에게 알리고자 하는 바를 재미있고 생생한 이야기로 만들어서 설득력 있게 전달하는 능력

5. 지도력

목표를 정하고 그 방향으로 조직이나 다른 사람을 이끄는 능력

6. 관계 맺기

홀로 있지 않고 다른 사람들과 어울리고 함께할 수 있는 능력

7. 유머

재치 있는 말과 행동으로 다른 사람들의 관심과 흥미를 이끌어 내는 능력

자녀가 가진 인성	자녀에게 요구되는 인성

2. 자녀의 인성을 성장시킬 수 있도록 도와줄 방법은 무엇이 있을까요?

7회기 자녀를 춤추게 하는 학습 멘토

활동지도안	
활동 목표	• 자녀 학습유형을 이해한다. • 자녀가 자기주도적 학습 전략을 익히도록 돕는다.
준비물	강의자료 7-1, 동영상, 필기도구
단계	진행절차
도입 (20분)	▶ 되돌아보기와 준비하기 지난 한 주 어떻게 보내셨나요? 지난주에는 꿈과 미래사회에서의 역량, 인성에 대해 알아보았습니다. 자녀들과 꿈에 관하여 이야기를 나눠 보신 분이 있다면 소감을 나눠 주시기 바랍니다. 이번 주에는 진로만큼 부모님들이 관심을 가지고 있는 공부에 대해 이야기 나눠 보도록 하겠습니다. • 지난주 소감에 대한 발표가 끝나면 참가자들이 얘기했던 내용 중 이번 시간과 관련되는 사건을 중심으로 부모역할의 어려움에 대해 공감해 준다. 예를 들어, 자녀가 프로게이머가 되고자 게임에 과도하게 노출되어 자녀와 갈등이 있었다면, 프로게이머에게 필요한 직업역량 중 수학을 잘해야 하는데 부모가 도와줄 수 있는 방법으로 무엇이 있는지 물어보고, 여러 방법 중 하나로 자녀의 학습유형에 맞는 학습방법이 도움이 될 수 있음을 알려 준다. ▶ 회기 목표 및 활동 안내 부모님은 공부가 무엇이라고 생각하십니까? 공부를 잘한다는 의미는 무엇이라 생각하시나요? 공부를 성적하고만 연관지어 생각하는 것은 아닌지요? 대부분의 부모는 아이에게 공부해야 하는 이유를 '나중에 잘살기 위해 필요하다'고 설명합니다. 정말 그런 이유라면 '공부를 잘한다'는 것은 아이가 '세상을 살아가는 데 필요한 지식과 품성을 기르는 것'이어야 하지 않을까요? 오늘은 자녀의 학습유형을 이해하고 자녀의 학습역량을 높일 수 있도록 학습코치하는 방법에 대해 알아보도록 하겠습니다. 〈활동 내용〉 • 집단원들이 공부에 대해 생각해 보고 자신의 의견을 말할 수 있도록 하고 집단원들이 답을 가지고 이야기를 이끌어 가도록 한다.

전개 (70분)	▶ 강의 7-1. 청소년기와 학습 〈강의 내용〉 강의자료 7-1 1. 공부의 개념 2. 미래사회와 공부 3. 학습 멘토로서의 부모역할 4. 학습유형 & 유형별 학습방법 동영상: 공부, 셀프, 성공 강의를 통해 공부의 의미가 무엇인지, 자녀의 공부를 도와주는 부모의 역할 그리고 학습유형과 유형별 학습방법 등에 대해 살펴보았습니다. 이스라엘 부모들은 자녀가 책 읽기를 시작하면 책에 꿀을 발라 놓는다고 합니다. 아이에게 책을 읽는 것은 달콤한 일이라는 생각을 갖게 해 주기 위해서라고 합니다. 청소년기에는 공부라는 과정을 통해 인생을 살아가는 지혜와 힘을 얻을 수 있어야 합니다. 무엇인가를 배우는 일은 처음에는 서툴고 어렵지만 그 과정을 지나가면 수월해지고 잘 할 수 있게 되지요. 자녀에게 어려운 일이지만 그걸 해내는 과정을 통해 인내하는 마음, 어려운 시기를 버텨 내는 맷집, 그리고 그것에 대한 결과를 겸허히 받아들이는 자세, 결과에 매몰되지 않고 공부하는 과정을 통해 다음을 준비하는 자세를 알려 주어야 하지 않을까요? ▶ 활동 7-1. 학습 멘토 되기 첫 번째 열쇠 강의 때 들으셨던 학습유형을 참고하여 부모님의 중·고등학교 시절의 학습방법은 무엇이었으며, 도움이 된 것은 무엇이었고 보완해야 한다면 어떤 점이 필요한지에 대해 알아보도록 하겠습니다. 〈활동 내용〉 활동지 7-1 ① 나의 학습유형을 적는다. ② 나의 학습방법을 적는다. ③ 나의 학습 강점을 적는다. ④ 나의 학습방법 중 보완해야 할 점을 적는다. ⑤ 같은 학습유형끼리 모둠을 만들어서 활동 내용에 대해 나눈다. ⑥ 각 모둠에서 한 명씩 나와 학습유형별 강점과 보완해야 할 점에 대해 발표한다. 같은 학습유형끼리 모둠을 만들고 '활동지 7-1'에 대해 나누어 보도록 하겠습니다. 충분히 토론을 하셨나요? 그럼 각 유형별로 한 분씩 나오셔서 각 학습유형별 강점과 보완해야 할 점에 대해 발표하도록 하겠습니다.

	▶ 활동 7-2. 학습 멘토 되기 두 번째 열쇠 강의도 들으시고 각 학습유형별 발표도 들어 보셨지요? 자녀의 학습유형도 부모님들처럼 다양하고 각각 다릅니다. 그런데 우리는 이것을 무시하고 자녀에게 획일적인 방법만을 요구하는 것은 아닐까요? 지난 시간 4차 산업혁명시대에는 미래인재의 핵심 역량으로 비판적 사고 능력, 창의성, 의사소통 능력, 협업 능력이 필요하다고 했습니다. 이번에는 강의와 발표를 통해 이해하게 된 것을 토대로 자녀의 학습유형에 대해 살펴보도록 하겠습니다. 그리고 미래인재 핵심 역량을 강화하기 위해 자녀의 학습 강점은 무엇이며, 보완해야 할 점은 무엇인지 적어 보도록 하겠습니다. 〈활동 내용〉 **활동지 7-2** ① 자녀의 학습유형을 적는다. ② 강의나 발표를 통해 새롭게 이해한 점을 적는다. ③ 자녀의 학습 강점은 무엇인지 적는다. ④ 보완해야 할 점을 적는다. 여기 오신 부모님 모두는 자녀의 학습에도 도움이 되고 싶은 마음이 많으시지요? 다른 분의 발표를 보고 새삼 내가 잘하고 있는 점도 있고, 다른 부모님의 이야기를 듣고 개선하고 싶은 점도 있으신가요? 이야기를 나누어 주시기 바랍니다.
마무리 (30분)	▶ 마무리 오늘은 자녀의 학습코칭을 위한 부모의 역할에 대해 알게 되었습니다. 오늘 활동을 통해 알게 된 것과 자녀의 학습유형이 동일한 부분도 있겠지만, 조금은 다른 부분이 있을 수도 있습니다. 중요한 점은 자녀의 성격적 특성을 이해하고 자녀의 공부 방법이 나와 다를 수 있다는 것과 자녀에게 잘 맞는 공부 방법이 있다는 것을 아는 것이겠지요. 이번 시간을 통해 자신에 대한 느낌이나 새롭게 알게 된 점에 대해서 이야기해 보도록 하겠습니다. ▶ 성장을 위한 준비 이번 주에는 자녀와 함께 학습유형에 대해 이야기를 나눠 보면 좋겠습니다. 그리고 자녀에게 엄마(아빠)가 너를 어떻게 도와주면 될지 물어보는 것도 필요하겠지요. 그리고 엄마의 학습유형과 자녀의 학습유형이 달라 생겼던 갈등을 이해할 수도 있을 겁니다. 그럴 때 자녀에게 솔직하게 마음을 전달해 보아도 좋겠습니다. 그럼 이번 주에는 자녀와 부모가 서로의 유형을 알고 서로 이해할 수 있는 시간을 갖길 바랍니다. ▶ 차시 안내 다음 시간에는 자녀의 강점을 키워 주는 방법에 대해 살펴보도록 하겠습니다.
유의점	• 부모의 공부에 대한 사고의 폭을 확장시킬 수 있도록 한다. • 학습유형이 단일하지 않고 두 개 또는 여러 개로 중복될 수도 있음을 알려 준다. • 자녀가 강의자료(학습유형 & 유형별 학습자료)를 통해 스스로의 학습유형을 찾아볼 수 있도록 안내한다.

Smart Map 청소년기와 학습

1. 공부의 개념

학령기(초등학생)에는 배우는 즐거움을 알아야 한다면 청소년기에는 공부라는 과정을 통해 인생을 살아가는 지혜와 힘을 얻을 수 있어야 한다.

청소년기의 공부는 대부분 학교 시험, 대입과 관련되어 있다. 시험을 앞두고 있다면 성적을 잘 받기 위해 시험 범위에 있는 모든 내용을 알아야 한다. 그러기 위해서는 잠을 줄이거나 노는 시간을 줄이는 노력을 할 것이다. 최선을 다해 노력했다면 기분 좋은 결과를 기대할 수 있을 것이고 그렇지 않았다면 아쉬운 결과를 얻게 된다. 목표를 세우고 원하는 결과를 얻기 위해 노력하고 결과를 받아들이는 과정은 청소년기에 익힐 수 있는 가장 소중한 경험 중 하나이다. 이러한 경험은 자녀가 사회에 나가 현실적인 문제에 부딪히게 되었을 때 그것을 해결해 나가는 힘이 된다.

공부의 본질은 인내하는 과정을 통한 성취감을 알아 가는 것이다. 부모는 자녀의 시험 성적이나 대학입시에만 매몰되지 말고 자녀가 어려운 일이지만 그걸 해내는 과정을 통해 인내하는 마음, 어려운 시기를 버텨 내는 맷집, 그리고 그것에 대한 결과를 겸허히 받아들이는 자세, 노력에 비해 만족스러운 결과가 나오지 않았을 때 다시 도전해 볼 수 있는 용기 등을 알려 주는 것이 필요하다.

2. 미래사회와 공부

앞으로의 사회에서는 기술이 인간의 활동을 주로 보조하는 역할을 담당하던 과거와는 달리 첨단 정보통신기술의 혁신적인 발전으로 인해 삶의 많은 부분이 변화하게 된다. 특히 인간의 직업 중에서 반복적이고 예측 가능한 일들은 미래 기술에 의해 대체될 가능성이 있기 때문에 창의성이 필요 없는 직업은 사라질 것이다. 따라서 새로운 직업세계에 대비하기 위해서 자녀들이 준비해야 할 역량도 변해야 한다. 부모는 성적 위주의 공부보다는 자녀의 상상력과 창의성을 키워 주는 다양한 활동을 경험하게 하여 자녀가 살아갈 세상을 확장시켜 주는 것이 필요하다.

3. 학습 멘토로서의 부모역할

• 자녀의 욕구를 잘 알아야 한다.

자녀가 공부에 흥미를 갖게 하려면 자녀가 원하는 것과 결핍을 느끼는 부분이 무엇인지 알고 그에 따른 경험과 동일시할 모델을 제시하는 노력이 필요하다. 자녀가 자신이 원하는 것이 무엇인지 안다면 '뭔가를 해 보고 싶다' 또는 '뭔가를 이루어 내고 싶다'는 마음이 생기게 되고 이후 무엇인가를 하고 싶고, 무엇인가가 되기 위해서 공부에도 흥미를 느끼게 된다.

• 자녀의 자율성을 길러 준다.

부모의 생각이나 규칙을 일방적으로 전달하기보다 자녀의 의견을 존중하여 학습시간 및 장소, 방법, 내용을 스스로 선택할 수 있도록 한다. 자녀 스스로 고민하지 않고 부모의 계획에 맞추어 공부를 억지로 하게 되면 결국 공부에 대한 흥미도 잃게 되고 왜 공부를 해야 하는지를 모르는 채 방황하게 되어 공부로 인한 극도의 스트레스와 긴장을 경험하게 된다.

• 자녀를 격려한다.

무엇이든 배우는 과정은 어렵고 힘이 든다. 그러나 어렵고 힘든 과정을 잘 참아 내고 건너가면, 익숙해지고 잘하는 자신을 발견하는 기쁨을 누릴 수 있다. 개인에 따라 익숙하고 잘하게 되는 과정을 일찍 가는 자녀도 있을 것이고 더디게 가는 자녀도 있을 것이다. 부모만 답답하고 안타깝게 여기는 것이 아니라 자녀 또한 능숙하지 못한 자신을 답답하게 느낄 수 있다. 이럴 때 부모가 잘 못한다고 다그치거나 '다른 애들은 잘하는데 너는 왜 그 모양이냐'고 질책을 하면 자녀는 그나마 하고자 하는 의지를 접고 낙담할 수 있다.

대부분의 부모는 자녀의 성적이 오르면 칭찬하고 떨어졌을 땐 비난한다. 부모는 성적으로 자녀를 평가하지 않고, 자녀의 학습행동이나 성적을 형제, 자매, 친구 등과 비교하지 않아야 한다. 그리고 무엇보다 중요한 것은 성적 향상에 연연하지 않고 공부하는 과정을 격려하는 것이다. 부모의 격려는 자녀에게 또 다시 도전할 힘을 준다.

부모-자녀 갈등의 가장 큰 요인은 학업성적이다. 부모들이 학업성적을 문제라고 인식하는 것은 이런 성적으로 자녀가 어떤 대학을 가고, 어떤 직업을 얻을 수 있겠는가 하는 걱정과 염려 때문이다.

청소년기에는 미래에 대한 막연한 두려움이 가장 큰 어려움을 유발한다. 만약 자녀가 스스로 무엇을 할 것인지 자신의 나아갈 길이 보인다면 방황하지 않고 목표를 향해 전진할 수 있을 것이다. 따라서 부모는 자녀의 성적 자체에 연연하기보다는 자녀의 꿈이 정해지도록 자녀를 신뢰하는 태도가 필요하다. 그리하여 자녀의 자기주도성을 해치지 않는 범위 내에서 자녀의 학습유형에 맞는 학습방법을 참고하여 자녀가 스스로 동기 강화를 통해 자신의 적성과 흥미를 고려하도록 돕는다. 또한 공부에 집중할 수 있도록 분위기를 조성해 주는 등의 학습 멘토로서의 부모역할이 중요하다. 그리고 무엇보다도 자녀가 학업에 집중할 수 있도록 안정적인 가정환경을 만드는 것에 다방면의 노력을 기울이는 것이 필요하다.

4. 학습유형 & 유형별 학습방법

자녀들이 공부하는 것을 유심히 관찰하면 형제자매라도 각각의 기질과 성격에 따라 학습방법과 학습유형이 다른 것을 알 수 있다. 커피숍과 같이 약간의 소음이 있는 곳에서 공부를 할 때 집중이 잘 된다는 자녀가 있기도 하고, 독서실 같이 조용한 곳에서 공부할 때 능률이 오른다는 자녀도 있다. 또는 자신의 방에서 공부하는 것을 선호하는 자녀도 있다. 이 밖에도 효과적인 학습방법, 흥미 있는 과목, 공부 시간 등 각각 선호하는 것이 다르다. 목적은 같은데 공부하는 방법이 각각 다른 이유는 개인의 능력이나 노력의 차이에 의해서만 나타나는 것이 아니라 타고난 기질에서 기인한 부분이 많음을 알 수 있다.

분석 탐구형	학습 유형	• 사물의 규칙과 원리를 알고 싶어 하고, 자신의 인식체계를 구체화시키고 싶어 한다. • 과학기술에 흥미가 많으며, 논리적이고 체계적으로 설명하는 학습을 선호한다. • 무엇이든 알고 싶은 욕구가 강하고, 유능해지고자 하는 욕구 또한 강해서 목표를 세우고 목표를 달성하고자 노력하기 때문에 학습동기가 높은 편이다. • 장시간 하나의 문제에 초점을 맞추는 능력이 뛰어나다. • 부모나 교사들로부터 간섭 받는 것을 싫어하는 독립적인 성향을 가지고 있다. • 알고자 하는 욕구가 충족될 때까지 정보를 모으는 등 자기 생각대로 공부하기를 원한다.
	학습 방법	• 능력이 뛰어난 것에 대한 칭찬을 하여 성취감을 자주 맛볼 수 있도록 도와준다. • 도움을 요청하면 도와주고, 끊임없는 질문에 참을성 있게 대답해 주어 자기만의 세계에서 자기만의 답을 찾아갈 공간을 마련해 주는 것이 필요하다. • 소모임 학습이나 토론식으로 수업을 진행하기보다 논리적으로 설명하는 수업방식이 효과적이며, 발표식으로 수업을 진행하는 것도 좋다.
성장 이상형	학습 유형	• 과학이나 수학 같은 추상적인 분야보다는 사람에 초점을 둔 어학이나 사회탐구 과목을 더 좋아하는 편이다. • 어려서부터 뛰어난 대화술을 보이는 경우가 많으며, 어휘력이 뛰어나다. • 부모나 교사 등 성인들과 함께 공부하기를 원하는 것으로 보인다. • 부모나 교사들로부터 인정받고 싶은 욕구가 크다.
	학습 방법	• 처벌보다 개인적인 관심을 보이면 잘 따른다. • 대규모 수업보다 개별적인 지도를 받을 수 있는 학습법을 선호한다. • 소모임으로 활동하는 것을 좋아하며, 민주적인 방식으로 진행되는 수업에 더 흥미를 보인다. • 긍정적인 반응은 동기부여가 된다.
행동 지향형	학습 유형	• 여러 가지 물건을 이용한 놀이 활동이 많은 수업을 좋아한다. • 한 가지 일을 하다가도 금방 다른 데 관심을 돌려 버리므로 어떤 일을 지속적으로 하는 것을 힘들어한다. • 모든 일이나 공부가 본질적으로 놀이라고 생각한다.

	학습방법	• 공부는 계획을 세우고, 그 계획에 따라 지속적으로 해야 하므로 이들이 학습을 꾸준하게 할 수 있는 지도가 필요하다. 이를 위해서는 행동지향형 아이가 공부가 재미있다는 사실을 느끼도록 만들어야 한다. • 활동적이고 재미있는 일을 추구하므로 학생의 활동이 많고, 실제로 체험하는 방법으로 수업을 진행하는 것이 도움이 된다. • 부모나 교사가 시시콜콜 감독하면 반항하고, 가르치려 들면 기분 나빠할 수 있다. • 수동적으로 설명을 듣기만 해서는 잘 배우지 못하며, 교사와 학생 간의 소통만 허용하는 수업방식을 싫어한다. 따라서 이들에게는 학생들 상호 간의 교류를 증진하는 방법으로 수업을 진행할 필요가 있다.
억지 학습형	학습유형	• 효과적인 학습방법을 전혀 모르고 있는 것으로 생각된다. 공부를 잘하고 싶은 마음이 적고, 공부 때문에 내 인생이 불행하다고 생각한다. • 처음에 계획했던 양을 공부하지 않아도 공부가 하기 싫어지면 바로 그만두는 편이다. • 꿈을 이루기 위하여 놀지 않고 공부만 하는 것은 정말 불행한 일이라고 생각한다.
	학습방법	• 공부에 대한 동기가 결여되어 있으므로 부모나 교사가 공부를 하도록 어떤 자극을 가하는 것은 효과적이지 않다. • 자신에게 무엇을 어떻게 공부해야 하는지 누군가가 명확하게 이야기해 주고, 자세하게 가르쳐 주기를 바란다. • 자신에게 맞는 학습방법을 모르고 있으므로 적절한 학습방법을 가르쳐야 한다. • 중요한 것은 억지로 공부한다는 생각보다는 스스로 공부를 하고 싶다는 생각이 들게 만드는 것이다. • 부모나 교사가 이들에게 공부하라고 강요를 할 것이 아니라, 격려나 인정을 통하여 학습동기를 높이는 등의 개입방법을 모색할 필요가 있다.
관계 민감형	학습유형	• 학습동기가 높고 학습방법도 비교적 좋은 편이다. • 부모나 교사가 자신에 대하여 많은 기대를 하는 것으로 지각하고 있다.
	학습방법	• 주위 사람들로부터 소중함을 인정받고 싶어 한다. • 처벌은 크게 효과가 없으며, 긍정적인 반응은 학습에 동기부여가 될 것이다.

출처: 권선방, 천성문, 박원모, 이영순(2009).

활동지 7-1

Smart Map 학습 멘토 되기 첫 번째 열쇠

나의 학습유형을 적어 보고, 중·고등학교 시절 때 나의 학습방법은 무엇이었는지 도움이 되었던 점과 보완해야 할 점을 적어 보세요.

나의 학습유형	
중 · 고등학교 시절 나의 학습방법	나는 중 · 고등학교 때 어떤 방식으로 공부를 했었나? (예: 읽기, 참고서, 노트정리, 문제풀이……)
나의 학습 강점	
나의 학습방법 중 보완해야 할 점	

Smart Map 학습 멘토 되기 두 번째 열쇠

자녀의 학습유형과 새롭게 알게 된 점, 그리고 지원 방법에 대해 적어 보세요.

자녀의 학습유형	
새롭게 이해한 점	
자녀의 학습 강점	
자녀의 학습방법 중 보완해야 할 점	
어떻게 도와줄까?	

8회기 자녀에게 날개를 달아 줄 강점 찾기

활동지도안	
활동 목표	• 다양한 영역에서 자녀의 강점을 찾아본다. • 자녀의 대표 강점을 강화하고 인생에서 활용할 수 있는 방법을 익힌다. • 부모로서 자신이 가지고 있는 강점을 활용하여 좀 더 효율적으로 부모역할을 할 수 있다.
준비물	활동지 8-1, 활동지 8-2, 활동지 8-3, 활동지 8-4, 활동지 8-5, 동영상, 필기도구
단계	진행절차
도입 (20분)	▶ 되돌아보기와 준비하기 지난 한 주 어떻게 보내셨나요? 자녀들과 학습유형에 대해 얘기해 보셨나요? 자녀의 학습유형에 맞추어 어떻게 자녀를 도와줄 수 있을지 자녀와 이야기해 보셨다면 자녀가 새롭게 도전하고 실천해 볼 수 있는 계기가 마련되었으리라 여겨집니다. 〈활동 내용〉 ① 일주일 동안 자녀와 학습유형에 대해 이야기 나눈 것 중 한 가지씩 소개한다. ② 발표가 끝나면 참가자들이 얘기했던 내용 중 부모역할의 어려움에 대해 공감하고, 이번 시간과 관련되는 사건을 강점과 연결해서 이야기한다. ▶ 회기 목표 및 활동 안내 부모님은 강점이 무엇이라고 생각하시나요? 강점은 왜 필요할까요? 이번 시간에는 다양한 영역에서 자녀의 강점을 찾아보고 부모님의 강점도 찾아보도록 하겠습니다. 강점 찾기를 통해 자녀는 자신의 인생에서 강점을 활용하는 방법을 익힐 수 있으며 부모님은 효능감을 높일 수 있습니다. 먼저, 부모님의 장점을 찾아보는 것부터 시작해 보겠습니다.
전개 (70분)	▶ 활동 8-1. 내가 잘하는 것 10가지 이상 찾아보기 부모님의 장점으로 무엇이 있나요? (대답을 들은 뒤) 갑자기 찾으라고 하니 잘 안 찾아지지요? 이번에는 부모님의 장점은 무엇인지 알아보려고 합니다. 일, 운동, 요리, 취미 등 다양한 영역에서 자신이 잘한다고 생각하는 것을 10가지 이상 적어 보세요. 〈활동 내용〉 활동지 8-1 ① 부모 자신의 모습을 깊이 있게 관찰하는 시간을 가진 뒤 자신의 장점을 찾아본다. ② 부모 자신의 장점을 활동지 8-1에 10가지 이상 기록한다. ③ 두 사람씩 짝을 지어 자신의 장점 나누기를 한다.

전개 (70분)	④ 그동안 프로그램 활동에서 알게 된 상대의 장점을 찾아본다. ⑤ 상대가 찾아 준 자신의 장점을 활동지에 추가로 기록한다. 자신의 장점을 다른 사람이 이야기해 주니 기분이 어떤가요? 장점 찾기가 처음보다 쉬워지셨나요? 상대가 자신의 장점을 찾아 주었을 때, 자신이 자각하지 못한 사실을 알게 될 수도 있고, 나에 관한 상대의 관심과 사랑이 전해져 더욱 친밀하게 됩니다. 이러한 경험을 자녀와도 함께 해 볼 수 있습니다. ▶ 강의 8-1. 강점에 집중하라 〈강의 내용〉 강의자료 8-1 1. 강점 찾는 방법 2. 청소년기 강점의 중요성 3. 긍정적으로 바라보는 것의 필요성 ▶ 활동 8-2. 나의 강점 강의를 통해 장점과 강점에 대해 알아보았습니다. 이번에는 부모님의 강점은 무엇인지 알아보도록 하겠습니다. 〈활동 내용〉 활동지 8-2 ① 나의 강점은 무엇인지 적는다. ② 부모역할을 하는 데 필요한 강점을 SWOT 분석으로 분석해 본다. 부모님의 강점은 무엇인가요? 이야기를 나눠 주시기 바랍니다. ▶ 활동 8-3, 8-4, 8-5. 자녀의 강점 자녀의 장점과 강점은 무엇인지 찾아보도록 하겠습니다. 〈활동 내용〉 활동지 8-3 활동지 8-4 활동지 8-5 ① 자녀의 장점을 찾아본다(활동지 8-3). ② 자녀의 강점은 무엇인지 적는다. ③ 자녀의 강점에 대해 SWOT분석을 한다(활동지 8-4). ④ 자녀의 강점 활용을 위한 계획을 세워 본다(활동지 8-5). ⑤ 작성한 활동지의 내용으로 전체 소감을 나눈다. 자녀의 강점 활용을 위한 계획은 무엇인지 나눠 보도록 하겠습니다.

마무리 (30분)	▶ 마무리 이번 시간을 통해 자신에 대한 느낌이나 새롭게 알게 된 점에 대해서 이야기해 보도록 하겠습니다. ▶ 차시 안내 다음 시간에는 자녀를 격려하는 방법에 대해 살펴볼 것입니다.
유의점	• 적극적으로 자신의 강점을 개방할 수 있도록 집단원들의 경청과 응원을 안내한다. **Tip** 자녀의 강점을 잘 찾을 수 있는 부모의 작은 노력 • 감정 일기 쓰기 • 매일 저녁 잠들기 전에 감사한 일 세 가지 찾아보기 • 감정 카드 활용하기

Smart Map 강점에 집중하라

1. 강점 찾는 방법

칭찬은 청소년 자녀에게 용기와 신념과 새로운 기회를 주는 것이다. 누구에게나 장점이 있고 강점이 있다. 다른 한편으로 보면 약점이고 단점이 될 수도 있는 것이다. 그러나 우리 부모들은 강점보다 단점을 보완하기 위하여 애를 많이 쓰고 있다. 부모가 강점을 활용하는 것은 자녀와의 관계를 위한 중요한 비결이 될 것이다.

- 말이 많은 자녀에 대하여 → 사교성이 좋은 사람이다.
- 고집 센 자녀에 대하여 → 주관과 소신이 있다.
- 아부하는 자녀에 대하여 → 애교가 있는 사람이다.
- 나서서 설치는 자녀에 대하여 → 적극적인 사람이다.
- 느린 자녀에 대하여 → 여유가 있는 사람이다.
- 신경질적인 자녀에 대하여 → 샤프한 사람이다.

2. 청소년기 강점의 중요성

강점을 발휘하며 사는 사람은 행복하다. 자기성장은 자신의 강점을 발견하고 집중적으로 활용함으로써 스스로를 차별화시키는 것이다. 자신의 강점을 발견하고, 강화하고, 활용하는 사람은 이미 성공한 사람이다. 특히 청소년기에 가장 잘할 수 있는 것을 하는 사람, 그리고 그것을 매일 실천할 수 있는 사람이 바로 자기성장으로 나아갈 수 있다. 청소년들은 자신이 하고자 하는 그 과정에서 만족감을 얻고자 하는데, 이때 자신이 가지고 있는 강점의 패턴을 이해할 필요가 있다. 자신의 강점을 발견하고 적용하고 실제로 사용하면서 새롭게 활동하는 능력을 갖도록 한다.

강점을 살리는 가장 중요한 방법은 재능의 결합이다. 자신의 가장 뛰어난 재능을 알아내어 기술과 지식을 갈고 닦으면 만족스런 삶을 살아갈 수 있을 것이다.

3. 긍정적으로 바라보는 것의 필요성

긍정적으로 바라보는 것은 부정적 측면을 부인하지 않으면서, 부정적 측면을 제거하고 개선하는 노력의 소중함을 인정하는 것이다. 다만 행복하고 만족스러운 삶을 추구하는 욕구가 더 보편적이며 중요하다고 여긴다. 인간이 보유하고 있는 강점들은 정신적으로 어려움을 경험할 때 완충적 역할을 하는 것으로 밝혀지고 있다. 청소년들에게서 이러한 강점들을 이끌어 내는 사명이 새로운 과제라 할 수 있다.

강점은 부정적인 정서가 아닌 긍정적인 정서에 초점을 맞춘다. 예를 들면, 잠들기 전에 그날 좋았던 일 세 가지를 떠올리고 그렇게 생각하는 이유를 적어 보는 것이다. 강점 찾기는 청소년들이 자신의 삶의 의미를 적극적으로 탐색할 수 있도록 돕는 방법의 하나로 강조된다. 긍정적인 강점 찾기는 청소년들의 삶의 만족도와 긍정적 정서, 행복수준을 향상시키고 행복감을 증진시킨다.

활동지 8-1

Smart Map 내가 잘하는 것 10가지 이상 찾아보기

내가 잘한다고 생각하는 것은 무엇이 있나요? 일, 운동, 요리, 취미 등 다양한 곳에서 자신이 잘한다고 생각되는 것 10가지를 적어 보세요.

(예시)

1. 매일매일의 일상에서 사소한 것에서도 아름다움을 찾고 느낄 수 있는 눈을 가지고 있다.
2. 주위 사람을 편안하게 해 주는 여유로움이 있다.
3. 김치찌개를 맛있게 만들 줄 안다.
4. 무엇이든 시작하면 끝을 본다(건강을 위해 요가를 시작했는데 요가 강사가 됐다 등).
5. 동물, 식물을 잘 기른다.
6. 정리정돈을 잘한다.
7. 운동신경이 뛰어나 어떤 운동이든지 빨리 배운다.
8. 사진을 잘 찍는다.
9. 어려운 이야기도 쉽게 전달할 수 있다.
10. 처음 본 사람과도 쉽게 친해질 수 있다.
11. 옷을 잘 입는다.
12. 선물 포장을 잘한다. 손재주가 좋다.

활동지 8-2

Smart Map 나의 강점

1. 나의 강점에는 무엇이 있나요?

2. 부모역할을 하는 데 필요한 나의 강점을 분석해 보세요.

	개인적 측면	환경적 측면
긍정적 측면	개인적 강점은 무엇인가요?	환경적 강점(자원)은 무엇인가요?
부정적 측면	개인적 약점은 무엇인가요?	환경적 약점(위험요인)은 무엇인가요?

활동지 8-3

Smart Map 자녀가 잘하는 것 10가지 이상 찾아보기

자녀가 잘한다고 생각하는 것은 무엇이 있나요? 자녀가 잘한다고 생각되는 것 10가지를 적어 보세요.

활동지 8-4

Smart Map

자녀의 강점

1. 자녀의 강점에는 무엇이 있나요?

2. 자녀의 강점을 분석해 보세요.

	개인적 측면	환경적 측면
긍정적 측면	자녀의 개인적 강점은 무엇인가요? (예: 창의성, 도전정신, 열정과 끈기, 외국어 구사 능력)	자녀의 환경적 강점(자원)은 무엇인가요?(예: 유복한 가정환경, 지지적 친구 집단, 경제적 안정과 여유)
부정적 측면	자녀의 개인적 약점은 무엇인가요? (예: 대인관계 기술 부족, 정서적 불안정, 시간관념 부족)	자녀의 환경적 약점(위험요인)은 무엇인가요?(예: 과중한 학업, 반 친구들과의 갈등)

Smart Map

강점 활용

1. 자녀의 강점을 잘 활용할 수 있는 것은 무엇인가요?

2. 자녀의 강점 활용을 위한 계획을 세워 보세요.

9회기 격려하는 부모, 성장하는 자녀

활동지도안	
활동 목표	• 자녀를 격려하는 태도와 기술을 익힌다. • 자녀에게 자신감과 가치감을 갖게 한다.
준비물	활동지 9-1, 활동지 9-2, 동영상, 필기도구
단계	진행절차
도입 (20분)	▶ 되돌아보기와 준비하기 일주일 동안 자녀와 어떻게 보내셨습니까? 지난 시간에는 자녀의 강점을 찾아보고, 부모 자신의 강점을 활용하는 부모역할에 관하여 살펴보았습니다. 그래서 문제행동을 일으킨다고 생각한 우리 자녀에게 여러 강점들이 있다는 것을 발견하였습니다. 오늘은 부모님께서 찾아낸 자녀의 강점들을 자녀가 스스로 잘 발휘할 수 있도록 자녀를 어떻게 격려할 것인지, 그 태도와 기술을 익히고, 자녀가 자신감과 가치감을 가질 수 있도록 격려하는 방법을 훈련해 보도록 하겠습니다. ▶ 도입 활동: 믿고…… 의지하고…… 본격적인 강의와 활동에 들어가기 전에 간단한 게임으로 시작하도록 하겠습니다. 〈활동 내용〉 ① 두 사람씩 짝을 짓는다. ② 두 사람이 서로 눈을 마주보며 잠시 눈빛으로 대화한다. ③ 한 사람이 뒤를 돌아 등을 보이고 선다. 다른 한 사람은 1m 정도 거리를 두고 서 있는다. 등을 돌리고 서 있는 사람은 나를 바라보고 서 있는 사람을 믿고 뒤로 넘어진다. 다른 한 사람은 넘어오는 사람을 반드시 안전하게 두 손으로 잘 받아야 한다. 몇 차례 시도해 본다. ④ 역할을 바꾸어서 똑같이 해 본다. ⑤ 다음은 두 사람이 등을 맞대고 쪼그리고 앉는다. 그 상태에서 두 사람이 동시에 함께 그대로 일어서 본다. 두 사람의 등이 떨어지지 않고 그 모습 그대로 일어설 수 있으면 성공이다. ⑥ 두 가지 활동을 한 소감을 나눈다. **Tip** 등을 마주대고 일어설 때 서로에게 의지하는 힘으로 동시에 일어서는 데 성공할 수 있습니다. 여러 번 시도해 보게 합니다.

<table>
<tr><td></td><td>활동을 해 보시니 어떠신가요? 작은 움직임이라도 한쪽이 상대를 신뢰할 수 있어야 편안하게 내 몸을 상대에게 기댈 수 있었습니다. 또 등을 대고 일어날 때도 상대에게 의지하여 힘을 서로 맞대면 맞댈수록, 그 힘이 셀수록 더 잘 일어설 수 있습니다. 함께 신뢰하고 의지할 수 있을 때 혼자서 하기 힘든 일도 할 수 있게 될 것입니다.

▶ 회기 목표 및 활동 안내
오늘은 자녀를 격려하는 태도와 기술을 배우게 될 것입니다. 격려를 많이 받는 자녀는 자신에 대한 가치와 자신감이 더욱 커질 것입니다.</td></tr>
<tr><td>전개
(70분)</td><td>▶ 강의 9-1. 효과적인 격려의 기술
여러분은 자녀를 어떻게 격려하고 계신가요? 혹 칭찬과 격려를 구분 없이 남용하고 있지는 않은가요? 칭찬을 남용하여 오히려 자녀에게 또 다른 부정적인 영향을 미치게 하고 있는 건 아닌지요? 오늘 칭찬과 격려를 구분하여 사용하고 효과적으로 활용하는 방법을 살펴보도록 하겠습니다.

〈강의 내용〉 강의자료 9-1
1. 칭찬과 격려의 차이
2. 청소년기 격려의 필요성
3. 효과적인 격려의 기술

격려를 통해서 우리 자녀의 기를 살리고, 자녀가 자신의 모습을 자기답게 발휘하며 살아갈 수 있는 조력자로서 부모역할을 배워 보았습니다.

▶ 활동 9-1. 자녀의 문제행동을 격려로 바꾸어 보자
부모님들 눈에 거슬리는 자녀의 문제행동들을 격려의 기술을 활용하여 자녀를 격려하는 표현으로 바꾸어 보려고 합니다. 자녀가 문제행동을 드러내는 원인을 이해하고, 자녀의 기대와 욕구를 인정하게 되면 자녀의 문제행동을 새롭게 긍정적인 방향으로 이끌어 내 볼 수 있게 될 것입니다. 활동지에서 안내하는 대로 따라가면서 자녀의 행동을 격려하는 표현으로 바꾸어 보세요.

〈활동 내용〉 활동지 9-1
① '활동지 9-1'을 나누어 주고 활동 방법을 안내한다.
② 1회기에서 부모가 부모 노릇하기 힘들다고 하소연할 때의 사례를 떠올리면서 자녀의 문제행동을 작성한다.
③ 부모가 자녀의 문제행동 상황에서 자녀에게 기대하는 것과 부모 자신의 욕구를 찾아보고 기록한다.
④ 자녀의 문제행동 상황에서 실제로 부모가 반응했던 말과 행동을 기술한다.
⑤ 자녀의 기대와 욕구는 무엇이었는지 떠올려 보고 기록한다.
⑥ 이 상황에서 자녀를 격려하는 말로 바꾸어 작성해 본다.
⑦ 자신이 작성한 활동지 내용을 발표하고 나눈다.</td></tr>
</table>

<table>
<tr><td></td><td>자녀의 문제행동을 격려하는 표현으로 바꾸어 보았습니다. 이제 자녀를 다시 바라보면 어떻게 보이시나요? 자녀를 새롭게 이해하고 나서 자녀에게 직접 격려하는 표현을 실행하게 되면 자녀는 기가 살고, 신바람 나게 자신의 능력과 강점을 발휘하며 살아가게 될 것입니다. 이제 다음 '활동 9-2'를 통해 실천하는 훈련으로 이어 나가겠습니다.

▶ 활동 9-2. 사랑스런 나에게 이 말을 전하고 싶어, 나의 자랑스런 _____에게 이 말을 전하고 싶어
지난 회기에 이미 나의 자녀에게서 찾아낸 강점을 바탕으로 하여 자녀를 격려하는 기술을 살펴보았습니다. 자녀를 격려하는 연습을 하기에 앞서 부모 자신을 먼저 격려하는 훈련을 해 보겠습니다. 자신이 격려받음으로써 부모가 자긍심을 갖고 보다 효율적으로 부모역할을 하는 데 기여할 것입니다. 그리고 격려의 기술을 염두에 두면서 자녀를 격려하는 말로 표현해 보겠습니다.

〈활동 내용〉 활동지 9-2
① '활동지 9-2'를 나누어 주고, 활동 내용을 설명한다.
② 부모 자신 격려하기: '사랑스런 나에게 이 말을 전하고 싶어'
자신에게 격려하는 말을 기록한다.
③ 자녀 격려하기: '나의 자랑스러운 ____에게 이 말을 전하고 싶어'
자녀에게 격려하는 말을 기록한다.

우리 자녀에게 격려의 말을 적어 보았습니다. 오늘 가정으로 돌아가셔서 자녀의 눈을 바라보면서 이 말을 따뜻하게 전해 보시기 바랍니다.</td></tr>
<tr><td>마무리
(30분)</td><td>▶ 마무리
오늘 9회기에서는 자녀를 신바람 나게 하는 격려의 기술을 배워 보았습니다. 자녀가 신이 나는 모습을 보면 부모 자신도 부모효능감이 충만하게 될 수 있습니다. 이렇게 할 때 부모와 자녀가 서로 연결되어 소통하는 관계가 이루어지고 있음을 확인하게 됩니다.

▶ 차시 안내
다음 차시는 청소년기 자녀를 둔 부모역할 훈련의 마지막 과정으로서 부모와 자녀가 함께 성장하는 과정임을 선언하고 노력하기 위한 다짐을 할 것입니다.</td></tr>
<tr><td>유의점</td><td>• 격려하는 표현이 칭찬과 구분할 수 있도록 안내하고, 격려의 기술을 참고하여 효과적으로 표현할 수 있도록 유의한다.

Tip
• 자녀를 격려하기 위해 부모 자신에게 먼저 격려하기
• 자책에 빠지지 않고, 부모가 한 일이 타당했음을 알아주기
• 긍정적인 마음으로 방향 돌리기
• 유머 감각 키우기
• 부모가 먼저 행복해지기</td></tr>
</table>

Smart Map 효과적인 격려의 기술

1. 칭찬과 격려의 차이

많은 사람에게 인정받고 싶은 욕구가 있다. 칭찬은 인정받고 존중받고 있다는 것을 알게 하는 관계에서 중요한 표현이라 할 수 있다. 자녀가 부모에게서 칭찬을 받으면 자존감이 향상된다. 그런데 칭찬과 격려는 어떤 차이가 있을까?

- 칭찬
  - 좋은 점이나 착하고 훌륭한 일을 높이 평가하는 말
  - 좋은 점이나 잘한 일의 행동의 결과에 대한 높은 평가
  - 의존성
- 격려
  - 용기나 의욕이 솟아나도록 북돋아 주는 말
  - 과정에 있어서 더욱 힘이 나도록 북돋아 주는 것
  - 자발성

자녀에게 결과가 나오기 전에 하는 격려의 말로 긍정 에너지를 줄 수 있어야 한다. 격려는 격려하는 사람이 다른 의도를 갖지 않고 그냥 순수하게 긍정적인 마음을 표현함으로써 받는 사람이 힘이 나게 하는 행위이다.

2. 청소년기 격려의 필요성

격려는 칭찬과 달리 자녀가 어떤 실수를 하거나 일을 불만족스럽게 할지라도 해 줄 수 있다. 자녀를 있는 그대로 사랑하고 인정해 주는 무조건적인 긍정적 존중의 태도가 필요하다. 격려의 태도는 자녀가 사랑과 칭찬에 목말라 하지 않고 자신이 원하는 것을 하도록 만든다. 자녀가 하기 싫으면 하지 않아도 된다. 격려는 자녀를 힘나게 한다.

3. 효과적인 격려의 기술

- 스스로 행복감 느끼기
- 관계 형성을 위한 경청 기술
- 이해를 통한 반응 기술
- 장점 · 강점과 자원에 초점을 맞추기
- 연대감 형성을 위한 일치 기술
- 에너지 창출을 위한 열정 기술
- 지각적 대안 기술
- 분위기를 부드럽게 하는 유머
- 낙담시키는 신념들을 인식하기
- 노력과 기여에 초점을 두기
- 긍정적인 대안 찾기
- 자기 격려하기

활동지 9-1

Smart Map 자녀의 문제행동을 격려로 바꾸어 보자

자녀의 문제행동을 격려로 바꾸어 보세요.

자녀의 문제행동
1. 2. 3.

↓

부모의 기대와 욕구
1. 2. 3.

↓

부모가 반응했던 말과 행동
1. 2. 3.

↓

자녀의 기대와 욕구
1. 2. 3.

↓

자녀를 격려하는 말로 변환하기
1. 2. 3.

Smart Map 사랑스런 나에게 이 말을 전하고 싶어

나에게 전하고 싶은 격려의 말을 적어 보세요.

활동지 9-2

Smart Map 나의 자랑스런 ____에게 이 말을 전하고 싶어

자녀에게 전하고 싶은 격려의 말을 적어 보세요.

10회기 달라진 나, 기대되는 부모 노릇

<table>
<tr><th colspan="2">활동지도안</th></tr>
<tr><td>활동 목표</td><td>• 자녀 및 부모 자신에 대한 이해와 변화된 자신의 모습을 느껴 본다.
• 청소년기 자녀를 둔 부모로서의 역할을 총 정리한다.</td></tr>
<tr><td>준비물</td><td>활동지 10-1, 활동지 10-2, 다육이 화분, 메시지 폿말, 필기도구</td></tr>
<tr><td>단계</td><td>진행절차</td></tr>
<tr><td>도입
(20분)</td><td>▶ 되돌아보기와 준비하기
지난 한 주 자녀와 관계는 어떠셨나요? 지난 시간의 부모가 자녀를 격려하고, 부모 자신도 격려하는 활동이 부모역할에 자긍심을 가지게 할 수 있었으며, 아울러 자녀들도 신바람 나게 하는 경험을 맛보았을 것입니다.

▶ 회기 목표 및 활동
오늘은 청소년기 자녀를 둔 부모의 부모역할 훈련 프로그램 마지막 시간입니다. 오늘은 여러분 자신에 대한 이해와 부모로서 변화된 자신의 모습을 확인해 보고, 부모역할 훈련 과정의 내용을 총 정리해 보도록 하겠습니다.</td></tr>
<tr><td>전개
(70분)</td><td>▶ 활동 10-1. 달라진 나, 기대되는 나
여러분은 청소년기 자녀를 둔 부모로서 부모역할 훈련 프로그램에 오늘까지 성실하게 참여하시어 마지막 10회기를 맞게 되었습니다. 청소년기 자녀를 둔 부모들은 일상생활에서 거듭되는 갈등으로 어려움을 호소하면서도 별 도리 없이 힘든 여정을 되풀이해 오고 있었습니다. 이제까지 훈련 프로그램에서는 부모로서 청소년기 자녀와의 관계에서 보다 친밀하게 소통하기 위하여, 그리고 당면한 갈등문제에 서로 만족하기 위하여 그 방법을 모색하는 내용을 훈련하였습니다.
오늘은 마무리 활동으로 지난 훈련 과정을 총 정리해 보겠습니다. 또한 그 과정에서 부모로서 변화된 모습을 탐색하고, 앞으로 부모로서 기대되는 모습을 선언하며 다짐하는 활동을 할 것입니다. 마지막으로, 전체 부모역할 훈련 프그램에 참여한 소감을 나누어 보겠습니다.

〈활동 내용〉 활동지 10-1
① '활동지 10-1'을 나누어 주고, 활동 방법을 안내한다.
② 부모역할 훈련 프로그램을 참여하면서 부모로서 생각이나 감정, 변화된 행동 등을 작성한다.
③ 청소년기 자녀를 둔 부모로서 부모역할을 훈련하는 과정에서 새롭게 알게 된 자신에 관하여 기술한다.</td></tr>
</table>

	④ 앞으로 부모로서 기대되는 자신의 모습을 기술한다. ⑤ 프로그램에 참여한 부모들이 활동지에 기술한 내용으로 전체 소감을 나눈다. 다음은 다육이 화분에 부모 자신과 자녀가 함께 성장해 나가는 생명력의 기운을 담아 성장 메시지를 기록하고 꽂아 놓는 상징적인 활동을 해 보겠습니다. ▶ 활동 10-2. 나는 이런 부모로 다시 성장한다 다육이의 생명력과 성장력에 관한 안내를 하고, 그 의미를 되새기며 원예치유 활동을 한다. 〈활동 내용〉 **활동지 10-2** ① 준비한 다육이 화분 한 개와 메시지 푯말을 나누어 갖고, 다육이 식물의 성장하는 의미를 전달하고 원예치료 활동을 한다. ② '활동지 10-2'를 나누어 주고, 활동 내용을 설명한다. ③ 활동지에 부모로서 자녀와 함께 성장하는 생명력의 기운을 담아 메시지를 기술한다. ④ 메시지 푯말에 성장 메시지를 다시 옮겨 적고, 다육이 화분에 메시지 푯말을 꽂는다. ⑤ 부모 자신이 다육이 화분에 꽂아 놓은 성장 메시지를 발표하면서 전체 소감을 나눈다.
마무리 (30분)	▶ 마무리 이제까지 청소년기 자녀를 둔 부모역할 훈련 프로그램을 통해 부모 자신이 먼저 자녀를 대하는 태도를 갖추기 위해 자신이 각성하고 변화하는 훈련 과정을 경험하였고, 그리고 문제 상황에서 효율적으로 갈등을 좁혀 나가서 마침내 부모-자녀 간에 관계 개선과 참만남의 소통으로 연결될 수 있으리라 기대합니다. 프로그램 전 과정에서 배우고 익힌 훈련 내용을 꾸준히 연습하고 실천하여 부모 자신과 자녀가 자유롭게 관계하게 되길 바랍니다.
유의점	• 매 회기에서 활동하고 나눈 소감을 간직하고, 일상에서 실천하며 활용할 수 있도록 유지해 나가도록 안내한다.

활동지 10-1

Smart Map 달라진 나, 기대되는 나

그동안 프로그램에 참여하면서 느낀 점과 나의 변화에 대해서 다음의 질문을 통해 살펴봅니다.

1. 부모로서 변화된 나

2. 부모역할에 관해 새롭게 알게된 나

3. 앞으로 부모로서 기대되는 나

활동지 10-2

Smart Map

나는 이런 부모로 다시 성장한다

성장하는 우리

제4장

꿈과 희망단계(Dream stage)

-성인 초기 자녀를 둔 부모를 돕기 위한 부모역할 훈련 -

1. 프로그램의 필요성

요즘 자녀가 20세가 넘어 사회적으로 성인인데도 불구하고 초등학생처럼 간섭을 하는 부모들이 많다. 예를 들면, 대학생이 된 자녀의 수강 신청을 대신해 주고 대학교수에게 전화해서 자신의 자녀가 열심히 공부했는데 성적이 잘 나오지 않은 이유가 뭐냐고 항의하기도 한다. 뿐만 아니라 자녀가 아파서 수업에 참석하기 어려운 경우 엄마가 자녀의 대리 출석을 위해 수업에 직접 참석하는 웃지 못할 일도 있다. 또한, 취업 준비생 자녀를 둔 부모가 인사 담당 직원에게 전화를 하는 경우도 다반사이다. 직장인 자녀의 상사를 찾아가 자신의 자녀가 회사 일을 힘들어한다며 항의하는 부모도 있다. 심지어는 군대에 입대한 자녀가 군 생활을 잘하고 있는지 물어봐 달라는 전화를 하는 등 군 생활에 관여하는 부모도 눈에 띄게 늘었다. 부모가 이미 성인이 된 자녀의 삶을 직접 관리해 주는 매니저 역할을 자임하고 있다고 해도 과언이 아니다. 이러한 부모 밑에서 자란 자녀는 성인이 되었어도 '부모가 챙겨 주지 않으니 아침에 못 일어나 대학 수업을 놓치고 성적도 떨어졌다'고 하면서 부모님이 자신의 생활을 계속 관리해 주었으면 좋겠다는 반응을 보이기도 하는 등 자신의 생활을 조절하지 못할 뿐만 아니라 스스로 아무것도 결정하지 못하는 경우가 허다하다.

앞의 사례와 관련된 용어로 '헬리콥터 부모'가 있다. '헬리콥터 부모'란 자녀의 주위를 헬리콥터처럼 맴돌며 모든 일에 간섭하려 하는 부모를 말한다. 예전에는 '헬리콥터 부모'가 주로 초등학생 자녀를 대상으로 숙제나 시험, 친구 고민 등을 나서서 해결해 주었는데 최근에는 '헬리콥터 부모'의 활동 반경이 확대되어 이미 성인이 된 자녀들에게까지 일일이 참견하며 과잉보호한다. 그러나 과잉보호를 하는 부모들은 자신이 자녀를 과잉보호한다는 것을 모르는 경우가 많다. 이러한 환경에서 자란 자녀들은 자율성이 길러지지 않아 자신의 생각과 의지로 행동하기보다는 의존적인 성격이 되기 쉽다.

부모가 자녀를 과잉보호하는 기저에는 부모 스스로의 불안과 공포가 자리 잡고 있다. 자녀가 실패하면 부모 자신이 불안하므로 자녀의 인생에 개입하고, 자녀는 실패를 더욱 두려워하게 되어 결국 성인으로 제대로 성장하지 못한다. 그리고 이 시기의 부모는 가족 발달단계상 자녀를 떠나보내는 단계에 해당하지만, 정작 부모는 자녀를 곁에 두고 떠나보내려 하지 않는다. 따라서 부모-자녀 관계가 제대로 이루어지려면 부모와 자녀가 각자의 위치에서 맡은 역할을 잘 수행해야 한다. 즉, 부모는 자녀를 양육하고 보호하던 역할에서 벗어나 자녀 스스로 원하는 것을 선택할 수 있는 자율성을 가질 수 있도록 점차적으로 가족 구조와 패턴을 변화시킴으로써 부모-자녀 간 역할에 대하여 새롭게 규정해야 한다.

성인 초기 자녀에게 실제로 필요한 것은 심리적 · 경제적 독립이다. 따라서 부모는 그 과정을 지켜보면서 자녀에게 부모의 도움이 필요한 것은 없는지 물어보고 최소한만 도와주며, 나머지는 자녀 스스로 해결함으로써 자녀가 제대로 자신의 길을 가도록 지켜봐 주는 역할을 할 필요가 있다. 또한 부모는 자녀를 돌보는 일과 자신을 돌보는 일의 균형을 유지하면서 자신의 삶에 다시 집중하는 자기돌봄(self-care)의 태도를 가지는 것이 중요하다.

결국 '부모는 되기 쉬워도 좋은 부모 되기는 어렵다.'는 말처럼 중년기 부모역할 수행에 있어서의 어려움을 고려해 볼 때, 이 시기의 부모역할을 단순히 자녀양육으로 보는 제한적인 관점에서 벗어나 현명한 부모역할의 방향을 찾아갈 수 있도록 도와주는 부모역할 훈련 프로그램이 필요하다. 또한 부모 자신의 삶의 의미 수준을 향상시키는 것을 포괄하는 확장적인 관점에서의 부모역할 훈련이 요구된다. 이를 통해 자녀는 자녀대로, 부모는 부모대로 독립적인 성인으로서 각자의 꿈과 희망을 가지고 성숙한 삶을 가꾸어 나갈 수 있다.

2. 이론적 배경

부모는 자녀의 출생에서부터 성장하는 데까지 가장 많은 시간을 공유하므로 자녀의 성장에 있어서 부모역할은 매우 중요하다. 그런데 자녀는 성장하면서 성취해야 하는 발달과업이 달라지므로 그에 따른 부모역할도 달라져야 한다. 특히 성인 초기 자녀를 둔 부모역할은 단순히 자녀의 기본적인 생리적 욕구와 안전의 욕구를 충족시켜 주는 것을 넘어서 궁극적으로는 자녀 스스로 책임감을 가지고 독립적으로 성장하여 행복한 삶을 살아갈 수 있도록 도와주는 것이다. 그렇다면 성인 초기 자녀는 어떤 발달과업을 성취해야 하고, 그것을 돕기 위해 부모는 어떤 역할을 해야 할지에 대해 함께 생각해 보자.

자녀 독립기의 시작에 대해서는 학자마다 차이가 있다. 대개 고등학교를 졸업한 20세 전후를 개인의 발달단계상 성인 초기로 가리킨다. 이 시기에는 부모-자녀 간 친밀감 및 의사소통, 부모의 양육태도가 부모-자녀 관계에 커다란 영향을 미친다.

이와 관련하여 부모-자녀의 심리적 독립을 잘 설명해 주는 대표적인 이론이 말러(Mahler, 1963)의 분리-개별화 이론이다. 블로스(Blos, 1979)와 조셀슨(Josselson, 1980)은 유아기의 분리-개별화의 과정에 대한 말러의 이론에 청소년 시기의 발달을 적용하여 청소년기를 이차 분리-개별화의 시기로 규정하였다. 이후 호프만(Hoffman, 1984)은 말러, 블로스 등의 정신분석적 개념을 바탕으로 청소년기의 심리적 분리 개념을 구체화시켰다.

청소년기에 있어서 부모-자녀 간 분리-개별화의 개념이 중요한 이유는 심리사회적 변화의 시기에 보다 현실적이고 확고한 자아정체감을 형성함으로써 자율적인 자아기능을 토대로 다양한 과업을 수행해야 하기 때문이다.

1) 부모로서의 자기이해: 부모-자녀 간 심리적 · 경제적 독립

자녀가 어릴 때에는 부모가 일방적으로 자녀를 돌보게 되지만, 자녀가 사춘기로 접어들면서부터 자녀는 부모로부터 벗어나려고 한다. 특히 자녀가 성인 초기가 되면 심리적으로 더욱 분리되며 부모는 자녀의 분리와 독립을 현실로 받아들여야 하는 과제에 직면하게 된다. 그런데 건강하지 않은 부모-자녀 관계에서 부모는 자녀가 성인 초기가 되었을 때에도 자녀의 생활에 너무 깊숙이 관여하여 자녀의 의존성을 불러일으킨다. 이러한 결과로 부모는 자녀 스스로의 의사결정 기술을 길러 주지 못하게 됨으로써 성인 초기 발달과업인 부모로부터의 정상적인 독립을 어렵게 만들 수 있다.

자녀가 부모로부터 독립한다는 것은 부모의 입장에서는 정서적 유대의 단절이 아니라 자녀의 독립을 수용하고 배려하는 보다 성숙한 유대 관계로 발전하는 것을 의미하며, 자녀의 입장에서는 부모와의 의존적인 관계에서 벗어나 자율적으로 사고하고 행동하는 것을 말한다. 하지만 대부분의 부모는 자녀의 독립을 수용하기가 쉽지 않다. 이 시기의 부모들은 자녀에 대한 염려와 근심으로 인해 불안감을 경험하는 경우도 있고, 자녀가 부모로부터 독립하고자 하는 의사표현이나 행동을 하는 경우, 부모는 자신이 부모역할을 실패했다고 느낌으로써 큰 좌절감을 경험하기도 한다. 심지어 부모는 생애 전반에 대해 자신감을 잃게 되고 무력감에 빠져들어 자신이 쓸모없는 존재가 되어 버린 것 같은 위기감마저 느끼기도 한다.

반면, 성인 초기 자녀들은 더 이상 부모의 통제나 권위를 받아들이려 하지 않고 부모의 도움이나 간섭 없이 독립적으로 일을 처리하려 한다. 따라서 부모가 자녀의 독립에 대해 인정하고 지지하며 격려하는 태도를 지닐수록 자녀들은 더욱 건강하게 독립할 수 있다.

그렇다면 부모는 어떻게 자녀의 심리적 독립을 시킬 수 있을까? 이와 관련한 중요한 방법 중의 하나가 바로 경제적 독립이다. 자녀의 경제적 독립을 위해서는 부모의 장기적인 전략이 필요하다. 예를 들면, '돈이란 무엇인지, 어떻게 사용해야 가치 있는지, 어떻게 모으는지' 등을 자녀에게 알려 줄 수 있어야 한다. 이처럼 부모가 장기적인 전략을 실천함으로써 자녀가 경제적인 주체가 되었을 때 진정한 심리적 · 경제적 독립을 이룰 수 있다.

다음의 사례를 통해 부모-자녀 간 심리적 · 경제적 독립의 중요성을 확인해 볼 수 있다.

아버지: 수지야, 저번 학기 성적표 아버지한테 가져와 봐라.

수　지: 아빠는 도대체 언제 성적표를 지금 가져오라고 그래요.

아버지: 아빠가 네 대학 등록금 내주는데 성적표 보여 달라고 하면 냉큼 보여 줄 것이지 무슨 잔소리가 많아.

수　지: 아빠! 나는 알아서 잘 하고 있거든. 나는 대학 가기 싫었는데 아빠가 억지로 대학 가라고 했잖아! 그러면 아빠가 대학 등록금 내 주는 거 당연한 거 아냐!

아버지: 아이고…… 이 녀석 말하는 것 좀 봐라. 아빠한테 돈 받기 싫으면 네가 장학금 받아서 학교 다니든가.

수　지: 학교에서 장학금 받는 게 얼마나 힘든지 아빠는 모르지!

아버지: 아빠도 돈 벌기 힘들어. 그러니 너가 아빠가 주는 돈으로 학교 다니려면 아빠가 시키는 대로 해!

앞의 사례에서처럼 부모의 경제적 지원이 자녀를 강력하게 통제할 수 있다. 결국 어른이 된다는 것은 자신의 문제에 대해 스스로 결정하고 결과를 책임지면서 삶을 배워 나가는 것이다. 부모-자녀 간 완전한 독립은 사실상 어려운 일이다. 그러나 부모-자녀 간 심리적 · 경제적 독립을 위해 부모-자녀 각자의 역할에 대한 이해를 바탕으로,

스스로 실천해 보고 그 결과를 받아들이는 과정을 반복하면서 성장하다 보면 부모-자녀 모두 진정한 어른이 될 수 있다.

결국 이 시기의 부모는 성장한 자녀의 분리-개별화를 어떻게 받아들이고, 자녀와의 연결을 어떻게 유지하느냐가 중심과제이다. 즉, 부모-자녀 간의 발달과업이 맞물리게 되면서 부모는 자녀와의 관계를 보다 수평적인 관계로 재조정하여 자녀의 생활에 덜 개입하고 양육자로서의 역할을 점차 줄일 뿐만 아니라 자녀를 성인으로서 존중할 수 있어야 한다. 특히 성인 초기 자녀는 자율적으로 독립되어 있을 때 부모와의 관계에서 친밀감을 더 느끼게 된다. 따라서 부모-자녀 간 적절한 거리를 유지함으로써 정서적으로 부모-자녀 간 분리감과 친밀감의 적절한 균형이 가능하다.

2) 부모효능감

부모효능감(Bandura, 1977)이란 부모가 자녀를 바람직하게 양육하기 위한 부모 자신의 신념을 말한다. 이러한 부모효능감은 부모가 적절하게 자녀를 양육할 경우, 바람직한 부모-자녀 관계를 형성하고 부모역할을 성공적으로 수행할 수 있다. 즉, 부모효능감이 높을수록 자녀에게 수용적이고 자녀를 잘 이해하며 부모-자녀 간 상호작용을 좀 더 원활하게 이끌 수 있다. 특히 부모의 긍정적인 양육태도는 부모-자녀 간 개방적 의사소통을 가능하게 함으로써 공감 능력이 향상된다. 이러한 부모의 긍정적인 양육행동을 향상시키는 데 있어서 부모는 자신의 내면을 돌아보고 관리할 수 있는 방법을 배우고 실천함으로써 부모 자신뿐만 아니라 자녀에게도 긍정적인 영향을 미친다.

중년기에 접어든 부모는 자녀의 독립을 인정해 주는 지원자의 역할을 해야 하지만, 자신의 신체적 · 정서적 변화에 따른 욕구나 가치관의 변화로 갈등을 겪게 된다. 또한 자신의 이러한 변화를 인지하지 못하여 스트레스나 감정을 조절하지 못할 경우, 자녀에게 분노를 표출함으로써 자녀와 부정적인 관계를 형성하게 된다. 이러한 부정적 양육방식은 부모역할에 점점 더 자신감을 잃게 만들고 자녀를 양육함에 있어 무능함을 경험하게 하여 부모효능감의 저하를 가져온다.

결국 부모역할에 대한 수행을 돕고 나아가 자녀의 심리적 · 정서적 발달을 촉진할 수 있는 부모효능감의 향상은 부모의 양육행동을 개선하도록 할 뿐만 아니라 부모와 자녀 각자 독립된 존재로서 자신의 꿈과 희망을 가지고 성숙한 삶을 살아가도록 하는 데 있어서 중요하다. 이러한 관점에서 부모-자녀 간 개방적 의사소통은 가족의 변화하는 감정과 욕구를 공유하기에 아주 효율적인 수단으로, 이를 통해 부모-자녀 간 공감적인 친밀한 관계 형성이 가능하다.

3) 건강한 부모-자녀 역할 모델링으로서의 삶의 의미

중년기의 부모는 위로는 노부모를 부양하고, 아래로는 성인 자녀를 지원하는 이른바 '더블 케어'의 세대에서 이제는 손자 육아까지 떠맡는 '트리플 케어'의 세대로 변화하고 있다. 뿐만 아니라 이 시기의 부모는 자녀와의 분리에서 오는 '빈 둥지 증후군(empty nest syndrome)'을 심하게 겪게 된다. 자녀가 둥지에서 떠나는 것은 지금까지 살아왔던 부모 자신의 삶이 완전히 재조정되도록 만들기 때문에 부모는 목표에 대한 상실과 우울을 경험하게 될 뿐만 아니라 부모-자녀 간 역할 재구성에 대해서 어려움을 겪게 된다. 따라서 부모는 새로운 역할을 찾아야 하는데 만약 그렇지 못하면 부모는 자녀의 삶에 깊숙이 개입하게 됨으로써 부모-자녀 관계에서 서로에게 상처를 주게 된다. 이를 극복하기 위해서 부모가 새로운 일을 찾아보거나 취미, 여가활동, 봉사활동 등에 적극적으로 참여하는 것은 좋은 방안이다. 중요한 것은 이러한 각각의 활동에 참여하다 보면 삶에 대한 통합감을 갖게 됨으로써 자신의 삶이 의미 있는 것으로 체험될 수 있다.

특히 삶에서 내재적 동기를 경험하는 대표적인 영역이 여가이다. 여가란 개인의 판단에 의해 자유롭게 활동을 선택하고, 선택된 활동을 통하여 자기목적적인 만족을 추구하는 것을 말한다. 또한 여가는 일상의 스트레스를 대처하기 위하여 휴식을 취하고 새로운 힘을 얻는 기회를 제공한다. 이러한 맥락에서 여가활동은 삶의 의미를 발견할 수 있는 중요한 배경이 된다. 즉, 여가가 삶의 중심 영역으로 전환됨으로써 자신의 진정한 자아와 삶의 의미를 찾을 수 있다.

결국 여가는 자기계발의 기회이며 여가에서 경험하는 의미가 일상생활에서 발생하는 어려움을 극복하고 긍정적인 정서를 향상시켜 자신의 삶을 적극적이고 의미 있게 살아갈 수 있도록 하는 원동력이 된다. 또한 여가활동은 자신의 내면세계를 더욱 풍부하게 할 수 있으므로, 삶에서 일과 여가의 균형과 조화를 고려해야 한다. 따라서 여가의 역할은 건강한 부모-자녀 역할 모델링으로서의 삶의 의미에 있어서 중요하다.

3. 프로그램의 목표

본 프로그램의 목적은 성인 초기 자녀가 심리적 · 경제적으로 독립하도록 부모로서의 자기이해 증진을 바탕으로 부모효능감 향상 및 삶의 의미 수준 향상에 도움을 주는 것이다.

본 프로그램을 통해 달성하고자 하는 구체적인 목표는 다음과 같다.

첫째, 중년기 부모와 성인 초기 자녀 간 관계 재설정의 필요성을 인식한다.
둘째, 부모-자녀 간 개방적 의사소통을 익힘으로써 공감 능력을 향상시킨다.
셋째, 건강한 부모-자녀 역할 모델링으로서 통합적 삶의 의미를 가지도록 한다.

4. 프로그램의 구성

1) 개입 전략

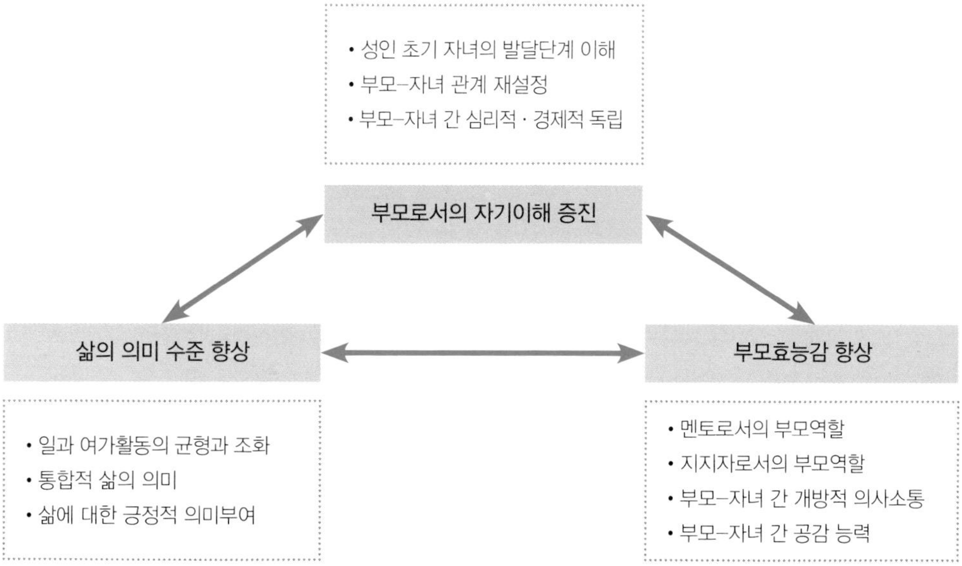

[그림 4-1] **'드림' 모형**

본 프로그램은 중년기 부모와 성인 초기 자녀의 심리사회적 특성을 반영하여 부모-자녀 각자가 독립된 존재로 자신의 꿈과 희망을 가지고 성숙한 삶을 가꾸어 나가도록 다양한 매체와 강의자료 및 동영상을 활용한 통합적인 부모역할 훈련 프로그램으로 구성하였다.

본 프로그램의 개입 전략은 다음과 같다.

첫째, 성인 초기 자녀를 둔 부모로서의 자기이해를 증진할 수 있도록 구성하였다. 성인 초기 자녀를 둔 부모는 성인 초기 발달과업인 자녀의 분리-개별화를 현실로 받아들이지 못함으로써 자녀의 심리적·경제적 독립을 어렵게 하고 있다. 따라서 2회기에서는 자신의 자녀가 어떤 발달단계에 있는지 어떤 어려움을 가지고 있는지에 대해 알아본다. 3회기에서는 부모 자신이 자녀를 어떻게 보고 있는지 알아차림으로써 부모-자녀 관계 재설정에 대한 의지를 높인다. 4회기에서는 부모와 자녀가 생각하는 독립에 대한 관점의 차이를 알 수 있도록 프로그램을 구성하였다. 이러한 활동을 통해 부모역할을 수행할 때 우선적으로 부모 자신과 자녀에 대한 이해를 증진하는 데 초점을 두어 진행하도록 한다.

둘째, 성인 초기 자녀를 둔 부모의 효능감을 향상할 수 있도록 구성하였다. 이 시기의 부모는 중년기의 신체적·정서적 변화로 인한 스트레스를 자녀에게 표출함으로써 자녀와 부정적인 관계를 형성하게 되고, 자녀양육에 있어 무능함을 경험하게 되어 부모효능감이 낮다. 따라서 5회기에서는 부모-자녀 간 개방적 의사소통 대화 실습을 통해 부모-자녀 간 효율적인 공감적 의사소통을 경험한다. 6회기에서는 푸드테라피로 공감 표현하기를 통해 부모-자녀 간 공감 능력을 높일 수 있도록 프로그램을 구성하였다. 7회기에서는 자녀를 키우느라 애쓴 부모 자신의 경험을 떠올려 보고, 자신의 삶에 대한 미래 비전 세우기를 통해 스스로 내면의 따뜻한 부모상을 경험하게 한다. 이러한 활동을 통해 일상생활에서 부모는 자녀에게 따뜻하고 긍정적인 양육태도를 취하는 경험으로 이어지도록 하였다.

셋째, 성인 초기 자녀를 둔 부모에게 삶에 대한 통합적 의미를 강조하였다. 이 시기의 부모는 자녀와의 분리-개별화가 제대로 이루어지지 못하면 부모-자녀 관계에서 서로에게 상처를 줄 뿐만 아니라 부모-자녀 각자 독립된 존재로서 각자의 꿈과 희망을 가지고 성숙한 삶을 살아가기가 어렵다. 따라서 이를 극복하기 위한 노력의 일환으로 8회기에서는 자신의 여가활동을 푸드로 표현해 보는 경험을 하도록 프로그램을 구성하였다.

9회기에서는 중년기 삶의 의미 척도(박정미, 2018)를 적용한 '내 삶의 의미는 어떤가요?' 활동을 통해 자신의 삶의 의미는 어떤지 살펴보는 경험을 함으로써 건강한 부모역할을 위해서 부모 자신의 삶에 대한 행복감과 만족감의 중요성을 깨닫고, 삶에 대한 긍정적 의미부여를 하는 마음을 가질 수 있도록 동기화하였다.

넷째, 일상생활에서도 건강한 부모-자녀 역할 모델링을 경험할 수 있도록 과제를 제시하였다. 1회기에 가족 봉사활동 경험 나누기에 관한 과제를 미리 제시한 후, 8회기에 체험 소감 나누기 시간을 가짐으로써 더불어 사는 삶에 대한 의미 수준을 향상시킬 수 있게 하였다. 4회기에는 경제적 독립에 대해 자녀와 함께 이야기 나누어 보는 과제를 제시한 후, 5회기에서 소감 나누기 시간을 가짐으로써 부모-자녀 간 독립에 관한 관점의 차이를 이해하고 수용할 수 있도록 하였다.

2) 구성 내용

본 프로그램의 목적과 목표에 따라 부모역할 훈련 프로그램을 3단계로 나누어서 구성하였다.

■ 제1단계: 부모로서의 자기이해 증진(1~4회기)

1단계에서는 성인 초기 자녀의 발달단계의 특성 및 부모-자녀 관계 재설정에 대해 이해한다. 이를 위해 호프만(Hoffman, 1984)의 분리-개별화 이론을 참고하여 부모-자녀 관계 재설정, 성인 초기 자녀의 심리적 · 경제적 독립 등의 요소를 포함하여 구성함으로써 부모로서의 자기이해 증진을 기대하게 된다.

■ 제2단계: 부모효능감 향상(5~7회기)

2단계에서는 멘토로서의 부모역할 향상 및 지지자로서의 부모역할 향상과 부모-자녀 간 공감 능력 향상의 기회를 가진다. 이를 위해 밴듀라(Bandura, 1977)의 부모효능감을 참고하여 개방적 의사소통을 위한 대화 실습, 다양한 매체를 활용한 자기표현 활동을 통해 부모효능감 향상을 기대하게 된다.

■ 제3단계: 삶의 의미 수준 향상(8~10회기)

3단계에서는 건강한 부모-자녀 역할 모델링으로서의 삶의 의미 수준 향상을 위한 내용으로 구성한다. 여가활동을 통해 자신의 몸과 마음을 돌보며, 가족 봉사활동을 통해 공동체 문화의식을 높일 수 있는 요소를 포함하여 구성하였다. 특히 삶의 의미에 대한 통합적 이해를 바탕으로 자신의 삶에 대한 긍정적 의미부여를 함으로써 전인적 성장을 기대하게 된다.

5. 프로그램의 운영 지침

첫째, 연구나 프로그램의 효과 여부를 측정하고자 할 경우, 프로그램의 사전 · 사후 검사 활동을 포함할 수 있다. 이때 1차시와 10차시는 본 프로그램의 운영시간 외에 별도로 30분 정도의 시간을 확보하여 프로그램의 시작 전후에 검사를 실시하도록 한다.

둘째, 전체 회기 구성은 10회기(회기당 120분)를 기본으로 하여 통상적으로 일주일에 1회기씩 진행하고, 집단원의 특성상 일부 차시를 생략할 수 있다. 이때 중년기 부모와 성인 초기 자녀 간 관계 재설정에 대한 이해가 낮은 집단원일 경우 2회기, 3회기, 4회기만을 실시하여 부모로서의 자기이해 증진을 목적으로 한다. 그리고 이 시기의 부모역할에 대한 이해와 부모효능감이 낮은 집단원일 경우에는 5회기, 6회기, 7회기를 실시하여 자녀에 대한 멘토로서의 부모역할과 지지자로서의 부모역할 및 부모-자녀 간 개방적 의사소통을 통한 공감 능력을 익히도록 한다. 삶의 의미 수준 향상, 즉 삶의 의미에 대한 통합적 이해를 바탕으로 한 전인적 성장을 위해서는 8회기, 9회기를 실시한다.

셋째, 중년기 부모의 연령과 성별에 따른 집단원의 특성을 파악하여 부모역할 훈련 프로그램을 운영할 경우 집단원의 참여 동기가 높을 것이다.

넷째, 집단원들 간의 어색함을 줄이고 부드러운 분위기를 조성하기 위해서 회기별 특성에 따라 도입 부분에 촉진활동(예: 퀴즈, 명상 등)을 통해 신뢰감을 형성하도록 한다.

다섯째, 부모역할 훈련 프로그램의 특성상 회기별 주제에 따라 강의자료 및 동영상이 포함되므로, 강의 내용이 집단원들에게 공감적으로 전달되도록 효율적으로 이용한다.

6. 프로그램의 내용

프로그램의 회기별 목표와 구체적인 내용은 다음과 같다.

단계	회기	주제	목표	활동
부모로서의 자기 이해 증진	1	내 인생 봄봄! (My life Bom Bom!)	• 프로그램의 목적과 진행방법을 이해하고, 집단원 간의 친밀감을 형성한다.	• 도입 활동 –Smart Map 부모역할 훈련 프로그램: 꿈과 희망단계 소개하기 • 전개 활동 –별칭 짓고 자기 소개하기 –집단 규칙 서약하기 –이름 엮기 게임 • 마무리 활동 –소감 나누기 –과제: 8회기 가족 봉사활동 경험 나누기
	2	지금 이 순간! (At the moment!)	• 성인 초기 자녀의 발달단계의 특성을 이해한다.	• 도입 활동 –지난 회기 되돌아보기 –퀴즈로 풀어보는 성인 초기 요즘 자녀들의 어려움! • 전개 활동 –동영상 1: 전 세계적 20~30대 독립실태 '독립하기 싫어요.' –동영상 2: 대학생 경제적 의존도 높아 (동영상 시청 후 소감 나누기) –성인 초기 자녀의 발달단계의 특성에 관한 강의 –지금 우리 자녀는? • 마무리 활동 –소감 나누기
	3	아하! 시나브로… (Little by little)	• 성인 초기 자녀를 둔 부모역할에 대해 이해한다. • 부모-자녀 관계 재설정에 대해 이해한다.	• 도입 활동 –지난 회기 되돌아보기 –동영상 1: 적절한 거리 –동영상 2: 부모의 지나친 간섭 '헬리콥터 맘, 대디' (동영상 시청 후 소감 나누기) • 전개 활동 –성인 초기 자녀를 둔 부모역할에 대한 이해에 관한 강의 –나는 내 자녀를 이렇게 보고 있네! –성인 초기 자녀와 부모 간의 관계 재설정이 필요한 이유에 관한 강의 –Tip: 헬리콥터 맘이 되지 않기 위한 마인드 5계명 • 마무리 활동 –소감 나누기

	4	이제는 독립이 필요해! (Now. Independent days!)	• 자녀의 심리적 · 경제적 독립에 관한 의미를 이해한다.	• 도입 활동 –지난 회기 되돌아보기 –동영상 1: 해피엔딩을 꿈꾸며–헬리콥터 맘 –동영상 2: 경제적 독립을 못했다고 부모님 뜻대로 살아야 하나요? (동영상 시청 후 소감 나누기) • 전개 활동 –심리적 독립의 중요성(Hoffman)에 관한 강의 –내 자녀의 독립은? • 마무리 활동 –소감 나누기 –과제: 경제적 독립에 대해 자녀와 의논해 보기
부모 효능감 향상	5	멘토로 변화된 나! (As a mentor!)	• 멘토로서의 부모역할을 향상시킨다.	• 도입 활동 –지난 회기 되돌아보기(지난 회기 과제에 대해 경험 나누기) –신조어 테스트(어디까지 들어봤나? 무슨 말일까?) • 전개 활동 –꼰대력 테스트(혹시 내가 꼰대일까?) –멘토로서의 부모역할에 관한 강의 –동영상 1: 너, 내가 누군지 알아? 꼰대는 이렇게 생긴다 (동영상 시청 후 소감 나누기) –Tip: 멘토로서의 부모역할 실천을 위한 마인드 5계명 –어기역차 전략 익히기 • 마무리 활동 –소감 나누기
	6	함께 행복하기! (Happy together!)	• 부모–자녀 간 공감 능력을 향상시킨다.	• 도입 활동 –지난 회기 되돌아보기 –응원샤워 • 전개 활동 –동영상 1: 소울스터디 심리편–공감이란 무엇인가? –동영상 2: 진정으로 공감하고 소통하는 법–공감대화법 (동영상 시청 후 소감 나누기) –푸드테라피로 공감 표현하기 • 마무리 활동 –소감 나누기
	7	참 괜찮은 나! (I'm so cool!)	• 부모 자신의 감정을 솔직하게 표현해 봄으로써 부모효능감을 향상시킨다.	• 도입 활동 –지난 회기 되돌아보기 • 전개 활동 –부모효능감에 관한 강의 –Tip: 부모효능감 향상을 위한 오개념 극복 마인드

				–나는 어떨 때 괜찮은 부모라고 느끼나? (병풍앨범 앞면 만들기) –나의 비전 세우기 (병풍앨범 뒷면 만들기–콜라주 작업하기) • 마무리 활동 –소감 나누기
	8	몸 풀고! 마음 풀고! (Touch your mind!)	• 자신의 몸과 마음을 돌보고 사랑한다.	• 도입 활동 –지난 회기 되돌아보기 –마음챙김 호흡명상(토닥토닥: '그동안 수고 많았어') • 전개 활동 –생각 열기('21세기 개미와 베짱이') (선택활동) –동영상 1: 당신은 어떤 여가 생활을? –동영상 2: 소소한 행복 '나의 소확행은' (동영상 시청 후 소감 나누기) –일과 여가활동의 적절한 균형과 조화 –나의 여가활동을 푸드(건빵)로 표현해 보기(선택활동) –가족 공동체 문화(어떻게 우리 가정의 문화를 만들 것인가?) • 마무리 활동 –소감 나누기
삶의 의미 수준 향상	9	삶의 기적! (Miracle of life!)	• 중년기 삶의 의미에 대한 통합적 이해 를 통해 전인적 성장을 한다.	• 도입 활동 –지난 회기 되돌아보기 • 전개 활동 –중년기 삶의 의미에 대한 통합적 이해에 관한 강의 –자신의 삶에 있어서 의미 있는 부분을 영역별로 나누어 표시해 보기 –중년기 삶의 의미 구성요소에 관한 강의 –'내 삶의 의미'는 어떤가요? • 마무리 활동 –소감 나누기
	10	인생은 아름다워! (Life is beautiful!)	• 부모–자녀 각자 독립된 성인으로서 행복하도록 지속적으로 실천한다.	• 도입 활동 –전체 회기(1~9회기) 되돌아보기 –자애명상 • 전개 활동 –나만의 버킷리스트 작성하기 –내 삶을 아름답게: 자신에게 상장 수여하기 –○○해도 괜찮아!(선택활동) (집단원 서로 응원하고 격려하기) • 마무리 활동 –전체 종결 소감 나누기 및 수료식

1회기 내 인생 봄봄!

활동지도안	
활동 목표	• 프로그램의 목적과 진행방법을 이해하고, 집단원 간의 친밀감을 형성한다.
준비물	필기도구, 이름표, 활동지 1-1, 활동지 1-2
단계	진행절차
도입 (20분)	▶ 첫 만남: 집단원과 인사 나누기 'Smart Map 부모역할 훈련 프로그램: 꿈과 희망단계' 소개하기 반갑습니다. 오늘부터 Smart Map 부모역할 훈련 프로그램 진행을 맡은 강사 ○○○입니다. 여러분과 함께하게 되어 기쁩니다. 지금까지 자녀들 키우느라 수고 많으셨지요. 세상에서 가장 힘든 게 부모역할이라고 합니다. 이렇듯 자녀의 성장에 있어 부모역할은 매우 중요합니다. 그런데 자녀는 성장하면서 성취해야 하는 발달과업이 변화하므로, 그에 따른 부모역할도 달라져야 합니다. 질풍노도의 시기를 지나 이제 어엿한 성인으로 한 걸음 다가서는 내 자녀를 보시니 어떠세요? 뿌듯하기도 하지만 한편으로는 아직도 염려되시는 마음이 많을 줄 압니다. 이번 프로그램을 통해 나와 내 자녀가 독립적인 성인으로서 각자의 꿈과 희망을 가지고 성숙한 삶을 가꾸어 나갈 수 있기를 기대해 봅니다. 자~ 그럼 지금부터 '내 인생 봄봄!(My life Bom Bom!)'을 시작해 볼까요? ▶ 프로그램 진행 방식에 대한 설명 본 프로그램은 10회기로 구성되어 있고 1회기 활동시간은 120분입니다. 매주 ○○일 ○○센터에서(○시~○시까지) 진행됩니다. 상대방의 말에 경청하며 집단에 적극적으로 참여해서 자신의 목표를 이루어 갈 수 있는 의미 있고 좋은 시간이 되시기를 바랍니다. 이번 회기 활동을 통해 프로그램의 목적과 필요성을 알아보고 서로 조금 더 친해질 수 있는 시간을 갖도록 하겠습니다. 프로그램 진행에 대해 궁금한 점이 있으시면 언제든지 질문하시면 됩니다.
전개 (80분)	먼저, 프로그램의 목적과 필요성을 안내해 드리겠습니다. 우리 프로그램은 성인 초기 자녀를 둔 중년기 부모님들에게 자녀의 발달단계에 따른 특성을 이해하고 우리 자녀가 하는 고민들, 그리고 이 시기에 가장 중요한 심리적 · 경제적 독립에 대해 알아보고 내 자녀를 이해하는 시간을 가질 것입니다. 특히 Smart Map 부모역할 훈련 프로그램은 중년기 부모역할에 대해 현명하게 방향을 찾아갈 수 있도록 도와주는 역할뿐만 아니라 부모 자신의 삶의 의미 수준을 향상시키는 것을 포함하는 확장적인 관점에서의 부모역할 훈련 프로그램입니다.

	▶ 프로그램의 필요성 요즘 자녀가 20세가 넘어 사회적으로 성인인데도 불구하고 초등학생처럼 간섭을 하는 부모들이 많습니다. 이러한 부모의 간섭과 통제로 자녀는 자신의 생활을 조절하지 못할 뿐만 아니라 스스로 아무것도 결정하지 못하게 됩니다. 이 시기의 자녀에게 필요한 것은 심리적 · 경제적 독립을 하고 홀로서기를 하는 것입니다(부모-자녀 관계 재설정). 부모는 자녀가 제대로 자신의 길을 갈 수 있도록 격려해 주고 지지해 주는 역할을 할 필요가 있습니다. ▶ 프로그램의 목적 본 프로그램에서는 성인 초기 자녀가 심리적 · 경제적으로 독립할 수 있도록 중년기 부모로서의 자기이해를 바탕으로 한 부모효능감 향상 및 삶의 의미 수준 향상에 도움을 주고자 합니다. 본 프로그램의 필요성과 목적을 들으니 어떠신가요? 공감되는 부분이 많으실 거라 생각합니다. 이번 활동은 별칭을 짓고 서로 소개하는 시간을 갖도록 하겠습니다. ▶ 활동 1-1. 나를 소개합니다 이번 활동은 주제와 관련된 별칭을 짓고 두 사람씩 짝을 지어 인터뷰 형식으로 소개를 하는 시간입니다. 〈활동 내용〉 **활동지 1-1** ① '내 인생 봄봄!'과 관련하여 연상되는 것으로 자신의 별칭을 지어 본다(예: 이것만 떠올리면 나와 내 자녀가 행복할 것 같다 등). ② 활동지 1-1에 다음과 같이 적어 본다. "저의 이름은 ○○○입니다. 별칭은 ○○라고 지었어요. 별칭의 의미는 ○○○입니다." ③ 둘씩 짝을 지어 인터뷰 형식으로 진행한다. ④ 각 팀의 소개가 끝날 때마다 박수로 환영한다. ⑤ 이 프로그램을 통해 얻고자 하는 자신의 기대와 목표를 말한다. 서로 소개를 하는 시간을 가지고 나니 왠지 분위기가 더 훈훈해지는 느낌입니다. 이 프로그램을 통해 여러분이 얻고자 하는 목표를 꼭 이루었으면 좋겠습니다. 이번 활동은 우리 프로그램이 원활하게 진행되고 함께 성장하기 위해서 무엇보다 여러 부모님들의 도움이 필요합니다. 모두 함께 편안하게 프로그램에 참여하기 위해서 우리 서로 지켜야 할 중요한 약속이 있습니다. 자~ 모두 함께 읽으면서 서약해 볼까요?

<table>
<tr><td></td><td>
▶ 활동 1-2. 우리들의 아름다운 약속

서약서 활동지 1-2
1. 집단 내에서 이루어진 타인의 이야기에 대하여 비밀보장을 한다.
2. 프로그램에 성실히 참여하며, 시간 약속을 잘 지킨다.
3. 집단에서 상대방에 대한 평가나 판단을 하지 않는다.
4. 서로를 존중하고 배려하며 공감적 지지를 해 준다.

자~ 이제 우리가 서로 집단 규칙에 대해 약속을 하였습니다. 10회기 프로그램을 마칠 때까지 우리들이 함께한 약속을 잘 지킬 수 있을 거라고 생각합니다. 오늘 처음 만남이라 다소 어색하고 불편할 수도 있을 겁니다. 이런 어색함을 줄이고 서로를 알아 가고 친밀감을 형성하는 시간을 가지기 위해 촉진활동으로 이름 엮기 게임을 진행하려고 합니다. 어렵지 않은 게임이니 즐겁게 참여해 주시기 바랍니다.

▶ 촉진 활동: 이름 엮기 게임

〈활동 내용〉
① 리더가 게임 진행방법을 안내한다.
② 집단원 순서대로 돌아가며 자신의 별칭을 소개한다[예: 저는 (행복)입니다].
③ 다음 집단원은 먼저 소개한 집단원의 별칭에 이어서 자신의 별칭을 소개한다[예: 저는 (행복) 옆에 (룰루맘)입니다]. 계속 이어서 진행한다.
④ 순서를 바꾸어 반대로 다시 한 번 진행한다.

게임을 해 보니 어떠신지요? 상대방 별칭을 외워서 연결하기가 어려울 수도 있습니다. ‘내 순서가 다 되어 가는데 잘할 수 있을까’ 하고 염려되는 마음도 있었을 텐데 서로 배려하며 돕는 모습이 참 보기 좋았습니다. 게임을 두 번 반복해서 진행하면서 처음보다 훨씬 자연스럽게 표현이 잘 되시지요. 이름 엮기 게임에서도 알 수 있듯이 우리 만남도 처음 어색한 모습에서 많이 편안해지고 친해진 느낌이 듭니다. 촉진 활동을 통해서 서로를 알아 가고 친해지는 이 시간이 참 소중하게 느껴집니다.
</td></tr>
<tr><td>마무리
(20분)</td><td>
▶ 마무리
벌써 오늘 마무리 시간이 다가왔네요. 오늘은 첫 만남으로 프로그램 소개와 목적, 그리고 우리가 서로 소개하고 게임도 하며 함께 알아가는 시간을 가졌습니다. 그리고 우리가 함께 성장하기 위해 약속한 것도 있었지요. 이번 시간을 통해 느낀 점과 새롭게 알게 된 점 등에 대해 함께 나누는 시간을 가지도록 하겠습니다.

▶ 차시 안내 및 과제 제시
다음 시간에는 ‘지금 이 순간!(At the moment!)’이라는 제목으로 성인 초기 자녀의 발달단계의 특성에 대해 알아보는 시간을 갖도록 하겠습니다. 그리고 8회기에는 가족 봉사활동 경험 나누기가 있습니다. 혹시 지금까지 가족이 함께 봉사활동한 경험이 없으신 분들은 이번 프로그램을 계기로 가족이 함께 체험해 보시면 어떨까요?
</td></tr>
</table>

유의점	• 집단원들이 편안한 마음으로 참여할 수 있도록 신뢰할 수 있고 허용적인 분위기를 조성한다. • 촉진 활동을 통해 어색함을 해소하고 친밀감을 형성하도록 돕는다. • 이름 엮기 게임에 모두 즐겁게 참여하여 서로를 알아 가는 시간이 되도록 돕는다. • 서로를 배려하고 존중하는 마음과 행동을 가지도록 한다.

Smart Map 나를 소개합니다

나를 소개하는 시간입니다. 먼저, 주제와 관련된 별칭을 짓고 별칭의 의미와 지금 기분, 그리고 프로그램에 대한 자신의 기대를 표현해 봅니다.

1. 나의 이름은 ○○○입니다. 내가 지은 별칭은?

'내 인생 봄봄!(My life Bom Bom!)' 주제와 관련하여 연상되는 것으로 자신의 별칭을 지어 보도록 하면 어떨까요?(예를 들면, 이것만 떠올리면 나와 내 자녀가 행복할 것 같다 등).

2. 별칭의 의미는?

3. 지금 나의 기분은?

4. 이 프로그램을 통한 자신의 기대는?

Smart Map 서약서(우리들의 아름다운 약속)

아래의 약속은 이번 프로그램을 통해 함께 성장할 수 있도록
우리 모두가 반드시 지키도록 노력해야 할 사항입니다.

1. 집단 내에서 이루어진 타인의 이야기에 대하여 비밀보장을 한다.
2. 프로그램에 성실히 참여하며, 시간 약속을 잘 지킨다.
3. 집단에서 상대방에 대한 평가나 판단을 하지 않는다.
4. 서로를 존중하고 배려하며 공감적 지지를 해 준다.

나 __________는 위 약속을 반드시 지키겠습니다.

년 월 일

2회기 지금 이 순간!(At the moment!)

활동지도안	
활동 목표	• 성인 초기 자녀의 발달단계의 특성을 이해한다.
준비물	필기도구, 동영상, 활동지 2-1
단계	진행절차
도입 (20분)	▶ 지난 회기 되돌아보기 한 주 어떻게 보내셨나요? 지난 시간에는 내 인생 봄봄!(My life Bom Bom!)'으로 첫 만남을 하고 별칭 짓기와 자기소개, 그리고 집단 규칙을 정하고 프로그램에 대한 기대와 목표를 나누었습니다. 오늘은 성인 초기 자녀의 발달단계의 특성을 알고 자녀를 이해하는 시간을 갖도록 하겠습니다. 요즘 우리 자녀들은 어떤 고민을 하고 어떻게 생활하고 있는지 먼저 퀴즈로 풀어 보는 시간을 가지고 난 후 관련 동영상을 시청하겠습니다. ▶ 촉진 활동: 퀴즈로 풀어 보는 성인 초기 요즘 자녀들의 어려움! 퀴즈라고 하니 부담스러우시죠! 정답이 있는 건 아닙니다. 문제를 듣고 편안하게 부모님 의견을 말씀해 주시면 됩니다. 예를 들면, '나는 이 문항에 대해 이렇게 생각한다' 등으로 말씀해 주시면 됩니다. 〈활동 내용〉 ① 나의 자녀는 확고한 자신의 생각이 없고 고민하려 하지 않는 등 목적이나 목표의식이 희박한 편이다. ② 나의 자녀는 문제를 해결하려고 노력하기보다 부모에게 의존하려는 경향이 있다. ③ 나의 자녀는 과정보다 결과에만 관심을 갖는다. ④ 부모로부터 심리적 · 경제적 독립이 필요한 시기이다. ⑤ 이 시기의 부모는 자녀를 곁에 두고 떠나보내려 하지 않는다. 퀴즈로 요즘 우리 자녀들이 겪고 있는 어려움과 고민에 대해 나누어 보았습니다. 부모로부터 심리적 · 경제적 독립이 필요한 시기라는 것에 모두 동감하시죠? 부모와 자녀의 입장에서 서로를 이해하는 시간이 되셨기를 바랍니다. 이어서 요즘 성인 초기 자녀들의 독립실태는 어떤지 이와 관련된 동영상을 시청하도록 하겠습니다.

전개 (80분)	▶ 동영상 시청 동영상 1: 전 세계적 20~30대 독립 실태 '독립하기 싫어요' 동영상 2: 대학생 경제적 의존도 높아 여러분은 동영상 두 편을 보며 어떠셨는지요? 전 세계적으로 성인 초기 자녀들의 독립실태를 볼 수 있었지요. 한국도 예외 상황이 아닌 거 같아요. 어린 시절부터 성인이 되기까지 계속되는 부모의 개입과 보호! 이에 익숙해진 자녀들은 부모와 함께 있을 때 심리적 안정감을 느낀다고 합니다. 때문에 독립을 계속 미루거나 부모에게서 떨어지지 않으려고 하는 현상이 일어납니다. 이러한 우리 자녀 뒤에는 진짜 어른으로 성장하는 것을 방해하는 헬리콥터 부모가 있었던 건 아닐까요? 함께 고민해 볼 과제인 것 같습니다. 우리 자녀의 독립실태는 어떤지 함께 나누어 보도록 하겠습니다. ▶ 강의 2-1. 성인 초기 자녀의 발달단계의 특성 다음 강의를 통해서 성인 초기 우리 자녀의 발달단계의 특성에 대해 이해하는 시간을 가져 보도록 하겠습니다. 〈강의 내용〉 강의자료 2-1 1. 다양한 사회적 관계 및 친밀한 이성관계가 시작된다. 2. 성인 초기 발달과업을 수행하기 위한 중요한 요인 중 하나는 부모와의 애착과 독립이다. 3. 부모로부터 심리적으로 독립하여 독자적인 삶을 준비할 수 있게 자율성을 키워 나가는 시기이다. 4. 자아정체감을 확립하여 부모로부터 정서적으로 독립하고, 직업적 계획을 세우려고 노력하는 시기이다. 5. 결국 부모는 자녀가 건강하게 자신의 삶을 살아갈 수 있는 토대를 마련해 주어야 하므로 부모-자녀 간 심리적 독립이 매우 중요한 시기이다. 성인 초기 자녀의 발달단계에 따른 특성에 대해 살펴보았습니다. 그렇다면 성인 초기 자녀의 발달단계에 따른 특성과 비교하여 우리 자녀는 어떠한지 알아보겠습니다. ▶ 활동 2-1. 지금 우리 자녀는… 이번 활동을 통해서 우리 자녀의 발달단계와 고민에 대해 알아보는 시간을 갖도록 하겠습니다. 먼저 활동지를 작성해 보세요. 〈활동 내용〉 활동지 2-1 ① 지금 우리 자녀는 어떤 발달단계에 있나요? ② 지금 우리 자녀는 어떤 어려움(고민)이 있나요? ③ 각 가정에서는 어떤가요? 내 자녀가 겪고 있는 어려움(고민)에 대해 여러 가지 상황에 따라 구체적으로 적어 보세요.

	요즘 우리 자녀는 어떤 고민을 하고 있는지 생각해 보셨는지요? 오늘 활동하면서 어떠셨는지, 편안하게 서로 소감을 나누는 시간을 가져 보도록 하겠습니다. 성인 초기 자녀의 발달단계와 비교하여 우리 자녀는 어떠한지에 대해 이해하는 데 도움이 되셨는지요? 이 시기의 자녀는 다양한 사회적 관계 및 친밀한 이성관계가 시작되거나 부모로부터 분리되는 등 관계에서 많은 변화를 맞이하면서 건강하게 독립하는 데 어려움을 겪을 수도 있습니다. 특히 부모로부터 심리적으로 독립하여 독자적인 삶을 준비할 수 있게 자율성을 키워 나가는 중요한 시기이므로 기다려 주고 버텨 줄 수 있는 든든한 지지자로서의 부모역할이 필요하다고 생각합니다. 부모님들이 보시기에 걱정되고 답답하실 때도 있겠지만 우리 자녀들은 홀로서기를 준비하면서 나름 고민을 많이 하고 있는 것 같습니다. 그 마음을 이해하고 존중하고, 격려해 주는 역할이 중요하다고 생각합니다.
마무리 (20분)	▶ 마무리 우리 자녀들은 부모의 품 안에서 돌봄을 받고 자랐지만 이제는 어엿한 성인으로 홀로서기를 준비하면서 심리적 · 경제적 독립을 건강하게 잘할 수 있도록 격려해 주고 지지해 주는 부모역할이 필요하다고 여겨집니다. 오늘은 두 번째 모임으로 성인 초기 자녀의 발달단계의 특성에 대해 알아보았습니다. 이번 시간을 통해 느낀 점과 새롭게 알게 된 점 등에 대해 함께 나누는 시간을 갖도록 하겠습니다. ▶ 차시 안내 다음 시간에는 '**아하! 시나브로…**(Little by little)'라는 제목으로 부모-자녀 관계 재설정에 대해 알아보는 시간을 가져보도록 하겠습니다.
유의점	• 집단원들이 편안한 마음으로 참여할 수 있도록 신뢰할 수 있고 허용적인 분위기를 조성한다. • 자녀에 대한 평가나 판단을 하지 않고 있는 그대로의 자녀를 볼 수 있도록 돕는다. • 자녀에 대한 다양한 관점을 서로 인정하고 존중할 수 있도록 한다.

Smart Map 성인 초기 자녀의 발달단계의 특성

청소년기에서 성인기로 전환하는 이 시기에는 이전의 의존적인 존재에서 독립적인 성인으로서 인생의 변화가 예고된다. 이 시기는 공교육과 부모의 울타리에서 벗어나 더 확장된 사회적 관계를 형성함으로써 자기주도적인 삶을 준비해야 하는 결정적인 시기이므로 매우 중요하다. 또한 성인 초기는 꿈을 향해 나아가는 시기이지만 삶의 전환점에서 해결해야 하는 과업들에 직면하면서 많은 어려움과 혼란을 가져오는 과도기이므로 이에 대처하기 위한 충분한 준비과정이 필요하다.

성인 초기 발달과업으로는 자아정체감을 확립하여 부모로부터 정서적으로 독립하고, 직업적 계획을 세우려고 노력하는 등 사회인으로서의 역할 수행이 요구된다. 또한 가족 구성원을 넘어서 또래와 관계를 맺고 적절한 결혼상대를 찾아 원만하게 교제를 경험하는 시기이기도 하다. 특히 직업의 선택과 경제적 독립은 성인 초기 이후 삶에 영향을 미칠 수 있는 요인이 될 뿐만 아니라 자아실현의 수단이 되기 때문에 성인 초기에 이루어야 할 중요한 과업 중의 하나이다. 뿐만 아니라 성인 초기 발달과업을 수행하기 위한 중요한 요인 중 하나는 부모에 대한 애착과 독립이라 할 수 있다. 부모에 대한 애착이란 가장 가까운 사람에 대해 느끼는 강한 감정적 유대관계를 의미한다. 개인이 초기 양육자와 안정된 애착관계를 형성하면, 타인과 적절히 분화되면서 친밀감을 형성할 수 있는 건강한 성격으로 발달할 수 있다. 성인 초기 사회생활은 자기 자신에 대해 새롭게 탐색해 볼 수 있으며, 이전보다 더 넓은 사회적 관계를 경험하게 된다. 또한 부모로부터 심리적으로 독립하여 독자적인 삶을 준비할 수 있게 자율성을 키워 나간다.

성인 초기 자녀가 정체성을 확립하는 과정에서 부모와의 심리적 분화가 잘 이루어진 경우 건강한 자아개념을 형성하고 현실 문제에 대한 대처능력과 적응능력이 향상될 수 있다. 반면, 부모와의 심리적 분화가 잘 이루어지지 않을 경우 부모-자녀 관계에서 서로에게 상처를 줄 뿐만 아니라 부모와 자녀가 각자 독립된 존재로서 각자의 꿈과 희망을 가지고 성숙한 삶을 살아가기가 어렵다.

이와 같이 성인 초기 자녀는 이전의 의존적인 존재에서 벗어나 독립적인 성인으로서 자기주도적인 삶을 준비함에 있어 많은 어려움과 혼란을 가져올 수 있는 과도기에 있으므로 충분한 준비과정이 필요하다. 결국 부모는 자녀가 건강하게 자신의 삶을 살아갈 수 있는 토대를 마련해 주어야 하므로 부모-자녀 간 심리적 독립이 매우 중요하다.

Smart Map 지금 우리 자녀는…

지금 우리 자녀는 어떤 발달단계에 있으며, 어려움(고민)은 무엇인지, 각 가정에서 내 자녀가 겪고 있는 어려움(고민)이 무엇인지 알아봅시다.

1. 지금 우리 자녀는 어떤 발달단계에 있나요?

〈호프만(Hoffman)의 심리적 독립의 중요성〉

- 갈등적 독립: 부모와의 관계에 있어 과도한 죄책감, 불안, 불신, 책임감, 화로부터 자유로운 것
- 기능적 독립: 부모의 도움 없이 자신의 일을 스스로 처리할 줄 아는 능력
- 태도적 독립: 자신이 부모와 구별되는 자기만의 태도, 가치, 신념들에 대한 주장
- 정서적 독립: 부모로부터 친밀감, 정서적인 지지를 얻고자 하는 과도한 욕구에서 자유로운 것

2. 지금 우리 자녀는 어떤 어려움(고민)이 있나요?

3. 각 가정에서는 어떤가요? 내 자녀가 겪고 있는 어려움에 대해 여러 가지 상황에 따라 구체적으로 적어 보세요.

3회기 아하! 시나브로…(Little by little)

활동지도안	
활동 목표	• 성인 초기 자녀를 둔 부모역할에 대해 이해한다. • 부모–자녀 관계 재설정에 대해 이해한다.
준비물	필기도구, 동영상, 활동지 3–1
단계	진행절차
도입 (20분)	▶ 지난 회기 되돌아보기 여러분 모두 한 주 동안 어떻게 보내셨는지요? 지난 두 번째 시간에는 '지금 이 순간!(At the moment!)'이라는 제목으로, 성인 초기 자녀의 발달단계의 특성을 이해하는 시간이었습니다. • 참여자들이 한 주 동안 지내면서 느낀 점이나 새롭게 달라진 점 등에 대해 간략하게 이야기 나눈다. 오늘은 여러분과 함께 성인 초기 자녀를 둔 부모역할과 부모–자녀 관계 재설정에 대해 이야기 나누어 보려고 합니다. 먼저, 이와 관련된 동영상을 시청하도록 하겠습니다. ▶ 동영상 시청 동영상 1: 적절한 거리 동영상 2: 부모의 지나친 간섭 '헬리콥터 맘, 대디' 여러분은 두 편의 동영상을 시청하면서 어떤 것을 느끼셨나요? 동영상 1에서 보셨듯이 부모–자녀 관계에 있어 가장 중요한 것은 부모–자녀 간 적절한 거리를 유지하는 것입니다. 동영상 2에서는 '헬리콥터 부모'를 다루고 있습니다. '헬리콥터 부모'란 자녀의 주위를 맴돌며 자녀를 지나치게 걱정하고 간섭하며 챙겨 주는 부모를 말하는데요. 예전에는 '헬리콥터 부모'가 주로 초등학생 자녀들을 대상으로 숙제나 시험, 친구 고민까지 나서서 해결해 주었는데, 최근에는 헬리콥터 부모의 활동 반경이 확대되어 이미 성인이 된 자녀들에게까지 참견하며 과잉보호합니다. 이와 같은 현상은 주로 부모의 과잉 애정에서 비롯되는데요. 그런데 과잉보호를 하는 부모들은 대개 자신의 자녀들을 과잉보호한다는 것을 모르는 경우가 많습니다.

<table>
<tr>
<td>전개
(70분)</td>
<td>
▶ 강의 3-1. 성인 초기 자녀를 둔 부모역할에 대한 이해
다음으로 성인 초기 자녀의 발달단계를 이해하고, 이 시기의 자녀에 대해 부모로서의 나는 어떠한 역할을 해야 하는지 구체적으로 알아보는 시간을 갖도록 하겠습니다.

〈강의 내용〉 강의자료 3-1
1. 자녀의 발달단계에 따른 부모역할에 대한 이해
2. 성인 초기 자녀가 부모로부터 독립한다는 의미
3. 부모-자녀 간 적절한 거리 유지의 의미

이번 강의를 통해서 성인 초기 자녀를 둔 부모역할에 대해서 살펴보았습니다. 성인 초기 자녀가 독립하는 시기에 부모에게서 '빈 둥지 증후군'이 나타나기도 하는데요. 자녀가 둥지를 떠난다는 것은 부모의 삶이 완전히 재조정되도록 만들기 때문에 부모는 목표상실과 우울을 경험할 수도 있습니다. 특히 아버지보다는 주된 양육자의 역할을 맡은 어머니의 경우 자녀와의 분리에서 오는 상실감을 더 크게 느끼므로, 부모-자녀 간 역할의 재구성에 대해서 더 큰 어려움을 겪게 됩니다. 즉, 자녀를 양육하면서 어머니의 역할이 컸는데 자녀가 독립하게 되면 그 역할이 사라져 버리는 셈이 되어 버리는 것입니다.
결국 성인 초기 자녀를 둔 부모역할은 부모-자녀 간 적절한 거리를 유지하면서 자녀를 있는 그대로 수용하며, 자녀의 자율성을 존중해 줌으로써 자녀 스스로 자신의 삶을 살 수 있도록 도와주는 것입니다.

▶ 활동 3-1. 나는 내 자녀를 이렇게 보고 있네!
이번 활동은 여러분이 자녀를 어떻게 보고 있는지 살펴보는 시간이 될 것입니다. 둘씩 짝을 지어 부모와 자녀 역할을 교대로 표현해 봅니다.

〈활동 내용〉 활동지 3-1
① '활동지 3-1'에 제시된 사례 1과 사례 2를 읽고 당시의 상황을 떠올려 본 후, 그때의 자신의 감정과 욕구는 어떠했는지 표현해 본다(표현하기가 힘든 경우에는 활동지 3-1에 제시된 부모 입장과 자녀 입장에 관한 예시를 참고로 한다. 단, 제시된 예시에 얽매이지 않고 자유롭게 표현해 본다).
② ①에서 표현한 것과 달리 그때의 상황에 대해 수용적이고 자율성을 인정하는 부모로서의 의사소통 관점에서 자신의 감정과 욕구를 다시 표현해 보고, 다시 표현한 후의 느낌은 어떠한지 이야기 나눈다.
③ 최근 자녀와의 관계에서 화나거나 힘들었던 각자의 상황을 떠올려 본 후, 그때의 자신의 감정과 욕구는 어떠했는지 표현해 본다.
④ ③에서 표현한 것과 달리 그때의 상황에 대해 수용적이고 자율성을 인정하는 부모로서의 의사소통 관점에서 자신의 감정과 욕구를 다시 표현해 보고, 다시 표현한 후의 느낌은 어떠한지 이야기 나눈다.
</td>
</tr>
</table>

	이번 활동을 통해 서로 이야기 나누어 보니 어떠신가요? 여러분이 경험했던 당시의 상황에 대해 자신의 감정과 욕구를 다시 표현해 봄으로써 여러분은 여러분의 자녀를 어떻게 보고 있는지 알아차릴 수 있었을 것입니다. 따라서 이 시기의 부모는 자녀를 양육하고 보호하는 역할에서 벗어나 자녀 스스로 원하는 것을 선택할 수 있는 자율성을 가질 수 있도록 점차적으로 가족 구조와 패턴을 변화시킴으로써 부모-자녀 간 역할에 대한 규정을 새롭게 할 필요가 있습니다. ▶ 강의 3-2. 성인 초기 자녀와 부모 간의 관계 재설정이 필요한 이유 이번 강의를 통해 성인 초기 자녀와 부모 간의 관계 재설정이 필요한 이유에 대해 좀 더 구체적으로 알아보는 시간을 가지도록 하겠습니다. 〈강의 내용〉 강의자료 3-2 1. 성인 초기 자녀를 둔 부모의 심리적 상태 2. 성인 초기 자녀의 심리적 상태 3. 부모-자녀 관계 재설정 이번 강의를 통해서 알 수 있듯이 부모와 자녀는 분명히 독립된 존재입니다. 그러므로 당연히 서로를 인정하고 존중해야 부모-자녀 모두가 행복해집니다. 부모는 자녀를 통제하려고 하거나 자신의 소유물로 생각해서는 안 되며, 부모-자녀 간 적절한 거리를 유지하는 것이 중요합니다. 따라서 부모-자녀 관계 재설정이 이루어져야 부모와 자녀 모두 각자의 위치에서 맡은 역할을 잘 수행할 수 있습니다. 부모는 자녀에게 부모의 도움이 필요한 것은 없는지 물어보고 최소한만 도와주며, 나머지는 자녀 스스로 해결함으로써 자녀가 제대로 자신의 길을 가도록 지켜봐 주는 역할이 필요합니다. **Tip 헬리콥터 맘이 되지 않기 위한 마인드 5계명** 1. 자녀를 성인으로 존중한다. 2. 자녀에 대한 적절한 관심과 사랑이 필요하다. 3. 자녀와의 공감적 의사소통을 통해 자녀가 도움을 필요로 하는 것은 최소한만 도와준다. 4. 자녀에 대한 일은 무엇이든 부모가 해결해 주는 것은 아니다. 5. 자녀의 자율성을 존중하는 올바른 부모역할에 대한 지속적인 연습이 필요하다.
마무리 (30분)	▶ 마무리 오늘은 세 번째 모임으로 성인 초기 자녀를 둔 부모역할과 부모-자녀 관계 재설정에 대해 알아보았습니다. 이번 시간을 통해 느낀 점과 새롭게 알게 된 점 등에 대해 함께 이야기 나누는 시간을 갖도록 하겠습니다. ▶ 차시 안내 다음 시간에는 '**이제는 독립이 필요해!**(Now. Independent days!)'라는 제목으로 성인 초기 자녀의 심리적 · 경제적 독립에 대해 알아보는 시간을 가지겠습니다.

유의점	• 강의 내용의 전달에 있어서는 참여자 스스로 감화될 수 있도록 공감적 소통에 초점을 두고 진행한다. • 활동 3-1은 최근 자녀와의 관계에서 화나거나 힘들었던 상황을 떠올려 보고, 그때의 상황과는 다른 새로운 감정을 알아차리도록 하는 데 중점을 둔다.

Smart Map 성인 초기 자녀를 둔 부모역할에 대한 이해

부모는 자녀의 출생에서부터 성장하는 데까지 가장 많은 시간을 공유하므로 자녀의 성장에 있어서 부모역할은 매우 중요하다. 그런데 자녀는 성장하면서 성취해야 할 발달과업이 달라지므로 그에 따른 부모역할도 달라져야 한다. 특히 성인 초기 자녀를 둔 부모역할은 단순히 자녀의 기본적인 생리적 욕구와 안전의 욕구를 충족시켜 주는 것을 넘어서 궁극적으로는 자녀 스스로 책임감을 가지고 독립적으로 성장하여 행복한 삶을 살아갈 수 있도록 도와주어야 한다.

자녀가 어릴 때에는 부모가 일방적으로 자녀를 돌보게 되지만, 자녀가 사춘기로 접어들면서부터 자녀는 부모로부터 벗어나려고 한다. 특히 자녀가 성인 초기가 되면 부모-자녀의 분리-개별화 과제에 직면하게 된다. 그러나 정작 자녀가 성인 초기가 되었음에도 불구하고 건강하지 않은 부모-자녀 관계에서 부모는 자녀의 생활에 너무 깊숙이 관여함으로써 자녀의 의존성을 불러일으키고 정상적인 독립을 어렵게 만들 수 있다.

자녀가 부모로부터 독립한다는 것은 부모의 입장에서는 정서적 유대의 단절이 아니라 자녀의 독립을 수용하고 배려하는 보다 성숙한 유대로 발전하는 것을 의미한다. 이를 위해서 부모는 자녀를 돌보는 일과 자신을 돌보는 일의 균형을 유지하면서 자신의 삶에 다시 집중하는 자기돌봄의 태도를 가지는 것이 중요하다.

한편, 자녀의 입장에서는 부모와의 의존적인 관계에서 벗어나 자율적으로 사고하고 행동하는 것을 말한다. 따라서 자녀가 성인기에 진입하면 부모는 자녀의 발달적 욕구 변화에 적응하여야 한다. 부모는 자녀에게 부모의 도움이 필요한 것은 없는지 물어보고 최소한만 도와주며, 나머지는 자녀 스스로 해결함으로써 자녀가 제대로 자신의 길을 가도록 지켜봐 주는 역할이 필요하다. 즉, 부모는 자녀와의 관계를 보다 수평적인 관계로 재조정하여 자녀의 생활에 덜 개입하고 양육자로서의 역할을 점차 줄이며, 자녀를 성인으로서 존중할 수 있어야 한다. 이러한 부모-자녀 간 상호작용을 통하여 부모는 부모로서의 역할을 강화받으며 사회화되고 자녀는 부모에 의해 성인으로 사회화한다.

결국 부모-자녀 간 적절한 거리를 유지함으로써 부모와 자녀가 정서적으로 분리감과 친밀감의 적절한 균형이 가능하게 된다.

강의자료 3-2

Smart Map

성인 초기 자녀와 부모 간의 관계 재설정이 필요한 이유

성인 초기 자녀를 둔 부모들은 자녀의 독립을 수용하기가 쉽지 않다. 이 시기의 부모들은 자녀에 대한 염려와 근심으로 인해 불안감을 경험하게 되는 경우도 있고, 자녀가 부모로부터 독립하고자 하는 의사표현을 하거나 행동을 하는 경우, 부모는 자신이 부모역할을 실패했다고 느낌으로써 큰 좌절감을 경험하기도 한다. 심지어 부모는 생애 전반에 대해 자신감을 잃게 되고 무력감에 빠져들어 자신이 쓸모없는 존재가 되어 버린 것 같은 위기감마저 느낀다.

반면, 성인 초기 자녀들은 더 이상 부모의 통제나 권위를 받아들이려 하지 않고 부모의 도움이나 간섭 없이 독립적으로 일을 처리하려 한다. 자녀가 어른이 된다는 것은 자신의 문제에 대해 스스로 결정하고 결과를 책임지면서 삶을 배워 나가는 것이다. 자녀가 부모에게 의존하거나 부모 탓만 하게 되면 자녀는 자신의 인생에서 배울 것도 발전시킬 것도 없다.

결국 이 시기의 부모는 성장한 자녀의 분리-개별화를 어떻게 받아들이고, 자녀와의 연결을 어떻게 유지하느냐가 중요하다. 따라서 부모는 자녀와의 관계를 보다 수평적인 관계로 재조정하여 자녀의 생활에 덜 개입하고 양육자로서의 역할을 줄일 뿐만 아니라 자녀를 성인으로서 존중할 수 있어야 한다. 또한 부모는 자녀가 커서 독립하게 될 때를 대비해서 미리 연습을 해야 한다. 왜냐하면 부모-자녀 간 관계 재설정을 통한 심리적·경제적 독립이 건강하게 이루어져야 더욱 돈독한 부모-자녀 관계가 가능하기 때문이다.

결국 부모가 자녀의 독립에 대해 인정하고 지지하며 격려하는 태도를 지닐수록 자녀들은 더욱 건강하게 독립할 수 있다.

활동지 3-1

Smart Map 나는 내 자녀를 이렇게 보고 있네!

나는 나의 자녀를 어떻게 보고 있는지 둘씩 짝을 지어 부모와 자녀 역할을 교대로 해 보세요. 사례 1과 사례 2를 읽고 그때의 자신의 감정과 욕구는 어떠했는지 표현해 보세요. 그리고 그때의 상황에 대해 수용적이고 자율성을 인정하는 부모로서의 의사소통 관점에서 자신의 감정과 욕구를 다시 표현해 보고, 다시 표현한 후의 느낌은 어떠한지 이야기 나누어 보세요.

〈사례 1〉 눈에 띄는 요란한 옷차림을 하고 모임에 참석하기 위해 집을 나서는 자녀	〈사례 2〉 모임(동아리, 친구, 회식 등)에 참석한 후 새벽에 귀가한 자녀
(예시) 부모 입장 • 이렇게 늦게 들어올 거면 나가서 살아라. • 부모 혜택을 받고 살고 있으니 부모 말을 들어야 한다. • 구속당하는 게 싫으면 경제적으로 독립해 나가서 혼자 살아라. • 다 너를 위해서 하는 소리야! • 내가 너를 어떻게 키웠는데, 나한테 그렇게 말을 하니! • 쓸데없는 소리 하지 말고 공부나 열심히 해!	
(예시) 자녀 입장 • 성인이 되었는데 왜 이런 걸 간섭받아야 해요? • 자식은 부모가 하는 모든 말을 다 따라야 하나요? • 이제 저도 성인이에요. 제 일은 제가 알아서 잘 할게요. 그만 좀 가만히 놔 두세요!	
• 그때의 나의 감정은?	
• 그때의 나의 욕구는?	
• 그때의 상황에 대해 수용적이고 자율성을 인정하는 부모로서의 의사소통 관점에서 자신의 감정과 욕구를 다시 표현해 본다면?	
• 그때의 상황에 대해 수용적이고 자율성을 인정하는 부모로서의 의사소통 관점에서 자신의 감정과 욕구를 다시 표현한 후의 느낌은?	

〈 최근 자녀와의 관계에서 화나거나 힘들었던 각자의 상황을 떠올려 보세요. 〉
• 그때의 나의 감정은?
• 그때의 나의 욕구는?
• 그때의 상황에 대해 수용적이고 자율성을 인정하는 부모로서의 의사소통 관점에서 자신의 감정과 욕구를 다시 표현해 본다면?
• 그때의 상황에 대해 수용적이고 자율성을 인정하는 부모로서의 의사소통 관점에서 자신의 감정과 욕구를 다시 표현한 후의 느낌은?

4단계

활동지도안	
활동 목표	• 자녀의 심리적 · 경제적 독립에 관한 의미를 이해한다.
준비물	필기도구, 동영상, 활동지 4-1
단계	진행절차
도입 (20분)	▶ 지난 회기 되돌아보기 여러분 한 주 어떻게 보내셨나요? 지난 시간에는 '아하! 시나브로…(Little by little)'라는 제목으로 성인 초기 자녀를 둔 부모역할과 부모-자녀 관계 재설정에 대해 이해하는 시간이었습니다. • 참여자들이 한 주 동안 지내면서 느낀 점이나 새롭게 달라진 점 등에 대해 간략하게 이야기 나눈다. 오늘은 여러분과 우리 자녀의 심리적 · 경제적 독립에 대해 이야기 나누어 보려고 합니다. 먼저 이와 관련된 동영상을 시청하겠습니다. ▶ 동영상 시청 동영상 1: 해피엔딩을 꿈꾸며-헬리콥터 맘 동영상 2: 경제적 독립을 못했다고 부모님 뜻대로 살아야 하나요? 여러분은 두 편의 동영상을 시청하면서 어떤 마음이 드셨는지요? 자녀의 주위를 헬리콥터처럼 맴돌며 지켜 주는 부모, 그로 인해 자녀는 혼자서는 아무것도 할 수 없는 어른이 되었다고 호소하고 있습니다. 때로는 독립에 대한 두려움도 있겠지만 내 힘으로 내 의지대로 살고 싶으면 심리적 · 경제적 독립을 해야겠지요? 이러한 독립 없이 인간이 한 인간으로 존엄성을 주장하긴 어렵지 않을까요. 혹시 우리 자녀는 부모님께 의존하면서 자유롭게 살기를 원하는 건 아닌지 함께 생각해 볼 필요가 있습니다. 성인 초기 자녀의 심리적 · 경제적 독립과 자녀들이 독립을 하는 데 있어 어떤 어려움이 있는지를 잘 보여 주는 영상이었습니다.

<table>
<tr>
<td>전개
(80분)</td>
<td>
▶ 강의 4-1. 부모-자녀 간 심리적 독립
다음의 강의를 통해 성인 초기 자녀의 심리적 독립의 중요성을 구체적으로 알아보는 시간을 갖도록 하겠습니다.

〈강의 내용〉 강의자료 4-1
1. 갈등적 독립: 부모와의 관계에 있어 과도한 죄책감, 불안, 불신, 책임감, 금지, 분노, 화로부터 자유로운 것을 말함
2. 기능적 독립: 부모의 도움 없이 자신의 일을 스스로 처리할 줄 아는 능력
3. 태도적 독립: 자신의 부모와 구별되는 자기만의 태도, 가치, 신념들에 대한 주장
4. 정서적 독립: 부모로부터 승인, 친밀감, 정서적인 지지를 얻고자 하는 과도한 욕구에서 자유로운 것

이번 강의를 통해서 성인 초기 자녀의 심리적 독립의 중요성에 대해서 살펴보았습니다. 심리적 독립을 좀 더 구체적으로 알 수 있는 시간이 되셨는지요? 다양한 연구로 살펴본 결과, 성인 초기 자녀의 심리적 독립은 부모에 대한 갈등적 독립이 가장 높았고, 그다음으로는 기능적 독립, 태도적 독립, 정서적 독립의 순으로 나타났다고 합니다.
이 시기에 가장 중요한 것은 부모와 자녀 모두 독립의 중요성을 인식하고 실천하는 것입니다. 즉, 자녀가 부모와의 관계에서 과도한 불안이나 책임감에서 벗어나 부모의 도움 없이 스스로 선택하고 결정할 수 있도록 자녀의 자율성을 존중해 주고 지지해 주는 것이 필요하다고 생각합니다.

▶ 활동 4-1. 내 자녀의 독립은?
이번에는 부모님 자신이 생각하는 내 자녀의 독립과 자녀가 생각하는 독립에 대해 활동지를 작성하고 함께 이야기 나누어 보는 시간을 갖도록 하겠습니다.

〈사례〉
“어느 순간 누군가의 간섭이 귀찮아지기 시작했다. 스스로 판단하고 알아서 할 수 있음에도 불구하고 부모님의 걱정은 끊이질 않는다. 제발 그냥 지켜봐 주었으면 좋겠다.”

〈활동 내용〉 활동지 4-1
① 내가 생각하는 내 자녀의 독립은?(독립이 가능한 상태를 구체적으로 표현해 본다. 자녀의 어떤 모습을 보면 독립했다고 느낄 수 있을까?)
② 자녀가 생각하는 독립은?(자녀가 생각하는 독립은 어떤 것일지 부모가 추측해 본다면?)
③ 두 사람씩 짝을 지어 활동 소감을 나눈다.
④ 경제적 독립에 대해 자녀와 의논해 보는 과제가 있음을 이야기한다.
</td>
</tr>
</table>

	'어느 순간 누군가의 간섭이 싫어지지 시작했다'는 앞의 사례 글을 읽으시면서 어떠셨는지요? 우리 자녀들이 흔히 호소하는 말이기도 합니다. 여러분은 이런 자녀의 말을 얼마나 존중하고 계시는지요? 우리 자녀의 독립의 의미를 알고 이해하는 시간이었습니다. 이번 활동을 하면서 어떤 느낌이 드셨나요? 내가 생각하는 자녀의 독립과 자녀가 생각하는 독립은 일치할 수도 있고 차이가 날 수도 있습니다. 두 분씩 짝을 지어 나누어 보니 어떠신가요? 다양한 관점에서 내 자녀의 독립에 대해 생각해 보는 시간이 되셨을 거라고 여겨집니다. 이번 활동을 통해 우리 자녀의 독립에 대해 구체적으로 생각하고 고민해 보는 시간이 되셨기를 바랍니다. 또한 이 시기의 자녀에게 있어 독립의 중요성을 알고 내 자녀를 이해하는 데 도움이 되셨으면 좋겠습니다.
마무리 (20분)	▶ 마무리 오늘은 네 번째 모임으로 성인 초기 자녀의 심리적·경제적 독립의 의미와 중요성에 대해 알아보았습니다. 이번 시간을 통해 느낀 점과 새롭게 알게 된 점 등에 대해 함께 이야기 나누는 시간을 갖도록 하겠습니다. ▶ 차시 안내 오늘 활동하신 내용 중에서 과제가 있습니다. 기억하시죠? 댁에 가셔서 자녀와 함께 '경제적 독립'에 대해 진지하게 대화해 보시기 바랍니다. 다음 시간에는 '**멘토로 변화된 나!**(As a mentor!)'라는 제목으로 멘토로서의 부모역할에 대해 알아보겠습니다.
유의점	• 활동 4-1에서 내 자녀의 독립에 대해 두 사람씩 짝을 지어 활동 소감을 나눌 때 서로의 관점 차이를 이해하고 존중할 수 있도록 한다. • 내가 생각하는 자녀의 독립도 중요하지만 자녀는 독립을 어떻게 생각하고 있는지 실제 자녀와 의논해 보는 시간을 가질 수 있도록 권유한다.

Smart Map 부모-자녀 간 심리적 독립

성인 초기 자녀 독립기의 시작은 대개 고등학교를 졸업한 20세 전후에 나타난다. 부모와 자녀는 서로의 욕구와 생각이 다른 독립된 존재이다. 따라서 서로를 인정하고 존중해야 부모와 자녀 모두가 행복할 수 있다. 즉, 누가 누구를 통제하려고 하거나, 자신의 소유물로 삼아서는 안 된다. 부모는 자녀가 정신적으로 건강하게 자신의 삶을 살아갈 수 있는 토대를 마련해 주어야 하므로 부모-자녀 간 심리적 독립은 매우 중요하다. 부모로부터의 심리적 독립은 부모와의 의존적인 유대·결속 관계에서 벗어나 자율적인 관계 속에서 사고와 행동에 있어서의 개별적인 자유를 얻는 것을 의미한다. 이러한 심리적 독립은 한꺼번에 이루어지는 것이 아니라 부모-자녀 간의 지속적인 유대 관계, 즉 자녀에 대한 공감적 이해와 존중, 개방적인 의사소통을 통해서 얻어지며, 부모와 정서적으로 이탈되는 것을 의미하는 것이 아니라 자율적이면서도 적정한 애정 관계를 유지하면서 갈등을 해결하는 것까지를 포함한다. 그렇다면 부모는 자녀를 어떻게 심리적으로 잘 독립시킬 수 있을까? 어린 시절부터 계속되는 부모의 개입과 보호에 익숙해진 자녀들은 부모와 함께 있을 때 심리적 안정감을 느끼며 독립을 갈망하면서도 부모와 분리되는 것에 대한 두려움을 가질 수 있다. 부모로부터의 진정한 독립을 이루기 위해 호프만(Hoffman)의 갈등적 독립, 기능적 독립, 태도적 독립, 정서적 독립의 중요성을 알아본다.

심리적 독립의 중요성(Hoffman)

"어느 순간 누군가의 간섭이 귀찮아지기 시작했다. 스스로 판단하고 알아서 할 수 있음에도 불구하고 부모님의 걱정은 끊이질 않는다. 제발 그냥 지켜봐 주었으면 좋겠다."

- 갈등적 독립: 부모와의 관계에 있어 과도한 죄책감, 불안, 불신, 책임감, 금지, 분노, 화로부터 자유로운 것을 말함
  (부모에 대한 반감, 죄책감, 책임감 등 정서로부터 자유롭다.)

- **기능적 독립**: 부모의 도움 없이 자신의 일을 스스로 처리할 줄 아는 능력
  (부모의 도움 없이 자신의 직업을 선택하고 의사결정하고 관리한다.)
- **태도적 독립**: 자신의 부모와 구별되는 자기만의 태도, 가치, 신념들에 대한 주장
  (부모의 생각과 별개로 자신만의 가치관이나 신념을 확립한다.)
- **정서적 독립**: 부모로부터 승인, 친밀감, 정서적인 지지를 얻고자 하는 과도한 욕구에서 자유로운 것
  (부모에게 인정이나 지지를 받지 않아도 자유롭다.)

활동지 4-1

Smart Map 내 자녀의 독립은?

독립적인 사람이란 타인의 의견에 좌우됨이 없이 자신의 의견을 스스로 결정할 수 있고, 자신의 가치관, 목표, 행동방식에 대해 확신을 갖는 사람을 말합니다. 내가 생각하는 내 자녀의 독립(구체적으로 독립이 가능한 상태), 그리고 자녀가 생각하는 독립에 대해 알아봅니다.

심리적 독립의 중요성(Hoffman) • 갈등적 독립: 부모와의 관계에 있어 과도한 죄책감, 불안, 불신, 책임감, 금지, 분노, 화로부터 자유로운 것을 말함 • 기능적 독립: 부모의 도움 없이 자신의 일을 스스로 처리할 줄 아는 능력 • 태도적 독립: 자신의 부모와 구별되는 자기만의 태도, 가치, 신념들에 대한 주장 • 정서적 독립: 부모로부터 승인, 친밀감, 정서적인 지지를 얻고자 하는 과도한 욕구에서 자유로운 것
• 내가 생각하는 내 자녀의 독립은?(구체적으로 독립이 가능한 상태)
• 자녀가 생각하는 독립은?
• (과제) 경제적 독립에 대해 자녀와 의논해 보기

5회기 멘토로 변화된 나!(As a mentor!)

활동지도안	
활동 목표	• 멘토로서의 부모역할을 향상시킨다.
준비물	필기도구, 동영상, 활동지 5-1, 활동지 5-2
단계	진행절차
도입 (20분)	▶ 지난 회기 되돌아보기 여러분 한 주 잘 지내셨는지요? 지난 네 번째 시간에는 '이제는 독립이 필요해!(Now. Independent days!)'라는 제목으로, 성인 초기 자녀의 심리적 · 경제적 독립에 대해 이해해 보는 시간이었습니다. 지난 회기 과제였던 자녀의 경제적 독립에 대해 대화해 보셨나요? 그러면 잠시 그 경험에 대해 이야기 나누어 보도록 하겠습니다. • 참여자들이 지난 회기 과제(경제적 독립에 대해 자녀와 의논해 보기)의 경험과 한 주 동안 지내면서 느낀 점이나 새롭게 달라진 점 등에 대해 간략하게 이야기 나눈다. 아마도 여러분들께서는 자녀를 있는 그대로 수용하고 공감하는 대화가 참으로 어려운 일이라는 것을 느끼셨을 것입니다. 오늘은 여러분과 함께 멘토로서의 부모역할에 대해 이야기 나누어 보려고 합니다. 멘토로서의 부모역할이란 자녀의 자율성을 인정해 주면서 자녀의 부족한 부분을 보충해 주고 뒷받침하는 역할을 말합니다. ▶ 활동 5-1. 신조어! 어디까지 들어 봤나? 무슨 말일까?(안다, 모른다. OX 퀴즈) 이번 활동은 신조어 테스트를 통해 성인 초기 자녀들이 하는 말에 대해 어느 정도 이해하고 있는지 알아보는 시간입니다. 〈활동 내용〉 활동지 5-1 ① 활동지에 제시된 10개의 신조어(A4 사이즈)를 번호 순서대로 보여 준 후, 참여자 중에서 아는 사람이 먼저 손을 들어 '정답'을 외친 후 맞춘다. ② ①이 완료된 후, 리더는 번호 1의 신조어의 의미를 다시 한 번 알려 준다. 단, 정답을 맞추지 못한 경우에는 리더가 알려 준다. ③ 이와 같은 방법으로 번호 10까지 진행한다. 단, 번호 1에서 10까지 진행되는 동안 집단원은 각자의 활동지에 자신이 맞춘 경우에는 ○로, 맞추지 못한 경우에는 ×로 체크해 본다. 이때 총 10문항 중에서 맞힌 문항의 개수에 대한 절대적인 의미는 없다.

	활동을 해 보시니 어떠셨는지요? 이 활동은 디지털 환경에 친숙한 자녀 세대와 아날로그 환경에 익숙한 부모 세대 간의 격차를 해소하고 소통과 공감을 늘리기 위해서는 우선적으로 부모가 자녀의 눈높이와 관점으로 자녀를 바라봐 주려는 부모의 수용적이고 유연한 태도의 필요성에 대해 알아차리는 것입니다.
전개 (80분)	▶ 활동 5-2. 혹시 내가 꼰대일까? 이번 활동은 여러분 자신이 꼰대인지에 대한 간단한 테스트입니다. 이 활동에서 맞힌 문항의 개수에 대한 절대적인 의미는 없습니다. 다만, 각각의 문항 내용에 대해 여러분 각자 생각해 보는 시간을 가지고자 합니다. 〈활동 내용〉 **활동지 5-2** ① 활동지 5-2에 제시된 문항 10개를 읽어 보면서 자신이 해당된다고 생각되는 문항에 체크해 본다. ② 각 문항에 해당하는 내용을 읽어 보면서 여러분 자신은 자녀에 대해 멘토로서의 역할을 하고 있는지, 혹시 자녀의 입장에서는 멘토가 아닌 꼰대는 아닐지 생각해 보면서 이야기 나눈다. 이번 활동을 통해 서로 이야기 나누어 보니 어떠신가요? 부모는 자녀가 잘되기를 바라는 마음에서 충고와 훈계를 합니다. '어른이 말하면 무조건 들어야지! 니가 뭘 안다고 그래!'라고 하면서 부모 자신의 가치관이나 생각을 일방적으로 자녀에게 강요하면 '꼰대 부모'가 되기 십상입니다. 부모가 자녀에게 하는 충고와 훈계에 대해 자녀는 '엄마, 아빠는 뭘 몰라도 너무 몰라!'라고 하며 불평을 하게 되고, 그러면 부모는 이러한 자녀의 태도에 화가 나서 소리를 지르게 되는 상황이 반복적으로 나타날 수 있습니다. 결국 '꼰대 부모'라는 소리를 듣는 것은 충고나 훈계의 내용이 오래된 것이 아니라 이를 가르치는 부모의 양육 방식이 오래된 것이기 때문입니다. ▶ 강의 5-1. 멘토로서의 부모역할 다음의 강의를 통해 꼰대가 아닌 멘토로서의 부모가 되기 위해 무엇을 해야 하는지 함께 고민해 보는 시간을 갖고자 합니다. 〈강의 내용〉 강의자료 5-1 1. 의사소통에 있어서 부모-자녀 간 입장 차이 2. 부모-자녀 간 의사소통을 잘하려면? 이번 강의를 통해 멘토로서의 부모역할에 대해 살펴보았습니다. 부모는 자녀에게 멘토로서의 역할을 하고 있다고 느끼지만, 자칫 잘못하면 자녀에게 잔소리로 전달됨으로써 결국 부모는 멘토로서의 역할이 아니라 꼰대가 되어 버릴 수 있음을 염두에 두어야 합니다.

▶ 동영상 시청

다음 동영상을 시청한 후, 부모로서의 나는 멘토인지 아니면 꼰대인지 알아보는 시간을 가지도록 하겠습니다.

동영상: 너, 내가 누군지 알아? 꼰대는 이렇게 생긴다

여러분은 동영상을 보면서 어떤 것을 느끼셨나요?

만약 여러분 자신이 꼰대라고 느껴진다면, 자녀에게 꼰대가 아닌 멘토로서의 부모역할을 하기 위해서 어떠한 실천적 행동을 해야 할지 생각해 보는 시간이 되었으면 좋겠습니다. 결국 멘토로서의 부모역할에 있어서 무엇보다도 중요한 것은 부모-자녀 간 개방적 의사소통을 통한 공감입니다.

Tip 멘토로서의 부모역할 실천을 위한 마인드 5계명

1. 내가 틀렸을지도 모른다.
2. 자녀도 하나의 인격체이므로 내가 자녀를 바꿀 수는 없다.
3. 자녀 스스로 자신의 삶을 운영해 나갈 잠재력이 있다.
4. 자녀에게 말하지 말고 듣는다. 자녀에게 답하지 말고 묻는다.
5. 자녀 스스로 생각하고, 판단하고, 결정하도록 기다려 준다.

▶ 활동 5-3. 어기역차 전략 익히기

이번 활동을 통해 멘토로서의 부모역할 향상을 위한 대화 실습의 시간을 갖도록 하겠습니다. 이 활동의 핵심은 부모-자녀 간 개방적 의사소통을 통한 공감 능력 높이기입니다. 둘씩 짝을 지어 부모와 자녀역할을 교대로 표현해 봅니다.

〈활동 내용〉 **활동지 5-3**

① 활동지 5-3에 제시된 예시를 읽어 본 후, 부모-자녀 간 개방적 의사소통을 위한 어기역차 전략을 익힌다.
  - 어: 어떤 이야기인지 잘 들어준다.
  - 기: 기분을 이해해 준다.
  - 역: 역지사지(공감) 해 준다.
  - 차: 차이가 있음을, 생각이 다를 때 인정한다.

② 최근에 경험한 각자의 사례를 떠올려 본다. 이를 어기역차 전략에 맞추어 적어 보고, 부모-자녀 간 공감적 의사소통이 가능하도록 실습해 본다.

이번 활동을 해 보시니 어떠셨는지요?

나이가 위계로 작용하는 우리 사회에서 부모-자녀 간 대화가 부모의 일방향적인 훈계에 그치지 않으려면 먼저 말을 아끼는 부모가 되어야 합니다. 그리고 부모 세대의 생각과 지금 시대를 살아가는 자녀의 가치관이 다름을 존중하는 태도가 필요합니다. 이를 위해 공감적 의사소통의 한 방법인 어기역차 전략을 익힘으로써 일상생활 속의 대화에서도 자연스럽게 표현하도록 해야 합니다.

마무리 (20분)	▶ 마무리 오늘은 다섯 번째 모임으로 멘토로서의 부모역할에 대해 알아보았습니다. 오늘 활동을 통해 느낀 점, 새롭게 알게 된 점 등에 대해 함께 이야기 나누는 시간을 갖도록 하겠습니다. ▶ 차시 안내 다음 시간에는 '**함께 행복하기!**(Happy together!)'라는 제목으로 지지자로서의 부모역할에 대해 알아보는 시간을 가지겠습니다.
유의점	• 강의 내용의 전달에 있어서는 참여자 스스로 감화될 수 있도록 공감적 소통에 초점을 두고 진행한다. • 도입 단계에서의 신조어 테스트 ○× 퀴즈는 참여자 모두 적극적으로 동참할 수 있도록 개방적인 분위기를 조성한다. • 활동 5-3의 멘토로서의 부모역할을 위한 대화 실습이 이번 회기에서 가장 중요한 핵심이므로, 참여자 모두 충분히 실습할 수 있도록 적절한 시간 안배를 한다.

Smart Map 멘토로서의 부모역할

부모 자신은 자녀와 대화하고 있다고 생각할 수 있으나 자녀의 입장에서는 잔소리로 들릴 수 있다. 부모-자녀 간 의사소통이 이렇게 지속되면 자녀는 부모의 잔소리로 인해 대화의 문을 닫게 된다. 왜냐하면 부모는 자녀에게 무언가를 물어보았을 때 자녀가 대답을 했으니 대화를 하였다고 생각하는 반면, 자녀의 입장에서는 부모에게 대답해야 할 말만 했을 뿐 정작 자신이 하고 싶은 말은 하지 못했기 때문에 대화를 하지 않았다고 생각한다. 나이가 위계로 작용하는 우리 사회에서 부모-자녀 간 대화가 부모의 일방향적인 훈계에 그치지 않으려면 먼저 말을 아끼는 부모가 되어야 한다. 그리고 부모 세대의 생각과 지금 시대를 살아가는 자녀의 가치관이 다름을 존중하는 태도가 필요하다. 따라서 부모는 자녀의 기질과 성격을 이해하고 지켜봐 주며 자녀의 이야기를 더 많이 듣고, 더 적게 말하는 지혜가 필요하다. 즉, 자녀의 행동에 화를 내기보다는 자녀가 왜 그런 행동을 하는지 부모가 알고 있음을 분명하게 표현해 주는 공감적인 태도가 필요하다. 이러한 부모의 태도는 자녀로 하여금 부모에게 신뢰감을 갖도록 만들어 준다. 또한 자녀가 앞으로 얼마든지 변화할 수 있으므로 그에 대한 부모의 기대와 반응 역시 유연할 필요가 있다. 이처럼 부모-자녀 간 개방적인 의사소통은 자녀에게 친밀감을 증가시켜 줄 뿐만 아니라 원만한 대인관계를 형성하게 도와줌으로써 부모와의 갈등을 최소화할 수 있다.

결국 부모에게는 자녀의 자율성을 인정해 주면서 미숙한 부분을 보충해 주고 뒷받침하는 멘토로서의 역할이 중요하다. 따라서 부모는 자녀와 정서적으로 분리감과 친밀감의 적절한 균형이 가능하도록 부모-자녀 간 개방적 의사소통을 위해 노력해야 한다.

활동지 5-1

Smart Map

신조어! 어디까지 들어봤나? 무슨 말일까?

다음의 신조어 테스트를 통해 성인 초기 자녀들이 하는 말이 무슨 말인지, 어느 정도 이해하고 있는지 확인해 보세요. 총 10문항 중 자신이 아는 신조어는 ○로, 모르는 신조어는 ×로 체크해 봅니다.

번호	신조어	의미	안다, 모른다 OX 퀴즈
1	말넘심	'말이 너무 심하다.'의 줄임말	
2	렬루	정말로	
3	사바사	사람 by 사람(사람마다 다르다.)	
4	법블레스유	法 + bless you(법 아니었으면 너는 이미 끝났다.)	
5	갑분싸	갑자기 분위기 싸해진다.	
6	TMI	Too Much Information (굳이 알고 싶지 않은 정보까지 말할 때 쓰는 말)	
7	JMT	매우 맛있음	
8	문찐	'문화찐따'의 줄임말 트렌드를 따라 가지 못하는 사람	
9	복세편살	'복잡한 세상 편하게 살자.'의 줄임말	
10	탕진잼	탕진과 재미의 합성어 (돈을 다 탕진하면서 얻는 즐거움)	

Smart Map 혹시 내가 꼰대일까?

자신이 꼰대인지에 대한 간단한 테스트입니다. 총 10개의 문항을 읽어 보면서 자신이 해당된다고 생각되는 문항에 체크해 보세요. 맞힌 문항의 개수에 대한 절대적인 의미는 없지만, 각 문항의 내용에 대해 생각해 보세요.

번호	문항	해당 번호 체크 (✓)
1	나는 사람을 만나면 나이부터 확인한다.	
2	나는 자녀에게는 반말을 해도 된다고 생각한다.	
3	나는 자녀를 편하게 느낀다.	
4	나는 자녀가 나의 의견과 다르면 괘씸하다는 생각이 든다.	
5	나는 자녀와 대화할 때 "내가 너만 했을 때"라는 이야기를 자주한다.	
6	나는 자녀와 소통하기 위해 가족 외식이나 가족 여행을 한다.	
7	나는 자녀와 소통할 때 전화하지 않고 문자나 카톡으로 말하면 '예의 없다.'고 생각한다.	
8	나는 자녀에게 굳이 하지 않아도 되는 조언이나 충고를 한다.	
9	나는 자녀를 대할 때 합리적인 태도를 취한다고 생각한다.	
10	나는 자녀들을 불러 모아 대화를 하고 싶다.	

활동지 5-3

Smart Map 어기역차 전략 익히기

출처: 한국청소년상담복지개발원

멘토로서의 부모역할 향상을 위한 대화 실습의 시간입니다. 둘씩 짝을 지어 부모와 자녀 역할을 교대로 합니다. 사례에 대해 대화 실습을 해 본 후, 최근에 경험한 각자의 사례를 떠올려 다시 한 번 공감적 의사소통 실습을 (역할을 바꾸어서) 해 봅니다.

〈 사례 〉 통금시간이 자신의 생활에 여러 가지 제약이 많다며 해제시켜 달라고 말하는 자녀
• 어: 어떤 이야기인지 잘 들어준다. (예시 1) 네가 그렇게 이야기하는 것을 보니 뭔가 특별한 이유가 있는 것 같다. (예시 2) 좀 더 네 생각을 이야기해 주겠니?
• 기: 기분을 이해해 준다. (예시 1) 그래서 네가 그렇게 화가 났구나! (예시 2) 그래서 짜증이 났구나!
• 역: 역지사지(공감) 해 준다. (예시 1) 그래, 내가 너라도 그런 생각이 들겠다. (예시 2) 정말 힘들었겠다.
• 차: 차이가 있음을, 생각이 다를 때 인정한다. (예시 1) 그렇게 생각하는구나. 그런데 내 생각하고는 조금 다른 것 같아. (예시 2) 나는 …하게 생각하거든. 하지만 네 말이 맞을 수도 있어.

〈 최근에 경험한 자신의 사례를 적어 봅니다. 〉
• 어: 어떤 이야기인지 잘 들어준다. (표현해 보기 1)
• 기: 기분을 이해해 준다. (표현해 보기 2)
• 역: 역지사지(공감) 해 준다. (표현해 보기 3)
• 차: 차이가 있음을, 생각이 다를 때 인정한다. (표현해 보기 4)

6회기 함께 행복하기!(Happy together!)

활동지도안	
활동 목표	• 부모-자녀 간 공감 능력을 향상시킨다.
준비물	필기도구, 동영상, 포스트잇, 전지, A4 용지, 푸드 재료(야채, 과일 등), 접시
단계	진행절차
도입 (20분)	▶ 지난 회기 되돌아보기 여러분 한 주 어떻게 보내셨는지요? 지난 시간에는 공감적 의사소통 방법인 '어기역차' 전략과 멘토로서의 부모역할에 대해 이해하는 시간을 가졌습니다. 혹시 멘토로서의 부모역할에 대해 가정에서 실천해 보신 분이 계시면 소감을 한번 나누어 볼까요? • 참여자들이 한 주 동안 지내면서 느낀 점이나 새롭게 달라진 점 또는 어기역차 전략을 실천해 본 소감에 대해 간략하게 이야기 나눈다. 오늘은 푸드테라피를 활용하여 부모-자녀 간 공감 능력을 향상시켜 보는 시간을 갖도록 하겠습니다. 먼저, 간단한 촉진활동을 시작하겠습니다. ▶ 촉진 활동: 응원샤워 이번 활동은 부모가 자녀에게 듣고 싶은 말, 그리고 내 자녀는 부모로부터 어떤 말을 듣고 싶은지 알아보는 시간을 갖도록 하겠습니다. 〈활동 내용〉 ① 칠판에 전지를 붙인다. ② 전지를 반으로 나누어 전지 왼쪽 상단에 노란색 포스트잇, 오른쪽 상단에 연두색 포스트잇을 붙인다. ③ 부모가 자녀로부터 듣고 싶은 말을 연두색 포스트잇에 적는다. ④ 내 자녀가 부모로부터 듣고 싶은 말을 노란색 포스트잇에 적는다. ⑤ 위의 ③번과 ④번에 적은 포스트잇을 전지에 붙인다(노란색은 왼쪽에, 연두색은 오른쪽에 붙인다). ⑥ 두 사람이 나와서 한 사람은 전지에 붙여진 노란색 포스트잇(내 자녀가 부모로부터 듣고 싶은 말)을, 그리고 다른 한 사람은 연두색 포스트잇(부모가 자녀로부터 듣고 싶은 말)을 각각 떼면서 발표한 후 전체 소감을 나눈다.

	이번 촉진활동을 하면서 어떠셨나요? 여러분들은 자녀로부터 어떤 말을 듣고 싶나요? 내 자녀는 부모로부터 어떤 말을 듣고 싶을까요? 전지에 붙여진 내용을 보며 어떤 마음이 드셨는지요? 평소 자녀를 있는 그대로 인정하고 지지하며 격려하는 말을 잘 표현하시는지요? 아마도 마음에는 있지만 잘 표현하지 못했을 수도 있을 겁니다. 자녀 역시 표현하는 게 서투르거나 어색해서 잘 표현하지 못했을 수도 있습니다. 이처럼 부모와 자녀가 자신의 마음을 적절히 표현하고 상대방 입장에서 이해한다면 부모–자녀 간 공감 능력을 향상시키는 데 많은 도움이 될 것입니다.
전개 (80분)	▶ 동영상 시청 이번에는 진정한 공감이란 무엇인지 알아보는 시간을 갖도록 하겠습니다. 관련 동영상을 먼저 시청하겠습니다. 동영상 1: 소울 스터디 심리편–공감이란 무엇인가? 동영상 2: 진정으로 공감하고 소통하는 법–공감대화법 **Tip** 진정한 공감이란? 그 사람이 처한 상황과 그 사람이 그로 인해 왜 그런 기분을 느끼는지 이해하고, 진심으로 그 사람과 같은 감정을 깊이 느끼며, 상대방 입장에서 이해해 주는 것입니다. 동영상을 보며 어떠셨는지요? 동영상에서처럼 내 마음을 이해받고 공감받았을 때 내가 왜 힘들어 하는지("정말 잘하고 싶어서 그랬던 거 같아요.") 알게 되는 거 같아요. 내가 고민하고 있는 문제를 알고 스스로 해결하는 과정에서 '공감'은 참 중요합니다. 여러분은 진정한 공감을 받아 본 적이 있나요? 그때 어떤 느낌이셨는지, 우리에게 공감 능력이 왜 필요할까요? 공감이 되지 않을 때 어떤 문제가 일어날까요? 내 마음을 이해받고 공감받았을 때와 그렇지 못했을 때 어떻게 다를까요? 개인 차이가 있겠지만 아마도 내 마음을 공감받았을 때 위로가 되고 마음이 편안해지는 경험을 하며 내 마음을 더 표현하고 싶고, 상대방에게 고마운 마음이 들 것입니다. 이와 다르게 공감받지 못했을 때, 이해받고 싶은 마음이 좌절되어 서운하기도 하고 화가 나기도 하겠지요. 우리는 자녀의 마음을 얼마나 공감해 주고 있을까요? 함께 생각하며 나누어 보는 시간을 갖도록 하겠습니다. 〈활동 내용〉 ① A4 용지와 야채, 과일 등 다양한 푸드 재료와 종이접시를 준비한다. ② 자신이 원하는 재료를 선택해서 종이접시에 담는다. ③ A4 용지 위에 다양한 푸드 재료를 활용하여 부모가 자녀에게 고마운 마음, 격려하고 응원해 주고 싶은 말 또는 이미지를 표현한다. 이때 순번대로 한 사람씩 발표를 하고, 나머지 사람들은 작품을 감상하면서 발표한 사람에게 자유롭게 피드백해 준다. ④ 오늘 표현한 작품을 사진을 찍어 간직한다. ⑤ 활동을 마친 후 전체 소감을 나눈다.

	Tip 푸드테라피 재료는 가정에 있는 야채나 과일, 콩 종류, 과자 등을 다양하게 활용할 수 있습니다. ▶ 활동 6-1. 푸드테라피로 공감 표현하기 푸드를 활용하여 자녀에 대한 고마운 마음과 격려하는 마음을 표현해 보는 시간을 가져 보았습니다. 두 분씩 소감을 나누어 보니 어떠신가요? 서로 비슷하거나 혹은 다른 마음을 알게 되셨을 거라 생각됩니다. 이번 활동을 하면서 내 마음을 이해받고 공감받았을 때 어떤 느낌이 드셨나요? 이렇듯 우리 자녀에게도 부모라는 이름으로 이해하고 공감하고 때로는 인내하며 든든한 지지자로서의 역할이 필요하다고 생각합니다. 지금도 이러한 역할을 잘해 주고 계시는 부모님들의 수고로움에 진심 어린 박수와 응원을 보냅니다.
마무리 (20분)	▶ 마무리 오늘은 여섯 번째 모임으로 진정한 공감에 대해 알아보았습니다. 오늘 활동을 통해 부모와 자녀가 서로를 이해하고 공감하는 데 도움이 되셨기를 바랍니다. 이번 시간을 통해 느낀 점과 새롭게 알게 된 점 등에 대해 함께 이야기 나누는 시간을 갖도록 하겠습니다. ▶ 차시 안내 다음 시간에는 '**참 괜찮은 나**!(I'm so cool!)'라는 제목으로 부모효능감 향상에 대해 알아보는 시간을 가지겠습니다. 다음 시간에 오실 때 자녀의 성장과정에서 부모로서 의미 있는 사진 2장을 가져 오시기 바랍니다.
유의점	• 부모-자녀가 서로 상대방 입장에서 이해하고 공감할 수 있도록 돕는다. • 자녀에 대한 부정적인 면보다 긍정적인 면에 초점을 둘 수 있도록 한다. • 푸드테라피로 공감 표현 시 예술적인 표현으로 부담감을 가질 수 있으므로 편안하고 자연스럽게 표현할 수 있도록 돕는다.

7회기 참 괜찮은 나!(I'm so cool!)

활동지도안	
활동 목표	• 부모 자신의 감정을 솔직하게 표현해 봄으로써 부모효능감을 향상시킨다.
준비물	필기도구, 개인별 사진 2장, 병풍앨범 작업에 필요한 재료, 콜라주 작업에 필요한 재료, 배경음악
단계	진행절차
도입 (20분)	▶ 지난 회기 되돌아보기 여러분, 지난 한 주 잘 지내셨나요? 지난 시간에는 '함께 행복하기!(Happy together!)'라는 제목으로, 부모-자녀 간 공감 능력을 높이는 시간을 가졌습니다. • 참여자들이 한 주 동안 지내면서 느낀 점이나 새롭게 달라진 점 등에 대해 간략하게 이야기 나눈다. 오늘은 여러분과 함께 공예 활동을 통해 부모가 자녀를 키우느라 얼마나 애썼는지 그때의 자신의 감정을 솔직하게 표현해 보는 활동과 나의 비전 세우기 활동을 통해 부모효능감 향상에 대해 이야기 나누어 보려고 합니다.
전개 (80분)	▶ 강의 7-1. 부모효능감이란? 먼저, 강의를 통해 부모효능감에 대해 알아보도록 하겠습니다. 〈강의 내용〉 강의자료 7-1 1. 부모효능감에 대한 이해 2. 부모효능감 향상을 위한 오개념 극복 이번 강의를 통해 부모효능감에 대해 살펴보았습니다. 부모효능감이란 부모역할을 수행함에 있어서 자녀를 잘 양육하고 훈육하며 자녀와 문제가 생겨도 잘 해결할 수 있다는 부모로서의 능력에 대한 지각을 말하는데요. 이러한 부모효능감은 부모-자녀 간 긍정적 상호작용을 유도한다는 점에서 중요합니다. Tip 부모효능감 향상을 위한 오개념 극복 마인드 1. 좋은 부모는 자녀의 일에 전적으로 관여한다. (×) 2. 자녀의 성공 여부는 온전히 부모 자신에게 달려 있다. (×) 3. 부모역할은 전적으로 보람 있는 일이므로, 부모 자신에게 즐거움만을 준다. (×)

▶ 활동 7-1. 나는 어떨 때 괜찮은 부모라고 느끼나?

이번 활동은 나는 어떨 때 괜찮은 부모라고 느끼는지 알아보는 시간입니다. 지난 시간에 미리 말씀드렸던 여러분 각자 자녀의 성장과정에서 부모로서 의미 있는 사진 2장을 가져 오셨지요. 준비해 오신 사진 2장을 병풍앨범(A4 사이즈) 앞면에 붙입니다.

〈활동 내용〉

① 자녀의 성장과정에서 부모로서 의미 있는 사진 2장을 가져와서 병풍앨범(A4 사이즈) 앞면에 붙인 후, 병풍앨범 만들기 작업에 필요한 재료들을 다양하게 이용하여 각자 자유롭게 작품을 만든다.

② 완성된 작품을 순번대로 돌아가면서 한 사람씩 사진 2장에 대해 회상하며 그때의 나(자녀를 키우느라 애쓴 나, 어려운 일을 극복했던 나)에게 해 주고 싶은 이야기를 발표하고, 나머지 사람들은 작품을 감상하면서 발표한 사람에게 자유롭게 피드백해 준다.

③ 활동을 마친 후 전체 소감을 나눈다.

이번 활동을 통해 서로 이야기 나누어 보니 어떠신가요?

부모효능감은 자녀를 양육하는 행동에 긍정적인 영향을 미칩니다. 즉, 부모효능감이 높은 부모는 자녀에게 수용적이고 체벌하지 않으며, 자녀를 잘 이해하고 부모-자녀 간 긍정적 상호작용이 가능합니다.

▶ 활동 7-2. 나의 비전 세우기

병풍앨범(A4 사이즈) 만들기(뒷면: 콜라주 작업하기)를 합니다.

이번 활동 7-2는 병풍앨범 뒷면(A4 사이즈)에 '나의 비전 세우기'를 주제로 콜라주 작업을 합니다.

〈활동 내용〉

① 나의 비전 세우기(나의 미래 비전, 내 삶의 비전을 주제로 콜라주 작업을 한다.)

② 완성된 작품을 순번대로 돌아가면서 한 사람씩 발표하고, 나머지 사람들은 작품을 감상하면서 발표한 사람에게 자유롭게 피드백해 준다.

③ 활동을 마친 후 전체 소감을 나눈다.

이번 활동을 해 보시니 어떠신가요?

이 시기의 부모는 자녀를 격려하고 인정해 주는 지지자로서의 역할을 해야 하지만 부모 또한 중년기에 접어들어 정서적 · 신체적 변화에 따른 욕구나 가치관의 변화로 갈등을 겪게 됩니다. 뿐만 아니라 부모가 자신의 이러한 변화를 인지하지 못하여 스트레스나 감정을 조절하지 못할 경우 자녀에게 분노를 표출함으로써 자녀와의 부정적인 관계를 형성하게 됩니다. 이러한 부정적 양육방식은 부모역할에 점점 더 자신감을 잃게 만들고 자녀양육에 있어 무능함을 경험하게 하여 부모효능감의 저하를 가져오게 되는데요. 따라서 이 시기는 자녀는 자녀대로, 부모는 부모대로의 독립적인

	성인으로서의 성숙한 삶을 영위해 나가는 것이 중요합니다. 특히 자녀가 독립하면서 부모는 자녀와의 분리를 수용하고 가족 누군가와 연결된 '나'로서가 아닌 진정한 '나'로서의 비전을 세워야 하는 시기입니다. 따라서 스스로 내면의 따뜻한 부모상을 회복하고 자신을 돌보는 작업이 필요합니다. 결국 부모효능감이 향상되면 부모는 자녀에게 따뜻하고 긍정적인 태도를 취하며 자녀를 능력과 자원이 많은 존재로 인정하고 문제해결 상황에서 자녀에게 더 적절하게 도움을 주는 등 상황에 따라 융통성 있고 일관되게 행동할 수 있게 됩니다.
마무리 (20분)	▶ 마무리 오늘은 일곱 번째 모임으로 부모효능감에 대해 알아보았습니다. 이번 시간을 통해 느낀 점과 새롭게 알게 된 점 등에 대해 함께 이야기 나누는 시간을 갖도록 하겠습니다. ▶ 차시 안내 다음 시간에는 '**몸 풀고! 마음 풀고!**(Touch your mind!)'라는 제목으로 삶의 의미 향상을 위한 시간을 가지겠습니다.
유의점	• 강의 내용의 전달에 있어서는 참여자 스스로 감화될 수 있도록 공감적 소통에 초점을 두고 진행한다. • 활동 7-1을 통해 서로 이야기 나누는 시간에는 모든 참여자가 동참할 수 있도록 개방적인 분위기를 조성한다. • 활동 7-2는 참여자 각자 창의적이고 자유로운 분위기에서 작업이 가능하도록 도움이 되는 배경음악을 들려준다.

Smart Map 부모효능감이란?

부모효능감이란 부모가 자녀를 바람직하게 양육하기 위한 부모 자신의 신념을 말한다. 그런데 이 시기의 부모는 자녀를 격려하고 인정해 주는 지지자로서의 역할을 해야 하지만 부모 또한 중년기에 접어들어 정서적 · 신체적 변화에 따른 욕구나 가치관의 변화로 갈등을 겪게 된다. 뿐만 아니라 부모가 자신의 이러한 변화를 인지하지 못하여 스트레스나 감정을 조절하지 못할 경우 자녀에게 분노를 표출함으로써 자녀와의 부정적인 관계를 형성하게 된다. 이러한 부정적 양육방식은 부모역할에 점점 더 자신감을 잃게 만들고 자녀양육에 있어 무능함을 경험하게 하여 부모효능감의 저하를 가져오게 된다. 따라서 이 시기는 자녀는 자녀대로, 부모는 부모대로의 독립적인 성인으로서의 성숙한 삶을 가꾸어 나가는 것이 중요하다. 특히 자녀가 독립하면서 부모는 자녀와의 분리를 수용하고 가족 누군가와 연결된 '나'로서가 아닌 진정한 '나'로서의 비전을 세워야 하는 시기이다. 따라서 스스로 내면의 따뜻한 부모상을 회복하고 자신을 돌보는 작업이 필요하다.

결국 부모효능감은 부모가 적절하게 자녀양육을 할 경우 바람직한 부모-자녀 관계를 형성하고 부모역할을 성공적으로 수행할 수 있게 한다. 즉, 부모효능감이 높을수록 자녀에게 수용적이고 자녀를 잘 이해하며 부모-자녀 간 상호작용을 좀 더 원활하게 이끌 수 있다. 따라서 부모의 긍정적인 양육태도는 부모-자녀 간의 개방적 의사소통을 가능하게 함으로써 공감 능력도 향상된다.

그런데 부모효능감 향상을 위해서는 먼저 다음과 같은 오개념을 극복할 필요가 있다.

첫째, 좋은 부모는 자녀의 일에 전적으로 관여해야 하므로, 부모는 자녀들에게 한시라도 떨어져 있으면 안 되는 존재라고 생각하는 오류이다. 이는 자녀가 성인이 되어서도 자신의 일을 결정하는 책임감과 독립성을 형성시키지 못하게 하는 원인이 된다.

둘째, 자녀의 성공 여부는 온전히 부모 자신에게 달려 있다고 생각하는 오류이다.

셋째, 부모역할은 전적으로 보람 있는 일이므로, 부모 자신에게 즐거움만을 줄 것이라는 오류이다. 이러한 양육방식은 결국 부모효능감의 저하를 가져오게 된다. 따라서 부모역할에 대한 수행을 돕고 나아가 자녀의 심리적 · 정서적 발달을 촉진할 수 있는 부모효능감 향상을 위해 노력해야 한다.

8회기 몸 풀고! 마음 풀고!(Touch your mind!)

활동지도안	
활동 목표	• 자신의 몸과 마음을 돌보고 사랑한다.
준비물	필기도구, 동영상, 건빵, A4 용지, 활동지 8-1
단계	진행절차
도입 (20분)	▶ 지난 회기 되돌아보기 한 주 어떻게 보내셨나요? 지난 시간에는 부모가 자식을 키우느라 얼마나 애썼는지, 나는 어떨 때 괜찮은 부모라고 느끼는지 부모 자신의 감정을 솔직하게 표현해 봄으로써 부모효능감을 향상시킬 수 있도록 돕는 역할 훈련을 하는 시간을 가져 보았습니다. 오늘은 여가를 통해 자신의 몸과 마음 돌보고 사랑하기, 그리고 가족 공동체 문화에 대해 나누어 보도록 하겠습니다. ▶ 촉진 활동: 마음챙김 호흡 명상(토닥토닥: '그동안 수고 많았어') 이번 활동은 명상을 통해 지금-여기에 집중하고 마음챙김을 하는 시간을 갖도록 하겠습니다. 〈활동 내용〉 ① 두 손을 무릎 위에 올리고 편안한 자세로 몸과 마음을 이완한다. ② 천천히 코를 통해 숨을 크게 들이마시고, 공기가 코 안을 지나면서 코 안 끝부터 코끝을 통해 숨이 나가는 것을 충분히 느껴 본다. ③ 들숨과 함께 하나, 날숨과 함께 둘, 반복하며 호흡에 집중한다. ④ 머릿속에 스쳐가는 잡념들을 다스린다. 중간중간 생각이 떠오르면 그것을 밀어내려 하지 않고, 그것이 그곳에 존재함을 인정하고 나는 다시 나의 호흡으로 돌아오면 된다. ④ 바디스캔을 하면서 내 몸이 아픈 곳, 불편한 곳에 집중하고 머문다. ⑤ 명상을 마치며 그동안 부모로서 애쓰고 수고한 자신에게 '토닥토닥' 다독인다. 명상을 하면서 어떠셨나요? 평소 명상을 하시는 분도 계시겠지만 오늘 처음 명상을 접하신 분도 계실 거라고 생각합니다. 마지막에 자신을 다독이며 어떤 마음이 드셨나요? 몇 분만 느낌을 말씀해 주시길 바랍니다.
전개 (80분)	▶ 활동 8-1. 생각 열기 '21세기 개미와 배짱이'(선택 활동) 이번에는 생각 열기 활동으로 '21세기 개미와 베짱이'를 읽고 함께 나누어 보는 시간을 갖도록 하겠습니다.

〈활동 내용〉

- 여름 내내 열심히 일만 한 개미는 5년 후에 허리디스크에 걸려 벌어 놓은 돈을 치료비로 몽땅 쓴다. 또 노래만 부르며 놀던 베짱이는 배고픔에 굶주리게 된다. 만약 개미와 베짱이처럼 살아간다면 우리의 삶의 질은 어떻게 될까?

'21세기 개미와 베짱이'를 읽으면서 어떤 마음이 드셨나요? 열심히 일만 하는 개미와 노래를 부르며 놀기만 하는 베짱이로 살아간다면 이들의 삶의 질은 어떻게 될까요? 일만 하는 것이나 여가만 즐기는 것 모두 삶의 질을 떨어뜨릴 수 있습니다. 따라서 일과 여가가 적절하게 조화와 균형을 이루는 것이 필요합니다. 다음은 여가의 의미에 대해 알아보는 시간을 갖도록 하겠습니다.

Tip 여가의 의미

1. 여가란? 노동에서 벗어난 자유로운 시간, 의무에서 벗어나 자발적으로 선택한 활동, 자유로운 마음상태를 말한다. 또한 여가는 일상의 스트레스를 대처하기 위하여 휴식을 취하고 새로운 힘을 얻는 기회를 제공한다.
   (일, 학업, 집안일 등에서 벗어나 휴식, 기분 전환, 만족감을 위해 자유롭게 소비하는 시간)
2. 여가의 유형: 건강·스포츠 활동, 취미·교양 활동, 사교·오락 활동, 관람·행락 활동
3. 여가의 변화 양상: 여가 활동이 대중화되고, 다양한 형태의 여가가 등장하였다.

여러분은 여가의 의미에 대해 알아보는 시간을 통해서 자신의 삶에 여가가 있었는지, 있었다면 얼마만큼 차지했는지 각자의 삶에 있어서 여가의 의미를 살펴보는 시간이 되시기를 바랍니다.

▶ 동영상 시청

다음 동영상을 시청한 후 나는 어떤 여가를 선호하는지, 누구와 함께 하고 싶은지 알아보는 시간을 갖도록 하겠습니다. 일과 여가를 조화롭게 하는 사람들은 어떤 삶을 살까요?

동영상 1: 당신은 어떤 여가 생활을?
동영상 2: 소소한 행복 '나의 소확행은?'

휴식이 있는 삶, 여러분은 자신만의 진정한 휴식법을 가지고 계시나요?
바쁜 일상에 쫓기다 보면 나만의 여유로움을 누리기가 쉽지 않지요. 왜냐하면 여유롭게 자신이 하고 싶은 것을 하는 것보다 해야 하는 일들이 더 많으니까요. 하지만 그 속에서도 나만의 소소한 행복을 누리는 사람들이 있습니다. 동영상에서 보셨듯이 사람들마다 소확행이 각기 다른데요. 여러분 각자 '나만의 소확행'은 무엇인지 곰곰이 살펴보는 시간이 되었으면 좋겠습니다.

▶ 활동 8-2. 일과 여가활동의 적절한 균형과 조화

동영상을 본 소감과 내 삶에 있어서 여가의 의미와 나의 여가플랜을 구체적으로 세워서 작성해 보는 활동을 한 후 함께 이야기 나누는 시간을 가지도록 하겠습니다.

〈활동 내용〉 활동지 8-1

① 동영상을 시청하고 난 후 소감을 나눈다.

② 내 삶에 있어서 여가의 의미는? (내 삶에 있어서 여가는 있었는가? 있었다면 얼마만큼 차지했는가?)

③ 나의 여가플랜은? (자녀를 키우느라 애쓴 '부모로서의 나'를 인정하고 존중하면서 중년기 자신의 삶을 위한 구체적인 여가 계획을 세워 본다.)

④ 활동을 마친 후 소감을 나눈다.

▶ 활동 8-3. 나의 여가활동을 푸드(건빵)로 표현해 보기(선택 활동)

이번에는 건빵을 활용하여 나의 여가활동을 표현해 보는 시간을 갖도록 하겠습니다.

〈활동 내용〉

① 자신이 하고 싶은 여가활동을 떠올려 본다.

② A4 용지에 건빵으로 자신의 여가활동을 표현한다.

③ 여가활동을 하면서 느끼는 다양한 감정을 얼굴 표정으로 나타내거나 글 또는 그림으로 표현한다.

④ 그림을 그리지 않은 건빵 2개를 남겨 놓는다.

⑤ 마지막에 더 추가하고 싶은 곳에 건빵 2개를 활용한다.

⑥ 활동을 마친 후 소감을 나눈다.

푸드로 자신의 여가활동을 표현해 보니 어떠신지요? 건빵에 여러 가지 모양의 그림이나 글을 적어서 다양한 여가활동을 표현하셨네요. 건빵 2개를 남겨 두었다가 마지막에 유익하게 활용하면서 어떤 기분이 드셨나요? 이러한 여가활동은 일을 벗어나 온전히 나를 위한 자유 시간, 나를 돌보고 사랑하는 시간이라고 생각합니다. 또한 여가활동을 통해 자신의 내면세계를 더욱 풍부하게 할 수 있으므로 삶에서 일과 여가의 균형과 조화를 고려하는 것이 중요하다고 생각합니다.
다음은 우리 가족 공동체 문화에 대해 나누는 시간을 갖도록 하겠습니다.

▶ 활동 8-4. 가족 공동체 문화(어떻게 우리 가정의 문화를 만들 것인가?)

〈활동 내용〉

① 자신이 경험한 가족 공동체 문화에 대해 간략히 나눈다.

② 여가를 통해 자신의 몸과 마음을 돌보는 일 뿐만 아니라 가족에 적합한 공동체 문화가 어떠한 것들이 있는지 이야기 나눈다(예: 가족이 함께하는 봉사활동, 가족이 함께하는 여행, 가족구성원의 기념일 챙기기 등).

	③ 작은 것부터 실천할 수 있는 가족 공동체 문화에 대해 이야기 나눈다(예: 저금통에 동전 모아서 연말에 어려운 이웃에게 기부하기, 독거노인 돕기 등). ④ 더불어 사는 삶을 체험할 수 있는 확장된 여가의 관점에서 소감을 나눈다. 가족 공동체 문화에 대한 활동을 하면서 어떠셨나요? 이번 활동을 통해 더불어 사는 삶을 체험할 수 있는 확장된 여가의 관점에서 소감을 나누어 보는 의미 있는 시간이었습니다.
마무리 (20분)	▶ 마무리 오늘은 여덟 번째 모임으로 일과 여가의 균형과 조화에 대해 알아보았습니다. 오늘 활동을 통해 느낀 점, 새롭게 알게 된 점 등에 대해 함께 이야기 나누는 시간을 갖도록 하겠습니다. ▶ 차시 안내 다음 시간에는 '**삶의 기적!**(Miracle of life!)'이라는 제목으로 중년기 삶의 의미에 대해 알아보는 시간을 가지겠습니다.
유의점	• 가족공동체 문화의 필요성을 알고 작은 것부터 실천할 수 있도록 돕는다. • 일과 여가의 균형과 조화를 알고, 일상생활에서 실천할 수 있도록 한다.

Smart Map 일과 여가활동의 균형과 조화

동영상을 시청하면서 어떠하셨는지 소감을 나누어 볼까요? 그리고 내 삶에 있어서 여가의 의미에 대해 살펴보고, 나의 여가 플랜에 대해 이야기 나누어 보는 시간을 가지겠습니다.

• 동영상을 시청하고 난 소감을 적어 주세요. 동영상 1: 당신은 어떤 여가 생활을? 동영상 2: 소소한 행복 '나의 소확행은?'
• 내 삶에 있어서 여가의 의미는? (내 삶에 있어서 여가는 있었는가? 있었다면 얼마만큼 차지했는가?)
• 나의 여가플랜은? (자녀를 키우느라 애쓴 '부모로서의 나'를 인정하고 존중하면서 중년기 자신의 삶을 위한 구체적인 여가 계획을 세워 봅니다.)

9회기 삶의 기적!(Miracle of life!)

활동지도안	
활동 목표	• 중년기 삶의 의미에 대한 통합적 이해를 통해 전인적 성장을 한다.
준비물	필기도구, 활동지 9-1, 활동지 9-2
단계	진행절차
도입 (20분)	▶ 지난 회기 되돌아보기 여러분, 지난 한 주 어떻게 보내셨나요? 지난 여덟 번째 시간에는 '몸 풀고! 마음 풀고!(Touch your mind!)'라는 제목으로, 여가를 통해 자신의 몸과 마음을 돌보는 시간이었습니다. • 참여자들이 한 주 동안 지내면서 느낀 점이나 새롭게 달라진 점 등에 대해 간략하게 이야기 나눈다. 오늘은 여러분과 함께 중년기 삶의 의미에 대한 통합적 이해를 통한 전인적 성장에 대해 이야기 나누어 보려고 합니다.
전개 (80분)	▶ 강의 9-1. 중년기 삶의 의미에 대한 통합적 이해 먼저, 강의를 통해 중년기 삶의 의미에 대해 알아보는 시간을 갖도록 하겠습니다. 〈강의 내용〉 강의자료 9-1 1. 중년기 부모가 겪는 현실적 상황 2. 부모-자녀 관계 재설정을 위한 이해 3. 중년기 삶의 의미에 대한 통합적 이해 이번 강의를 통해서 중년기 삶의 의미에 대해서 살펴보았습니다. 삶의 의미는 자신만을 위한 이기적인 삶보다는 타인과 사회를 위해 봉사하고 기여하는 것과 같이 자신보다 더 광범위한 관계 속에서 발견됩니다. 또한 삶의 의미는 고통의 영향을 완충함으로써 자신을 보호할 수 있으며, 나아가 삶 자체에 대한 긍정적인 태도로 변화시킬 수 있습니다. 특히 나이가 들어감에 따라 삶의 의미도 계속 변화하므로 삶의 의미를 얻기 위해서는 지속적으로 노력하는 과정이 중요합니다. ▶ 활동 9-1. 자신의 삶에 있어서 의미 있는 부분을 영역별로 나누어 표시해 보기 이번 활동을 통해서 자신의 삶에 있어서 의미 있는 부분을 영역별로 나누어 표시해 보고, 이야기 나누는 시간입니다.

〈활동 내용〉 **활동지 9-1**

① 활동지 9-1의 [그림 1]에서 현재 자신의 삶에 있어서 의미 있는 부분을 나누어 영역별로 표시해 본다(예: 자녀, 가족, 배우자, 나 등 차지하는 비율이 어떻게 다른지를 영역별로 표시해 본다).
영역별로 표시해 본 후, 많이 차지하는 부분과 적게 차지하는 부분은 자신에게 각각 어떤 의미가 있는지 이야기 나눈다. 이때 적게 차지하는 부분의 긍정적인 의미(예: 그때는 나에게 …한 점에서 중요했다 등)도 함께 살펴본다.

② [그림 2]에서 미래의 자신의 삶의 의미 수준 향상을 위해 [그림 1]의 영역을 재조정해서 표시해 본다. 이때 재조정의 의미는 자신의 삶에 있어서 미래 비전의 긍정적인 관점으로, 이전의 자신의 삶의 의미에 대한 가치를 수용하면서 살펴본다.

③ 완성된 [그림 1]과 [그림 2]를 비교해 본 후 이야기 나눈다.

이번 활동을 통해 서로 이야기 나누어 보니 어떠신가요?
자녀를 양육하면서 부모역할이 컸는데, 자녀가 독립하고 나면 그 역할이 줄어들게 되므로 이 시기의 부모는 새로운 역할을 찾아야 합니다. 만약 그렇지 못하면 부모는 자녀의 삶에 깊숙이 개입하게 됨으로써 부모-자녀 관계에서 서로에게 상처를 주게 됩니다. 따라서 부모는 새로운 일을 찾아보거나 취미, 여가활동, 봉사활동 등에 적극적으로 참여하는 것도 좋은 방안이 될 수 있습니다. 중요한 것은 이러한 활동에 참여하다 보면 부모 자신의 삶에 다시 집중하게 되고, 각각이었던 활동이 통합됨으로써 자신의 삶이 의미 있는 것으로 체험될 수 있습니다.

▶ 강의 9-2. 중년기 삶의 의미는 어떠한 요소들로 구성되어 있나?
다음 강의를 통해 중년기 삶의 의미가 어떠한 요소들로 구성되어 있는지 구체적으로 알아보는 시간을 갖도록 하겠습니다.

〈강의 내용〉 강의자료 9-2

1. 중년기 삶의 의미
2. 중년기 삶의 의미의 구성요소

중년기는 외부 세계로 쏠리던 관심이 내면의 세계로 쏠리고, 새로운 가치와 신선한 동기를 찾아 삶을 바라보는 새로운 안목을 발달시키며, 이전에 억압되었거나 소홀히 했던 자신의 일부분을 수용하게 됨으로써 조화로운 성격을 발달시켜 나갈 수 있습니다. 또한 중년기를 부정적인 위기가 필연적으로 수반되는 시기로 보기보다는 긍정적이고 적극적으로 적응해 나가야 하는 전환의 시기로 보아야 합니다. 결국 중년기는 전체 인생주기에서 독자적인 자아실현을 통해 성취감을 달성하고 사회적으로 공헌할 수 있는 중요한 시기입니다. 중년기 삶의 의미의 구성요소로는 심신의 건강, 경제적 안정, 일에 대한 만족, 여가생활에 대한 만족, 친밀한 가족관계, 공감적 대인관계, 자기수용 및 타인배려, 삶의 의미에 대한 긍정적 의미부여가 있습니다.

	▶ 활동 9-2. '내 삶의 의미'는 어떤가요? 이번 활동은 중년기 여러분 자신의 삶의 의미는 어떠한지 살펴보는 시간입니다. 〈활동 내용〉 활동지 9-2 ① '활동지 9-2'의 '내 삶의 의미'는 어떠한지 하위 영역별 막대그래프로 표시해 본다. ② ①을 완료한 후, 자신의 중년기 삶의 의미는 어떠한지 살펴본 후 이야기 나눈다. 이번 활동을 통해 서로 이야기 나누어 보니 어떠신가요? 여러분은 각자 느끼는 자신의 삶의 의미에 대해 살펴볼 수 있었을 것입니다. 중년기는 자녀와 노부모의 중간에 위치하는 세대로서 자신의 노후를 준비하는 것이 중요하므로, 자신의 건강을 돌봐야 할 뿐만 아니라 경제적 안정도 중요해지는 시기입니다. 또한 일에 대한 만족은 더 열심히 일을 하고 더 나은 성과에 만족하게 되어 몸도 마음도 건강해지고 행복감을 느끼게 됩니다. 한편, 여가에서 경험하는 의미가 일상생활에서 발생하는 어려움을 극복하고 긍정적인 정서를 향상시킵니다. 여가가 일을 보상하는 차원이 아니라 일과 여가의 균형과 조화가 중요합니다. 뿐만 아니라 사람들과의 상호작용 경험을 통해서 자신의 내적 성숙이 가능하므로, 가족관계 및 대인관계도 중요합니다. 자기수용 및 타인배려를 잘하는 사람은 위기나 역경을 잘 이겨 내므로, 삶의 의미와 만족감을 경험합니다. 특히 삶은 수많은 사건들로 이루어져 있기 때문에 특정한 맥락에서 발생하는 사건에 대해 어떤 의미를 부여하느냐가 이후의 삶에 영향을 미칠 수 있으므로 삶에 대한 긍정적 의미부여는 중요합니다.
마무리 (20분)	▶ 마무리 오늘은 아홉 번째 모임으로 중년기 삶의 의미에 대해 알아보았습니다. 오늘 활동을 통해 느낀 점, 새롭게 알게 된 점 등에 대해 함께 이야기 나누는 시간을 갖도록 하겠습니다. ▶ 차시 안내 다음 시간은 Smart Map 부모역할 훈련 프로그램: 꿈과 희망단계의 마지막 시간으로 **'인생은 아름다워!(Life is beautiful!)'**라는 제목으로 마무리하는 시간을 가지겠습니다.
유의점	• 강의 내용의 전달에 있어서는 참여자 스스로 감화될 수 있도록 공감적 소통에 초점을 두고 진행한다. • 활동 9-1의 자신의 삶에 있어서 의미 있는 부분을 영역별로 나누어 표시해 보기는 특별한 기준이나 틀이 없으므로 참여자가 느끼고 생각한 바를 자유롭게 표현하도록 한다. • 활동 9-2는 자신의 삶의 의미를 구성하는 요소에 대해 구체적으로 생각해 봄으로써 삶에 대한 통합적 이해를 하는 데 중점을 둔다.

Smart Map 중년기 삶의 의미에 대한 통합적 이해

중년기의 부모는 위로는 노부모를 부양하고, 아래로는 성인 자녀를 지원하는 이른바 '더블 케어'의 세대에서 이제는 손자 육아까지 떠맡는 '트리플 케어'의 세대로 변화하고 있다. 뿐만 아니라 이 시기의 부모는 자녀와의 분리에서 오는 '빈 둥지 증후군'을 심하게 겪게 된다. 자녀가 둥지에서 떠나는 것은 지금까지 살아왔던 부모 자신의 삶이 완전히 재조정되도록 만들기 때문에 부모는 목표에 대한 상실과 우울을 경험하게 될 뿐만 아니라 부모-자녀 간 역할 재구성에 대해서 어려움을 겪게 된다. 즉, 부모는 자신의 새로운 역할을 찾아야 하는데 만약 그렇지 못하게 되면 부모는 자녀의 삶에 깊숙이 개입하게 됨으로써 부모-자녀 관계에서 서로에게 상처를 주게 된다. 이를 극복하기 위해서 부모는 새로운 일을 찾아보거나 취미나 여가활동, 봉사활동 등에 적극적으로 참여하는 등의 방안이 있다.

삶의 의미는 긍정적인 심리적 움직임과 관련이 있으므로 긍정적인 의미부여를 통해 개인은 성장할 수 있다. 그리고 삶의 의미는 심신의 건강은 물론 생산적인 활동과도 밀접한 관련이 있다. 또한 친밀한 가족관계와 공감적인 대인관계 속에서 삶에 대한 긍정적인 정서 경험이 가능하다. 자기수용을 잘하는 사람은 다른 사람과의 깊은 유대감을 갖게 되어 이타적이고 배려가 깊어짐으로써 배려의 대상이 타인에서 사회로 넓어지게 된다. 따라서 더불어 사는 삶의 의미가 중요하다. 특히 삶에서 내재적 동기를 경험하는 대표적인 영역이 여가이다. 여가란 개인의 판단에 의해 자유롭게 활동을 선택하고, 선택된 활동을 통하여 자기목적적인 만족이 추구되는 것을 말한다. 또한 여가는 일상의 스트레스를 대처하기 위하여 휴식을 취하고 새로운 힘을 얻는 기회를 제공한다. 따라서 여가에서 경험하는 의미가 일상생활에서 발생하는 어려움을 극복하고 긍정적인 정서를 향상시키므로, 자신의 삶을 적극적이고 의미 있게 살아갈 수 있는 과정으로서의 여가의 역할이 중요하다. 결국 이러한 다양한 활동에 참여하다 보면 각각이었던 활동이 삶에 대한 통합감을 갖는 것으로 느끼므로, 부모 자신에게 있어서 삶은 의미 있는 것으로 체험될 수 있다. 또한 여가활동은 자신의 내면세계를 더욱 풍부하게 할 수 있으므로 삶에서 일과 여가의 균형과 조화를 고려해야 한다.

Smart Map 중년기 삶의 의미는 어떠한 요소들로 구성되어 있나?

중년기 삶의 의미란 중년기 성인이 건강과 경제적 안정, 일과 여가의 조화를 바탕으로 삶의 경험 속에서 긍정적 의미부여를 추구하는 것을 말한다. 중년기 삶의 의미 구성요소를 살펴보면 다음과 같다.

첫째, 심신의 건강이란 규칙적인 운동, 건강한 식생활을 하는 상태를 의미한다. 신체적 운동이 정신적 건강에 긍정적 효과를 주고, 정신적 건강은 신체적 활동을 증진시킨다. 따라서 내적 자아에 대한 깊은 성찰을 함으로써 통합된 자아를 구축해야 할 중년기에 있어서 심신의 건강은 중요하다.

둘째, 경제적 안정은 기본적인 인간의 욕구를 충족시킬 수 있는 수단이므로, 삶의 의미와 밀접한 관련이 있다.

셋째, 일에 대한 만족이란 자신의 일을 의미 있고 가치 있는 것으로 느낄 때, 심리적 웰빙의 긍정적인 경험을 가져온다는 것이다. 따라서 일에 대한 만족이 더 열심히 일을 하고 더 나은 성과에 만족하게 되어 심신이 건강해지고 행복감을 느끼게 한다.

넷째, 여가활동에 대한 만족이란 여가활동을 통해 즐거움과 만족감을 느끼는 것을 말한다. 따라서 여가활동은 자신의 내면세계를 더욱 풍부하게 할 수 있으므로, 일과 여가의 균형이 중요하다.

다섯째, 친밀한 가족관계란 가족 간의 긍정적이고 다양한 경험을 하는 상태를 의미한다. 이는 가족에게 유익한 것이 나 자신에게 도움이 될 뿐만 아니라 진정으로 나 자신을 위하는 것이 가족을 위하는 것임을 의미한다.

여섯째, 공감적 대인관계란 사람들과의 진솔한 관계를 통해 심리적 적응, 개인적 성장을 하는 상태를 의미한다. 따라서 사회적 관계 속에서 사람들과의 공감적인 상호작용을 통한 긍정적인 정서 경험이 중요하다.

일곱째, 자기수용 및 타인배려는 타인과 나눔, 배려, 기여 및 자기수용을 하는 상태를 의미한다. 자기수용을 잘하는 사람은 부정 정서를 덜 경험하고, 다른 사람과 깊은 유대감을 갖게 되어 이타적이고 배려가 깊어진다. 따라서 자신에 대한 배려에서 타인에 대한 배려로, 나아가서는 사회에 대한 배려까지 배려의 대상이 보다 넓어져야 한다.

마지막으로, 삶에 대한 긍정적 의미부여란 인간의 행복은 자신이 처한 물리적 상황 그 자체보다 그에 부여한 심리적 의미에 의해 결정될 수 있음을 의미한다. 따라서 의미부여를 통해 개인은 성장할 수 있을 뿐만 아니라 긍정적인 변화를 이끌어 낼 수 있다.

활동지 9-1

Smart Map 삶에 있어서 의미 있는 부분을 영역별로 표시해 보기

[그림 1]에 자신의 삶에 있어서 의미 있는 부분을 영역별로 표시해 보세요(예: 자녀, 가족, 배우자, 나 등 차지하는 비율이 어떻게 다른지를 영역별로 표시). 영역별로 표시해 본 후, 많이 차지하는 부분과 적게 차지하는 부분은 자신에게 각각 어떤 의미가 있는지 이야기 나눕니다. 이때 적게 차지하는 부분의 긍정적인 의미(예: 그때는 나에게 …한 점에서 중요했다 등)도 함께 살펴봅니다.

[그림 2]에 미래의 자신의 삶의 의미 수준 향상을 위해 [그림 1]의 영역을 재조정해서 표시해 보세요. 이때 재조정의 의미는 자신의 삶에 있어서 미래 비전의 긍정적인 관점으로, 이전의 자신의 삶의 의미에 대한 가치를 수용하면서 살펴봅니다.

[그림 1]

[그림 2]

활동지 9-2

Smart Map '내 삶의 의미'는 어떤가요?

출처: 박정미(2018).

중년기 자신의 삶의 의미는 어떠한지 하위 영역별 막대그래프로 표시해 본 후, 자신의 중년기 삶의 의미는 어떠한지 함께 이야기 나누어 봅니다. (검은색 굵은 선: 막대그래프 작성 시 0점 기준선) 그리고 하위 영역에 추가하고 싶은 내용이 있으면 자유롭게 적어 봅니다.

100점								
90점								
80점								
70점								
60점								
50점								
40점								
30점								
20점								
10점								
하위 영역	심신의 건강	경제적 안정	일에 대한 만족	여가활동에 대한 만족	친밀한 가족관계	공감적 대인관계	자기수용 및 타인배려	삶에 대한 긍정적 의미부여
문항 내용	• 나는 건강을 지키기 위해 규칙적인 운동을 하고 있다. • 나는 심신의 건강을 위해 시간과 돈을 투자한다. • 나는 삶의 우선순위를 건강에 둔다.	• 나는 여가생활을 즐길 만큼의 경제적 여유가 있다. • 나는 나의 소득수준에 만족한다. • 나는 노후를 위해 나만의 방법으로 재무관리를 하고 있다.	• 나는 일을 하면서 보람과 행복을 느낀다. • 나는 내가 하는 일이 가치 있다고 생각한다. • 나는 현재 하고 싶은 일을 하며 살고 있다.	• 나는 일과 여가활동의 균형을 이루고자 노력한다. • 나에게 여가활동은 새로운 것을 시도해 볼 수 있는 기회가 된다. • 나는 여가활동을 통해 행복감을 느낀다.	• 나의 가족은 화목하다. • 나의 가족은 서로의 부족한 부분을 감싸 준다. • 나의 가족은 서로 세심하게 배려해 준다.	• 나는 변함없이 내 편인 친구가 있다. • 나는 주변 사람들과의 만남을 통해 에너지를 얻는다. • 나는 마음을 터놓고 이야기할 수 있는 친구가 있다.	• 나는 나에 대한 부정적인 평가를 수용할 수 있다. • 나는 다른 사람을 위해 나눔을 실천한다. • 나는 타인에게 유익한 일을 함으로써 사회에 기여하고자 한다.	• 나는 내 삶의 긍정적인 의미를 찾기 위해 노력한다. • 나는 인생의 가치와 목표에 대해 진지하게 생각한다. • 나는 어떤 일을 경험할 때 그 상황으로부터 배울 점이 있다고 생각한다.
추가하고 싶은 내용								

10회기 인생은 아름다워!(Life is beautiful!)

활동지도안	
활동 목표	• 부모-자녀 각자 독립된 성인으로서 행복하도록 지속적으로 실천한다.
준비물	필기도구, 골판지, 색종이, 한지, 잡지, 활동지 10-1, 수료증
단계	진행절차
도입 (20분)	▶ 전체 회기(1~9회기) 되돌아보기 여러분 한 주 어떻게 보내셨나요? 지금까지 10회기 동안 긴 시간 함께해 주셔서 감사합니다. 성인 초기 자녀의 발달단계의 특성을 이해하고, 부모-자녀 관계 재설정 그리고 우리 자녀의 발달시기에 필요한 경제적 · 심리적 독립의 중요성을 알아보는 시간을 가져 보았습니다. 더불어 부모로서 나를 이해하고, 몸과 마음을 돌보며, 중년기 내 삶의 의미를 찾는 소중한 시간이었습니다. 오늘의 마무리 활동을 통해 자녀를 키우느라 애쓴 '부모로서의 나'를 다독거리고, 이제 자신의 삶을 돌보는 시간으로 인생의 아름다움을 마음껏 누리시길 바랍니다. 자, 지금부터 자애명상을 시작해 볼까요? ▶ 촉진 활동: 자애명상 〈활동 내용〉 내가 안전하기를… 당신이 안전하기를… 내가 건강하기를… 당신이 건강하기를… 내가 평안하기를… 당신이 평안하기를… 내가 행복하기를… 당신이 행복하기를… 나와 자녀를 생각하며 명상-기도하는 시간을 가졌습니다. 지금 마음이 어떠신지요? 명상을 하기 전보다 편안해지고 지금-여기에 집중하는 데 도움이 되셨는지요? 나와 자녀가 건강하고 행복한 모습을 떠올리며 아마도 "참 좋다." 하시며 입가에 빙그레 미소가 지어졌을 겁니다. 지금 이렇게 편안하고 좋은 느낌으로 다음 활동을 시작하겠습니다.
전개 (80분)	▶ 활동 10-1. My Bucket List 지금까지 하지 못했던 일, 죽기 전에 꼭 해 보고 싶은 나만의 버킷리스트를 작성해 보는 시간을 갖도록 하겠습니다.

〈활동 내용〉 활동지 10-1

① 잠시 눈을 감고 앞으로 꼭 해 보고 싶은 것을 떠올려 본다(자아실현, 여행, 소중한 사람 만나기, 취미생활 등).
② 활동지에 나만의 버킷리스트를 작성한다.
③ 활동을 마친 후 소감을 나눈다(소그룹).

버킷리스트를 작성하면서 어떠셨는지요? 만약 나의 삶이 얼마 동안밖에 살지 못한다고 한정되어 있다면 어떤 마음이 들까요? 하루하루 삶이 소중하게 여겨져서 간절하게 더 열심히 행복하게 살려고 노력하지 않을까요? 매일매일이 내 인생의 마지막인 것처럼 감사하며 살아간다면 아마도 먼 훗날 참으로 뿌듯하고 행복할 것입니다.

▶ 활동 10-2. 내 삶을 아름답게

버킷리스트를 이룬 당신의 삶을 떠올려 보고 자신에게 상장을 수여하는 시간을 갖도록 하겠습니다.

〈활동 내용〉

① A4 용지 크기의 다양한 골판지 중 자신이 원하는 색상을 선택한다.
② 버킷리스트를 이룬 자신의 삶을 떠올려 보고, 자신에게 주고 싶은 상을 콜라주로 표현해 본다(잡지, 한지, 색종이 등을 활용).
③ 자신에게 직접 상장을 수여하며 소감을 나눈다.

버킷리스트를 이룬 자신에게 상장을 수여하였을 때의 느낌이 어떠하셨는지요? 지금까지 살아온 삶을 되돌아보며 아쉬움을 달래기도 하고, 그동안 수고했다고 토닥토닥 자신을 다독이기도 하고, 더불어 뿌듯하고 행복했던 순간들을 느껴보는 의미 있는 시간이 되셨는지요? 이제부터는 내 인생에서 가장 아름다운 순간들을 누리며 더욱 더 소중하게 가꾸어 가시길 바랍니다.

▶ 활동 10-3. ○○해도 괜찮아! (선택 활동)

다음은 집단을 마무리하면서 집단원 간 서로 응원하고 격려하는 활동입니다.

〈활동 내용〉

① 집단원이 소그룹(4~5명)으로 동그랗게 원을 지어 모인다.
② 그동안 자신이 억압하고 표현하지 못했던 말을 한 사람씩 돌아가며 표현한다.
③ 집단원이 "○○해도 괜찮아"를 표현할 때 다른 집단원들도 함께 큰 소리로 세 번씩 말해 준다(예: 혼자 여행 가도 괜찮아, 나의 나약함을 표현해도 괜찮아, 소리 내어 울어도 괜찮아 등).
④ 집단원이 한 사람씩 돌아가며 모두 표현한다.

	다 함께 "○○해도 괜찮아"를 외쳐 보니 어떠세요? 가슴 한편에 시원함이 느껴지시는지요? 지금까지 살아오면서 이렇게 해야 한다, 저렇게 해야 한다는 마음의 규율, 타인의 시선이나 평가 때문에 자기 스스로를 구속하고 억압하지는 않았는지요? 이번 활동을 통해 서로를 위로하고 응원하고 격려하는 시간이 되셨기를 바랍니다.
마무리 (20분)	▶ 전체 종결 소감 나누기 활동지 10-2 오늘은 '인생은 아름다워!(Life is beautiful!)'라는 제목으로 10회기 중 마지막 시간의 활동을 하였습니다. 오늘 활동과 지금까지 전체 활동을 통해 느낀 점, 새롭게 알게 된 점 등에 대해 함께 이야기 나누는 시간을 갖도록 하겠습니다. 그리고 집단에 처음 오신 날 각자 집단에 대한 기대와 목표가 있었지요. 마무리를 하면서 자신의 목표를 한번 점검해 보시기 바랍니다. ▶ 마무리 여러분들의 소감을 듣다 보니 처음 시작부터 한 회기씩 진행했던 과정이 새록새록 다시 떠오르네요. 처음에 다소 어색하기도 했지만 시간이 지날수록 서로를 믿고 존중하며 함께 나누는 모습들이 참 아름다웠습니다. Smart Map 부모역할 훈련 프로그램을 통하여 성인 초기 자녀를 이해하면서 부모는 부모대로, 자녀는 자녀대로 독립된 성인으로서 각자의 꿈과 희망을 가지고 성숙한 삶을 가꾸어 나가기 위해 본 프로그램에서 배우고 익힌 내용들을 꾸준히 실천할 수 있기를 바랍니다. 10회기 동안 정말 수고 많으셨습니다. 감사합니다.
유의점	• 집단원 모두 첫날 자신이 기대했던 목표를 점검하고, 빠짐없이 소감을 표현할 수 있도록 한다. • 본 부모역할 훈련 프로그램에서 배우고 익힌 내용을 일상생활에서 실천할 수 있도록 힘찬 응원과 격려를 한다.

Smart Map My Bucket List

지금까지 하지 못했던 일, 죽기 전에 꼭 해 보고 싶은 나만의 버킷리스트를 작성해 보는 시간입니다(자신이 간절히 해 보고 싶은 것 다섯 가지). 매일이 내 인생의 마지막인 것처럼 살아간다면 어떨까요?

My Bucket List

1

2

3

4

5

활동지 10-2

Smart Map 내 삶을 아름답게

지금까지 10회기 동안 Smart Map 부모역할 훈련 프로그램에 참여하면서 느낀 점, 새롭게 알게 된 점, 부모-자녀 관계 또는 나 자신에게 도움이 되었던 점, 그리고 프로그램에 대한 나의 기대와 목표를 점검해 보시고, 편안하고 자유롭게 소감을 작성해 주시기 바랍니다.

소감문

참고문헌

제1장. 시작단계(Start up stage)

김명지(2002). 감각운동훈련이 영아의 지능발달에 미치는 효과. 동아대학교 대학원 박사학위논문.

신명희, 서은희, 송수희(2017). 발달심리학. 서울: 학지사.

조용재(2017). 명상 내마음을 챙기다. 부산: 도서출판 문장21.

전우경(2002). 영아의 애착 증진을 위한 부모교육 프로그램의 구성과 적응효과. 중앙대학교 대학원 박사학위논문.

정옥분(2016). 영아발달. 서울: 학지사.

홍성희(2014). 영아를 위한 신체접촉놀이 프로그램 개발 및 효과. 전남대학교 대학원 박사학위논문.

제2장. 격려단계(Encourage stage)

Dinkmeyer, D., & Dreikurs, R. (1963). *Encouraging children to learn*. Englewood Cliffs, N.J.: Prentice-Hall.

Seligman, M. E. P., Steen, T. A., Park, N., & Peterson, C. (2005). Positive psychology progress: Empirical validation of interventions. *American Psychologist, 60*(5), 410-421.

Goleman, D. (2006). *Emotional intelligence*. New York: Bantam.

Raimer, C. (1967). Some word of encouragement, In V. Soltz (Ed.), Study group leader's manual. Chicago: Alfred Adler Institute.

한국비폭력대화 홈페이지. www.krnvc.org

제3장. 변화와 발전단계(Evolution stage)

권선방, 천성문, 박원모, 이영순(2009). Keirsey 이론에 의한 중 · 고등학생용 학습유형 검사의 개발 및 타당화. **상담학연구, 10(3).**

이은혜(2016). 청소년기의 가정 진로지도와 성인시의 진로활동 및 진로 만족도 간의 관계. KRIVER ISSUE BRIF 102호. 한국직업능력개발원.

한국지역사회교육협의회(2006). **부모 · 자녀의 대화법.** 서울: 한국지역사회교육협의회.

Glicken, M. D. (2004). *Using the strengths perspective in social work practice: A positive approach for the helping professions* (pp. 48-61). Pearson A & B.

Haim, G., & Ginott, G. (1965). Between parent and child. *Chap, 3*, 61-76.

KRIVER ISSUE BRIF 102호. 한국직업능력개발원.

제4장. 꿈과 희망단계(Dream stage)

김정숙(2016). 지혜부모교육프로그램 개발과 효과. 경성대학교 대학원 박사학위논문.

박정미(2018). 중년기 삶의 의미 척도 개발 및 타당화. 경성대학교 대학원 박사학위논문.

손인애(2016). 미혼 성인자녀의 독립에 대한 중년어머니의 불안에 관한 질적 연구. 동국대학교 대학원 석사학위논문.

이의용(2014). **스무 살 나의 비전.** 서울: 학지사.

천성문, 함경애, 차명정, 송부옥, 이형미, 노진숙, 김세일, 이봉은(2011). **행복한 학교를 위한 학교집단상담의 실제**(제2판). 서울: 학지사.

Bandura, A. (1977). Self-efficacy: Toward a unifying theory of behavioral change. *Psychological Review, 84*(2), 191-215.

Blos, P. (1979). *The adolescent passage*. New York: International Universities Press.

Hoffman, J. A. (1984). Psychological separation of late adolescents from their parents. *Journal of Counseling Psychology, 31*(2), 170-178.

Josselson, R. (1980). Ego development in adolescence. In J. Adelson (Ed.), *Handbook of adolescent psychology* (pp. 188-210). New York: Wiley.

Mahler, M. S. (1963). Thought about development and individuation. *The psychoanalytic Study of the Child, 18*, 207-324.

저자 소개

천성문 Cheon Seongmoon

현 부경대학교 평생교육상담학과 교수(상담심리학 박사)

전 (사)한국상담학회 학회장

스탠퍼드대학교 연구 및 방문 교수

서울대학교 객원교수

저서 집단상담(2판, 공저, 학지사, 2019) 외

논문 단기 부부상담모형의 개발과 적용(재활심리연구, 2018) 외

박은아 Park Euna

현 부경대학교 일반대학원 겸임교수(상담심리학 박사)

대천유치원 원장

(사)한국교육상담협회장

한국부모교육코칭학회 부회장

저서 상담사례 이해와 슈퍼비전(공저, 학지사, 2019) 외

논문 유치원 교사를 위한 상담기술 훈련프로그램 개발과 효과(상담학연구, 2018) 외

김현정 Kim Hyeonjung

현 한국교육치료연구소 부소장(상담심리학 박사수료)

부경대학교 학생상담센터 객원상담원

(사)한국교육상담협회 총무이사

한국부모교육코칭학회 이사

논문 경력단절여성이 지각하는 진로장벽과 진로준비행동의 관계에서 희망의 매개효과(사회과학연구, 2018) 외

김효정 Kim Hyojung

현 SM심리건강연구소 전문연구원(상담심리학 박사수료)

부경대학교 학생상담센터 객원상담원

동명대학교 학생상담센터 객원상담원

(사)한국교육상담협회 이사

논문 수용전념치료 프로그램이 대졸 신입사원의 분노반추, 직무소진 및 수용행동에 미치는 효과(인문사회과학연구, 2019) 외

전혜정 Jeon Hyejeong

현 금성초등학교 보건교사(상담심리학 박사수료)

부경대학교 심리상담센터 객원상담원

SM심리건강연구소 외래연구원

한국부모교육코칭학회 이사

논문 초등학교 고학년용 성발달 척도 개발 및 타당화(상담학연구, 2018) 외

김아영 Kim Ayoung

현 삼평초등학교 교사(상담심리학 박사수료)

SM심리건강연구소 외래연구원

부경대학교 심리상담센터 객원상담원

한국부모교육코칭학회 이사

논문 언어폭력감소 프로그램이 언어폭력 경향이 있는 초등학생의 자존감과 정서인식 및 표현에 미치는 효과(사회과학연구, 2017) 외

심운경 Sim Woonkyung

현 SM심리건강연구소 외래연구원(상담심리학 박사)

경성대학교 교육대학원 외래교수

인제대학교 교육대학원 외래교수

한국부모교육코칭학회 이사

저서 부모교육 코칭전략과 실제(공저, 센게이지러닝코리아, 2016) 외

논문 중년기 자아정체감 척도 개발 및 타당화(경성대학교 대학원 박사논문, 2017) 외

김선형 Kim Seonhyoung

현 SM심리건강연구소 전문연구원(상담심리학 박사)

부산광역시교육청 교원힐링센터 전문상담사

경성대학교 교육대학원 외래교수

한국임상예술치료학회 이사

논문 통합예술치료 프로그램이 위축청소년의 자기표현, 자기효능감 및 또래관계에 미치는 효과 (예술심리치료연구, 2016) 외

박정미 Park Jeongmee

현 부경대학교 교육대학원 겸임교수(상담심리학 박사)

부산영상예술고등학교 진로전담교사

SM심리건강연구소 외래연구원

경성대학교 교육대학원 외래교수

저서 상담사례 이해와 슈퍼비전(공저, 학지사, 2019) 외

논문 중년기 삶의 의미 척도 개발 및 타당화(경성대학교 대학원 박사학위논문, 2018) 외

최영미 Choi youngmi

현 사랑나눔심리상담센터장(상담심리학 박사수료)

SM심리건강연구소 전문연구원

부경대학교 심리상담센터 객원상담원

한국부모교육코칭학회 이사

논문 낙관성증진 프로그램이 학교폭력피해 고등학생의 우울, 자아존중감 및 스트레스 대처방식에 미치는 효과(재활심리연구, 2015) 외

Smart Map 부모역할 훈련 프로그램

Smart Map Parents Role Training Program(SM PRTP)

2019년 9월 10일 1판 1쇄 인쇄
2019년 9월 20일 1판 1쇄 발행

지은이 • 천성문 · 박은아 · 김현정 · 김효정 · 전혜정
김아영 · 심운경 · 김선형 · 박정미 · 최영미

펴낸이 • 김진환

펴낸곳 • ㈜ 학지사
04031 서울특별시 마포구 양화로 15길 20 마인드월드빌딩

대표전화 • 02-330-5114 팩스 • 02-324-2345

등록번호 • 제313-2006-000265호

홈페이지 • http://www.hakjisa.co.kr

페이스북 • https://www.facebook.com/hakjisa

ISBN 978-89-997-1945-5 93180

정가 20,000원

이 도서의 국립중앙도서관 출판시도서목록(CIP)은 서지정보유통지원시스템 홈페이지(http://seoji.nl.go.kr)와 국가자료공동목록시스템(http://www.nl.go.kr/kolisnet)에서 이용하실 수 있습니다.
(CIP 제어번호: CIP2019035414)